Reinhold Ebertin

Sterne helfen heilen

Reinhold Ebertin

Sterne helfen heilen

Geschichte und Praxis
der Astro-Medizin

Ebertin Verlag
Freiburg im Breisgau

Mit 165 Zeichnungen.

CIP-Kurztitelaufnahme der Deutschen Bibliothek:

Ebertin, Reinhold:
Sterne helfen heilen. Theorie und Praxis
der Astro-Medizin.
Freiburg im Breisgau: Ebertin, 1981
ISBN 3-87186-058-1

1981
ISBN 3-87186-058-1
© 1981 by Ebertin Verlag, Freiburg im Breisgau.
Satz: Topset GmbH, Freiburg im Breisgau.
Druck und Bindung:
Druck und Verlag Welsermühl, Wels.
Printed in Austria.

Inhalt

Erster Teil

Die Quellen der Astrologie

Der Ursprung der Astrologie verliert sich in den frühen Kulturen der Menschheit. Alte indische Quellen sprechen von einem Alter von mehreren hunderttausend Jahren. Die in den nördlichen Ländern und in der Sahara aufgefundenen Felszeichnungen lassen darauf schließen, daß sich bereits Menschen vor zehn- bis zwanzigtausend Jahren mit dem gestirnten Himmel über ihnen und den Bewegungen von Sonne, Mond und Planeten beschäftigten.

Boll[1] hat festgestellt, daß bereits im 2. Jahrtausend vor Christus eine astrologisch orientierte Medizin unter der Bezeichnung *Iatromathematik* entstand. Der Abraham des Alten Testaments wird zu den Vätern der Astrologie gezählt. Sein Lehrer soll zwischen dem 20. und 17. Jahrhundert vor Christus Henoch gewesen sein, eine der geheimnisvollsten Gestalten der Bibel.

Auch Moses (ca. 1250 vor Christus) soll zu den Astrologen des Altertums gehört haben. Wegen seiner Weisheit wurde er von den ägyptischen Priestern mit göttlichen Ehren bedacht[2]. Die Bedeutung Moses im kosmisch-religiösen Sinn ergibt sich auch daraus, daß er als Mondgott mit zwei Hörnern dargestellt wurde und die jüdische Gesetzgebung am Berge Sinai, dem Mondberge, stattfand.

Die Priester der Chaldäer – benannt nach der Stadt Chaldäa am Unterlauf von Euphrat und Tigris – waren auch Ärzte, die in ihre heilkundliche Arbeit das damalige astrologische Wissen mit einbezogen. Diese Priesterärzte und Astrologen achteten beispielsweise darauf, daß Frauen ihre Kinder unter bestmöglichen kosmischen Bedingungen zur Welt brachten. Den Zeiten der Geburt entsprechend benutzte man gewisse lichtdurchlässige Gefäße bestimmter Farben, in denen Wasser aufbewahrt wurde, und man suchte nach Heilkräutern, die einen Bezug zu bestimmten Gestirnen hatten.

In den orphischen Mysterien Griechenlands (7. bis 6. Jahrhundert vor Christus) spielten die Schwingungen der Töne, die Musik und das geweihte Öl in der Heilkunde eine große Rolle. Auch wußte man bereits, wie wichtig eine schöne und harmonische Umgebung für den Gesundungsprozeß ist.

Kurt Pollak schreibt in seinem Buch *Wissen und Weisheit der alten Ärzte – die Heilkraft der frühen Hochkulturen*[3]:

»Die astrologischen Vorzeichen, die zu den zufälligen oder natürlichen Omina gehörten, waren zweifellos die wichtigsten, denn die Sterne sind nach altorientalischer Auffassung die ›Schrift des Himmels‹. Da die kritische Astrologie hervorragend ausgebildete Wahrsager, Beobachtungstürme in verschiedenen Gegenden und einen Eilbotendienst erforderte, kam sie auch nur für Angelegenheiten des Staates, des Königs usw. in Betracht. Beobachtet wurden der Mond, die Sonne, die Planeten und die anderen Sterne sowie die atmosphärischen Vorgänge. Nach Jastrow bediente man sich der Astrologie auch dazu, den Verlauf und Ausgang einer Krankheit zu bestimmen, und zwar nach dem Monatstag, an dem sie begann, oder nach besonderen Phänomenen des Mondes oder der anderen Planeten, solange die Krankheit wütete. So heißt es zum Beispiel in einem Text: ›Wenn ein Kind geboren wird, wenn der Mond aufgeht, so ist sein Leben glänzend, glücklich, richtig und lang.‹ Eine ›astrologische Medizin‹ im engeren Sinne entwickelte sich erst während des hellenistischen Zeitalters in Ägypten und erreichte ihre größte Bedeutung im Mittelalter und in der Renaissance.«

Der im Alten Testament genannte Prophet Esra soll unter anderem ein Traumlunar und ein Krankheitslunar geschrieben haben, Bücher, in denen Beziehungen zwischen Träumen und Krankheiten zum Mondumlauf behandelt wurden.

Die Ärzte des antiken Griechenland konnten bereits aus reichen ägyptischen Quellen schöpfen. Das ägyptische Hauptwerk, die Texte des Hermes Trismegistos, die um 300 vor Christus ihre endgültige Fassung erhielten, waren den griechischen Heilkundigen bekannt. Der griechische Philosoph und Arzt Empedokles (490 bis 430 vor Christus) wirkte an der Südküste Siziliens, galt als Wundertäter und wurde von seinen Anhängern wie ein Gott verehrt. Er lehrte, daß alles Leben auf die »Wurzeln der Dinge«, die vier Urstoffe Feuer, Erde, Luft und Wasser zurückginge und sich aus deren unterschiedlicher Mischung Liebe und Haß und vor allem auch Krankheiten ergeben würden.

Der Arzt Hippokrates (460 bis 377 vor Christus) von der Insel Kos im Ägäischen Meer gilt bis zum heutigen Tage als Begründer der Medizin als Erfahrungswissenschaft. Seine erste Schule in Kos erfreute sich eines hohen Ansehens. Dort befand sich auch das berühmte Heiligtum des Asklepios, des Gottes der Heilkunde.

Hippokrates wird eine Schrift zugeschrieben, in der er den ganzen Fixsternhimmel mit dem menschlichen Körper in Beziehung gebracht haben soll. Der Mitte der Brust, dem Sonnengeflecht, ordnete er die Sonne zu, während er den ganzen Leib mit dem Mond in Verbindung brachte.

Interessant ist von ihm auch das Beispiel einer astrologisch orientierten Traumdeutung. Wenn beispielsweise jemand im Traum sehe, daß die Gestirne durch atmosphärische Einwirkungen getrübt oder gar verdeckt seien, dann könne man hieraus auf die Stärke einer Krankheit, ihre Ursachen und die in Frage stehenden Heilmittel schließen. Von Hippokrates soll auch eine Abhandlung mit der Überschrift »Über die Astrologie der Ärzte« stammen.

Der griechische Philosoph Aristoteles (384 bis 322 vor Christus) war der begabteste Schüler Platons. Aristoteles schuf die Grundlage für das seinerzeitige astrologische Weltbild. Nach ihm ist die Welt endlich, aber ewig. In ihrer Mitte ruht unbewegt die Erde, die von verschiedenartig bewegten Sphären umgeben ist, an denen die Sterne befestigt sind. Sphären und Gestirne sind vom Äther gebildet, die irdischen Dinge von den vier Elementen Feuer, Erde, Luft und Wasser. Aristoteles wurde zum Wegbereiter der rationalistisch-wissenschaftlichen Ausgestaltung der hellenistischen Astrologie. Auf ihn und seine Zeit gehen die folgenden Entsprechungen zurück:

Warm-trocken	Feuer	Widder, Löwe, Schütze
Warm-feucht	Luft	Zwillinge, Waage, Wassermann
Kalt-feucht	Wasser	Krebs, Skorpion, Fische
Kalt-trocken	Erde	Stier, Jungfrau, Steinbock

Prof. Dr. Wilhelm Gundel ist der Autor eines umfangreichen Werkes unter dem Titel *Neue astrologische Texte des Hermes Trismegistos – Funde und Forschungen auf dem Gebiet der antiken Astronomie und Astrologie*[4]. Hermes Trismegistos werden zweiundvierzig hermetische Schriften zugeschrieben, die einen astronomisch-astrologischen, medizinischen und philosophisch-magischen Inhalt haben. In der späthellenischen Zeit wurden diese Werke aus dem Ägyptischen ins Griechische übersetzt und bildeten gewissermaßen die Grundlage für die Entwicklung der Astrologie im Orient. Vor allem in den medizinischen Schriften finden sich bereits Hinweise auf Entsprechungen der Tierkreiszeichen und Tierkreisgrade zu Körperteilen und Organen.

Mit der Beobachtung von Krankheiten in ihren kosmischen Beziehungen begann der Übergang von der Universal-Astrologie, die das Schicksal der Menschheit, den Verlauf des Wetters, die Vorschau auf Erdkatastrophen betraf, zur Individual-Astrologie, die sich mit dem Schicksal des einzelnen Menschen befaßt.

Ein unbekannter Astrologe des Jahres 379 nach Christus zitiert aus den Schriften des Hermes Trismegistos den Satz, daß die schlimmen Planeten bei ihrer Stellung in bestimmten Dekanaten – 10°-Abschnitten des Tierkreises – Krankheiten und Gebrechen über die Körperteile senden, welche die entsprechenden Dekanate beherrschen. Das soll besonders der Fall sein, wenn bei Nachtgeburten Saturn und bei Taggeburten Mars über den Ort herrsche, der die Krankheit veranlasse.

In dem *Buch des Hermes Trismegistos an Asklepios über die Pflanzen der sieben Sterne* werden die Heilpflanzen behandelt, die den Zeichen und Dekanaten entsprechen.

Die »Tierkreispflanzen« sollen dann ihre volle Wirkung entfalten, wenn man sie in der Zeit einholt, verarbeitet und anwendet, wenn die Sonne in dem betreffenden Tierkreiszeichen steht. Dabei soll der Mond einen Trigonalaspekt (120°) zur Sonne bilden. Mit Alexander dem Großen (356 bis 323 vor Christus) begann eine neue Epoche in der Entwicklung der Astrologie. Er vereinigte die orientalische astrologische Sichtweise mit der griechischen. Dem Astronomen und Mathematiker Hipparchos (161 bis 127 vor Christus) aus Nicaea verdanken wir die Einteilung des Tierkreises in 360°. Er erweiterte die Zuordnung einzelner Körperteile und Organe des Menschen zu den Tierkreiszeichen und Planeten.

Die Astrologie in Rom

Mit der römischen Vorherrschaft über Griechenland um 196 vor Christus fand ein stärkerer Kulturaustausch zwischen Griechenland und dem Römischen Reich statt; dadurch wurde die Astrologie auch in Rom bekannt. Zunehmend verflachte jedoch dort die Astrologie, so daß gegen die Sterndeuter vorgegangen und zeitweise die Astrologie sogar verboten wurde. 33 vor Christus ließ Oktavian alle »Astrologen und Zauberer« aus Rom vertreiben. Schon damals wurden die Gegensätze zwischen einer ernsthaft betriebenen Astrologie und einem astrologischen Aberglauben deutlich.

Über den römischen Kaiser Tiberius wissen wir, daß er sich einen Hofastrologen hielt, der ihm auch zum Freund wurde. Es war Thrassilos aus Alexandria (gestorben 36 nach Christus). Um die Mitte des 1. Jahrhunderts nach Christus wirkte der Arzt und Astrologe Thessalos, von dem ein jatromathematisches, also astromedizinisches Pflanzenbuch erhalten ist.

Claudius Ptolemäus

Claudius Ptolemäus (ca. 100 bis 178 nach Christus) war als Mathematiker, Astronom, Astrologe und Physiker der letzte große Naturwissenschaftler der Antike, der in seinen Werken auch die Erfahrungen der älteren Astrologen berücksichtigte. Sein fundamentales astrologisches Werk, die *Tetrabiblos,* blieb erhalten und wurde von Melanchthon aus dem Griechischen ins Lateinische und von Erich Winkel dann ins Deutsche übersetzt[5].

Die Ausführungen des Ptolemäus, des »Königs der Astrologen«, nehmen bereits manches vorweg, was zu den heutigen kosmobiologischen Grundsätzen gehört. Beispielsweise bezog er die Vererbung in seine Betrachtungen mit ein, lehrte die Willensfreiheit und lehnte den Fatalismus ab.

Über die Wirkung des Saturn in heilkundlicher Hinsicht schreibt er unter anderem: »…bringt im allgemeinen Zerstörungen und Verderben durch Kälte und besonders langdauernde Krankheiten für den menschlichen Körper: Schwindsucht, Auszehrung, die in Katarrhen ihren Ursprung findet, gestörte Sekretion, Fluß, viertägige Fieber …«. Dem Mars entsprechen nach seiner Ansicht dreitägige Fieber, Blutstürze, schmerzvolle Krankheiten, heftig einsetzendes Sterben in der Jugend. Das Werk des Ptolemäus bildete bis in unsere Zeit hinein die Grundlage vieler astrologischer Lehrbücher.

Galenos aus Pergamon (129 bis 200 nach Christus) war der berühmteste Arzt der römischen Kaiserzeit. Er praktizierte zuerst als Gladiatorenarzt und wurde dann Leibarzt des Kaisers Marc Aurel. Galenos schrieb zahlreiche heilkundliche Schriften und blieb über Jahrhunderte hinweg eine ärztliche Autorität. Er vertrat den Standpunkt, daß der wahre Arzt auch Philosoph sein müsse. Er schrieb über Hippokrates und Platon und soll die Temperamentenlehre, die sich auf die Säftelehre des Hippokrates stützt, weiterentwickelt haben.

In der ihm zugeschriebenen Schrift *Prognostiken über bettlägerige Kranke* führt er aus, daß der Mond und die seinerzeit bekannten fünf Planeten dem Arzt und Astrologen wichtige Anhaltspunkte geben würden. So empfahl er, das Aderlassen und Abführen nur bei abnehmendem Mond und guten Aspekten vorzunehmen. Stünde der Mond im Zeichen Krebs oder im Zeichen Jungfrau, dann solle man keine Purgiermittel (Abführmittel) verordnen, weil die Kranken sie zu dieser Zeit nicht vertragen und erbrechen würden. Dagegen könne man diese Mittel verabreichen, wenn der Mond in den Zeichen Widder, Stier oder Löwe stünde. Auch bei der Stellung des Mondes im Zeichen Skorpion solle man Purgiermittel verordnen, weil durch den Mond jede Ursache aufgespürt werde und der Körper von innen heraus gereinigt werden könnte. Bei Mond im Zeichen Steinbock müsse man dagegen auf Purgiermittel verzichten, denn dann würden Leibkrämpfe entstehen.

Um etwa 335 nach Christus schrieb Firmicus Maternus (Zeit von Geburt und Tod sind unbekannt) das für die damalige Zeit umfangreichste Lehrbuch der Astrologie, die acht Bücher *Mathesos libri*. In den Werken des Firmicus Maternus finden sich die uns heute noch bekannten üblichen Entsprechungen des Tierkreises zum menschlichen Körper, zum Beispiel das Zeichen Widder für die Kopfregion, das Zeichen Stier für den Halsbereich, das Zeichen Fische für die Füße usw. Für ihn war die Astrologie eine göttliche Wissenschaft.

Der Einfluß des Christentums

Im 5. und 6. Jahrhundert wurden zunehmend astrologisches Erfahrungsgut und christliche Theologie miteinander vermischt. Wesentlich für den Einfluß des Christentums ist der Grundsatz, daß nicht die Gestirne das Schicksal gestalten, sondern nur das Künftige anzeigen.

Interessant ist es auch, daß die seit ältesten Zeiten bekannten heiligen Zahlen drei, vier, sieben und zwölf sowohl in der Astrologie als auch im Christentum Eingang gefunden haben. Man denke hierbei nur an die vier Elemente, die vier Kardinalzeichen, die vier Evangelisten oder die zwölf Tierkreiszeichen und die zwölf Jünger Jesu.

Die Astrologie des Mittelalters

Eine der bedeutendsten Persönlichkeiten des Mittelalters war Graf von Bollstädt, der als Albertus Magnus in die Geschichte einging. Er wurde wahrscheinlich 1193 in Lauingen/Donau geboren und starb am 15. November 1280 in Köln. Als Theologe, Philosoph, Naturforscher und Astrologe war er ein berühmter »doctor universalis«. Meist lehrte er in Köln und Paris. Zu seinen Schülern gehörte der spätere katholische Kirchenlehrer Thomas von Aquin.

In seinem *Speculum astronomiä* teilte er die Sternkunde ein in eine theoretische, die Astronomie, und eine praktische, die Astrologie.

Letztere teilt er wieder in einen theoretischen und in einen praktischen Teil, und diesen praktischen Teil untergliederte er wieder in vier
Abteilungen, erstens von den Nativitäten, zweitens von den Revolu-
tionen, drittens von den Fragen und viertens von den Elektionen.
In bezug auf die Astromedizin ist seine Stellung zu den Triplizitä-
ten (Elementen) interessant. So spricht er der feurigen Triplizität
(Widder, Löwe, Schütze) eine abtreibende zu gegen Fieber, Wassersucht, Lähmungen und anderes; die Bilder der luftigen Triplizität
(Zwillinge, Waage, Wassermann) sollen dagegen die feuchte Hitze
mäßigen und geneigt machen zu Eintracht, Freundschaft und sorgfäl-
tiger Beachtung der Gesetze; die Bilder der wässerigen Triplizität
(Krebs, Skorpion, Fische) sollen heiße, austrocknende Fieber mildern,
sie sollen aber auch den Hang zum Lügen, zu Unbeständigkeit, Unge-
rechtigkeit und Üppigkeit geben; die Bilder der irdischen Triplizität
(Stier, Jungfrau, Steinbock) sollen in ihrer Wirkung kalt und trocken
sein, sie sollen hitzige Krankheiten heilen helfen und zum Religiösen
und zum Landleben geneigt machen. Seine Einstellung zur Astrologie
geht besonders aus den folgenden Zeilen in seinem Werk *Demineralibus* hervor:

»Alles, was Natur und Kunst hervorbringt, wird von den himmlischen Kräften bewegt. Die Figuren der Himmel und himmlischen
Körper waren vor allen übrigen erschaffenen Dingen da, und eben
deshalb haben sie einen Einfluß auf alles, was nach ihnen entstanden ist. Hieraus folgt notwendig, daß, wenn man eine himmlische
Figur gehörig beobachtet und das Bild derselben irgendeinem
Werke der Natur oder Kunst aufdrückt, alsdann ein Teil der Kräfte
der ersten in das letztere einfließt.«

Wer wollte also leugnen, daß sich Albertus Magnus mit der Astrologie beschäftigte? Er führte auch eine scharfe Klinge gegen konserva-
tive Lehrer und Wissenschaftler, die am Alten hängen blieben und
nichts Neues lernen wollten. So sagt er unter anderem: »Das sage ich
wegen einiger Faulen, die einen Trost für ihre Faulheit suchen und so
in den Büchern nur schnüffeln, um etwas schmähen zu können. Da sie
in Trägheit erstarrt sind, suchen sie, um nicht allein für erstorben zu
gelten, denen, die sich auszeichnen, eins anzuhängen. Solche Leute

haben den Sokrates getötet, Plato aus Athen vertrieben und Aristoteles verjagt. Diese sind im Reich der Wissenschaft, was die Leber im Körper ist. In jedem Körper ist Gallensaft; dieser dürstet aus und macht dadurch den Körper bitter. So gibt es in der Wissenschaft immer einige bittere und gallige Menschen, die auch alle anderen in Bitternis verwandeln und sie nicht in süßer Gesellschaft die Wahrheit suchen lassen.«

Die Äbtissin Hildegard von Bingen (1098 bis 1179 nach Christus) nimmt einen besonderen Platz im 12. Jahrhundert ein, das auch andere bedeutende Geister hervorbrachte wie Albertus Magnus, Bernhard von Clairveaux, Bernhard von Chartres und anderen. Von Geburt an war Hildegard in ein Netz von Schmerzen und Krankheiten verstrickt. Ihr Körperbau soll etwas Ätherisches, Luftartiges an sich gehabt haben. Jede Witterung wie jede kosmische Konstellation hatten auf sie größten Einfluß. Aber gerade dadurch war es für sie auch möglich, Dinge zu erfassen, die anderen Menschen verborgen blieben. Sie hatte auch Gesichte und sagte darüber: »In diesen Gesichten steigt meine Seele, wie Gott es will, zur Höhe des Firmaments und in den Wechsel der Lüfte hinauf und breitet sich aus über Länder und Räume. Im Wechsel und Wandel der Wolken und anderer veränderlicher Dinge nehme ich es gleichsam wahr. Alles steht klar vor meinem Geiste. Meine Augen sind offen. Keine Ekstase umfängt mich. Ich schaue es Tag und Nacht, wachend und nicht träumend, oft aber totkrank und sterbensmatt...«[6]

In allem legt sie eine gesunde Lehre an den Tag, wie ein zeitgenössischer Biograph vermerkt hat. Für sie steht der Mensch, wie es die Kosmostafel aus dem Codex Latinum zeigt, mit ausgebreiteten Armen in der Mitte des Weltalls, das um ihn rotiert, auf der Erde stehend, umgeben von den kosmischen Sphären, die auf ihn einstrahlen, sich in ihm treffen und die der Mensch als Schnittpunkt und Kristallisationszentrum ins Universum zurückstrahlen läßt.

»Als Partner der Welt ist der Mensch Spiegel des Universums. – In schicksalhafter Verbundenheit gehören Leib und Seele zusammen wie Mann und Frau, wie Himmlisches und Irdisches, Erde und Wasser, Sonne und Mond, Winde und Vögel in der Luft, Brot im Ofen und die Wabe mit dem Honig. – Die Seele hat Freude daran, im Körper schöpferisch tätig zu sein...«

In Hildegards Anschauung ist »die Sonne gewissermaßen der Hut des Firmaments; sie erscheint dem ganzen Firmament, aber auch der Erde und den Wassern, und spendet ihre Glut, wenn auch nicht im gleichen Maße. In der Mitte der Erde strahlt sie am stärksten. Daher ist die Erde durch die Sonne so äußerst stark; alles ist dort an Früchten wie Lebewesen kräftiger entwickelt als an den übrigen Stellen der Erde.«

»Der Mond hat in seiner Wechselhaftigkeit auch Einfluß auf den Flüssigkeitshaushalt des Menschen. Man kann den Flüssigkeitsstoffwechsel nicht so betrachten, als wenn er von der Sonne temperiert würde; diese ist vielmehr in einem stabilen Gleichgewicht, so daß sie weder zu- noch abnimmt. Die Zeit des Mondes herrscht nun nicht über die Natur des Menschen, als sei sie gleichsam ihr Gott; es ist auch nicht so, als könnte der Mensch vom Mond der menschlichen Natur etwas zuwenden oder entziehen. Vielmehr kommt der Mond dem Menschen mittels des Luftgeschmackes in Bezug auf die Handlungen seines Lebens entgegen; dementsprechend können dann Blut und Säfte im Menschen gemäß dem Zeitpunkt der Mondzirkulation in Bewegung gebracht werden. Unter dem Vorbild des Mondes versteht sich der Mensch als ein ›homo mutatus‹, dessen Säftekomplexion den atmosphärischen Einflüssen in vieler Hinsicht unterliegt.«

Als Gott die Welt schuf, verstärkt er sie mit den vier Elementen Feuer, Erde, Luft und Wasser. Die Elementenlehre, die Hildegard wahrscheinlich von den griechischen Philosophen übernommen hat, spielt bei ihr wie bei anderen auch eine große Rolle. Der Mensch lebt aus vier Säften, wie auch das Weltall aus den vier Elementen besteht. Das Feuer mit seinen Kräften sitzt im Gehirn und im Mark des Menschen. Diese Feuerkräfte manifestieren sich nun als Glut im Sehvermögen, als Kälte im Riechen, als Feuchtes im Geschmack, als Luft beim Hören und als Bewegung beim Tasten des Menschen. Die Luft kommt mit ihren Kräften im Atem und in der Vernunft zum Ausdruck. Das Wasser mit seinen fünfzehn Kräften befindet sich in der Flüssigkeit und im Blut des Menschen. Die Erde ist mit sieben Kräften im Gewebe und im Knochensystem des Menschen vertreten. Solange die Elemente im menschlichen Organismus die rechte Ordnung einhalten, ist der Mensch gesund. Sobald sie aber von dieser Funktionsordnung abgehen, machen sie ihn krank.

In ihrer *Heilkunde*[7] spricht nun Hildegard über das Werden des Menschen nach kosmischen Gesetzen, vom geschlechtlichen Verhalten, dem Menschen zwischen Schlaf und Wachen, den Krankheiten von Kopf bis Fuß, von der Ernährung und Verdauung, von den Stoffwechselstörungen, von den Heilmitteln, von der gesunden Lebensführung, von der Tugend des Arztes und dem Bild des Lebens.

Hildegard legte in der damaligen Zeit ein Wissen nieder, das durch die Zeiten verschüttet wurde und erst jetzt wieder ans Licht kam. Aus den verschiedenen Abschnitten sollen nur einige Zitate wiedergegeben werden, um einen Einblick in das Werk der »Prophetin vom Ruppertsberg« zu geben:

»Wenn sich bei zunehmendem Mond das Blut im Organismus vermehrt, ist der Mensch, Mann wie Frau, fähig zur Fruchtbarkeit, das heißt zur Zeugung von Nachkommenschaft. Denn bei zunehmendem Mond und wachsender Blutfülle ist der Samen eines Menschen kräftig und stark; bei abnehmendem Mond und bei schwindender Blutfülle ist der Samen schwach und ohne Zeugungskraft.« – »Auch bei den Bäumen, die von der Wurzel her ergrünen, nimmt bei steigendem Mond der Saft zu und bei fallendem Mond ab.« – »Edle und bekömmliche Kräuter eignen sich, wenn sie bei wachsendem Mond von der Erde abgeschnitten oder vollsaftig mit der Wurzel ausgezogen werden, besser zur Bereitung von Latwergen (breiförmige Arznei), Salben oder ähnlichen Heilmitteln, als wenn man sie bei abnehmendem Mond sammelt.«

»Wie der Mond wächst und abnimmt, so werden auch Blut und Säfte im weiblichen Organismus zur Zeit der monatlichen Blutung gereinigt, weil die Frau sonst nicht bestehen könnte, da sie weit saftreicher als der Mann ist und somit in eine große Unpäßlichkeit geraten könnte.« – »Ein kräftiger Mann sollte jeden dritten Monat zur Ader gelassen werden, weil das Blut nach zweimaligem Mondwechsel seinen maximalen Bestand und seine optimale Fülle hat. Der Eingriff soll am ersten Tage des abnehmenden Mondes durchgeführt werden, jedenfalls aber in den ersten sechs Tagen des Mondwechsels. Aderlaß bei zunehmendem Mond ist nicht zu raten, weil sich die Blut- und Tabes-Bestandteile im Blutsystem dann nur schwer voneinander trennen lassen. Weil bei alten Leuten der Tabes-Stoff natürlicherweise überwiegt, ist hier der Aderlaß eher anzuraten. In besonderen Fällen darf man beim männlichen Geschlecht schon im zwölften Jahr zur Ader lassen, jedoch sollte nur soviel Blut entnommen werden, wie in die beiden Schalen einer Nuß hineingeht. Bis zum fünfzehnten und nach dem fünfzigsten Jahr soll einmal zur Ader gelassen werden. Im Alter ist der Aderlaß eher schädlich; in besonderen Fällen soll man sich lieber mit dem künstlichen Setzen von Pusteln helfen, etwa durch Eberwurz (vardi nigri), eine ätzende Carlina-Art, oder ähnliche Heilkräuter, damit beim Aufbrechen der Pusteln die schädliche Flüssigkeit zwischen Haut und Fleisch ausfließen kann.«

Neben dem Buch *Heilkunde* ist auch das Buch *Gott ist am Werk*[8] erwähnenswert. Danach ist die Schöpfung der Welt nach Gottes Ebenbild ein Entsprechungssystem zwischen Makrokosmos und Mikrokosmos, denn »im Kreis des Makrokosmos war der Mensch erschienen, der »homo quadratus«, vor dem Weltkreuz, ausgespannt in die Vierheit der Elemente, der Winde, Qualitäten, der Temperamente«. »Der Mensch ist wie Sonne und Mond.« »So sollen jene Himmelslichter dem Menschen dienen als innere Zeichen, wie er seufzen, beten, zu Gott weinen und dem Heiligen Geist als seine Hilfe anrufen soll. Sie mögen ihn aber auch den rechten Gebrauch der Zeichen lehren, wie er sie zum eigenen und zum Nutzen des Nächsten ausfülle.«

In den zwölf Monatsbildern gibt Hildegard ihr Wissen um die Naturgeschichte und die Heilsgeschichte kund. Alles in den Gliederungen des Weltalls, in der Organisation unseres Leibes und im Gefälle der Jahrhunderte erscheint als ein großes Bild, und was in diesem Bilde vor uns steht, ist eine reife christliche Anthropologie.

Die Äbtissin Hildegard war eine überragende Persönlichkeit ihrer Zeit, sie wurde zur Prophetin des Jahrhunderts; Kaiser und Päpste standen mit ihr in Kontakt, und über das ganze Abendland ging ihr Einfluß.

Die wichtigsten Werke von Hildegard sind in den Jahren nach 1954 neu erschienen, zum größten Teil aber auch schon wieder vergriffen. Prof. Dr. Schipperges als der beste Kenner der Werke Hildegards hat sich durch die Übersetzung und Erläuterung ein großes Verdienst erworben.[9, 10, 11]

Ein berühmter Zeitgenosse von Albert Magnus und Hildegard war der Erzherzog Leopold von Österreich, Bischof von Freising, der um 1200 den *Tractatus decem de astrorum* verfaßte.

Im 13. Jahrhundert wurde die Astrologie besonders von den Fürsten gefördert. Kaiser Friedrich II. hatte den berühmten Astrologen Michael Scotus als Leibarzt. Dieser wurde 1214 zu Balwirik in Schottland geboren, bildete sich in Frankreich aus und kam dann zu Kaiser Friedrich II., dem er Ort und Art seines Todes voraussagte. Er wurde 1291 in einer Kirche von einem herabfallenden Stein erschlagen. Im Auftrage des Kaisers hatte er mehrere Werke über die Geheimnisse der Natur, Chiromantie, Physiognomie und Astrologie geschrieben. Sein Werk *Compendium magiae nigrae* hat der geschichtliche Johann Faust unter dem Titel »Fausti Höllenzwang oder Mirakel-Kunst und Wunderbuch« übersetzt.

Gilbertus Angelicus (Wilhelm von England) schrieb um 1219 eine Abhandlung »Wie man ohne Urinschau auf Grund astrologischer Regeln die Krankheiten erkennen kann«. In dieser auch in der Österreichischen Nationalbibliothek vorhandenen Handschrift sind in vierundachtzig Feldern die Beziehungen der sieben Planeten zu den zwölf Tierkreiszeichen sowie zu allen Organen und Krankheiten dargestellt.

Alfons X. von Kastilien wurde durch die nach ihm benannten Tafeln bekannt, die 1252 vollendet wurden. Dadurch konnten die astrologischen Berechnungen mit größerer Sicherheit und Genauigkeit durchgeführt werden. Er erhielt deshalb den Beinamen »Astrologus«.

Guido Bonati, einer der berühmtesten Astrologen des 13. Jahrhunderts, wurde 1230 zu Cascia bei Florenz geboren. Er studierte zunächst die Rechte, bald aber auch Astronomie und Astrologie. Er wurde so berühmt, daß er den Beinamen »Siderabilissimus« erhielt und von Kaiser Friedrich II. als Hofastrologe angestellt wurde. Später lehrte er zu Paris und Bologna, bis er in die Dienste des Grafen Guido von Montefeldro eintrat und diesen bei seinen Feldzügen beriet. Im Alter trat Bonati in den Franziskanerorden ein und starb 1300 im Kloster zu Ankona. Er schrieb ein ausführliches Werk, das unter dem Titel *Auslegung der menschlichen Geburtsstunde* 1572 in Basel erschien.[12] Er vertrat die Ansicht, daß jeweils der Aszendent in der Mitte zwischen zwei Gestirnen liegen müsse und begründete damit die Lehre von den Halbsummen oder Schnittpunkten.

Petrus von Albano (1250 bis 1316) war Arzt, Astrologe und Magier. Er studierte zunächst Medizin und Philosophie, erhielt in beiden Fakultäten die Doktorwürde und ließ sich nach einem kurzen Aufenthalt in Konstantinopel in Padua nieder, wo er der erste Professor der Medizin wurde. Er ließ sich für seine Kuren sehr hoch bezahlen und machte einen Krankenbesuch außerhalb seines Wohnortes nicht unter dem Honorar von dreißig Kronen. Als er Papst Honorius IV. behandelte, kam er in den Geruch eines Teufelsbündners und wurde ins Gefängnis geworfen, wo er sich 1316 vergiftete.

Vor dem Rathaus in Padua wurde zu seinen Ehren eine Bildsäule errichtet, in deren Unterschrift er als Arzt und Astrologe bezeichnet wurde. In seinem Buch *Astrolabium planum* lehrte er die Planetenorte anstatt durch Rechnung mit annähernder Genauigkeit mittels graphischer Darstellung zu finden. Damit wurde er gewissermaßen der Vater der heutigen graphischen Ephemeriden.

Cichus Asculus, eigentlich Francesco della Stabili (1250 bis 1327) war ein berühmter Arzt und Astrologe. Er nannte sich nach seiner Vaterstadt Cecco d'Ascoli. Er studierte Philosophie, Theologie, Medizin, Mathematik, Astrologie und Poesie. Er war ein Freund Dantes, und kurze Zeit war er Leibarzt des Papstes Johannes XXII. 1322 bis 1325 lehrte er an der Universität zu Bologna. Da er das Leben Christi astrologisch zu deuten versuchte, wurde er der Ketzerei angeklagt, schwor dann seinen Lehren ab und tat Kirchenbuße. 1326 berief ihn der Herzog Carl ohne Land von Calabrien als Leibarzt und Astrologen. Als er aber dessen Gemahlin Marie von Valois und der zweijährigen Tochter aus dem Horoskop sagte, daß sie beide einen unsittlichen Lebenswandel führen würden, fiel er in Ungnade. Seine Gegner bezichtigten ihn erneut der Ketzerei; am 15. September 1327 wurde er zu Florenz lebendig verbrannt.

Die Zeit des Übergangs
vom Mittelalter in die Neuzeit

An der Wende zur Neuzeit steht Nikolaus Cusanus (1401 bis 1464), eigentlich Nikolaus Chypffs oder Krebs aus Kues an der Mosel. Er wurde ein Jahr nach Johann Gutenberg, dem Erfinder der Buchdruckerkunst, geboren. In seine Jugendzeit fällt das Reformkonzil von Pisa, die Geburt der Johanna von Orleans und der Beginn der Hussitenkriege. Cusanus wurde 1425 Bischof, Berater am Hof von Mainz, empfing 1439 die Weihen, veröffentlichte 1436 eine Schrift zur Kalenderreform, wurde 1448 Kardinal, 1450 Bischof von Brixen und 1459 Kurienkardinal.

Für Cusanus hat der antik-mittelalterliche Stufenkosmos keine Realität mehr. Für ihn war die Erde als die kosmische Position des Menschen nicht der fixe Mittelpunkt des Weltalls, denn der Mensch begann sich nun als ein Wesen zu verstehen, dem nicht eine feste Stellung im All zugewiesen sein könne, weil sein Dasein Stellungnahme innerhalb der unendlichen Seinsentfaltung bedeute.

Cusanus stand zwischen Altertum und Neuzeit, er fußt noch auf den Erkenntnissen des Hermes Trismegistos und war doch schon Vorläufer des Kopernikus. Er durchbrach das mittelalterliche Himmelsgebäude, um den Blick in neue Welten zu tun. Seine Beziehung zur Astrologie legte er besonders in seinem Werk *Conjecturis* nieder. In seinem Buch *Die Kunst der Vermutung* bezog er die Erde in ein Geflecht kosmischer Wirkungen ein. Theologie, Kosmologie und Anthropologie wurden gegenseitig voneinander abhängig und zu einer Einheit verschmolzen.

Durch Cusanus wurde der einzelne als ein selbständiges Individuum aus dem Ganzen herausgestellt: »Jedes Seiende im Universum erfreut sich einer Einzigartigkeit, die es mit keinem anderen Seienden teilt«. Damit begann die Astrologie sich immer mehr mit dem einzelnen Wesen gegenüber der Universalastrologie zu beschäftigen.

Agrippa von Nettesheim, geboren am 14. September 1486 in Köln, gestorben am 18. Februar 1535, entstammte einem alten, reichen und ritterlichen Geschlecht, das den Namen Nettelhym führte. Er studierte die Rechte, interessierte sich aber besonders für die Werke der Geheimwissenschaften. Er verstand acht Sprachen, von denen er sechs gut beherrschte und »darin auch elegant reden, sie zu diktieren und zu übersetzen wußte«. Um 1507 ging er nach Paris und gründete dort eine »Geheime Gesellschaft«. Dann wechselte er mehrfach den Aufenthaltsort, war bald Krieger, dann wieder Gelehrter. Er benützte die Astrologie und die geheimen Künste zu seinem Erwerb. 1505 wurde er in Burgund als Lehrer der Theologie angestellt, geriet aber bald mit der Geistlichkeit in Streit. Wegen der ständigen Verfolgung durch die Mönche ging er 1510 nach England, kehrte aber bald nach Köln zurück, wo er unter großem Zulauf Vorlesungen hielt.

Auf einer Reise nach Würzburg lernte er den Abt Tritheim kennen, hielt sich in seinem Kloster auf und lernte viel von ihm. Er schrieb drei Bücher der geheimen Philosophie, wurde zum Kaiserlichen Rat ernannt und war mit der Untersuchung und Verbesserung von Bergwerken beschäftigt. 1522 wurde er Hauptmann im kaiserlichen Heer gegen die Venetianer und wurde wegen seiner Tapferkeit zum Ritter geschlagen. Inzwischen war er Doktor der Rechte und der Medizin geworden.

Am 12. Juli 1513 erhielt er einen Brief von Papst Leo X., worin er wegen seines Eifers für den Apostolischen Stuhl gelobt wurde. In den folgenden Jahren hielt er Vorlesungen über Hermes Trismegistos in Pavia. 1518 wurde er auf Empfehlung seiner Freunde Syndikus, Redner und Advokat zu Metz. Da er sich unschuldiger Menschen annahm, die der Hexerei beschuldigt wurden, manche auch von Martern und Verfolgungen befreite, wurde er von den Mönchen verfolgt und mußte 1519 Metz verlassen. Er begab sich dann wieder in seine Vaterstadt Köln.

Nach dem Tode seiner Gattin, 1521, ging er als Arzt nach Genf und Freyburg in der Schweiz, wo er sich zum zweiten Mal verheiratete. 1524 wählte er Lyon zu seinem Aufenthaltsort. Dort war der Ruf seiner praktischen Kenntnisse so groß, daß ihm Franz I. eine Pension bewilligte und die Mutter des Königs ihn zu ihrem Leibarzt wählte. 1527 wurde er entlassen, weil er sich weigerte, mit Hilfe der Astrologie den Gang französischer Angelegenheiten zu erforschen. Im Juli 1528 kam er in Antwerpen an, wo er sich den Ruf eines Wunderarztes erwarb und zu öffentlichem Ansehen gelangte. Hier verlor er seine zweite Gattin, die ihm sieben Kinder geschenkt hatte, durch die Pest. 1529 erhielt er einen Ruf von König Heinrich von England. Dann erwählte er den Beruf eines kaiserlichen Archivars und Historiographen unter der Regentin Margaretha. Bald wurde er aber wieder verfolgt und wäre nach dem Tode Margarethens bald verhungert. Seine Gegner suchten ihn bei den Kaisern Ferdinand und Karl zu verleumden. Aus diesem Grunde wurde ihm seine Pension nicht ausgezahlt. 1531 wurde er sogar in das Gefängnis von Brüssel geworfen, blieb aber nicht lange darin. 1532 machte er einen Besuch beim Erzbischof in Köln, dem er seine *Philosophia occulta* gewidmet hatte. Er widersetzte sich den Inquisitoren, setzte sogar den Druck seiner verbesserten Geheimen Philosophie durch, deren Ausgabe 1533 erfolgte. In diesem Jahr zog er nach Bonn, wo er am 18. Februar im Hause eines Notablen starb.

Gerade durch seine vielen Reisen und die Bekanntschaft mit den geistigen Größen der damaligen Zeit hatte sich Agrippa ein außerordentliches Wissen und hohe Erkenntnis erworben, die aber die Unwissenden glauben ließen, daß er übernatürliche Kräfte besitze oder gar mit dem Teufel in Verbindung stünde. In seinem zweiten Buch sagt er selbst:

»Sobald die Leute irgend etwas Außerordentliches sehen, suchen sie in ihrer Unwissenheit die Urheberschaft bei den Dämonen oder halten das für Wunder, was das Werk natürlicher oder mathematischer Wissenschaften ist.«

In seinen astrologischen Forschungen ging Agrippa über den bisherigen Stand dieser Wissenschaft hinaus. Er suchte zwar auch die Grundlagen in den Elementen, gab aber darüber hinaus ausführliche Entsprechungen für die einzelnen Gestirne. Hierzu einige Beispiele:

Dem Jupiter entsprechen unter den Elementen die Luft, unter den Säften das Blut sowie der Lebensgeist, alles, was auf das Wachstum und die Ernährung Bezug nimmt, unter den Geschmäckern die liebsten Speisen, unter den Pflanzen und Bäumen die silberblättrige Wollblume, das Basilienkraut, die Ochsenzunge, die Muskatblüte, der Lavendel, die Minze, das Veilchen, die Roßkastanie, die Buche, die Pappel, der Haselnußstrauch und andere.

Dem Mars entsprechen unter den Elementen das Feuer, desgleichen alles Scharfe und Brenzliche, unter den Säften die Galle, unter den Geschmäckern die bittern, scharfen, auf der Zunge brennenden, und solche, die zu Tränen reizen. Unter den Pflanzen und Bäumen die Nießwurz, der Knoblauch, der Meerrettich, der Rettich, der Seidelbast, der Sturmhut, alle mit Dornen bewaffneten Pflanzen.

Der Venus entsprechen die Luft und das Wasser, unter den Säften der Schleim nebst dem Blute und dem Samen, unter den Geschmäckern der süße, fette und angenehme; unter den Pflanzen und Bäumen das Eisenkraut, das Veilchen, das Frauenhaar, der Baldrian, der Thymian, das Sandelholz, der Koriander und alle gewürzhaften Pflanzen sowie die angenehmen und lieblichen Obstarten wie süße Birnen, Feigen und Granatäpfel.

Dem Merkur entsprechen unter den Elementen das Wasser, desgleichen die Säfte, besonders die gemischten. Von Bäumen und Pflanzen: Haselnußstaude, Fünffingerkraut, Erdrauch, Pimpernelle, Majoran, Petersilie.

In bezug auf Krankheiten ist in seinem vierten Band zu lesen: »Fragt man, ob ein Kranker genesen oder sterben werde, so sieh, ob Saturn oder Mars oder der Drachenschwanz im ersten Haus mit bösen Planeten verbunden sind. Nehmen böse Planeten die Eckhäuser ein, so ist das ein schlimmes Zeichen für den Kranken. Willst du wissen, ob du einen Kranken heilen kannst, so sieh, ob Jupiter, Venus oder Drachenkopf am Aszendenten oder Deszendenten sind, denn das ist ein gutes Zeichen. Ist der Mond bei einem guten Planeten, so geh und gib dem Kranken Arznei, ist er bei einem bösen oder sind böse Planeten in Eckhäusern, so gehe nicht, denn du wirst dem Kranken nicht helfen können. Sind gute daselbst, so gehe und erforsche genau, wo oder an welchen Gliedern er leidet, denn der Widder hat den Kopf, der Stier den Hals, der Krebs die Brust und die Lunge, der Löwe das Herz, die Jungfrau hat den Bauch und die Eingeweide, die Waage den Nabel und die Nieren, der Skorpion den After und die Scham, der Schütze die Hinterbacken und die Hüften, der Steinbock die Knie, der Wassermann die Waden und die Fische die Füße.«

Diese anatomischen Entsprechungen haben sich bis in unsere Zeit erhalten, haben sich auch zum größten Teil bewährt, aber sie sind keineswegs immer zutreffend, weil eben nicht allein die Tierkreiszeichen maßgebend sind.

Ein großer Teil der Werke des Agrippa von Nettesheim, die 1921 neu aufgelegt wurden, befaßt sich der damaligen Zeit entsprechend mit der Magie. Aber er vertritt immer den Grundsatz:

»In allem wende dich an den Herrn und denke, sage und tue nichts, was Gott nicht will.«

Die Astrologie der Neuzeit

Fußten die Anhänger der Astrologie bisher vorwiegend auf den Lehren des Hermes Trismegistos und des Claudius Ptolemäus, so gingen die Astrologen der Neuzeit teilweise ganz neue Wege, zumal auch die Wissenschaft zu neuen Erkenntnissen gelangt war.

Johann Müller von Königsberg, der sich nach seinem Geburtsort Regiomontanus nannte, führte nach der Achsendrehung der Erde eine neue Einteilung der Felder ein, wozu ihm seine Ausbildung die Voraussetzungen gab. Am 6. Juni 1436 in Königsberg geboren, studierte er vom zwölften Lebensjahr an in Leipzig Dialektik, sphärische Astronomie, Arithmetik und Geometrie. Er vervollkommnete sein Wissen in Wien und verbesserte mit seinem Lehrer Purbach die Planetentheorie. 1464 erhielt er einen Ruf von Matthias Corvinus, dem König von Ungarn und Böhmen, und heilte diesen von einer Gemütskrankheit, in die er aus Furcht vor einer Sonnenfinsternis gefallen war. Durch seine zahlreichen wissenschaftlichen Arbeiten wurde er berühmt und von Papst Sixtus IV. zum Bischof von Regensburg ernannt und 1475 zu einer geplanten Kalenderreform nach Rom gerufen. Hier starb er am 6. Juni 1476 an Gift, das ihm die Söhne Georgs von Trapezunt beigebracht hatten. Regiomontanus gilt als der größte Astronom zwischen Ptolemäus und Kopernikus; er wird als »Vater der deutschen Astronomie« bezeichnet.

Hieronimus de Manfredi aus Capua lebte als Professor der Medizin zu Bologna Ende des 15. Jahrhunderts. Er suchte Astrologie und Medizin zu verbinden. Er war der erste Verfasser von Kalendern mit medizinischen Elektionen, das heißt mit den Angaben derjenigen Tage des Jahres, die gut oder schlecht sein sollten zum Einnehmen von Arznei, Aderlassen und Schröpfen. Er verfaßte sein Werk *Centiloquium de medicis et infirmis,* das 1489 in Bonn erschien.

Das »Syphilis-Blatt« von Albrecht Dürer

Im Jahre 1496 erschien ein Einblatt-Druck des Arztes Dietrich Uelzen (Ulsenius) über Syphilis mit einem Holzschnitt von Dürer.[13] Im oberen Teil der Zeichnungen ist der Tierkreis innerhalb einer Sphäre zu sehen. Im Zeichen Skorpion, das allgemein als charakteristisch für Erkrankungen der Geschlechtsorgane gilt, sind Sonne, Mond und zwei Sterne eingezeichnet. Diese Sterne sollen die »Große Konjunktion« von Jupiter und Saturn darstellen, die allerdings schon im Jahre 1484 stattgefunden hatte. Diese Jahreszahl ist auch innerhalb des Tierkreises eingetragen. Im Hauptteil des Blattes ist ein Mann dargestellt, der von der Syphilis gezeichnet ist. Das Gesicht und die Oberschenkel sind von »bösen Blattern« bedeckt. Die Unterschrift »Lichnica genesis« weist auf die Entstehung der Krankheit hin.

Paracelsus und seine Zeit

Theophrastus Bombastus von Hohenheim (1493 bis 1541) aus Einsiedeln nannte sich selbstbewußt Paracelsus, das heißt über Celsus (ein antiker Arzt) hinausgehend. Paracelsus war ein Arzt, der 1517 in Ferrara den Doktorhut erworben hatte. Er beschäftigte sich mit der Philosophie, der Heilmittelherstellung und der Astrologie.

Paracelsus wandte sich gegen die damalige astrologische Überlieferung und besonders auch gegen die Säftelehre des Galenus. Den Menschen sah er als einen Mikrokosmos an und sprach unter anderem von dem »Astrum in corpore«, also dem Gestirn in uns. Für den guten Arzt forderte er, daß er auch in der Astronomie und Astrologie erfahren sein müsse. Ohne diese Kunst der astrologischen Konstellationsdeutung sei der Arzt ein »Pseudomedicus«. Für ihn gab die astrologische Konstellation nicht nur Hinweise auf die Diagnose, sondern auch auf die Therapie. Kategorisch wandte er sich gegen die fatalistische Einstellung, daß »das Gestirn den Menschen mache«. Er sprach auch nicht von Mars und Saturn über uns, sondern in uns. Über die Kraft der Heilkräuter finden wir bei ihm den Satz: »Nicht allein, daß die Kraft der Kräuter aus der Erden sei, sondern vom Gestirn, das Corpus aber von der Erde«.

Eine grundlegende Entdeckung des Paracelsus war auch die Signaturenlehre, indem man aus der Gestalt und Struktur der Pflanze Beziehungen zur Heilkraft an den Organen und Körperteilen des Menschen ableitet. So sah er zum Beispiel eine Beziehung zwischen der Form der Walnuß und dem menschlichen Gehirn. Diese Signaturenlehre wurde von der anthroposophischen Heilkunde und der Alchemie der Gegenwart wieder aufgegriffen.

Der Paracelsusforscher Dr. med. Bernhard Aschner sagte über Paracelsus: »Paracelsus war kein Wunderdoktor, sondern das Wunder eines Arztes.« C. G. Jung sah in ihm einen Bahnbrecher, nicht nur für die Medizin, sondern auch für die empirische, psychologisch orientierte Heilkunde.

Martin Pegius lebte im 16. Jahrhundert als fürstlicher Rat in Salzburg und erwarb sich um die Astrologie seiner Zeit vor allem dadurch große Verdienste, daß er das erste umfassende Lehrbuch der Astrologie in deutscher Sprache verfaßte; es erschien 1570.[15]

Was den Zusammenhang zwischen Heilkunde und Astrologie anbelangt, finden wir in diesem Buch von Martin Pegius unter anderem den Satz: »Mich dünkt, daß die Ärzte am allermeisten sind deswegen zu strafen, daß sie die Gestirnkunst zu ihrer Arzneikunst nicht für notwendig halten, sintemal der Paracelsus allenthalben diejenigen verwirft, so die Arzneikunst ohne die Gestirnkunst gebrauchen.« »Die Krankheiten werden sich in dem Teil des Leibes zutragen, welcher Teil bedeutet wird durch das Tierkreiszeichen, all da ist Widder, der da bedeutet das Haupt, der Stier den Hals, die Zwilling die Arm usw., und Saturn das rechte Auge, die Milz, die Blasen, Jupiter die rechte Hand, die Lung, die Rippen; Mars das linke Aug, das linke Ohr, das männliche Glied; die Sonne beide Augen, doch mehr das rechte, das Angesicht und schier den ganzen Teil des Leibes an der rechten Seite; Venus die Arsbacken, die Leber; Merkur die Zunge und den innerlichen Teil der Nase, der Mond den rechten Teil der Gurgel, das Zäpfle, den Magen und an den Weibern den Bauch, die Scham und die linke Seite...«

Die anatomischen Entsprechungen zu Tierkreiszeichen und Gestirnen weichen gegenüber heutigen Ansichten teilweise ab, dürfen aber als Versuch gesehen werden, Heilkunde und Astrologie miteinander zu verbinden.

Tycho de Brahe (1546 bis 1601) war ein dänischer Astronom und Erbauer der Sternwarten Uranienborg und Stjerneborg. In seinen astrologischen Ansichten wurde er bestärkt, als 1563 in Europa die Pest ausbrach und eine Konjunktion der oberen Planeten im Zeichen Krebs stattfand, an der Stelle, wo sich der Nebelstern des Krebses, Praesaepe, befindet.

Johann Antonius Maginus (13. Juni 1555 bis 11. Februar 1617) wurde zu Padua geboren. In Bologna war er später Professor der Mathematik und wurde von Papst Gregor XIII. eingeladen, an der Kalenderverbesserung teilzunehmen. Fast allen Fürsten Europas stellte Maginus das Horoskop, berechnete Ephemeriden und schrieb ein Werk über den Gebrauch der Astrologie in der Medizin.

Einer der bekanntesten Astrologen des 17. Jahrhunderts war Jean Baptist Morin (23. Februar 1587 bis 6. November 1656). Er wurde zu Villefranche in Südfrankreich geboren, studierte Medizin und Mathematik, wurde 1614 Doktor der Medizin und ging anschließend nach Deutschland, um dort das Bergwesen zu studieren. Hier wurde er mit der Astrologie bekannt. 1621 wurde Morin Leibarzt des Herzogs von Luxemburg und danach Ludwigs XIII. von Frankreich. Der französische Staatsmann Richelieu und Kardinal Mazarin suchten seinen Rat. Da Morin 1656 starb, erlebte er nicht mehr das Erscheinen seines umfangreichen Werkes *Astrologia Gallica*. Eine besondere Leistung war die von Morin entwickelte Determinationslehre: der Versuch, eine umfassende astrologsiche Kombinatorik zu entwickeln. Auf die Lehren des Morin stützt sich unter anderem die mehrbändige Ausgabe *Bausteine der Astrologie*, die 1926 bis 1928 von Sinbad-Weiß in München erschien.[16] Hierin sind auch Ausführungen über die Astromedizin und zu Heilpflanzen enthalten.

Von Abdias Trews (29. Juli 1597 bis Ostern 1669), der in Ansbach geboren wurde und in Wittenberg Theologie, Philosophie und Mathematik studierte, erschien eine Abhandlung unter dem Titel *Astrologia medica*. Sein »Grundriß der verbesserten Astrologie« wurde 1927 neu aufgelegt. Im astromedizinischen Teil dieses Buches bekennt er: »Wenn mir und den meinen etwas fehlt (er war zweimal verheiratet und hatte 22 Kinder), so ziehe ich den Arzt zu Rate, beschreibe ihm das Leiden ... soviel ich eben davon verstehe, und gebrauche auch, was er mir rät. Aber die Zeit der Anwendung dieser Mittel wähle ich selbst und befinde mich gottlob wohl dabei; ich hatte auch in dieser Hinsicht infolge der vielen wunderlichen Schicksalsfälle der Meinigen mehr Beispiele zur Erprobung, als mir eigentlich lieb war. Was ich nun teils auf Grund dieser Erfahrung, teils aus vernünftiger Überlegung heraus für gut finde, will ich hier mitteilen ...«[17]

Placidus de Titis wurde 1603 in Perugia geboren. Er entwickelte ein neues Häusersystem, das bis heute bekannt ist und angewendet wird. Das Tabellenwerk seines Häusersystems erschien 1657. Er bekämpfte die Häusermethode von Regiomontanus und Campanus. Später schrieb er einen Kommentar zu den Werken des Ptolemäus und verfaßte auch ein astromedizinisches Werk unter dem Titel *De diebus decretoriis et agrorum decubio.*

Im 18. und 19. Jahrhundert finden wir zwar eine ganze Reihe von Astrologen, die beratend tätig waren und auch Bücher herausgaben, jedoch wenig Beiträge zur medizinischen Astrologie schrieben. Wir wissen, daß Johann Wolfgang von Goethe, Friedrich von Schiller, Friedrich Wilhelm Schelling, August Wilhelm Schlegel, Joseph Karl Benedikt von Eichendorff, Ludwig Tieck, Friedrich Hölderlin und Novalis (Friedrich Leopold von Hardenberg) der Astrologie sehr nahe standen. Besonders für die Astrologie eingesetzt hat sich auch Johann Wilhelm Pfaff, der letzte Professor für Astrologie an der Universität Erlangen (geboren am 5. Dezember 1774).

Astromedizinisch bedeutsam war dagegen wieder R.C. Smith, der unter dem Pseudonym »Raphael« veröffentlichte. Die Raphael'schen Ephemeriden, erstmals 1800 in jährlichen Ausgaben erschienen und in Jahresbänden bis heute herausgekommen, gehen auf R.C. Smith zurück. In seinem Buch über *Medizinische Astrologie* bestätigte Raphael die Erfahrung des Paracelsus, indem er schrieb: »Unter den Pflanzen unseres Klimas findet man für jedes Übel anwendbare Heilkräuter, und wenn man sie in Übereinstimmung mit den astrologischen Grundsätzen verwendet, so sind sie bei jeder Krankheit und bei jedem Gebrechen von unbeschränktem Nutzen.«

Ausgangs des letzten Jahrhunderts wurde der Hamburger Astrologe Albert Kniepf bekannt, der 1898/99 einige Broschüren über *Die psychischen Wirkungen der Gestirne* und *Die Physik der Astrologie* herausgab. Er war der Ansicht, daß die Wirkung der Gestirne als elektromotorische Reize angesehen werden müßten und behauptete,

34

daß die menschliche Aura weitaus empfindlicher auf die Gestirne reagiere als eine Selenzelle.

Im Juli 1909 erschien die Zeitschrift *Zodiakus* durch Alexander Bethor; ein Jahr später wurde in Leipzig die *Astrologische Rundschau* unter der Schriftleitung von Brandler-Pracht herausgegeben und ab 1914, ebenfalls unter seiner Schriftleitung, die *Astrologischen Blätter*. In den genannten Zeitschriften wurden immer wieder Aufsätze über »Krankheiten durch Gestirneinflüsse« veröffentlicht.

Nachdem hiermit ein kurzer Abriß der astromedizinischen Geschichte gegeben wurde, wollen wir uns anschließend mit der Astromedizin im 20. Jahrhundert beschäftigen und werden dabei feststellen, wie die Astrologie sich zunehmend zur Kosmobiologie entwickelte. Die Kosmobiologie steht heute sowohl bei den Naturwissenschaften als auch bei den Geisteswissenschaften. Die Kosmobiologie spricht von einem kosmischen Faktor, der eine starke prägende Wirkung hat, aber auch andere prägende Faktoren einbezieht, wie die Vererbung, den Einfluß des Elternhauses, die Erziehung, die Religion, die Rasse, die Umwelt im weitesten Sinne und das Geschehen in der Welt, dem jedermann zumindest teilweise ausgesetzt ist.

Zwischen 20. und 17. Jahrhundert vor Christus	Henoch und Abraham
ca. 1250	Moses
668 bis 628	König Assurbanipal begründet eine Keilschriftbibliothek; Beziehungen des Mondstandes zu Krankheitsfällen.
628 bis 538	Bestand des neubabylonischen Reiches, Zentrum war für die Astrologie Chaldäa, danach Bezeichnung der Priesterastrologen als Chaldäer, später Verallgemeinerung der Bezeichnung Chaldäer für alle Astrologen.
540 bis 480	Heraklit oder Herakleitos, griechischer Philosoph aus Ephesus, lehrt, daß alle Dinge aus dem Urfeuer entstanden und daraus auch die anderen Elemente Erde, Luft und Wasser hervorgegangen sind.
490 bis 430	Empedokles, griechischer Philosoph und Arzt, lebte an der Südküste Siziliens. Er lehrte, daß die »Wurzeln aller Dinge« in den vier Urstoffen Feuer, Erde, Luft und Wasser zu suchen sind.
458 bis 398	lebte der biblische Prophet Esra, dem ein Krankheitslunar zugeschrieben wird.
460 bis 377	lebte der Arzt und Astrologe Hippokrates, der »Vater der wissenschaftlichen Heilkunde«. Begründer der Elementarlehre.
427 bis 347	Platon, griechischer Philosoph, Schüler von Sokrates, Beziehungen zu Chaldäern.
um 400	Ktesias, Arzt am Hofe des Perserkönigs, verfaßte ein Werk *Persika*.
um 330	Diokles von Karystos lebte als Arzt in Athen und richtete sich in seinen ärztlichen Gutachten nach dem Licht und Lauf des Mondes.
384 bis 322	Aristoteles, Sohn des Hofarztes Nikomachos,

36

begabtester Schüler Platons, 342 Erzieher des späteren Königs Alexander, schuf durch seine Lehre das astrologische Weltbild. Er lehrte die vier Grundqualitäten und entwickelte die antike Humoralpathologie. (Ursache der Krankheiten ist eine falsche Mischung der Körpersäfte.)

372 bis 320	Theophrast, Schüler des Aristoteles.
um 300	Urform des Hermes Trismegistos. Darin werden unter anderem Krankheiten und Heilmittel behandelt, darunter Augen- und Frauenleiden. Entsprechung der Körperteile zu den Tierkreiszeichen.
um 300	Übergang von der Universalastrologie zur Individual-Astrologie und damit zur Jatromathematik, der astrologischen Heilkunde. Entsprechungen der Heilpflanzen zu den Tierkreiszeichen.
356 bis 323	Alexander der Große. Unter ihm beginnt eine neue Epoche der Astrologie. Die verschiedenen Entwicklungslinien des gesamten Orients (Mesopotamien, Ägypten, Hellas) vereinigen sich. Beginn einer wissenschaftlichen Systematik.
3. Jahrhundert	Alexandria in Ägypten entwickelt sich zu einem Zentrum der hellenistischen Wissenschaften.
161 bis 127	Hipparchos aus Nikaia, Astronom, Mathematiker und Astrologe, soll den 360-Grad-Kreis geschaffen haben. Ausstellung des ersten wissenschaftlichen Sternkatalogs, Reformer der Astronomie und Astrologie, besonders auch für die Melothesie, das heißt die Zuteilung der Körperteile zu Tierkreiszeichen und Planeten.
100 bis 50	Timaios wandte als Astrologe die Kentra an, die vier Kardinalpunkte, und zählte sie noch richtig in der Uhrzeigerrichtung.
20 vor bis 50 nach Christus	Philon von Alexandria, Hauptvertreter der hellenistisch-jüdischen Astrologie, gliederte die äußeren und inneren Bestandteile des Kopfes, die Seele und dem ganzen Körper in sieben Teile, den

	sieben Gestirnen entsprechend. Entwicklung des Siebenjahresrhythmus.
Mitte des 2. Jahrhunderts vor Christus	Die Astrologie dringt in breite Kreise des römischen Volkes. Verbot der Astrologie in Rom.
33 vor Christus	Zweites Verbot der Astrologie in Rom, Vertreibung der »Astrologen und Zauberer«. Bekämpfung der niederen Astrologie.
106 bis 43	Cicero, Staatsmann und Philosoph, versuchte die griechische Philosophie in das römische Denken einzuführen und beschäftigte sich auch mit Astrologie.
70 bis 19 vor Christus	Vergil, der größte Dichter der augustinischen Zeit, hat astrologische Gedanken seinen Werken einverleibt.
65 bis 8	Horaz, der größte Dichter seiner Zeit, beschäftigte sich mit Astrologie.
99 bis 45 vor Christus	Nigidius Figulus, römischer Senator, der als erster gelehrter römischer Politiker bezeichnet wird, hat sich auch mit den gesundheitlichen Schicksalen der Menschen beschäftigt.
Ende des 1. Jahrhunderts vor Christus	Manilius, Dichter, hat eine erste geschlossene Darstellung der Astrologie geschaffen, *Astronomica*. Darin befaßt er sich auch mit der Melothesie, den astronomischen Entsprechungen.
15 vor bis 19 nach Christus	Germanicus, Sohn des Trusus, Sieger über die Germanen, beschäftigte sich mit Astrologie.
20 bis 36 nach Christus	Thrassilos aus Alexandria war Hofastrologe und Freund des Kaisers Tiberius. Sein Sohn Tiberius Claudius Balbillus soll sich besonders mit der Erforschung der Lebenszeit nach dem Horoskop beschäftigt haben.
Mitte des 1. Jahrhunderts nach Christus	Thessalos, Arzt und Astrologe, hat ein jatromathematisches Pflanzenbuch geschaffen. Er gab als erster die Regeln an, wo und wann die Heilpflanzen gesammelt werden sollten.
23 bis 79	C. Plinius Sekundus schrieb unter dem Titel *Na-*

	turalis historia eine Enzyklopädie, die sich auch mit astrologischer Medizin befaßt.
um 60	Krinas aus Messalia, Astrologe und »Modearzt«, praktizierte zur Zeit Neros in Rom. Er behandelte seine Patienten nach dem jeweiligen Gestirnstand.
55 bis 120	Tacitus, der römische Historiker, nahm ausführlich zur Astrologie Stellung.
ca. 100 bis 178	Claudius Ptolemäus, Mathematiker, Astronom, Astrologe und Physiker, der letzte große Naturwissenschaftler der Antike, vereinigte in seinen Werken die Ergebnisse der älteren Forschung. Sein Werk *Tetrabiblos* ist erhalten. Darin nimmt er bereits auf Vererbung und Willensfreiheit Bezug und schreibt ausführlich über die Krankheiten, die den Gestirnen zugeschrieben werden. Er gilt als »König der Astrologen«, seine Bücher waren grundlegend für alle späteren Veröffentlichungen.
129 bis 200	Galenos aus Pergamon war der berühmteste Arzt der Kaiserzeit und Leibarzt des Kaisers Marc Aurel. Er soll die Temperamentslehre entwickelt haben. Er schrieb *Prognostikon für bettlägerige Kranke*.
232 bis 304	Porphyrius schrieb umfangreichen Kommentar zu Ptolemäus.
um 160	schrieb Vettius Valens ein astrologisches Werk.
zweite Hälfte des 2. Jahrhunderts	Antigones von Nikaia schrieb über die Horoskope historischer Persönlichkeiten.
um 335	schrieb Firmicus Maternus, das für die damalige Zeit umfangreichste Lehrbuch der Astrologie. Die acht Bücher erschienen unter dem Titel *Mathesios libri*. Für ihn war die Astrologie eine »göttliche Wissenschaft«. Nach Übertritt zum Christentum 337 lehnte er die Astrologie ab.
um 370	gab Paulos Alexandrinos eine Einführung in die Astrologie und genoß großes Ansehen. In seiner

	Abhandlung über die Krankheiten widmete er sich besonders den klimakterisch gefährdeten Jahren.
bis 394	Hephaestion aus Theben am Nil faßte als astrologischer Schriftsteller die verschiedenen Überlieferungen zusammen.
5. bis 6. Jahrh.	Angleichung der Astrologie an das Christentum.
754 bis 775	Kalif Almansor schrieb ein Werk *Propositiones.*
um 805	wurde der bedeutendste Astrologe der Araber, Abumassar, zu Balkh in Khorassan geboren; er war Schüler des persischen Leibarztes Alkendi.
860 bis 901	Astrologe Thedit, keine astromedizinischen Schriften bekannt.
877 bis 928	Albategnis, keine astromedizinischen Schriften bekannt.
919 bis 998	Abu Nassr al Faradi, keine astromedizinischen Schriften bekannt.
um 1093	Ebn Esra, keine astromedizinischen Schriften bekannt.
um 1100	Adelandus, keine astromedizinischen Schriften bekannt.
um 1150	Albetragius in Marokko, keine astromedizinischen Schriften bekannt.
1093 bis 1180	Albertus Magnus
1098 bis 1179	Hildegard von Bingen.
1200	Erzherzog Leopold von Österreich, Bischof von Freising, verfaßt *Tractatus decem de astrorum.*
1214 bis 1291	Michael Scotus, Leibarzt Friedrichs II.
1219	schreibt Gilbertus Anglicus die Abhandlung »Wie man ohne Urinschau auf Grund astrologischer Regeln die Krankheiten erkennen kann«.
1216 bis 1294	Roger Bacon bezeichnet den Himmel als die Ursache der Organisation aller Dinge.
1224 bis 1274	Thomas von Aquin, Schüler von Albertus Magnus, lehnt die Astrologie ab.
1230 bis 1300	Guido Bonati, Hofastrologe Friedrichs II., begründet die Lehre von den Halbsummen.

1250 bis 1316	Petrus von Albano, Arzt, Astrologe und Magier, ist gewissermaßen der »Vater der graphischen Ephemeriden«.
1256	starb Johann von Sacrobosco; er schrieb einen Auszug aus dem *Almagest*.
1250 bis 1327	Cichus Asculus (Francesco della Stabili) war Mathematiker, Arzt und Astrologe.
14. Jahrhundert,	in der ersten Hälfte, lebte Johann de Luna als Arzt und Astrologe in Bologna.
1350 bis 1425	Peter von Ailly, Astronom, Astrologe und Theologe.
19. Sept. 1398	griff Johannes Charlier als Kanzler der Sorbonne in Paris die Astrologie scharf an und erreichte, daß in einer Verordnung eine Anzahl magischer und astrologischer Lehren als ketzerische Irrtümer verdammt wurden.
1425	Jaques Ganivet, Professor der Theologie, schreibt ein Werk *Amicus medicorum*.
1423 bis 1483	(Lebenszeit) Ludwig XI. von Frankreich war eifriger Anhänger der Astrologie.
1436 bis 1461	Johann Müller von Königsberg (Regiomontanus) befreite König Matthias Corvinus von Ungarn von einer Gemütskrankheit. Er gilt als »Vater der deutschen Astronomie«.
1440 bis 1493	(Regentschaft) Kaiser Friedrich III. fördert die Astrologie.
1401 bis 1464	Nikolaus Cusanus stellte den einzelnen Menschen als Individuum aus der Allgemeinheit heraus.
1437 bis 1508	Isaak Arbabanel, Rabbi, untersuchte besonders die Konjunktionen von Saturn und Jupiter.
1484/85	schrieb Johann von Lichtenberg über die große Konjunktion von Saturn und Jupiter im Jahre 1484.
1486 bis 1535	Agrippa von Nettesheim, Leibarzt der Mutter Königs Franz I.

1433 bis 1499	Marsilius Ficinus, Verfasser von *De vita coelitus comparanda.*
Ende des 15. Jahrhunderts	Hieronymus de Manfredi, Professor der Medizin zu Bologna, Verfasser von Kalendern mit medizinischen Elektionen.
1452 bis 1531	Johannes Stöffler.
1463 bis 1494	Fürst Johann Pico de Mirandola wandte sich gegen die Mißstände der Astrologie.
1473 bis 1543	Nikolaus Kopernikus, Begründer des heliozentrischen Weltsystems, war auch Astrologe, wie aus seinem Grabstein hervorgeht.
1476 bis 1558	Lukas Gauricus, Günstling der Päpste, Herausgeber zahlreicher astrologischer Bücher.
1477 bis 1547	Johann Schoner beweist, daß die Astrologie mit dem neuen Kopernikanischen System durchaus vereinbar ist.
1493 bis 1541	Theophrastus Bombastus von Hohenheim (Paracelsus), Arzt, Philosoph und Astrologe, vertrat die Ansicht, daß ein Arzt ohne astrologische Kenntnisse nur ein »Pseudomedicus« sei.
1501 bis 1559	Jacob Milich, Mathematiker, Arzt und Astrologe, lehrte vorwiegend die Medizin des Hippokrates.
1501 bis 1575	Hieronymus Cardanus, Arzt und Astrologe.
1503 bis 1566	Michael Nostradamus.
1513 bis 1588	Jean Ferrer (Ferrius), Leibarzt der Katharina von Medici.
1513 bis 1521	(Regentschaft) Papst Leo X.
1514 bis 1534	Albrecht Dürer schuf den Stich »Melencolia« für Maximilian I. (Regentschaft) Papst Clemens VII.
? bis 1576	Georg Joachim (Rhaeticus) berechnete die ersten heliozentrischen Ephemeriden nach Kopernikus.
1525 bis 1590	Franz Junctinus, Mathematiker, Astrologe, Philosoph und Theologe, schrieb das umfassendste Lehrbuch der Astrologie seiner Zeit.
1526 bis 1580	Graf Heinrich von Rantzau war ein bedeutender Gelehrter seiner Zeit, Verfasser mehrerer astrologischer Schriften.

1534 bis 1549	(Regenschaft) Papst Paul III.
1527 bis 1579	Johann Stadius, Mathematiker, berechnete die Ephemeriden 1544 bis 1606.
1529 bis 1574	Leovitius.
1530 bis 1575	Johann Garvaeus, Professor der Theologie in Wittenberg und berühmter Astrologe.
1546 bis 1601	Tycho de Brahe, Astronom in Dänemark, bekämpfte die Auswüchse der Astrologie und suchte nach Wegen für eine Reform.
1555 bis 1617	Johann Antonius Maginus, Doktor der Medizin und Mathematik, wurde von Gregor XIII. an die Kommission zur Kalenderverbesserung berufen. Er schrieb ein Werk über den Gebrauch der Astrologie in der Medizin.
1557 bis 1636	David Herlich (Herlicus) wurde an die Universität Greifswald berufen, wo er Vorlesungen über Mathematik, Astrologie, Rhetorik und Logik hielt.
1561 bis 1656	Francis Bacon stieg vom Advokaten zum Lordkanzler auf. Er vertrat die Ansicht, daß die Astrologie für Wetter und Landwirtschaft brauchbar und für die Gesundheit eine große Hilfe sei.
1561 bis 1656	Thomas Fink, Doktor der Medizin, Professor der Mathematik, Verfasser astronomischer und medizinischer Schriften.
1571 bis 1630	Johannes Kepler, kaiserlicher Mathematiker und Astrologe, erstrebte eine Reform der Astrologie und ihre Befreiung vom Aberglauben.
erste Hälfte des 16. Jahrhunderts	Georg von Tanstetter, Arzt und Astrologe, wirkte an der Wiener Universität. Andreas Perlacher war gleichzeitig mit Tanstetter an der Wiener Universität tätig.
? bis 1592	Martin Pegius schrieb das erste astrologische Lehrbuch in deutscher Sprache, worin sich auch Hinweise auf die Astromedizin befinden.
1572 bis 1621	Rudolph Goclenius, Professor der Medizin in

	Marburg, verfaßte mehrere astrologische Lehrbücher.
1574 bis 1637	Robert Fludd, schottischer Arzt, Astrologe und Rosenkreuzer, schilderte den Kampf und das Zusammenwirken makro- und mikrokosmischer Kräfte.
? bis 1593	Johann Naiboda schrieb Kommentare zu Ptolemäus und anderen Astrologen vergangener Zeiten.
um 1581	lebte Johann Antonius Roffinus; er schrieb *De laudibus Astrologiae*.
1587 bis 1656	Jean Baptist Morin, Doktor der Medizin, Leibarzt des Herzogs von Luxemburg und später Ludwigs XIII., schrieb das berühmte Werk *Astrologia gallica*.
1597 bis 1669	Abdias Trews, Pfarrer, Professor der Mathematik und Physik, schrieb unter anderem *Astrologia medica*.
1603 bis 1668	Placidus de Titis, »Vater der modernen Horoskoptechnik«, schuf neben Kommentaren zu Ptolemäus ein umfangreiches medizinisches Werk *De diebus decretoriis et aegtum decubio*.
	Antonio Tattoni, Stadtarzt, Anhänger des Placidus, verfaßte ein umfangreiches astronomisches Werk in italienischer Sprache.
1602 bis 1681	William Lilly wurde als Astrologe berühmt, besonders durch seine astrologischen Prognosen, die sich bestätigten.
1617 bis 1681	Georg Wharton übte als Arzt in London eine Praxis aus; er wurde in den Adelsstand erhoben. Seine astronomischen Schriften wurden durch Gadbury herausgegeben.
1603 bis 1664	Andreas Goldmayer war Arzt und Astrologe. Er hat viel zur Verbesserung der Horoskoptechnik beigetragen.
1619	Gründung der Bruderschaft vom Rosenkranz durch Johann Valentin Andreae (1586 bis 1654).

In dieser geheimen Gesellschaft wurde auch die Astromedizin gepflegt.

1632 bis 1682   Aegidius Strauch, Professor der Geschichte und der Mathematik, gab ein astrologisches Lehrbuch heraus.

1669   gab Tobias Beutel, Amateurastrologe und Kunstkämmerer des Kurfürsten Johann Georg II. von Sachsen, ein weit verbreitetes Lehrbuch der Astrologie heraus.

? bis 1740   Eberhard Welper verfaßte *Speculum astrologicum,* dessen zweiter Teil sich mit Aderlaß und Medizin befaßt.

1775 bis 1854   Friedrich Wilhelm Schelling, bekannter Philosoph, bezeichnete den ganzen Kosmos als ein harmonisches Kunstwerk.

1767 bis 1845   August Wilhelm Schlegel sagte in seinen Vorlesungen, »die Astronomie muß wieder Astrologie werden«.

1772 bis 1801   Friedrich Leopold von Hardenberg (Novalis) begründete ein magisches Weltbild, in dem die Astronomie eigentlich die »wahre Metaphysik« ist.

1774 bis 1835   Johann Wilhelm Pfaff war der letzte Universitätsprofessor in Deutschland, der für die Astrologie eintrat. In seiner Abhandlung »Über das Wesen der Astrologie« verlangte er, daß die Astrologie wieder in den Kreis der Wissenschaften aufgenommen werde.

1788 bis 1860   Arthur Schopenhauer, Philosoph, bezeichnete die Astrologie als »Wissenschaft ohne Objekt«, kam ihr aber in seiner Schrift *Vom Unterschied der Lebensalter* wieder entgegen.

1800   Raphael (R. C. Smith) begann in London mit der Herausgabe der jährlichen Ephemeriden. Er verfaßte auch eine *Medizinische Astrologie* unter Bezugnahme auf die Heilpflanzen.

1800 bis 1878   Dr. med. Carl Friedrich Zimpel.

1831	Schiffsleutnant Morrison beginnt ebenfalls mit der Herausgabe von Ephemeriden unter dem Pseudonym Zadkiel.
1830 bis 1860	erlangt unter C. Murphy die Astrometeorologie starkes Interesse.
1845	Arzt-Astrologe Dr. William Simmonite gab ein astrologisches Lehrbuch in Katechismus-Form heraus.
1840	wird Alfred John Pearce, der sich Zadkiel II. nannte, geboren. Er gab mehrere astrologische Werke in englischer Sprache heraus, die als wissenschaftlich zuverlässig bekannt sind.
1860	gründete Morrison-Zadkiel die »Astrometeorologische Gesellschaft«, der in kurzer Zeit 200 Mitglieder angehörten.
1860 bis 1916	Geo Wilde, ein bekannter englischer Astrologe, gab mehrere astrologische Bücher heraus.
1888 bis 1897	Paul Flambart (Choisnard) leitete mit seiner *Astrologie scientifique* wissenschaftliche Untersuchungen auf statistischer Grundlage ein.
1888 bis 1921	Dr. med. Feerhow (Wehofer), Arzt-Astrologe in Wien.
1898/99	Der Hamburger Astrologe Albert Kniepf begründete die Gestirnwirkungen als elektromotorische Reize in seinen Büchern *Die physischen Wirkungen der Gestirne* und *Die Physik der Astrologie.*
1904	Alan Leo gründete in England die Monatsschrift *Modern Astrology* und veröffentlicht eine Reihe von Lehrbüchern, die später auch in die deutsche Sprache übersetzt wurden. (Wilhelm Becker, Dr. Naumann)
1909	gründete Alexander Bethor (Schriftstellername für Aquilin Backmund) die Zeitschrift *Zodiakus.*
1910	Dr. M. Duz gab sein Buch *Astro-Medizin* in Genf heraus. Deutsche Auflage 1950.
1910	Karl Brandler-Pracht gründete die *Astrologische*

	Rundschau, die später mit *Monatsschrift für astrologische Forschung* vereinigt wurde.
1913	Zweiter internationaler Kongreß für experimentelle Psychologie. Dr. med. Allendy erklärt, daß man in der Medizin unmöglich auf die Astrologie als Hilfsmittel verzichten kann.
1914	erscheint die erste Auflage von Dr. Feerhows *Medizinische Astrologie.*
1917	erscheinen die ersten Jahrbücher *Ein Blick in die Zukunft* von Elsbeth Ebertin.
1921	erscheint die erste Auflage von *Astrologie und Medizin* von G. W. Surya und Sindbad.
1925	gründet H. Freiherr von Klöckler die Monatsschrift *Sterne und Mensch.*
1926	erscheint *Astrologie als Erfahrungswissenschaft* von H. Freiherr von Klöckler mit einem Vorwort von Universitätsprofessor Dr. Hans Driesch.
1926	Erster Astrologenkongreß, einberufen durch A. M. Grimm.
1927	erscheint *Die Grundprobleme der Astrologie* von Dr. Karl Th. Bayer.
1928	Reinhold Ebertin beginnt mit der Herausgabe der Zeitschrift *Astrologischer Ratgeber,* die nach einem Jahr den Titel *Neue Sternblätter* erhält, dann die Bezeichnung *Mensch im All* und seit 1948 *Kosmobiologie.*
1928/29	erscheinen die ersten *Jahrbücher für kosmobiologische Forschung,* herausgegeben von Dr. Arthur Strauß.
1932	»Kongreß der astrologischen Pioniere« in Erfurt. Leitung: R. Ebertin und Chr. Meier-Parm.
1935	4. Deutscher Astrologenkongreß in Wien.
1938	Reinhold Ebertin übernimmt die Jahrbücher *Ein Blick in die Zunkft* und wandelt sie in die *Kosmobiologischen Jahrbücher* um, die bis 1978 über die Internationalen Arbeitstagungen berichten.

1949	Reinhold Ebertin berief die erste »Arbeitstagung für kosmobiologische Forschung« nach Aalen, die weiterhin jährlich stattfindet und einen internationalen Charakter erhält.
1955	war es Baldur R. Ebertin mit seinem Vater Reinhold Ebertin möglich, auf Einladung von Prof. Dr. Urban in der Universitätsklinik in Innsbruck zu experimentieren. Dabei stellten sie in verschiedenen Fällen bei Schizophrenen eine enge Mond-Pluto-Beziehung fest.
3.8.1956	erklärt Prof. Dr. Köberle, Ordinarius für evangelische Theologie, Tübingen, daß eine fruchtbare Begegnung zwischen Kosmobiologie und christlicher Seelsorge denkbar ist.
4.8.1956	bekennt Dr. med. Hagenbuchner von der Universitätsklinik in Innsbruck auf der 8. Arbeitstagung in Aalen, daß jeder ehrlich bemühte Arzt für jeden Hinweis eines Kosmobiologen dankbar ist, der ihm hilft, über die Grenzen der Medizin vorzudringen.
Nov. 1956	Gründung der »Kosmobiologischen Akademie Aalen«, zu deren Gründungsmitgliedern vorwiegend Ärzte gehören, wie Prof. Dr. Urban, Dr. med. Heinrich Reich, Dr. Walter Gollner.
1956	Dr. med. Hagenbuchner verlangt eine systematisch aufgebaute Fachsprache, eine allgemein anzuerkennende Nomenklatur, die auch in den folgenden Jahren, vorwiegend durch Reinhold Ebertin, geschaffen wurde.
9.8.1957	äußert sich Dr. Vereno vom Religionswissenschaftlichen Institut in Salzburg, daß es jedem katholischen Christen freisteht, sich mit Astrologie und Kosmobiologie zu beschäftigen, nur sollte er nicht in den Determinismus verfallen. Damit wurden alle Angriffe von Theologen gegenüber der seriösen Astrologie und Kosmobiologie widerlegt.

1958	erklärt Prof. Dr. Rudolf Tomaschek, ein international bekannter Geophysiker, auf der 10. Arbeitstagung, daß die verschiedenen sich bietenden Gestirneinflüsse einer exakten naturwissenschaftlichen Forschung zugänglich sind.
1958	veröffentlicht Dr. med. Siegfried Rilling einen Aufsatz über die Beziehungen Magen-Mond-Mutter und sagt: »Wenn es am Magen fehlt, dann wissen wir, daß es an Mutterliebe gefehlt hat.«
1959	konnte Dr. Baldur R. Ebertin auf die Versuche von Prof. Eugster hinweisen, »daß der Nachweis der kosmischen Strahlung im menschlichen Gewebe gelungen ist«.
1966	erläutert Dr. med. Wilhelm Folkert erstmals die Heilmittelwahl nach dem Kosmogramm aufgrund des kosmischen Elementenkreises.
1968	entwickelt Reinhold Ebertin das »Lebensdiagramm«, das die Möglichkeit bietet, chronische Krankheiten in vielen Fällen im voraus zu erkennen, um vorbeugende Maßnahmen zu treffen.
1969	äußert sich Dr. med. Heinz Fidelsberger, Wien, auf der 21. Arbeitstagung: »Die moderne Physik und vor allem die Kybernetik bieten uns Kosmobiologen sozusagen die Hand. Sie geben uns die Möglichkeit, die Kosmobiologie auf eine exakte wissenschaftliche Grundlage zu stellen.«
1969	spricht der Jesuitenpater Dr. Agoston Terres, Oslo, über Syndrome im Kosmogramm: »Eines der wichtigsten Ergebnisse der modernen Physik ist die allgemeine Relativitätstheorie. Besonders in dieser offenbart sich eine allgemeine kosmopsychologische Tendenz.«
1971	erklärt Prof. Dr. Robert Bünsow, Göttingen: »Die Pflanzen bilden ihre Substanzen aus den Kräften des Kosmos und der Erde. Dadurch können sie den Tieren und den Menschen Grundlage des Lebens sein. Aus den intimeren Kenntnissen des

Menschen und seiner Naturzusammenhänge ergeben sich auch besondere Möglichkeiten der Heilung.«

1971   sagt Prof. Dr. M. A. Charneco, Puerto Rico, auf der 23. Arbeitstagung: »Wir haben feststellen können, daß gewisse planetarische Bezugspunkte der kosmobiologischen Schule in der Aufspürung der seelischen und geistigen Erkrankungen eine wesentliche Rolle spielen.«

1974   zieht Dr. Agoston Terres, S. J., aus der Sonnenphysik die Forderung: »Stellungen der Planeten beeinflussen Schwankungen des Erdmagnetismus. Diese spiegeln sich im Zahlenbild der Wachstumsvorgänge, in besonderen Krankheitserscheinungen, bei Verbrechern und anderen Erscheinungen wider.«

1974   entwickelt Erich Modersohn sein Mongoloiden-Programm, um aufgrund einer kosmobiologischen Beratung der Mütter die Zeugung mongoloider Kinder zu verhindern.

1976   weist Reinhold Ebertin nach, welch große Rolle auch die Deklinationen im Schicksalsablauf und bei Krankheiten spielen.

1977   hält Reinhold Ebertin den Vortrag »Sterne helfen heilen«, der die Grundlage zu diesem Buch bildet.

1978   erscheint das letzte *Kosmobiologische Jahrbuch* mit der Wiedergabe der wesentlichen Vorträge auf den Arbeitstagungen. Nach sechzig Jahren mußte es wegen zu geringer Absatzmöglichkeiten und zu hoher Herstellungskosten eingestellt werden.

1978   wird der Ebertin Verlag an den Hermann Bauer Verlag in Freiburg im Breisgau angeschlossen. Die Zeitschriften *Kosmobiologie* und *Kosmischer Beobachter* werden in der neuen Zeitschrift *Meridian* fortgeführt.

28.8.1980   spricht Reinhold Ebertin auf dem Kosmopathie-

50

Kongress in Innsbruck im Rahmen der wissenschaftlichen Vereinigung »Imago mundi« über
»Kosmobiologische Aspekte bei chronischen
Krankheiten«. Damit wurde wieder eine Brücke
zur offiziellen Wissenschaft geschlagen.

19.9.1981 Heilpraktiker Ulrich Jürgen Heinz stellt wohl
erstmals alchemistische Wandlungsprozesse der
Pflanze und deren Heilkraft im menschlichen
Organismus vor.

Zweiter Teil

Astrologie
und Wissenschaft

Im Jahre 1850 starb in Erlangen Prof. Dr. Wilhelm Pfaff, der an der dortigen Universität auch das Fach Astrologie gelehrt hatte. Von da an gab es offiziell keine Vorlesungen und Seminare mehr über astrologische Themen. Obwohl in der zweiten Hälfte des 19. Jahrhunderts astrologische Bücher erschienen, führte die Astrologie mehr oder weniger ein Schattendasein. Aber mit Anbruch des 20. Jahrhunderts gab es wissenschaftlich tätige Personen, vor allem Ärzte, die sich wieder mit der Astrologie beschäftigten.

1914 erschien *Die medizinische Astrologie*[18] von Dr. Friedrich Feerhow. Im ersten Kapitel des genannten Buches erwähnt er unter anderem, daß er als erster den Versuch wage, »eine naturwissenschaftliche, kausale Deutung dieses kosmo-biologischen Zusammenhanges zu unternehmen.«[19]

Der Verfasser führt in diesem Werk ein umfangreiches astromedizinisches Material vor, auch an Hand von Patientenhoroskopen, und erwähnt auch andere Autoren, die sich intensiv mit der Astromedizin beschäftigten. So ist beispielsweise der Pariser Arzt Dr. R. Allendy für ihn ein »klinischer Vorkämpfer für die astrologische Diagnostik«.[20] Er führt weiter aus:

»Dr. Allendy erklärt, daß man unmöglich von dem Hilfsmittel der Astrologie absehen könne, denn sie gibt dem Arzt eine praktische Handhabe, und ihre Rolle in der Pathologie ist sehr wichtig… An einer Reihe von instruktiven Geburtsbildern erläutert er sodann diesen Einfluß (der Gestirne), ja er zeigt sogar an mehreren, wie durch das Studium der Nativität schwierige Diagnosen richtig gewonnen wurden, die auf dem Wege der gewöhnlichen klinischen Krankheitsbefunde unbefriedigend oder gar falsch ausgefallen waren.«[21]

Dieses Zitat bezieht sich auf die Besprechung eines Vortrages auf dem zweiten Internationalen Kongreß für Experimentalpsychologie in Paris vom 25. bis 30. März 1913.

Das Jahr 1926 ist als ein Wendepunkt in der Geschichte der Astrologie zu bezeichnen. In diesem Jahr erschien das umfangreiche Werk des Arztes Dr. Herbert Freiherr von Klöckler.[22] Was die Astromedizin angeht, ist bei Klöckler unter anderem nachzulesen:

»Nach den festgelegten und meiner Ansicht nach gesicherten Beziehungen zwischen Horoskop einerseits, Vererbung und Körpergestalt andererseits, erscheint zum mindesten der Versuch, körperliche Funktionseigenarten und ihre Störungen in einen Zusammenhang mit den Gestirnkonstellationen zur Geburt zu bringen, berechtigt. Wenn es möglich ist, bestimmt fest umrissene Beziehungen zwischen Horoskopelementen und Körpergestalt zu konstatieren, so ist damit schon ein Übergang zu medizinischer Auswertung des Horoskopes gegeben, denn zweifellos bestehen zwischen den Formentypen des menschlichen Körpers und bestimmten Krankheitsdispositionen Zusammenhänge, die ja auch in der akademischen Medizin zur Aufstellung von Konstitutionstypen (Stheniker, Astheniker, Apoplektiker usw.) geführt haben.«

»Vielleicht würde die Hinnahme des astrologischerseits behaupteten Tatbestandes leichter fallen, wenn die Astrologie sich darauf beschränken würde, neben der Aufstellung astrologischer Konstitutionstypen im Sinne der heutigen Medizin nur noch eine zeitliche Bestimmung körperlicher Perioden zu versuchen, denn für diese Zeitbestimmung hätten wir analoge Vorgänge in Wissenschaftsbetrieben der Neuzeit, etwa bei der Anfallhäufung der Epilepsie in bestimmten Mondphasen.«[23]

Dr. von Klöckler war übrigens auch einer der ersten, der statistische Untersuchungen zur wissenschaftlichen Fundierung der Astrologie vornahm. Ein Jahr nach von Klöcklers grundlegendem Werk erschien von Dr. Karl Th. Bayer die Abhandlung *Die Grundprobleme der Astrologie*.[24] Hierin führt der Verfasser aus, »daß die Astrologie die Bedingungen einer Wissenschaft zu erfüllen imstande ist und daß sie den Natur- und Geisteswissenschaften gegenüber eine ganz bestimmte, fest umrissene Stellung einnimmt.«[25] Eine besonders intensive Beziehung sah Bayer auch zwischen der Astrologie und der Psychologie.

Auf die Feststellungen von Dr. Bayer stützt sich unter anderem der Universitätsprofessor Dr. Georg Anschütz in seinem Buch *Psychologie*[26], das 1953 erschien. Hierin äußert er unter anderem: »Die Versuche der Astrologie, menschliche Typen im Zusammenhang mit den Tierkreiszeichen, ferner mit Sonne, Mond und den Planeten aufzustellen, sind von der Wissenschaft bisher meist nicht ernst genommen worden. Tatsächlich begegnen wir Komplexen und unpräzisen Begriffsbildungen, so daß der Eindruck einer veralteten Populartypologie entsteht.«[27] »... Die Methode der Berechnung eines sogenannten Geburtshoroskopes (Radix) ist insofern als naturwissenschaftlich zu bezeichnen, als durch dieselbe auf sphärisch-trigonometrischer Basis das astronomische Himmelsbild für einen bestimmten Zeitmoment und einen geographischen Raumpunkt erstellt wird. Horizontallinie (Aszendent) und Mittagslinie (Meridian) werden nach allgemeinen, gleichen Gesichtspunkten bestimmt, während die Rechnungsmethode der sogenannten inneren Felder umstritten ist. Neuerdings wird versucht, ohne diese Felderberechnung auszukommen.« »Die verschiedenen Berechnungs- und Ausdeutungsmethoden zeigen außerordentliche Subjektivität. Das ändert nichts an der grundsätzlichen Bedeutung...«[28]

Kosmobiologische Phänomene im weitesten Sinne wurden von Prof. Dr. Wilhelm Hellpach in seinem Buch *Geopsyche – Die Menschenseele unter dem Einfluß von Wetter und Klima, Boden und Landschaft*[29] bearbeitet. Obwohl sich der Verfasser in diesem Buch der Astrologie gegenüber sehr reserviert zeigt, handelt es sich um ein höchst lesenswertes Werk, denn es zeigt sich darin sehr deutlich, daß außer dem kosmischen Faktor, von dem die Kosmobiologie spricht, eine Fülle von weiteren, den Menschen mitprägenden Faktoren eine Rolle spielen und sowohl in der kosmobiologischen als auch der astromedizinischen Betrachtungsweise berücksichtigt werden müssen.

Im Jahre 1929 erschien von Dr. Dr. Hans Hermann Kritzinger das Buch mit dem seltsamen Titel *Todesstrahlen und Wünschelrute*[30]. In dem Kapitel »Mensch im kosmischen Kräftefeld« untersucht er den Einfluß der höheren Atmosphärenschichten auf die magnetischen Variationen der Erde und ihren Bezug zum Luftdruck und Wetter. Er zitiert hierbei auch die Erfahrungen des Anstaltsarztes Dr. Heinrich Lahmann, der immer wieder feststellte, daß sinkender Luftdruck Störungen in der Verdauung, der Blutzirkulation, im Nervensystem und der seelischen Verfassung bewirkten.[31]

Der Arzt Dr. Fritz Schwab, der 1923 das Buch *Sternenmächte und*

Mensch[32]) herausgab, stellte bei seiner Kliniktätigkeit immer wieder eine Duplizität der Fälle fest. So wurden am selben Tage zwei Mädchen mit einer Blinddarmentzündung in die Klinik eingewiesen, beide lagen »zufällig« nebeneinander, beide erkrankten gleichzeitig an Bauchfellentzündung, beide wurden gleichzeitig operiert, und bei beiden mußte ein Abszeß von unten geöffnet werden. Sonst jedoch kam kein solcher Fall innerhalb eines Vierteljahres vor. Zu manchen Zeiten dagegen »regnete« es Fälle mit Leistenbruchoperationen, an bestimmten Tagen traten mehrere Fälle von Versagen des Herzens auf usw. Erklären konnte er das zunächst nicht.

Schwab erwähnte dann die Siebenjahresperiode nach Swoboda, die Periodenlehre nach Dr. Fließ, die Zahlensymbolik aus der Antike und zitiert dann Äußerungen von Prof. Ruth aus dessen Buch *Neue Relationen im Sonnensystem*[33]):

»Überblickt man diese vielen Beziehungen und Zahlenverhältnisse im Sonnensystem und im Universum, so mag man den Eindruck gewinnen, daß es sich hier nicht um ein System, sondern vielmehr um einen Organismus handelt.« ... »Wir stehen vor dem größten wissenschaftlichen Problem, vor der Frage nach dem psychischen Charakter des Universums.«

Schwab stellte seine Erfahrungen in Statistiken zusammen, die nicht umfangreich sind, aber doch erste Versuche darstellen, zu signifikanten Ergebnissen an Hand des Geburtsbildes zu kommen.

Die Ärztin und Psychotherapeutin Dr. Olga Freifrau von Ungern-Sternberg wurde in den zwanziger Jahren mit der Astrologie bekannt und setzte sie in Beziehung zur Heilkunde und Psychotherapie. In ihrem 1928 erschienen Buch *Die innerseelische Erfahrungswelt am Bilde der Astrologie*[34]), das 1975 in zweiter Auflage herauskam, versuchte sie, die astrologische Terminologie zur psychologischen Terminologie in Beziehung zu setzen; sie führt aus:

»Demgemäß entspricht, in psychologischen Begriffen formuliert, die Äußerungsform des Saturn der Fähigkeit zur Formbildung, die des Mars der Spannkraft und Libido, die der Venus der Gegensatzspannung und dem Empfindungsvermögen, die des Merkur der nervösen Reizbarkeit und Verstandesbegabung, die des Jupiter dem Willen zur Synthese und der Umsetzungskraft...«[34])

Über die Sonne und den Mond als kosmische Kräfte ist eine sehr umfangreiche Literatur erschienen, so daß hier nur kurze Hinweise gegeben werden sollen. Nach Dr. Guthmann findet eine fast hundertprozentige Steigerung der menstruierenden Frauen zu Vollmond und Neumond statt.

Auch die Geburtenhäufigkeit zeigt eine Parallele zu den Mondphasen. Hierzu schreibt der Arzt Dr. Hilmar Heckert: »Die äußerlich sichtbaren Mondphasen weisen auf ein uns vorerst verborgenes rhythmisches Kräftespiel hin, das auf den menschlichen Organismus in solcher Art wirkt, daß es in einer Zunahme der Knaben- und einer Abnahme der Mädchengeburten in der zunehmenden, in einer Abnahme der Knaben- und Zunahme der Mädchengeburten in der abnehmenden Phase seinen letzten und äußerlich faßbaren Ausdruck findet.«[36]

Der amerikanische Arzt Dr. Andrews[37] stellte an statistischem Material von tausend Mandeloperationen fest, daß sich zweiundachtzig Prozent der Blutstürze nach Mandeloperationen ein bis drei Tage vor dem Vollmond ergaben.

Im Rahmen der seit 1949 in Aalen und ab 1980 in Stuttgart durchgeführten »Arbeitstagungen für kosmobiologische Forschung« wurden immer wieder Vorträge gehalten, die sich mit heilkundlichen, medizinischen und psychologischen Themen beschäftigten. Die seit 1950 in Aalen herausgegebenen *Kosmobiologischen Jahrbücher*, die teilweise noch über den Ebertin Verlag in Freiburg im Breisgau erhältlich sind, bieten ein umfangreiches Arbeits- und Forschungsmaterial.[38]

Dritter Teil

Heiler
und Heilmittel

Bereits in den ältesten Zeiten haben die kosmisch orientierten Ärzte auch nach Heilmitteln gesucht, die den Gestirnen entsprechen. Die ältesten Angaben über Pflanzenheilmittel können nicht mehr ausgewertet werden, weil die botanischen Bezeichnungen nicht übereinstimmen. Aus den letzten Jahrhunderten sind aber nicht nur Kenntnisse über die Heilpflanzen und Heilmittel überliefert worden. Es gibt auch heute noch Ärzte und Arzneimittelhersteller, die nach kosmischen Gesetzen arbeiten, doch werden die Mittel oft unter anderen Bezeichungen angeboten, damit man ihre Herstellung nach kosmischen Gesichtspunkten nicht ohne weiteres erkennen kann. In verschiedenen Fällen wurden auch vorhandene Heilmittel kosmischen Faktoren zugeordnet. Allerdings haben verschiedene Autoren mehrfach verschiedene Zuordnungen getroffen, weil sich Erfahrungen und Signaturenlehre mitunter widersprechen.

G. W. Surya gibt über die Zuordnungen in *Pflanzenheilkunde*[39)] folgende Erklärungen: »Sehen wir uns im Pflanzenreich um, ob es Pflanzen gibt, die ähnliche Charaktereigenschaften (wie die Gestirne) besitzen, so werden wir finden, daß bei einer Marspflanze scharfe Blattränder, Stacheln und Drüsen tragende Haare auf Blatt und Stengel vorhanden sind. Die Nesselarten und Pflanzen mit blasenziehenden, scharfriechenden Absonderungen und Säften haben den ›Marstypus‹. Wirklich sind solche Pflanzen bekannt wie die Große und die Kleine Brennessel (Urtica dioica und Urtica urena), Meerrettich (Cochlearia amoracea), der Scharfe Hahnenfuß (Ranunculus acris) usw. Von solchen Pflanzen kann man also sagen, sie haben die Kennzeichen des genannten Planeten.«

»Diese Signaturenlehre läßt sich also astrologisch begründen, aber es ist nicht leicht, immer die Signatur oder den herrschenden Planeteneinfluß einer jeden Pflanze herauszufinden.«

»Paracelsus und andere Forscher haben sich bemüht, diese Beziehungen zwischen Pflanzen und Planeten in kurzen Stichworten zu skizzieren. Aber, und dieses ›Aber‹ ist für uns besonders wichtig: man kann dererlei Angaben, die man in astrologischen Büchern findet, nicht als absolute Wahrheit nehmen, Richtigstellungen und Verbesserungen werden des öfteren nötig sein.«

Eine Tabelle über die vermuteten Beziehungen nach Surya wird auf besonderem Blatt wiedergegeben. Es muß aber ausdrücklich darauf hingewiesen werden, daß diese Entsprechungen nicht allein maßgebend sein dürfen, sondern daß auch die Erfahrungen einzelner Ärzte dazukommen müssen.

Der Forscher Dr. med. M. Duz

Wer neuere astromedizinische Bücher studiert, wird immer wieder feststellen, daß die meisten Grundlagen auf den französischen Arzt Dr. M. Duz zurückgehen, dessen Werk 1910 in Genf in nur 510 Exemplaren herausgekommen ist und bald vergriffen war. Es war das Verdienst der »Kosmobiosophischen Gesellschaft e.V.« in Hamburg, daß dieses Buch in einer Übersetzung von Curt Knupfer in deutscher Sprache – allerdings nur in vervielfältigter Form – neu herausgegeben wurde und trotzdem kaum noch zu haben ist.[40)]

Dr. Duz schreibt unter anderem: »Die astrale Wissenschaft stellt die Dinge von Grund auf wieder her, indem sie auf die Ursachen zurückgeht. So läßt sie uns in der Physiologie die Rolle der Körpersäfte begreifen, und in der Pathologie öffnet sie uns neue Horizonte im Hinblick auf die Konstitution und faßt das pathologische Bild zusammen; in der Hygiene zeigt sie uns den richtig einzuschlagenden Weg, in der Klimatologie enthüllt sie uns die günstigen und ungünstigen jahreszeitlichen, täglichen und andere Perioden, in der Therapeutik versieht sie uns mit einem einfachen Gesetz, das in Harmonie mit der Natur steht, dem des Ähnlichen, und endlich in der Soziologie führt sie uns auf die Dispositionen der Nativität unserer Kinder und den ihnen im sozialen Leben einzuprägenden Tendenzen.«

Dabei scheint es sehr wesentlich zu sein, daß die kosmischen Entsprechungen in den verschiedenen Gebieten der Erde keineswegs gleich sind. Dazu sagt Dr. Duz: »Es ist so, daß vor allem in den warmen

Beziehungen zwischen Gestirnen und Pflanzen nach G. W. Surya

Gestirn	Wachstum	Form	Farbe	Geruch	Geschmack
Saturn	langsam	lang, traurig, melancholisch	dunkel, wenig farbig	stinkend, betäubend	herb, oft giftig
Jupiter	üppig	stattlich, dicht	blau, violett, prächtig	angenehm, wohltuend	süß, gut
Mars	verschieden	stachlig, borstig	rot, rotblau	scharf, durchdringend	prickelnd, bitter
Sonne	schnell	stolz, farbig	gelb, orange	aromatisch, balsamisch	säuerlich süß, kräftig
Venus	lebhaft	farbig, lachend, schön	fröhlich, hell, grün, blau, rosa	süß, betäubend	wohlschmeckend, parfümiert
Merkur	schnell	fremdartig, ge-krümmt, klein	verschieden	schwach, aromatisch	säuerlich, doch schwach
Mond	verschieden, oft schnell	mysteriös, fremdartig	weißlich gelb, zart violett	fade	geschmacklos, süßlich

Ländern die akuten Krankheiten und besonders die der Leber starke Bindungselemente vorfinden. Die dort herrschende Hitze verursacht durch Ausdehnung der Gefäße eine Verschlechterung des Blutes, und somit kommt es zu Leberstauungen, daher die größere Häufigkeit dieser Krankheiten in jenen Ländern; die gleiche Ursache erzeugt dort die akuten Krankheiten. Während die wärmeren Länder den akuten und Leberkrankheiten unterliegen, tun es die kalten und feuchten Klimate den chronischen (mit der Erde in Zusammenhang stehenden) und schleichenden.«

In dem Abschnitt »Von der physiologischen Synthese« äußert sich derselbe Verfasser: »Die Physiologie ist die Wissenschaft, die Natur und Konstitution des belebten Körpers, das heißt der Gaben des Lebens, behandelt. Wie jedoch das Leben unseren Untersuchungen und Forschungen ausweicht, so beschränkt sich die astrologische Physiologie auf die Betrachtung der Einflüsse, die sich aus der Einwirkung der Himmelskörper, insbesondere des Mondes, auf die belebte Zelle ergeben. Wie wir in der Tat noch sehen werden, ist der Mond dasjenige Gestirn, das einen erheblichen Anteil an den Wesen und Dingen hat, und sein Weg durch die zwölf Tierkreiszeichen beeinflußt den Körper.« (Bei diesen Ausführungen ist zu berücksichtigen, daß es sich um eine Übersetzung aus dem Französischen handelt. Wenn es darin heißt: »Er greift dieses oder jenes Organ an«, so ist das nicht im Sinne von Ursache und Wirkung zu verstehen, sondern es kann sich nur um Entsprechungen zwischen kosmischen Faktoren und menschlichen Organen handeln.)

Entsprechungen der Tierkreiszeichen zum menschlichen Körper (nach Dr. Duz)

Widder: Er greift das Gehirnnervensystem an, den Kopf und was von diesem abhängig ist. Er bringt die Leber-Krankheits-Anlage hervor. Elementarqualität: das trockene Warme.

Stier: Dieses Zeichen betrifft das Drüsen- und Schildknorpelsystem (Glandular-Drüsen und Thyreoidal-Schilddrüsen-System), die Hypophyse, die im mannbaren Alter verschwindet, die Gehirnanhangdrüse, den Hals, den Schlund, und was von ihm abhängig ist; die Nierenkrankheitsanlage. Elementarqualität: das trockene Kalte.

Zwillinge: Dieses Zeichen greift das Atemsystem an (obere Lungenlappen, rechts und links), die Lungennervenversorgung, die oberen Glieder des Körpers und die Rückenwirbel eins, zwei, drei, vier; es bringt die Schädelkrankheitsanlage hervor. Elementarqualität: das feuchte Warme.

(Betreffend Lungenkrankheiten beachte man die Statistik von Dr. Schwab, wonach bei diesen Leiden vornehmlich das Zeichen Waage eine Rolle spielt. Man sollte immer beachten, daß die Stellung der Gestirne in den Tierkreiszeichen abgewandelt werden kann in positivem oder negativem Sinne durch die Aspekte und Halbsummen der Gestirne.)

Krebs: Er greift die Verdauungsorgane an (Magen, Magengrube, Epigastrium) und was von ihnen abhängig ist, das Zwerchfell, die unteren Lungenlappen (rechts zwei, links ein Lappen) und das Brustfell; er bringt die Cranio-Abdominal-Schädel-Bauch-Krankheitsanlage hervor. Elementarqualität: das feuchte Kalte.

Löwe: Ihm entsprechen das Herz- und Blutumlaufsystem (Herz, weite Blutgefäße), das obere Magendrittel, der Magenmund (Kardia), die Rückenwirbel fünf, sechs, sieben, acht, neun; die Herzkrankheitsanlage. Elementarqualität: das trockene Warme.

Jungfrau: Dieses Zeichen betrifft zwei Drittel der rechten Magenunterseite, das Sonnengeflecht (Plexus solaris), den Pförtner, den linken Leberlappen, das Spigelsche Läppchen, die Bauchspeicheldrüse und das, was von ihr abhängig ist; das abdominal-epigastrische (zum Bauch gehörende) Magen-System und alles, was von ihm abhängig ist; ferner die Schädelkrankheitsanlage. Elementarqualität: das trockene Kalte.

Waage: Dieses Zeichen betrifft die Nieren, die linke und rechte Nabelgegend und die Unterbauchgegend (Hypogastrium), das heißt die linke und rechte Leistengegend, einen Teil des Dünndarms, die Harnblase bei Kindern und die Gebärmutter in der Schwangerschaftsperiode; die Nierenkrankheitsanlage. Elementarqualität: das feuchte Warme.

Skorpion: Das Zeichen bezieht sich auf das Uro-Genitalsystem, die Blase, die Gebärmutter, die Hypophyse, (auch das korrespondierende

Nasen-Schlund-System) und die anderen Blutgefäßdrüsen (wie Nebennierenkapseln, Eierstöcke, Hoden usw.); die Leber-Krankheitsanlage. Elementarqualität: das feuchte Kalte.

Schütze: Das Zeichen hat Bezug auf das Muskelsystem, auch das System des Herzens; die Blutgefäße, die Magen-Eingeweide-Häute, den Blasenmuskel, die Lendengegend und die Schenkel; die Brust-Krankheitsanlage. Elementarqualität: das trockene Warme.

Steinbock: Das Zeichen betrifft das Haut- und Schleimhautsystem, das Zellgewebe, die Knie, die Milz-Krankheitsanlage. Elementarqualität: das trockene Kalte.

Wassermann: Das Zeichen greift das Blutsystem an (und das Blut an sich); die Beine, die Fußknöchel; es betrifft die Milz-Krankheitsanlage. Elementarqualität: das feuchte Warme.

Fische: Dieses Zeichen betrifft die Faser-Sehnen-Systeme, besonders Atmungsorgane und Gelenkschleim; das Fersenbein, die Füße, die Brust betreffende Krankheitsanlage. Elementarqualität: das feuchte Kalte.

Entsprechungen der Gestirne
zum menschlichen Körper
(nach Dr. Duz)

Sonne beherrscht die Vitalität der Zellen. Krankheitsvorgang: Reizung.

Mond: beherrscht die Zellmodularität. Krankheitsvorgang: Hyperämie (Blutüberfüllung), Mikrozysmase (Blutentartung).

Merkur: versorgt die Nerven. Krankheitsvorgang: Neurose, Metastase (schädliche Tochtergebilde).

Venus: beherrscht die Zellverbindungsflüssigkeit. Krankheitsvorgang: Dystrophia (Ernährungsstörung), Infektionskrankheiten.

Mars: stimuliert die Zelle. Krankheitsvorgang: Entzündung, Sthenie (fieberhafte Krankheiten), Organverletzungen.

Jupiter: beherrscht die neugebildeten Zellen. Krankheitsvorgang: Intoxikation (Vergiftung), Quecksilberkrankheit, Bleikrankheit, Jodkrankheit, Bromkrankheit, giftige oder verdorbene Nahrungsbestandteile, Wurstvergiftung, Syphilis, Gonorrhoe (Tripper) etc.; Dyscrasis (schlechte Säftemischung).

Saturn: zieht die Zellen zusammen und beherrscht das Protoplasma. Krankheitsvorgang: Asthenie (Schwäche), Stenose (Verengung), chronische Krankheitsformen.

(Anmerkung: *Uranus, Neptun* und *Pluto* sind in diesen Entsprechungen noch nicht enthalten, da sie zur Zeit der Abfassung des Manuskriptes von Dr. Duz noch nicht genauer erforscht waren.)

Der Forscher G. W. Surya

G. W. Surya bezeichnete sich als okkulten Forscher, wobei man die Zeit seines Wirkens im ersten Viertel des 20. Jahrhunderts in Betracht ziehen muß, wo alles Wissen, das nicht von der offiziellen Wissenschaft gefördert wurde, als »okkult« bezeichnet wurde. Heutzutage ist das »okkulte Wissen« teilweise bereits von der Wissenschaft übernommen oder in die Parapsychologie eingegliedert worden. Das Buch *Astrologie und Medizin*[41] das Surya mit seinem Freund Sindbad (Schwickert) herausgab, ist ein Teil des mehrbändigen Werkes *Okkulte Medizin.* Die erste Auflage erschien 1921 und wurde später mehrfach verbessert und erweitert.

Nach einem kurzen geschichtlichen Überblick und einer Einführung in die astrologische Praxis betonte Surya, daß es »der Einsicht des praktischen Arztes und der Weisheit eines gründlichen Astrologen bedarf«, um aus der Astrodiagnose praktischen Nutzen zu ziehen. Er hält seine Aufgabe keineswegs für erfüllt, »wenn es ihm gelungen ist, sich mit einer alten Ephemeride und einem gespitzten Bleistift zu bewaffnen, um mit diesem geistigen Rüstzeug einen chronisch Kranken in einer Viertelstunde gesund zu machen«. Das ist schon dadurch unmöglich, da Surya, wie auch andere Autoren verlangen, es für notwendig hält, die Direktion, insbesondere die Sekundärdirektionen beziehungsweise Progressionen, zu berechnen. Aus eigener Erfahrung weiß ich, besonders nach Aufstellung zahlreicher Lebensdiagramme, daß man chronische Krankheiten, insbesondere auch Krebs, fast nur auf diese Weise viele Jahre vor Ausbruch eines Leidens erkennen kann.[42]

»Darum hat auch Paracelsus die Astrologie nur als *eine* der Säulen der Medizin hervorgehoben; selbst zur Diagnose und Prognose sind noch die Philosophie und die Tugend – beide im paracelsischen Sinne aufgefaßt – erforderlich.«

»Wir wollen im Einklang mit den meisten Schriftstellern und der Kürze halber die astrologischen Faktoren einer Nativität so darstellen, als ob sie »bewirke« oder »beeinflussen«. Damit sind wir jedenfalls in Harmonie mit dem Gesetz der Übereinstimmungen, demzufolge man annimmt, daß, wenn zwei Phänomene zeitlich zusammenfallen, sie entweder im Verhältnis von Ursache und Wirkung stehen oder aber beide Wirkungen einer und derselben Ursache sind, was für alle nachstehenden Ausführungen gültig ist. Also Ciceros Beschränkung: ›Es genügt zu erfahren, was geschieht, wenn wir auch nicht wissen, wie es geschieht‹.«

Gegenüber der traditionellen Astrologie, die sich auf die sieben Gestirne beschränkte, führte Surya auch die krankheitserregenden Einflüsse von Uranus und Neptun an, wobei er sich auf den englischen Astrologen Raphael stützte.

Schwab – Hickethier – Schüssler

Dr. med. Schwab, über dessen Tätigkeit bereits berichtet wurde, schrieb seinerzeit: »Wir haben gesehen: durch die Astrologie bringen wir schließlich eine gewisse Berechnung, Maack sagt sogar Mathematik, in die Medizin hinein. Und das ist das, was die Alchemie immer wollte, nämlich mit Bestimmtheit dasjenige Mittel zu finden, das eben hilft. Eine interessante Bestätigung für das 1928 schon bekanntgegebene biochemisch-astrologische Schema erfuhr ich ein Jahr nach der Veröffentlichung desselben. Ich weilte Ostern 1929 in Wiesbaden und suchte einen Kollegen auf. Auf einem Spaziergang sprachen wir über dieses Gebiet. Da sagte er plötzlich: ›Kollege, Sie müssen Hickethier studieren, da ist die biochemische Mittelwahl nach Typ und Hautfarbe geordnet‹.«

Ich fand nun in dem Buche von Hickethier, betitelt *Lehrbuch der Antlitzdiagnostik*, daß dieser Autor tatsächlich und von ganz anderer Seite her zu demselben Resultat wie ich gekommen war. Er stellt elf scharf umschriebene Typen auf, z.B. das käsige Gesicht (Calc. phos.); das Platzbackengesicht (Silicea), das rote hohläugige Gesicht (Ferr.

phos.). Da sich nun seine Typen mit den astrologischen Typen decken, so kann man natürlich auch statt seiner Bezeichnung das astrologische Symbol setzen; das heißt für Calc. phos. das Zeichen Krebs, für Silicea die Fische, für Ferr. phos. den Widder usw.

Aufgrund dieser Erkenntnisse stellte Schwab die folgende Tabelle zusammen, die nach heutigen Erkenntnissen ergänzt wurde.

Mittelwahl nach Aussehen, Zeichen und Krankheit

Mittel	Aussehen	Zeichen	Krankheit
Ferrum phosphor.	Fiebriges Aussehen, hohläugig, Augenschatten, wie nach großer Anstrengung, Stirnröte, Fieberröte	Widder Harter Blick, Adlerblick, oft Neigung zu fieberhaften Zuständen; stets Hitze im Kopf, rotes Gesicht, besonders Stirn	Reizungshyperämie, Entzündungen, Blutungen, Lungenentzündung, Hirnhautentzündung
Natrium sulfur.	Grünlich-gelbe Gesichts- und Hautfarbe, Eindruck von vermindertem Stoffwechsel, krankhaft rote Nase	Stier meist gelbliche Haut- und Gesichtsfarbe, Neigung zu Stoffwechselstörungen durch falsche Diät, meistens zu gute und reichliche Ernährung, Gallen-, Drüsen- und Hautleiden	Natrium sulfur. zieht Gewebswasser an. Paßt gegen Stoffwechselstörungen durch mangelnde Regelung des Wasserhaushaltes. Gallenleiden, Diabetes, Hautleiden
Magnesium phosphor.	Gesichtsfarbe leichtes Rosa, Karmesinrot auf beiden Wangen, talergroße Flecken wie Verlegenheitsröte, innere Unruhe, hektische Röte bei Neuralgien	Zwillinge Frische Farben, nervöser Typ, dauernd in Bewegung; Neigung zu fiebrignervösen Leiden, z.B. Tuberkulose; sonst Krampfzustände, Neuralgien	Krampfzustände, Magenkrämpfe, Blasenkrämpfe, Kolik, Neuralgien, Veitstanz; das Mittel hat Beziehung zu Tuberkulose, Skrofulose

Mittel	Aussehen	Zeichen	Krankheit
Calcium phosphor.	Wachsgesicht, wie der Kalk an der Wand	Krebs Blasse, weiche, aufgeschwemmte Haut; Blutarmut, Erschlaffung der Gewebe mit ihren Folgen; Störung der Drüsen und serösen Häute: rachitische Kinder	Restaurationsmittel zur Neubelebung der Zellen, Exsudate, Rachitis
Kali sulfur.	Braune Farbe	Löwe Lebhafte, leicht sonnengebräunte Farbe; Neigung zu Herzleiden, Rippenfellentzündung, Aortaverbreiterung, Schwindelzustände	Schwindel, Herzklopfen; Kali sulf. vermittelt den Zutritt von Sauerstoff, heilt deshalb Katarrhe und beschleunigt die Bildung neuer Zellen
Natrium mur.	Bekanntes Kochsalzgesicht, etwas schwammig, etwas gedunsen, oft latinöse Ausschwitzung, bisweilen wässrige Augen	Jungfrau Wenig energischer Ausdruck, meist etwas müde. Leidende oder gleichgültige Miene wie bei Darmstörungen, etwas gedunsene Haut, Neigung zu Magen- und Darmleiden	Natrium mur. zieht Wasser an und bewirkt Zellteilung; die Patienten sind schläfrig, haben Kältegefühl, wässrige Durchfälle, Magenleiden, Wassererbrechen
Kali chlorat.	Haut zart, milchig, bräunlich, wie Alabaster, Drüsenschwellungen, Fluor	Waage Feiner, zarter Teint, Störungen im Stoffwechsel, Gleichgewichtsstörungen der Entgiftungsorgane (Drüsen, Haut, seröse Haut, Nieren)	Faserstoffmittel, Exsudate, in Körperhöhlen diphteritische Beläge, Katarrhe mit plastischen Exsudaten

Mittel	Aussehen	Zeichen	Krankheit
Kali phosphor.	Aschgrau, als sei das Gesicht nicht gewaschen	Skorpion Meist düsterer Blick, graue Gesichtsfarbe; bei Skorpion findet man selten rote Wangen; Nervenzustände, Krankheiten der Geistesarbeiter; Geschlechtskrankheiten, Sexualneurose, schwere Infektionen, Typhus, Ruhr	Gestörte Nervenernährung, Gedächtnisschwäche, Neurasthenie, vasomotorische Störungen des sympatischen Nervensystems; dann schwere dynamische Zustände; Typhus, Sepsis, Syphilis
Natrium phosphor.	Fettige Ausschwitzungen um die Augen- und Nasenfalten, speckiger Glanz, Störung der Talgdrüsen, Mitesser; allgemeine Übersäuerung, Gicht, Rheuma	Schütze Haut zeigt oft Unreinigkeiten, Leberflecke, Mitesser, Leberstörung; Übersäuerung des Organismus; Gelenkerkrankung, besonders des Hüftgelenks	Überschuß an Milchsäure und deren Folgen, harnsaure Diathese und deren Folgen; Gelenkrheumatismus, Hyperacidität des Magens, Durchfälle, Kinderkrankheiten, Milchsäureschäden
Calcium fluor.	Im Augen-Nasen-Winkel Längs- und Querfalten auf dunklem, rötlich-schwärzlichem Untergrund	Steinbock Schlechte Durchblutung der Haut: an der Augen-Nasen-Falte eine Einkerbung; die Gesichtsfarbe ist oft ein Rot mit dunkler Schattenwirkung. Degenerationszustände, Deformitäten, schlechte Haltung, Enteroptose, Flechten, Verhärtungen	Knochenleiden, Lageveränderung der Bauchorgane, Hautschäden wie Schrunden, Risse, verhärtete Exsudate, Brustknoten

Mittel	Aussehen	Zeichen	Krankheit
Aluminium Wahrscheinlich ein Komplex von biologischen Aschen		Wassermann Feiner Teint, helle Farben, Spasmen und sonstige Nervenzustände, Darmgase, Flatulenz, Erkrankung der Glieder und Gelenke; der typische entmineralisierte Mensch	Nervöse Antriebe, Störungen der glatten Muskulatur des Darms, der Blase, des Kehlkopfes; Nasen- und Rachenkatarrhe; Schwäche und Spasmen der Muskulatur; unsicheres Gehen im Alter
Silicea	Haut im Gesicht glasig durchscheinend oder wie mit Glasur überzogen. Krähenfüße, oft Kahlköpfigkeit	Fische Haut dick, Teint frisch, weist aber bisweilen einen glasartigen Glanz auf. Anlage zu Krähenfüßen; Eiterherde, Geschwulstbildungen, Wucherungen, Krebs	Krankheiten des Bindegewebes, Eiterherde; Ergüsse werden zur Aufsaugung gebracht; Gicht, Nierengries, Star

Die ersichtlich treffende Übereinstimmung in der Tabelle muß als gegenseitige Bestätigung angesehen werden. »Ist das aufsteigende Zeichen eines Menschen zum Beispiel Widder, und ist der betreffende Mensch dann in Wirklichkeit ein Widdertyp, dann ist er auch ein Ferr.-phos.-Typ, also untersteht Ferr. phos. dem Widder.«

»Schüssler sagt wohl von Ferr. phos. wie von Kali sulf., daß diese Salze Sauerstoffvermittler seien und die Oxydation fördern. Dem entsprechen genau die Zeichen Widder und Löwe, denen die beiden Salze dem Typ nach zugeteilt wurden. In astrologischer Nomenklatur laufen diese beiden Zeichen unter der Bezeichnung ›Feuerzeichen‹, was unter anderem besagt, daß sie mit der biologischen Verbrennung etwas zu tun haben. (Typen, die gute Farbe haben, Blutwärme und Blutfülle erzeugen.) Hingegen sagt Schüssler von Natr. sulf. und Natr. mur., sie würden Gewebswasser anziehen und zur Regulierung des Wasserhaushaltes dienen. Ihre Zeichen in unserem Schema, Stier und

Jungfrau, sind »Erdzeichen«, das heißt »trocken«, die gern Wasser anziehen. Ihre Typen sind sehr empfindlich in bezug auf das Wassergleichgewicht.«

Richard Herlbauer-Virusgo

1935 erschien im Ebertin Verlag, Erfurt, das Buch des Heilpraktikers Richard Herlbauer-Virusgo *Praktische Astro-Medizin*[43] als Lehrbuch für das vom Verfasser geschaffene Heilsystem »Dulcanoster« auf kosmobiologischer Grundlage. Mit Hilfe des Iso-Werkes in Regensburg hatte er homöopathische Komplexmittel zusammengestellt, die den einzelnen Tierkreiszeichen, den Elementen und den Gestirnen entsprechen. Im Vorwort seines Buches schreibt Herlbauer:

»Verschiedentlich sind im Zuge des neuen Zeitgeschehens astromedizinische (kosmobiologische) Heilsysteme aufgestellt worden; es hat aber sowohl die Neuartigkeit derselben als auch ihre mehr oder minder komplizierte Handhabung ihrem Eindringen in breitere Kreise Schwierigkeiten und Widerstände bereitet.«

»Das in dieser Schrift behandelte Heilsystem ›Dulcanoster‹ hat hierzu weitgehend Wandel geschaffen und stellt ein ebenso leicht erlernbares wie praktisch anwendbares Komplex-Heilsystem auf kosmobiologischer Grundlage dar. Es hat nicht nur dem Namen nach oder nur symbolisch Beziehungen zu den Tierkreiszeichen und Planeten, sondern es ist auch eine durchaus individuelle Behandlungsweise durch dieses System gewährleistet. Neben den homöopathischen Komplexmitteln dieses Systems sind auch reine Kräuterkuren zusammengestellt worden.«

Herlbauer stützte sich in der Zusammenstellung der Mittel vornehmlich auf die Erfahrungen der Ärzte Dr. Allendy und Dr. Feerhow, deren Forschungen bereits in diesem Buche behandelt wurden. Jahrelang haben viele Ärzte und Heilpraktiker nach Herlbauers System gearbeitet. Für die damalige Zeit und die Einstellung vieler Ärzte ist es bezeichnend, daß die Herstellerfirma zwei verschiedene Etiketten zur Bezeichnung der Mittel verwandte. Für die kosmisch orientierten Personen erhielten die Mittel die Tierkreis- oder Planetennamen und für andere Kreise zur Tarnung nur die Bezeichnung des Hauptmittels, so daß man die Zusammensetzung nach kosmischen Gesichtspunkten nicht erkennen konnte. Dieser Brauch wurde auch von der Göppinger Firma beibehalten, die später nach Herlbauers Anweisung die »Dynoplexmittel« herstellte. So entsprachen zum Beispiel das Mittel Silicea dem Zeichen Krebs mit den Bestandteilen von Belladonna, Cochlearia off., Opecuahana, Natrium chlor., Nux vomica, Pulsatilla und andere. Das Herlbauersche Heilsystem hat Komplexmittel bereits für alle Tierkreiszeichen, für die einzelnen Gestirne, für die Elementarzeichen und eine Zusammenstellung von Tees für die einzelnen Tierkreiszeichen entwickelt. Der Arzt, Heilpraktiker und Kosmobiologe Dr. H. G. Müller-Freywardt, München, hat die Tierkreis-Tees[44] neu zusammengestellt. Für die Auswahl der Teesorte ist aber nicht immer allein das Sonnenzeichen oder der Aszendent maßgebend, sondern auch das Zeichen, das eine besonders starke Besetzung aufweist.

Homöopathische Zeichen- und Planeten-Mittel
zusammengestellt von Albert Lang

Widder	Cimifuga D	Mond 1	Agaricus D
Stier	Guajacum D	Mond 2	Senecio D
Zwillinge	Bryonia D	Merkur 1	Baptisia D
Krebs	Silicea D	Merkur 2	Valeriana D
Löwe	Kalmia D	Venus 1	Primula D
Jungfrau	Colocynthis D	Venus 2	Fucus D
Waage	Cantharis D	Mars 1	Hypericum D
Skorpion 1	Scilla D	Mars 2	Apis D
Skorpion 2	Gelsenium D	Jupiter 1	Asclepias D
Schütze	Chamomilla D	Jupiter 2	Salvia D
Steinbock	Viola D	Saturn 1	Taxus D
Wassermann	Dulcamara D	Saturn 2	Pimpinella D
Fische	Uritca D	Uranus 1	Veratrum D
		Uranus 2	Stramonium D
Sonne 1	Cactus D	Neptun 1	Passiflora D
Sonne 2	Lycopus D	Neptun 2	Helleborus D

Vor Anwendung der einzelnen Mittel und deren Dosierung sollte man unbedingt mit seinem Arzt oder Heilpraktiker sprechen, denn es ist wichtig, daß bei den Mitteln die richtige Dilution (Verdünnung) verordnet wird.

Dr. H. G. Müller-Freywardt

war bereits von der zweiten Arbeitstagung für kosmobiologische Forschung 1950 an ständiger Referent, der stets mit voller Überzeugung für die Beziehungen zwischen Kosmos und Mensch eintrat, die Astromedizin ständig in seiner Praxis als Hilfsmittel einsetzte und sich sogar dadurch zur Astrologie bekannte, daß er die Berufsbezeichnung Astrologe in seinen Paß eintragen ließ. »Kosmisches Denken – eine praktische Realität ärztlichen Tuns und Lassens«[45] war eines seiner Themen auf den Tagungen. Aus diesem grundlegenden Referat mögen einige Sätze wiedergegeben werden:

»Über dem Problem, die Geschichte eines Menschen, also sein Lebensporträt in seinem raum-zeitlichen Ablauf zu überschauen, ergibt sich für den Arzt in zwingender Weise die Notwendigkeit, diesen Versuch auch auf einen speziellen Sonderfall des Lebens zu übertragen – auf die Krankheit. Die Krankheit gehört zu dem Lebensporträt eines Menschen, auch wenn das zunächst nicht als vordergründig erscheinen mag. Die uralte Devise ›in Gesundheit sterben‹, das nach wie vor terminale Ziel gesunden Lebens, läßt sich heute eher weniger erreichen als früher.«

Dr. med. Reich, Mitbegründer der Kosmobiologischen Akademie Aalen e.V., war sich mit den besten Forschern und Könnern auf diesem Gebiet einig, daß eine natürliche, die Ganzheit des Menschen nützende und schauende Heilkunde in wesentlichen Teilen kosmischer Natur sein müsse. Kosmisches Denken war für ihn eine praktische Realität ärztlichen Tuns und Lassens. Eines der Geheimnisse des Tierkreises sah er in der »Schichtung des Zodiaks«, die zugleich eine Entwicklung, ein Rhythmus ist. Dr. Reich hat auf seinen Reisen nach Japan, Korea und Bali die Symbolstärke der Asiaten erlebt. An Hand seiner Erfahrungen bestätigte er die Behauptung von C. G. Jung: »Die astrologischen Symbole sind Archetypen der Menschheit, sie wurzeln zutiefst in unserer Seele.«

Einige der wichtigsten kosmobiologischen Grundgesetze sollen erwähnt werden:

1. Von besonderer Bedeutung sind in einem Geburtsbild jene Planetenbilder, deren Faktoren in möglichst exakten Spannungs- und Lösungsaspekten nach der »Klassischen Lehre« stehen.

2. Dominant sind in jedem Fall solche Planetenbilder, die mehrere persönliche Punkte in sich vereinigen.

3. In der Hierarchie der persönlichen Punkte steht in erster Linie das Medium coeli. Es folgen Sonne, Aszendent, Mond, Mondknoten und das Achsenkreuz der Erde.

Wesentliche Grundlage für die astromedizinische Praxis gab Dr. Müller-Freywardt in seinem Referat »Sinn und Unsinn astromedizinischer Diagnosen« auf der 21. Arbeitstagung 1969.[46]

»Die Psychologen und Psychosomatiker erzählen in ihren wissenschaftlichen Fachausdrücken nichts anderes, als was die Astrologen seit Jahrhunderten behaupten: daß etwa die Lebensart des Menschen, der in ihrer Schilderung dem astrologischen Löwetyp entspricht, häufig zu Herz- und Kreislaufstörungen führt, während Verhaltensweisen, die für den Fischetyp charakteristisch sind, oft Bewegungshinderungen durch Erkrankungen der Unterschenkel, der Knöchel, der Füße im Gefolge haben. Daraus läßt sich keinesfalls der Schluß ziehen, daß jede Betonung des Tierkreiszeichens Löwe etwa zu Herzkrankheiten im Laufe des Lebens führen müsse. Das Naturgesetz, wonach jedes Ereignis seine Entsprechung habe, ist nicht umkehrbar. Deshalb ist es abzulehnen, allein aus dem Horoskop ohne andere Anhaltspunkte medizinische Diagnosen zu stellen.«

»Viele Patienten sind durch astromedizinische Diagnosen und, was noch problematischer ist, Prognosen in Ängste und Verzweiflung gestürzt worden. Es gehört schon eine seelische Robustheit dazu, einem Klienten zu sagen: ›Verschieben Sie Ihren Umzug noch um einige Monate, denn in den nächsten Monaten bekommen sie einen Herzinfarkt‹.«

(Dem Verfasser sind Fälle bekannt, wo ein Astrologe einer schwangeren Frau gesagt hat, sie dürfe ihr Kind nicht zur Welt bringen, weil es als Krüppel zur Welt kommen könnte. Durch fachmännische Beratung wurde die Frau beruhigt und hat dann ein gesundes Kind geboren. In einem anderen Fall wurde einem Mann die Prognose gestellt, daß er im Alter von fünfundvierzig Jahren sterben werde. Man kann sich die Ängste dieses Mannes in dem Alter vorstellen. Er wurde von einem anderen Fachmann beraten. Er überlebte, aber die kritischen Konstellationen lösten sich durch Arbeitslosigkeit aus. Solche Tatsachen sind ein Grund dafür, daß Astrologen einen

Nachweis ihres Könnens führen und in einem Verband zusammenge-
schlossen werden sollten.)

Dr. Müller-Freywardt führte in seinem Vortrag weiter aus, daß er
sich vorwiegend durch den Elementenkreis von Dr. med. Folkert und
die homöopathischen Komplexe von Herlbauer-Virusgo leiten läßt,
denn ein Heilungsweg läßt sich häufiger mit biologischen Medikamenten, die nach dem Simili-Prinzip ausgewählt sind, besser bestimmen als nach dem Contrario-Prinzip der Allopathie.

Dr. med. Wilhelm Folkert

Der bereits von Dr. Müller-Freywardt erwähnte Dr. Folkert sprach
erstmals auf der 11. Arbeitstagung für kosmobiologische Forschung in
Aalen 1959,[42] nachdem er gerade sein grundlegendes Lehrbuch
Sphäron[47] über seine Lebensarbeit veröffentlicht hatte. Ich hatte Dr.
Folkert bereits 1950 in einer Diskussion im großen Sendesaal von
Radio Frankfurt kennengelernt. (Hauptrefenrent waren Reinhold
Ebertin als Vertreter der Astrologie und Kosmobiologie, Max
Gerstenberger als Vertreter der Astronomie.) In dieser Diskussion
machte Dr. Folkert erstmals auf seine Arbeitsmethode aufmerksam
und erwähnte dabei, daß es unbedingt notwendig sei, auch die heliozentrischen Konstellationen mit einzubeziehen. (Darauf kommen
wir später noch zu sprechen.) In seinem Vortrag sagte Dr. Folkert unter
anderem:

»Bisher hat in Ihrem Kreise noch niemand das Buch gelesen,
obwohl Herr Ebertin einen Artikel veröffentlichte und schrieb, daß
ein solches Buch fehle, da in unserer Fachliteratur noch kein Werk
existiert, das eindeutig die Wirkung kosmischer Einflüsse auf das
Individuum wissenschaftlich darlegt.«

»Meine Arbeit ist eine west-östliche Synthese. Aus der östlichen
Heilkunst wurde die Akupunktur übernommen, die in unserem
Nachbarland Frankreich bereits an den Universitäten gelehrt wird.
(Im Jahre 1959 war die Akupunktur in Deutschland noch wenig
bekannt, während ein Jahrzehnt später viele Bücher darüber erschie-
nen sind.) Die Grundlagen der chinesischen Philosophie sind im
Urprinzip des Yang und Yin enthalten, auf denen auch das berühmte

chinesische Weisheitsbuch *I Ging* aufbaut. Alles Geschehen, alle Spannung in der lebenden Natur ist ohne dieses gegensätzliche Positiv und Negativ, Licht und Dunkel, Trocken und Feucht usw. nicht begreifbar. In jahrtausendelanger Arbeit haben die chinesischen Ärzte mehrere hundert solcher empfindlicher Punkte am Körper entdeckt und diese in Beziehung zueinander bringen können, wobei sie sahen, daß ein kontinuierlicher Energiestrom den Körper durchfließt. Im Krankheitsfall ist dieser Fluß gestört.«

»Mit Hilfe der Röntgenspektra erforschte man die Anzahl der Elemente und weiß heute, daß zweiundneunzig Elemente in der Natur vorkommen… Wenn nun jedes Atom bereits ein kleines Planetensystem darstellt, sollten die Elemente in ihrer Gesamtheit nicht auch als ein solches erscheinen?… Es ist mir ohne Schwierigkeit gelungen, unser Sonnensystem zwanglos in Verbindung mit dem periodischen System der Elemente zu bringen. So weit ich sehe, hat dies bisher noch niemand getan. Sie erfahren also hier eine Neuigkeit, mit der ich länger als ein Jahrzehnt arbeite.«

»Ich habe nun die einzelnen Elemente in einem »Elementenkreis« eingeordnet und dabei weder Yang noch Yin berücksichtigt. Die ungeraden Elemente stellen dabei das Yang-, die geraden das Yin-Prinzip dar. Von den leichtesten Elementen geht es außerdem kontinuierlich zu den schwersten und wieder zurück zu den leichtesten.«

»In diesen Kreis können wir auch die chinesischen Punkte einordnen. Diese liegen überall im Körper verteilt, sind etwa stecknadelkopfgroß und, wenn man sie richtig trifft, besonders im Krankheitsfall, überempfindlich. Diese Punkte haben sämtlich unter sich Verbindung; man muß es sich so vorstellen, daß durch unseren Körper ein Strom kontinuierlich in ganz bestimmten Bahnen kreist, ähnlich wie ein elektrischer Strom durch die Leitung. Um wieder an den Ausgangspunkt zurückzukehren, braucht dieser Strom vierundzwanzig Stunden. Dadurch erklärt sich auch die verschiedenartige Reaktion der Organe zu den Tageszeiten. So gebe ich auch meine Arzneien genau zur festgelegten Stunde«.

Über die Bedeutung des Sonnenortes im Geburtsbild machte Dr. Folkert die bemerkenswerte Feststellung, daß Patienten, die am gleichen Tage geboren sind, ähnliche Krankheitserscheinungen aufweisen. Der Arzt hat diese Feststellung an seiner Patientenkartei – über fünfundzwanzigtausend Krankenblätter – getroffen, und Dr. Müller-Freywardt hat nach seiner eigenen Kartei die Feststellungen bestätigt.

In dem Buch *Sphäron*[47)] werden auf den Seiten 208/209 folgende Fälle angeführt: Weibliche Geburt am 10. Juli 1925 um siebzehn Uhr. Im Alter von fünf Monaten traten Krämpfe auf, die sieben Stunden andauerten. Nach der Pockenimpfung am 17. Juni 1937 erfolgte nach einer Woche ein Krampfanfall, der sich noch mehrfach wiederholte. Hinzu traten noch Leibkrämpfe.

Ein Patient, am selben Tage um acht Uhr geboren, hatte im sechsten Monat einen Speiseröhrenkrampf.

Eine Patientin, am selben Tage um zwei Uhr geboren, hatte im Alter von vierundzwanzig Jahren eine Verkrampfung der Scheide.

Der Geburtstag 21. November 1901 zeigte im Laufe des Lebens Erkrankungen in Verbindung mit den Genitalien.

Ein Patient, der an diesem Tage um fünfzehn Uhr geboren wurde, litt 1940 unter geistiger Verwirrung, schrieb dauernd Liebesbriefe und füllte ständig Zettel mit dicken Strichen und anderen Absonderlichkeiten aus.

Ein anderer Patient, am selben Tag geboren, hatte neben einer chronischen Schuppenflechte 1940 ein feuerrotes, brennendes, jukkendes Ekzem vom unteren Leib bis zum After.

Ein dritter Patient, geboren um zwölf Uhr dreißig, kam 1950 in Behandlung wegen Schwindel, Schielen, Depressionen und einer übelriechenden Absonderung an den Hoden und der Leistendrüsengegend.

Eine Patientin kam wegen Schwindel, Ohrensausen, Interesselosigkeit 1953 in Behandlung; sie war 1928 am Eierstock operiert worden.

Eine weitere Patientin mit einem Gewicht von einhundertdreiundneunzig Pfund klagte über Schwindel und Kopfschmerzen, litt unter Verfolgungswahn. Sie hatte ein zweifaustgroßes Gewächs im Unterleib.

Die Sonne stand hier in den Graden um achtundzwanzig Grad Skorpion. Nach den *Anatomischen Entsprechungen der Tierkreisgrade*[48)] von Elsbeth und Reinhold Ebertin betreffen die Grade fünfundzwanzig bis achtundzwanzig Grad Eileiter, Perineum, After, Schleimhäute, was man auch nach der im gleichen Schema von Fritz Brandau entwickelten »Organuhr«[49)] ablesen kann.

Es wurde breits mehrfach darauf hingewiesen, daß es für Diagnostik und Therapie wichtig ist, die Tagesperiodik im menschlichen Organismus zu kennen. Diese hängt mit den Phasen der meteorologischen und physikalischen Prozesse im Tageslauf zusammen. Eine sehr ausführliche Abhandlung darüber hat Günther Wachsmuth in seinem Buch *Erde und Mensch*[50] gegeben. Wie die beigefügte Tafel anschaulich zeigt, ergeben sich bestimmte Phasen um drei Uhr, neun Uhr, fünfzehn Uhr und einundzwanzig Uhr.

Um drei Uhr ergeben sich ein Minimum des Luftdrucks, ein Maximum der Leitfähigkeit des vertikalen Leistungsstromes und eine Wende der Variationen des Erdstromes; um neun Uhr ergeben sich ein Maximum des Luftdrucks, eine Wendestunde der Luftbewegung, ein Einsetzen der Talwinde, eine morgendliche Zunahme des Potentialgefälles und Variationen des Erdstroms; um fünfzehn Uhr ergeben sich ein Minimum des Luftdrucks und eine Wendestunde der Luftbewegung; um einundzwanzig Uhr ergeben sich ein Maximum des Luftdrucks, eine Wendestunde der Luftbewegung und Variationen des Erdmagnetismus, um nur die wichtigsten Phasen hervorzuheben. Diese Phasen sind teils kosmisch und teils terrestrisch bedingte Rhythmen.

Betrachten wir zunächst den Leber-Rhythmus, so zeigt dieser ein Maximum an Konzentration um drei Uhr mit Aufspeicherung von Glykogen in der Leber; gleichzeitig beginnt die Gallenbildung. Der Glykogengehalt beginnt langsam abzunehmen, Blutzucker und Gallenaussonderung nehmen zu. Um neun Uhr erreicht die Leber ihr Zwischenstadium der Sekretion, bis gegen fünfzehn Uhr das Maximum der Gallenbildung und Gallen-Sekretion erreicht wird. Danach beginnen Synthese und Wiederanreicherung von Glykogen in der Leber mit einem Zwischenstadium gegen einundzwanzig Uhr bis zum Maximum der Konzentration um drei Uhr.

Ebenso wie die Leber in ihrer rhythmischen Funktion eine bedeutsame Rolle im Stoffwechsel spielt, so gilt das auch für die Nierenfunktion und die Wasserausscheidung. Dabei wurde festgestellt, daß diese Vorgänge unabhängig sind vom Zeitpunkt der Mahlzeiten. Man unterscheidet dabei eine morgendliche Flut, die gegen drei Uhr be-

Die Phasen meteorologischer und physikalischer Prozesse im Tagesablauf
(nach Dr. Wachsmuth)

Phase um 15 Uhr

Minimum des Luftdrucks
  der erdmagnetischen
  Oszillationen,
  des Potentialgefälles (in
  unteren Schichten),
  des radioaktiven Emanations-
  gehaltes der bodennahen
  Schicht,
Wendestunde der Luftbewegung,
  der Windvektoren,
  der Variationen des
  Erdmagnetismus,
  der Variationen des Erdstroms.

Phase um 9 Uhr

Maximum des Luftdrucks
  der erdmagnetischen
  Oszillationen,
Wendestunde der Luftbewegungen
  und Windvektoren,
  der Variationen des Erdmagnetismus,
Einsetzen der Talwinde (Aufwärtsströmen),
morgendliche Zunahme des
  Potentialgefälles,
Variationen des Erdstromes.

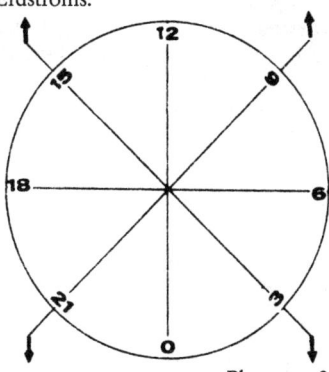

Phase um 21 Uhr

Maximum des Luftdrucks
  der erdmagnetischen
  Oszillationen,
Wendestunde der Luftbewegung,
Einsetzen der Bergwinde
  (Aufwärtsströmen),
Wendestunde der Variationen
  des Erdmagnetismus,
Variationen des Erdstroms,
abendliche Zunahme des
  Potentialgefälles.

Phase um 3 Uhr

Minimum des Luftdrucks
  (in dopp. tägl. Welle),
  der Luftbewegung am Boden,
  erdmagnetischer
  Oszillationen,
  des Potentialgefälles.
Maximum der Leitfähigkeit des
  vertikalen Leitungsstromes,
  des radioaktiven Emanations-
  gehaltes der bodennahen
  Schicht,
Wendestunde der Variationen
  des Erdstroms.

Die Rhythmen und Phasen der inneren Prozesse des menschlichen
Organismus im Tagesablauf
(nach Dr. Wachsmuth)

Phase um 15 Uhr

Maximum der Ausscheidungstätigkeit
  der Leber und der Nieren,
  Glykogen-Mobilisation (Ent-
  leerung der Leber),
  der Gallenproduktion und
  Sekretion,
  der Diurese (auch auf Reisen
  nach Ortszeit).
Steigerung des Blutdrucks,
  des Blutkreislaufs,
  der Vitalkapazität der Lungen,
  des Sauerstoffverbrauchs und
  der Kohlensäureabgabe.
Minimum der Glykogen-
  ablagerung in der Leber,
  der Fettresorption in der
  Darmwand,
Nachmittagshöhe der Körpertemperatur.

Phase um 9 Uhr

Maximum der Körper-
  temperatur (auch auf Reisen
  nach Ortszeit).
Steigerung der Leber- und
  Nierentätigkeit,
  der Diurese (morgendliche
  Harnflut),
  der Abgabe von
  Dissimilationsprodukten.
Zunahme der kreisenden
  Erythrozyten, Leukozyten,
  Thrombozyten,
  der Gallenaussonderung,
  des Blutzuckers.

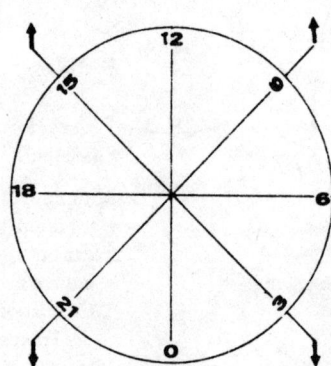

Phase um 21 Uhr

Abebben der Nierentätigkeit,
Akkumulierung von Glykogen
  in der Leber,
Größte Häufigkeit des Beginns

Phase um 3 Uhr

Maximum der Glykogen-
  anreicherung in der Leber
  der Fettresorption in der
  Darmwand,

Phase um 3 Uhr	Phase um 21 Uhr
der Geburtswehen.	der Blutanreicherung in
Abendliches Maximum	Lungen und Beinen,
des Blutdrucks,	der Wasserretention im Blut,
steiler Abfall um 22 Uhr der	der Anreicherung von
Körpertemperatur.	Malanophorenhormonen,
Maximum 21 bis 24 Uhr des	der Verengung der Kapillargefäße
venösen Rückflusses,	
nachher plötzlicher Um-	Minimum der Gallensekretion,
schwung im Blutkreislauf.	der Diurese, Wasserausscheidung,
	der Herzfrequenz, Pulsfrequenz,
	des Blutdrucks,
	des Blutkreislaufs,
	des venösen Rückflusses,
	des Herzminutenvolumens,
	der Vitalkapazität der Lungen,
	des Sauerstoffverbrauchs und
	der Kohlensäureabgabe
	des Stoffwechsels,
	der Körpertemperatur.

ginnt. Ein Maximum der Ausscheidung wird bis gegen fünfzehn Uhr erreicht. Ein Minimum der Ausscheidung liegt um Mitternacht. Diese Phasen bleiben auch bei einer Weltreise bestehen und entsprechen den jeweiligen Ortszeiten. Der Blutkreislauf unterliegt dem Tagesrhythmus in der Weise, daß das Herzminutenvolumen zwischen zweiundzwanzig und vierundzwanzig Uhr stark ansteigt, zwischen zwei und vier Uhr dagegen stark abnimmt. Der Unterschied beträgt sechs bis zehn Prozent.

Im Atmungsprozeß wurde festgestellt, daß die Vitalkapazität, der ausatmende Luftgehalt der Lunge, ihre Höchstwerte am Vor- und Nachmittag hat. Der Abfall in der Nacht beträgt acht bis zwanzig Prozent gegenüber der Vormittagskapazität. Wenn man die absoluten Zahlen der Verminderung der Vitalkapazität als Maß der pulmonalen Blutanschoppung ansetzen will, so würde es sich um dreihundert bis achthundert ccm Blut handeln, die sich in den Nachtstunden zwischen zwei und sechs Uhr bzw. zwischen zweiundzwanzig und zwei Uhr in den Lungen ablagern.

Nach Schenk (Wachsmuth Seite 391) ist die Blutbildung im Knochenmark gegen vier Uhr am stärksten, die Zahl der kreisenden

Leukozyten gegen sechzehn Uhr am größten. Hinsichtlich Nebenniere und Hypophyse besteht vermehrte Tätigkeit der Nebennieren am Tage, der Hypophyse in der Nacht. Im Bereich der Nervensysteme zeigt der Sympathicus Vorherrschaft am Tage, dagegen der Vagus in der Nacht. Charakteristisch auch das Fallen der Körpertemperatur in der Nacht.

Damit wurden nur wesentliche Angaben aus dem reichhaltigen Werk von Wachsmuth gegeben, die besonders wichtig sind, um die Zeiten der Einnahme von Medikamenten zu bestimmen.

Außerdem muß in diesem Zusammenhang auf die Untersuchungen von Dr. E. W. Stiefvater und sein Buch *Die Organuhr* hingewiesen werden.[51] Der Verfasser hat auch eine große Anschauungstafel über

Auszug aus *Die Organuhr* von Dr. E. W. Stiefvater

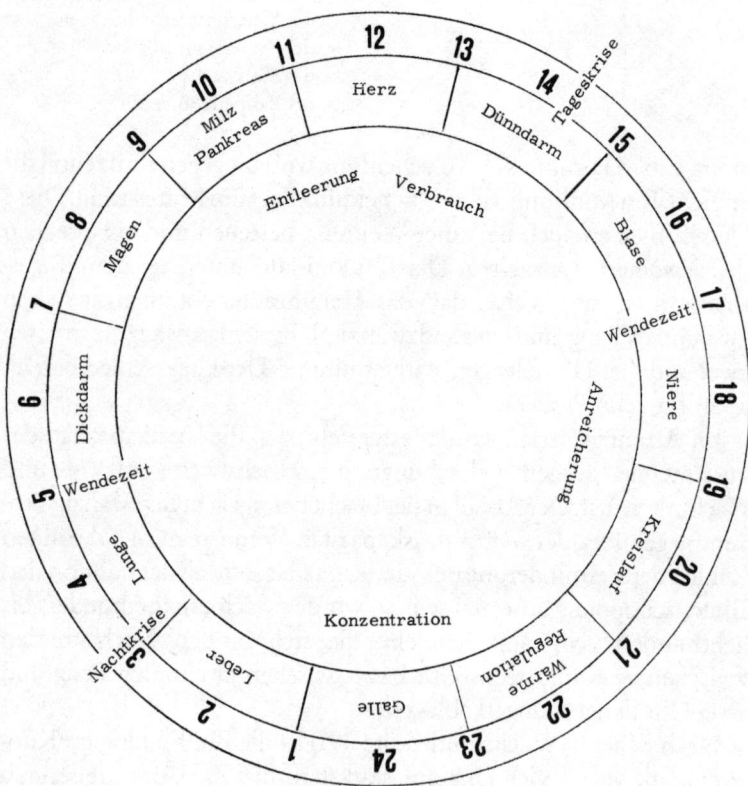

dieses Gebiet herausgebracht, von der ein kleiner Auszug wiedergegeben wird. Dieses Bild zeigt große Ähnlichkeit mit den Tafeln von Wachsmuth, erleichtert aber in mancher Hinsicht die Übersicht über die tagesperiodische Tätigkeit der einzelnen Organe. Die Beziehungen zu Yang und Yin und zahlreiche Einzelheiten sind in der beigefügten Zeichnung weggelassen.

Alexander von Bernus

Alexander von Bernus entstammt einer alten Frankfurter Patrizierfamilie, wurde aber kurz nach der Geburt von seinem Oheim Friedrich Alexander von Bernus adoptiert. Im allgemeinen ist Bernus als Dichter bekannt. Er gab auch eine Zeitschrift heraus, die Beiträge bekannter Zeitgenossen brachte. Nach dem Tode seines Onkels wurde er Hausherr auf Stift Neuburg, das eine große Vergangenheit aufweist.

Schon als Kind hatte Bernus Sinn für übersinnliche Dinge. Er vertiefte sich später in die Lehren von Paracelsus und seltene alchemistische Werke, die er 1914 von Gustav Meyrink erwarb. Er widmete sich mehr und mehr der Alchemie, lernte Rudolf Steiner kennen und begründete schließlich das Laboratorium Soluna, zunächst auf Schloß Neuburg, später auf Schloß Donaumünster.

Alexander von Bernus starb 1965. Von seinem Nachlaß wurde 1971 in der Landesbibliothek Karlsruhe eine große Ausstellung veranstaltet. In seinem Heilmittelverzeichnis findet man nur am Schluß einige Hinweise auf die »Astrosophie«. Dagegen geht aus dem 1948 erschienenen Buch *Alchemy und Heilkunst*[52] hervor, wie stark er sich mit den kosmischen Entsprechungen beschäftigt und sie auch in der Herstellung seiner Mittel verwandt hat. Er bezeichnete die Astrologie als eine empirisch-exakte Wissenschaft.

Wie ernst er seine Forschungen und Untersuchungen nahm, geht aus dem von ihm angeführten Zitat von Rudolf Steiner hervor: »Der Laboratoriumstisch muß wieder zum Altare werden.« Er vertrat auch die Ansicht, daß es auf die Stunde ankommt, in der die Heilkräuter gepflückt und gesammelt werden, denn geschieht das nicht zur rechten Stunde, so geht die Medizin – wie Paracelsus sagt – »wirkungslos durch den Arß«.

Das Ziel von Alexander von Bernus war, wie aus dem Vorwort seines Buches hervorgeht, »… die Alchemy in ihrer Eigenschaft als kosmogenetisches Weltanschauungssystem gegenüber der modernen Physik-Chemie als wissenschaftliche Disziplin in die rechte Sicht zu rücken und ihre Wahrhaftigkeit unter Beweis zu stellen.« Denn: »Durch die Astrologie bringen wir schließlich eine gewisse Berechnung — Maack sagt sogar Mathematik – in die Medizin hinein. Und das ist das, was die Alchemie immer wollte, nämlich mit Bestimmtheit dasjenige Mittel zu finden, das eben hilft.«

Alexander Müller

In den Jahren 1924 bis 1927 hielt der Apotheker Alexander Müller Vorträge über »Kosmische und irdische Strahlen als Erreger der Krankheiten«. Die Vorträge erschienen zusammengefaßt unter dem Titel *Kosmos und Mensch*.[53] Aufgrund seiner Experimente, die Müller grundsätzlich nur am lebenden Menschen vornahm, behauptete er, daß man mit Hilfe elektrisch wirkender Salze durchweg jeden Klimaeinfluß nachahmen, also gewissermaßen eine künstliche Atmosphäre der Land-, Höhen- und Bergluft hervorrufen könne. Es ist verständlich, daß er zunächst auf stärksten Widerstand aller Kreise stieß, man ihn sogar als Phantasten und Schwindler bezeichnete. Er sagte: »Allgemein versteht man unter Elektrolyten Salze, die die Eigenschaft haben, sich in einer wässerigen Lösung in ihre Moleküle, Atome, Elektronen und Ionen zu spalten und infolge des dadurch entstehenden exposiven Prozesses mit den gegenseitigen aufeinanderprallenden Teilchen und deren Reibungen miteinander elektrischen Strom zu bilden, während zugleich eine stärkere Leitfähigkeit einer solchen Lösung für anderer elektrische Ströme eintritt.«

»Meine Erkenntnis, daß alle Ursachen der Krankheiten einheitlich und durchweg in der Störung der allerfeinsten Gefäße des Organismus zu suchen seien, ebnete den Weg zur Heilung.«

»Dann kam es mir darauf an, zwei verschiedenartige Reize auszuüben, die den kosmischen Schwingungen entsprachen und schließlich den auf die Nerven ausgeübten Reizen besondere Eigenschaft und besondere Richtung in unserem Körper zu geben. Dabei mußten sie geeignet sein, Harnsäure, oxalsaueren Kalk und unlösliche Phosphate zur Lösung zu bringen. Das alles erreichte ich nach unzähligen Versuchen besonders durch die Beeinflussung der Tätigkeit aller Drüsenorgane, da ich zu dem Gedanken kam, alle Reizungen meiner Elektrolyse vom Sonnengeflecht, dessen eigentliche Funktion der Wissenschaft völlig fremd ist, ausgehen zu lassen.«

Müller erkannte auch, daß die kosmischen Strahlen, je nach Tageszeit, ganz verschiedene Wirkung haben. Gegen Mittag und Abend ziehen die radioaktiven Strömungen im Organismus – unabhängig von unserem Willen – die feinsten Kapillarien zusammen, während sich durch den entstehenden Druck die großen Gefäße erweitern. Nachts dagegen scheinen die radioaktiven Mondeinflüsse je nach ihrer Phase die Rückenmarksnerven zu regulieren, um so größer, weil beim Liegen des Körpers auch die Erdströme von ihnen zu erhöhter Wirkung getrieben werden. Müller erkannte, daß er verwandte Anschauungen in einer Arbeit des Anthroprosophen Dr. Günter Wachsmuth in Dornach fand, nachdem ihm bei einem Vortrag dessen Werk *Die ätherischen Bildekräfte in Kosmos, Erde und Mensch* überreicht worden war.

Alexander Müller stand seinerzeit auch mit Frau Elsbeth Ebertin in Gedankenaustausch, die seine Präparate ständig einnahm und weiterempfahl, denn die vierundzwanzig verschiedenen Salze, die sich in dem Heilmittel »Sepdelen« befinden, sind nach kosmischen Gesichtspunkten zusammengesetzt.

Ebenso wie andere Forscher vertrat Alexander Müller die Ansicht, daß alle epidemischen Krankheiten die Folgen starker Sonnentuberanzbewegungen sind. Müller nannte sein Forschungsgebiet »Sepdelenopathie«. Wer aber heute das bewährte »Sepdelen« einnimmt, wird selten wissen, daß es auf kosmische Grundlagen zurückgeht.

Carl Friedrich Zimpel

wurde 1800 in Sprottau/Schlesien geboren. Neben seinem ursprünglichen Beruf als Ingenieur war er zugleich preußischer Gardeoffizier und als solcher Leibadjutant des preußischen Königs. Als seine Werbung um die Tochter eines hochgestellten Offiziers abgelehnt wurde, unternahm er mit der Geliebten die Flucht, wurde aber entdeckt und zu Festungsarrest verurteilt. Durch Begünstigung des Königs wurde ihm die Ausreise nach Amerika erlaubt. Dort kaufte er einen Packen Nadeln, Bänder und dergleichen Dinge und durchwanderte zunächst als Hausierer Kanada. Dabei lernte er neben Land und Leuten auch die Sprache kennen. Er kehrte auch dort bald in seinen Beruf zurück, beschäftigte sich in Bergwerken und bei Eisenbahnen, zuletzt mit dem Bau von Häusern in New York, wonach er über hundert Häuser zu seinem Eigentum zählte. Durch einen großen Krach büßte er aber alles ein und kehrte als amerikanischer Bürger in seine Heimat zurück. Es genügte ihm aber nicht, hier Eisenbahnen zu bauen, er gab sich vielmehr dem Studium der Medizin hin, erwarb sich das Diplom als Doktor der Philosophie, und Dr. Lutze stellte ihm das Diplom eines homöopathischen Arztes aus. Er wurde später Inhaber der preußischen Goldenen Medaille für Kunst und Wissenschaft und Ehrenmitglied der Universität Jena.

1849 ging er nach London, um sich dort als homöopathischer Arzt zu etablieren. Nebenbei beschäftigte er sich mit Theosophie und Mystik. Es ist nicht bekannt, wann er sich mit Paracelsus und der Spagirik befaßte. Den Doktor der Medizin hatte er sich nur erworben, um sich bei seinen vielen Auslandsreisen, die ihn bis nach Frankreich, Spanien, Italien, Ligurien, San Remo, Marokko, Tunis, Ägypten, Palästina, in den Libanon und andere Länder führten, leichter Anerkennung zu verschaffen und zur Verbreitung der Homöopathie beizutragen.

In Italien hatte er unter anderem den Grafen Cesare Mattei, den Begründer der Elektro-Homöopathie, kennengelernt. (Ein ähnliches System der Elektro-Homöopathie begründete Professor Krauß in Zusammenarbeit mit dem Iso-Werk in Regensburg.) Dr. Zimpel war mehrfach in Italien, wo er während der berüchtigten Cholera-Epidemie glänzende Erfolge mit seinen Mitteln erzielte. 1873 verlegte er seinen Wohnsitz nach Neapel, wo er mit dem dort ansässigen Apotheker Hartenstein zusammenarbeitete. Im selben Jahr lernte er Dr. Mauch aus Göppingen kennen, der alle Manuskripte und Originalvorschriften Zimpels erwarb. Die Zimpel-Mittel, die alle den Kopf des Paracelsus auf dem Etikett tragen, sind heute noch zu haben und werden von Ärzten und Heilpraktikern verordnet.

In der Beschreibung des spagirischen Heilsystems[54)] ist nicht die

Rede davon, daß die Mittel unter bestimmten kosmischen Gesetzen hergestellt werden; in der Beschreibung des Heilverfahrens von Dr. Zimpel vermeidet man – der heutigen Einstellung der Wissenschaft zuliebe – grundsätzlich das Wort Astrologie, spricht aber von den hermetischen Wissenschaften oder der Geheimwissenschaft im Paracelsischen Sinne.

Rudolf Steiner und die Anthroposophie

Rudolf Steiner wurde am 27. Februar 1861 in Kraljevec (Königsdorf) an der ungarisch-kroatischen Grenze geboren. Sein Vater ermöglichte ihm eine gute Schulbildung. 1879 legte er die Maturitätsprüfung ab und begann sein Studium an der Technischen Hochschule zu Wien, besuchte aber auch Vorlesungen philosophischen und medizinischen Inhalts an der dortigen Universität. 1884 wurde er auf Empfehlung seiner Lehrer von Josef Kürschner eingeladen, an der von ihm herausgegebenen *Deutsche Nationalliteratur* Goethes naturwissenschaftliche Schriften mit Einleitung und Erklärungen herauszugeben. Die Tatsache, daß Steiner von der Naturwissenschaft her zu Goethe kam, war für ihn von besonderer Bedeutung. Steiners Arbeiten hatten zunächst zur Folge, daß er an das Goethe-Schiller-Archiv in Weimar berufen wurde. Dadurch hatte er Gelegenheit, mit repräsentativen Persönlichkeiten des Geisteslebens in Verbindung zu treten.

Ein großer Schritt im Lebensgang Steiners war 1897 die Übersiedlung nach Berlin. Hier wurde er Herausgeber des *Magazin für die Literatur des In- und Auslandes* und konnte sich mit den vieldeutigen Kulturerscheinungen um die Jahrhundertwende auseinandersetzen. In seinen zahlreichen Schriften zeigte er bereits die in die Zukunft weisenden Bildekräfte, begründete die Anthroposophie als Wissenschaft und legte bis zu seinem Tode am 30. März 1925 in mehr als sechstausend Vorträgen und in zahlreichen Schriften die Ergebnisse seiner geistigen Forschungen nieder.

1913 hatte er in Dornach als Mittelpunkt der anthroposophischen Bewegung das Goetheanum geschaffen; als dieses in der Sylvesternacht 1922/23 einem Brand zum Opfer fiel, entwarf er einen zweiten Bau und gleichzeitig einen neuen Baustil.

Steiner hat sich auch ganz besonders den medizinisch-menschen-kundlichen Problemen gewidmet. Aus seinen Schriften muß besonders folgender Satz hervorgehoben werden:

»Um sich der Gesundheit zu verbinden, ist es notwendig,
im Menschen auch den ganzen Kosmos zu sehen.«

Das sagte er in einer Schrift *Krankheitsfälle und andere medizinische Fragen*.[55] In einem Vortrag zu Ostern 1920 hielt er vor fünfund-dreißig Ärzten und Medizin-Studenten einen Vortragszyklus, in dem er die Grundlagen gab zu einer Erweiterung der Heilkunst durch geisteswissenschaftliche Erkenntnis. Aus weiteren Kursen ergab sich das Verlangen nach einer Stätte, an der die den geisteswissenschaftlichen Erkenntnissen gemäßen Heilmittel ausgearbeitet und hergestellt werden. Der Grundstein zu einem Heilmittelgeschäft wurde in Arlesheim gelegt. 1924 wurden in Stuttgart und Schwäbisch Gmünd die deutschen Betriebe unter dem Namen »Weleda« gegründet.

Die Firma sucht für die anzubauenden Heilpflanzen die entsprechende Gegend und auch die Art der Düngung aus. Es werden auch die Pflanzen nach der ihnen eigenen richtigen Nachbarschaft zusammengestellt, wodurch sie sich gegenseitig fördern. Die Pflanzen werden den Tageszeiten und Jahreszeiten entsprechend geerntet. Vom Löwenzahn zum Beispiel weiß man, daß der Heilwert jeweils anders ist, was davon abhängt, ob die Pflanze im Frühjahr oder im Herbst geerntet wird. Die Giftigkeit mancher Hahnenfußarten ist im Juni größer als im Oktober. Stechapfelblätter, die am Morgen gesammelt werden, haben einen höheren Alkaloidgehalt als die, die am Abend gepflückt werden. Die Blätter des Fingerhuts als Heilmittel sind am wirksamsten, wenn sie an einem sonnigen Nachmittag gepflückt und verarbeitet werden.[56]

Dr. Rudolf Hauschka

Dr. Rudolf Hauschka ist Anthroposoph. Er hat von 1928 bis 1940 intensiv mit Frau Dr. med. Ita Wegmann in dem von ihr gegründeten Klinisch-Therapeutischen Institut in Arlesheim/Schweiz zusammengearbeitet. Frau Dr. Wegmann war seit den zwanziger Jahren die engste Mitarbeiterin von Dr. Rudolf Steiner.

Dr. Hauschka hat seine Erkenntnisse in *Substanzlehre*[57], *Ernährungslehre*[58], *Heilmittellehre*[59] niedergelegt und in seinem Wala-Heilmittel-Laboratorium in Eckwälden bei Bad Boll angewandt. Ich hatte Gelegenheit, ihn persönlich kennenzulernen und die Sorgfalt bei der Herstellung seiner Heilmittel zu bewundern. Es ist bezeichnend für die Beliebtheit des Unternehmens und das Vertrauen in die Mittelherstellung, daß er immer genug Arbeitskräfte findet, die in den ersten Morgenstunden bei Sonnenaufgang die Heilpflanzen ernten. Es ist unmöglich, das reiche Wissen und die praktische Erfahrung von Hauschka auf wenigen Seiten wiederzugeben. Einige Sätze aus dem Abschnitt »Sternenwirken in Erdenstoffen« (*Heilmittellehre*, Seite 100) mögen hier zitiert werden:

»Manche alten Schriften geben Hinweise auf die Kräfte der Tierkreisbilder und auf die Bedeutung ihrer Namen, aber für diese Art der Darstellung ist uns das Verständnis abhanden gekommen. Insbesondere die Naturwissenschaft lehnte jede Verbindung mit derartigen, in den alten Büchern angedeuteten Traditionen ab. In der von Rudolf Steiner begründeten Geisteswissenschaft aber erscheinen immer wieder die Zusammenhänge zwischen Sternenordnung, Erde und Mensch in einer dem modernen Bewußtsein angemessenen Art. Viele Wege werden gewiesen, um zur Erkenntnis der umfassenden schöpferischen Prinzipien zu kommen, deren Bilder wir in den Sternenformen lange verständnislos angeschaut haben.«

»Allmählich begreifen wir, daß aus dem Wesentlichen dieser Sternenordnung alles entstanden ist, was die Erde und den Menschenleib bildet. Wollen wir nun diese Bildekräfte, die aus Fixsternen und Planeten herunterwirken, im einzelnen kennenlernen, so können wir uns fragen: Welches sind die letzten physisch greifbaren Niederschläge dieser Wirkungen? In den zwölf Tierkreisbildern, die aus einem alten Hellsehen ihre Namen bekommen haben, nehmen vier Tierkreisbilder eine bevorzugte Stellung ein; diese sind: *Löwe, Adler* (Skorpion), *Wassermann, Stier*.

Diese vier, die uns aus der Mythologie und der Apokalypse des Johannes bekannt sind, wurden immer als Repräsentanten der Menschenbildung angesehen:

Der *Adler*, die Kraft des Denkens darstellend, die mit dem Haupt verbunden ist;

der *Löwe* mit seiner gewaltigen Ausbildung der Brustorgane als Repräsentant der Herzenskräfte;

der *Stier* (oder die Kuh), der ganz Stoffwechsel geworden ist, als Repräsentanten des Stoffwechsel-Willenshaften und schließlich

der *Wassermann* als derjenige, der die Harmonie der drei Prinzipien in der irdischen Organisation des Menschen herbeiführt und der deshalb von den Alten als Mensch oder Engel bezeichnet wurde.«

»So konnte man auch in der atlantischen Zeit vier Menschentypen unterscheiden: den Adler- oder Kopfmenschen, den Löwen- oder Brustmenschen, den Stier- oder Stoffwechsel-Willensmenschen und denjenigen, der am meisten diese drei Prinzipien zur Harmonie gebracht hat, den Wassermann-Menschen.«

Dr. Hauschka hat in einer Zeichnung das »Tierkreiswirken in Erdstoffen« dargestellt, die die Grundlage für die folgende Übersicht bildete. Dabei ist:

H	= Wasserstoff (Hydrogenium)	O	= Sauerstoff (Oxygenium)
K	= Kalium	F	= Fluor
Na	= Natrium	Cl	= Chlor
Ca	= Kalzium	Si	= Silizium
C	= Kohlenstoff (Carbonium)	N	= Stickstoff (Nitrogenium)
Mg	= Magnesium	S	= Schwefel (Sulfur)
Al	= Aluminium	P	= Phosphor

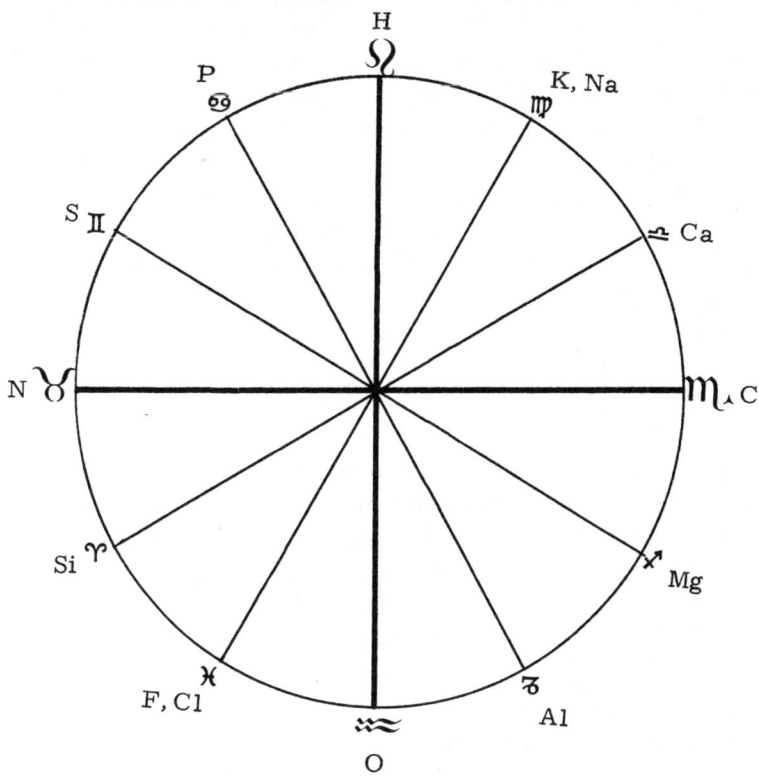

Die vier Repräsentaten des Tierkreises Löwe, Wassermann, Stier und Adler entsprechen den vier wesentlichsten Stoffen: Wasserstoff, Sauerstoff, Stickstoff und Kohlenstoff, die die gesamte organische Welt aufbauen. »Das Zusammenklingen dieser vier Stoffe bildet ja die Eiweißsubstanz, die Grundlage allen Lebens. Wie wunderbar offenbart sich die mannigfaltige Fähigkeit des Eiweißes, wenn wir es aufgebaut sehen aus diesen vier Elementen, die jedes für sich eine ganz bestimmte und weit ausgedehnte Wirkungsmöglichkeit haben und die zusammen die Matrix bilden können zur Entfaltung des lebendigen, des beseelten und des durchgeistigten Stoffes.«

»Bei einer solchen Betrachtung kann uns auch der Unterschied zwischen menschlichem und pflanzlichem Eiweiß deutlich werden. Zum

Aufbau des pflanzlichen Eiweißes strömen die Bildekräfte dieser vier Elemente aus den vier Weltenrichtungen zusammen, die wir jetzt durch die vier Sternbilder kennengelernt haben. Reine kosmische Kräfte sind es, die immer wieder neu das gleiche Pflanzenbild erstehen lassen. Die Pflanze ist unmittelbar in das makrokosmische Geschehen eingeschaltet; der Mensch dagegen ist ein Mikrokosmos in sich, ein Abbild des Makrokosmos. Er trägt die Sternenkräfte der Planeten und des Tierkreises als Organkräfte in sich, und diese bilden in ihm, als mikrokosmische Nachbilder des Makrokosmos, sein menschliches Eiweiß.«

Cyrill von Korvin-Krasinski

Die vier Elementarzeichen in ihren verschiedenartigen Beziehungen sind bei vielen Völkern verbreitet; sie treten nur in anderen Bezeichnungen auf. Pater Cyrill von Korvin-Krasinski hat vorwiegend die tibetanische Heilkunde studiert und in einem umfangreichen Werk niedergelegt.[60] Die leichter verständlichen Grundlagen hat er in seinem Buch *Mikrokosmos – Makrokosmos* wiedergegeben. Die tibetanische Medizin fußt allerdings nur auf drei Prinzipien Chi, Schara und Badgan, zu denen aber weitere Elemente kommen, die den westlichen vier Elementen (Feuer, Erde, Luft, Wasser) entsprechen. Folgende Zeilen mögen einen Einblick in die Forschungen und Erkenntnisse des Paters aus der Abtei Maria Laach geben:

»Die Gesundheit im geistigen wie im leiblichen Sinne besteht letztlich in der Harmonie zwischen den drei real aufgefaßten Grundprinzipien und in der gleichmäßigen Beherrschung aller Gebiete menschlicher Physis durch sie. Jede Einseitigkeit gleicht somit einer Art Krankheit, und die Aufgabe des weisen Arztes ist es, der einseitigen Überwucherung beziehungsweise Verkümmerung einer der drei genannten letzten Grundaspekte des menschlichen Wesens durch die ihnen entgegengesetzten oder sie ergänzenden Eigenschaften der beiden entgegenzuwirken.«

»Charakteristisch dabei ist, daß der lamaistische Arzt sowohl Philosoph sein muß, um die Drei-Prinzipien-Dialektik seines Fachwissens zu verstehen und zu beherrschen, als auch umgekehrt jeder lamaistische Weise viele uns recht medizinisch anmutende Erkenntnisse haben muß, um die jeweils richtige Verhaltensweise des täglichen Lebens bestimmen zu können. Besonders interessant ist die Berücksichtigung der mannigfaltigen mikro- und makrokosmischen Entsprechungen, die den Menschen mit seiner Umgebung, vor allem mit der Pflanzenwelt, verbinden. Ihre Erkenntnis weist den Arzt – neben der schon genannten hochentwickelten Wissenschaft von den Geschmacksarten – auf jene Pflanzen oder Pflanzenteile hin, die zu dem erkrankten Organ in einer geheimnisvoll »sympathischen«, deswegen aber noch keineswegs magischen Beziehung stehen. Nur einige der wichtigsten und am leichtesten verständlichen Korrespondenzen seien hier genannt:

Dem menschlichen Skelett entspricht danach im Baume das Holzgerüst; es gibt dabei »menschenähnliche« Pflanzen, die, wie der Mensch, gerade in die Höhe schießen, zum Beispiel Zeder, Eiche, Linde, und andere, dem Menschen unähnliche, die in alle Weltrichtungen zu wachsen scheinen, wie die vielen unheimlich wirkenden Kaktusarten, gestrüppige Sträucher, Lianen usw. Der menschlichen Leber entspricht das flache Laubblatt, der Galle das grüne Chlorophyll (und im Kosmos die Sonne). Der ausgespreizten Hand entspricht die fingerartige Blattstruktur mancher Baumarten, wie die der Kastanie, der Palme, des Rhododendrons; den Eingeweiden, die aus der Erde die Säfte ziehenden Wurzeln, den Nägeln die bunten Petallen (Blumenblätter) der Blüte, den Fingerspitzen die tastenden Fühler mancher Kletterpflanzen (wie der Erbse, der Weinrebe, des Efeus usw.). Die mit Milch gefüllte Mutterbrust findet ihre Entsprechung in jenen Früchten, deren Saft sich um einen harten, meist nicht genießbaren Kern ansammelt (zum Beispiel Trauben, Apfelsinen, Kirschen usw.); dagegen stellt der harte Fruchtkern, der bei Hülsenfrüchten, Nüssen, Mandeln, Reis und Korn die eigentlich nahrhaften Teile der Frucht enthält, die Entsprechung zum Gehirn dar. Die beim Keimen dieser Kernfrüchte noch eine Zeitlang wie kleine Flügel aussehenden Keimblätter entsprechen den beiden Gehirnhälften. Sie sind bei den Erbsen und Bohnen besonders sichtbar. Wegen ihrer »Ähnlichkeit« mit dem Gehirn werden sie bei intellektueller Arbeit als Nahrung empfohlen, obschon die Tibeter wohl keine Ahnung davon haben, daß sie Phosphor enthalten. Die formal-analoge Gestaltanalyse scheint hier die materielle Analyse der stofflichen Beschaffenheit zu ersetzen. Diese Ähnlichkeit des Kopfes mit dem Kern ist auch der Grund für den kultischen Brauch in Tibet, in menschlichen Hirnschalen den Göttern Erbsen und Körner zu opfern, wohl als Ersatz für die früheren blutigen Opfer, bei denen das Gehirn die Opfergabe darstellte und wovon die in China noch erhaltenen, um die Tempel herumliegenden Schädelfriedhöfe Zeugnis ablegen.«

In ähnlicher Weise wie hier die Beziehungen zwischen Mensch und Pflanze dargestellt werden, hat der Verfasser an anderer Stelle auch die Beziehung zu den Tierkreiszeichen behandelt.

Anstelle einer Zusammenfassung über die Beziehung zwischen Heiler und Heilmittel mögen zwei Zitate von Friedrich Husemann stehen:

»Der Arzt hat es mit dem Menschen zu tun, aber er kann sein Interesse nicht auf diesen beschränken, wenn er ihm helfen will. Er ist darauf angewiesen, die heilenden Kräfte der Tier-, Pflanzen- und Mineralwelt in Anspruch zu nehmen. So muß der Arzt Naturerkenntnis anstreben, und man kann schon von vornherein sagen: es gibt keine Grenze dieses Strebens, solange er nicht die Natur durchschaut hat.«

»Zwei Bilder braucht der Arzt: eines vom Menschen und eines vom Kosmos, die so miteinander in Korrespondenz stehen, daß, wenn das Bild des Menschen sich durch Krankheit metamorphosiert, das Bild des Kosmos als der ruhende Hintergrund den Hinweis auf die Heilungsmöglichkeit gibt.«

Es gibt bereits verschiedene Abhandlungen über die kosmischen Entsprechungen zu Heilmitteln und Heilpflanzen. Aber die einzelnen Autoren sind sich über diese Entsprechungen nicht einig; es gibt daher zahlreiche Widersprüche. Davon hier einige Beispiele nach den Abhandlungen von Asboga[61], Busse[62] und Duz[40].

Heilmittel	Asboga	Busse	Duz
Abrotanum	= Sonne	= Jupiter	= Merkur
Aconitum	= Saturn	= Uranus	= Saturn
Ailanthus	= Sonne	= Uranus	= Mars
Arnica	= Mars	= Mond	= Mars
Belladonna	= Uranus/Sat.	= Mars	= Saturn
Canabis	= Saturn/Nept.	= Sonne	= Saturn
Digitalis	= Sonne	= Venus	= Venus
Curare	= Sonne	= Uranus	—
Hamamelis	= Jupiter	—	= Mars

Diese Liste der Widersprüche läßt sich in großem Umfang fortsetzen. Sie erklären sich dadurch, daß durch die Gestirnentsprechungen jeweils verschiedene Organe oder Krankheiten angesprochen werden. Aus diesem Grunde kam ich bereits 1952 auf den Gedanken, die vielseitigen Entsprechungen als Heilmittelstrukturen zu erarbeiten. Einen Teil meiner Untersuchungen habe ich bereits damals in der Zeitschrift *Kosmobiologie* veröffentlicht. Dabei ergaben sich besonders innerhalb der Tierkreiszeichen interessante Verbindungen. Verschiedene Strukturen zeigten quadratische Entsprechungen, andere sextilische, andere quintilische usw.

Kosmisches Heilmittel-Strukturbild

♃ Ernährungs- funktion, Dickenwachs- tum, Leber (Galle) Lunge	☉ Herz, Kreislauf, Blut, Augen, Großhirn, Vitalität	M Ich-Krankheiten, Krankheiten durch seelische Ursachen, z.B. Zurücksetzung, Unterdrückung	☽ Flüssigkeits- haushalt, Serum, Lymphe, Schleimhäute, Magen, Klein- hirn, Psyche	♄ Knochengerüst, Gelenke, Zähne, Steinbildungen, Verwachsungen, Verhärtungen, weiße Blut- körperchen
☿ Motorisches Nervensystem, Sprach- und Hörorgane, Hände, Finger				♇ Übersteigerungen, Gewaltmaßnah- men, Kollektiv- geschehen, Unfälle, Operationen, Amputation
A Reaktion auf Umwelteinflüsse				☊ Reaktion auf Gemeinschafts- erlebnisse, Aufenthalt im Krankenhaus od. einer Anstalt
♂ Muskeln, Sehnen, rote Blutkörperchen, Galle				♀ Drüsensystem, Hals, Mandeln, Nieren, Venen, Wangen, Haut, Blase
♅ Lebensrhythmus, Rückenmark, Hirnhäute, Hypophyse				♆ Sonnengeflecht, Zirbeldrüse, Lähmungen, Er- schlaffung der Zellen, Störun- gen aus dem Un- terbewußtsein
SA Cholerisches Temperament, gallige Konstitu- tion. Verdau- ungsorgane	**SI** Melancholisches Temperament, lymphatisch-ner- vöse Konstitu- tion, Blut, Mangel an roten Blutkörperchen, Schwellung	Roßkastanie Aesculus Hippocastanum	**LA** Sanguinisches Temperament, gallig-sanguini- sche Konstitu- tion, Blutkon- gestionen, Verletzungen	**LI** Phlegmatisches Temperament, lymphatisch- nervöse Konsti- tution, Stoff- wechsel, Aus- scheidungen

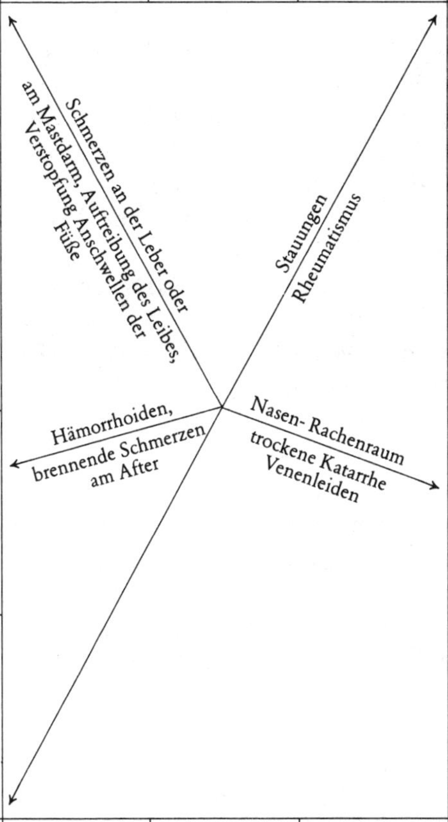

Schmerzen an der Leber oder
am Mastdarm, Auftreibung des Leibes,
Verstopfung Anschwellen der
Füße
Stauungen
Rheumatismus
Hämorrhoiden,
brennende Schmerzen
am After
Nasen- Rachenraum
trockene Katarrhe
Venenleiden

Betrachten wir als Beispiel das Strukturbild der Roßkastanie. Die Entsprechungen zu den Tierkreiszeichen ergeben ein quadratisches Bild zwischen Stier-Löwe-Skorpion-Wassermann zu folgenden Krankheitsmerkmalen und Krankheiten:

Stier: Trockenheit in Nase und Rachen, geringe Absonderung, Gefühl der Schwellung in der hinteren Nase, trockenen Husten, Nasen und Rachenkatarrh.

Löwe: Kreuzschwäche, dumpfer Schmerz in Kreuz- und Hüftgegend, Rheumatismus.

Skorpion: Völlegefühl im Bauch, Kolikschmerzen, Durchfall oder Verstopfung, harter Stuhl, Schmerzen am After, Schleimabgang, Darmkrankheiten, Hämorrhoiden.

Wassermann: Anschwellen der Unterschenkel beim Stehen, Venen-Entzündung, Thrombose.

Aesculus ist in erster Linie ein Hauptmittel gegen Venenentzündung und Hämorrhoiden, doch sind die anderen Organe den kosmischen Entsprechungen nach mit beteiligt. Manche Rheumakranke tragen Roßkastanien zur Abwehr ihrer Krankheit bei sich. Oftmals sind die Entsprechungen zu den Gestirnen wichtiger als die zu den Tierkreiszeichen. In unserer Abbildung richten sich die Zeiger zu folgenden Planeten und deren Entsprechungen:

Jupiter: Schmerzen an der Leber oder am Mastdarm, Auftreibung des Leibes, Verstopfung, Anschwellen der Füße.

Mars: Hämorrhoiden, brennende Schmerzen am After, Entzündungen.

Venus: Nasen- und Rachenerkrankungen, trockene Katarrhe, Venenleiden.

Saturn: Stauungen, Rheumatismus.

Schließlich ist Aesculus ein Spezialmittel für den SA-Typ.

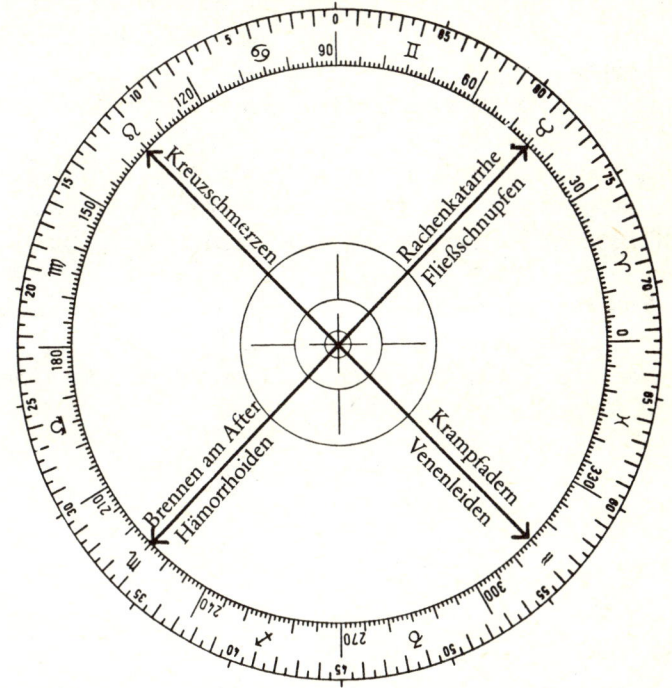

Abrotanum oder Eberraute (Artemisia, Eberrautenbeifuß) erstreckt sich in seinen Entsprechungen vornehmlich auf drei Zeichen:

Krebs: Magenschmerzen, Beklemmungen in der Brust, Brustfellentzündung.

Löwe: Blutarmut, Stiche in der Herzgegend, Herzneurose, Rücken- und Kreuzschmerzen.

Jungfrau: Gemütsverstimmungen, Ängstlichkeit, Reizbarkeit durch Verdauungsstörungen, Abmagerung trotz reichlichem Essen.

Wassermann: Kreislaufstörungen, Abmagerung in den Beinen.

Zu den Gestirnen ergeben sich folgende Krankheitsentsprechungen:

Sonne: Herz, Kreislauf, Herzschwäche.

Saturn: Haut, Ekzeme, Knochengerüst, Steifheit der Gelenke, Gicht, Abmagerung.

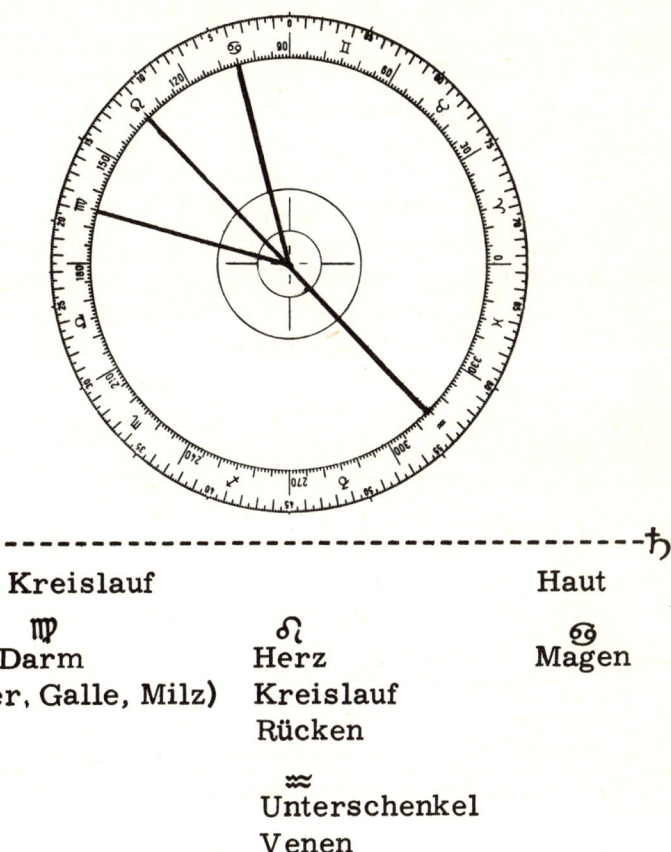

☉---♄

Herz, Kreislauf   Haut

♍   ♌   ♋
Darm   Herz   Magen
(Leber, Galle, Milz)   Kreislauf
                              Rücken

                              ♒
                              Unterschenkel
                              Venen

105

Aconit oder Blauer Eisenhut (Venuskutsche, Kutschenblüten) ist eine der giftigsten und bewährtesten Arzneipflanzen. Die Tinktur wird daher nur in hohen Verdünnungen abgegeben. Die Anwendung steht nur dem Arzt zu. Die Struktur des Aconit im Tierkreis zeigt die Form eines Sechsecks.

Widder: Kopf, Kopfnerven, Stirnkopfschmerzen, Augenflimmern, Ohrensausen, Ohren- und Nasenkatarrhe.

Zwillinge: Ziehende und krampfartige Schmerzen in den Gliedern, Ameisenlaufen, Kraftlosigkeit der Muskeln, Gelenkrheumatismus.

Löwe: Herz, Kreislauf, Herzklopfen, Herzangst, Herzneurose.

Waage: Nieren, Harnblase, spärlicher Urin mit Schmerz und Zwang, Erleichterung durch Schweiß, Nieren- und Blasenentzündung.

Schütze: Ischias

Wassermann: Venen, Wadenkrämpfe.

Krankheitsentsprechungen der Gestirne:

Merkur: Nerven, Trigeminusneuralgie.

Mars: Gefäßnerven, die Weite der Blutgefäße und Blutdruck beeinflussen, Fieber, Schüttelfrost, Entzündungen.

Uranus: Hirnnerven, nervöse Erregung, Krampfanfälle, Ruhelosigkeit, allgemeine Unruhe.

Aconit ist ein Mittel ersten Ranges bei allen Entzündungen (Mars) und wird angewandt bis zum Schweißausbruch.

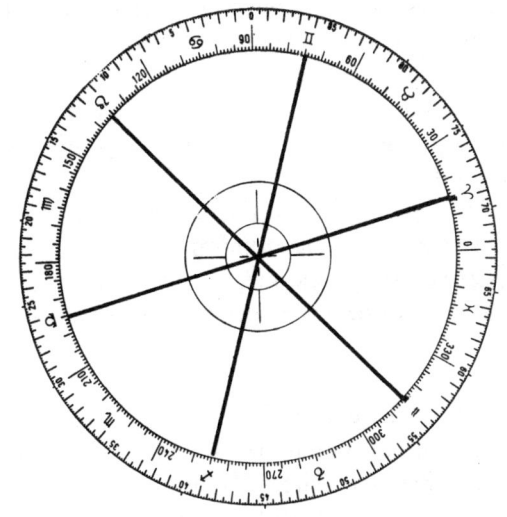

☿ ────────────── ♂ ────────────── ↑
Gefühlsnerven Gefäßnerven   Hirnnerven

Ⅱ   ♈   ≈
Glieder   Kopf, Kopfnerven   Venen
               Augen, Nase

♐   ♎   ♌
Ischiasnerv   Niere, Harnblase   Herz, Kreislauf

Agaricus muscarius oder Fliegenpilz zeigt das Strukturbild einer Lebensrune, deren Achse die Zeichen Widder-Waage bilden mit den Seitenarmen in Jungfrau und Skorpion.

Widder: Zentralnervensystem, Hirnhaut, Hypophyse, Schwindel beim Gehen, Kopfschmerzen, bessert sich bei Stuhl- oder Blähungsabgang, Zucken der Augenlider.

Jungfrau: Nervöse Magen- und Darmstörungen, Leibschmerzen.

Waage: Blasenlähmung, Blasenkrämpfe, starke Hautausdünstung bei mangelnder Harnausscheidung.

Skorpion: Mastdarmstörungen, sexuelle Schwäche, Jucken an den Schamteilen.

Krankheitsentsprechungen der Gestirne:

Uranus: Zentralnervensystem, Hirnhaut, Hypophyse, Muskelzuckungen, Unsicherheit des Ganges, Krampfzustände.

Merkur/Uranus: Plötzlich auftretende Erregungen, Reizbarkeit, Unruhe, Nervenüberreizung, Folgen von geistiger Überarbeitung.

Merkur/Mars: Störungen aller Bewegungsimpulse, krampfartige Erscheinungen.

Mars/Uranus: Störungen im Tätigkeitsrhythmus, Muskelzuckungen, Schreibkrampf, Schielen der Augen.

Saturn: Hemmungen im Organismus, Gefühl von Kälte unter der Haut (wie von Eisnadeln), plötzlicher Umschlag von Heiterkeit in Melancholie.

Venus: Erleichterung der Funktionsstörungen durch Sekretion der Tränen-, Speichel- und Darmdrüsen, Schweißbildung bei mangelnder Harnausscheidung, zeitweiliges Aussetzen des Harnstrahls.

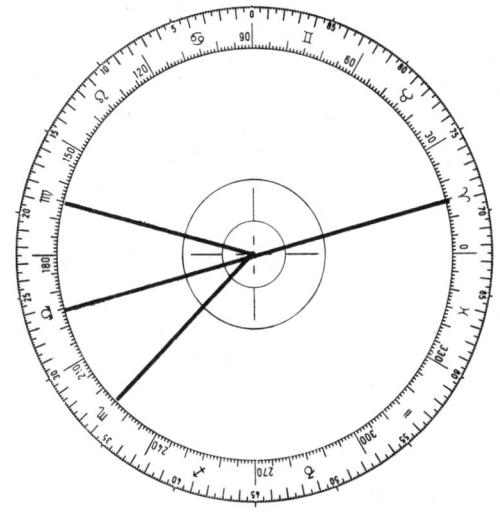

⚇

Zentralnervensystem
Hirnhaut, Hypophyse

☿⚇   ☿♂   ♂⚇

plötzl. auftretende motorisches   Störungen im
Nervenstörungen Nervensystem,   Tätigkeits-
               Nervenreize,   rhythmus,
               Reflexe   Muskelzuk-
                              kungen

♄   ♀

Hemmungen im Orga-   Erleichterung der Funk-
nismus melden sich in   tionsstörungen durch Se-
der Haut:Kribbeln,   kretion der Tränen-,
Ameisenlaufen, ner-   Speichel-, Darmdrüsen,
vöses Kältegefühl   Schweißbildung

♈

Zentralnervensystem

♍   ♎   ♏

Darmnerven   Blase   Mastdarm

Hautausdünstung

Aloe socotrina wird oft in Blumentöpfen als Hausmittel gehalten, da die frischen aufgeschnittenen Blätter sich als Auflage bei Verbrennungen und Entzündungen bewährt haben. Das kosmische Strukturbild der Aloe ist dasselbe wie beim Fliegenpilz, hat aber doch eine andere Bedeutung.

Widder: Blutandrang nach dem Kopf, Schmerzen in Stirn und Scheitel, Kopfschmerzen werden besser in frischer Luft, schlimmer durch Bücken und Bewegung.

Jungfrau/Skorpion: Schwere und Völle im Darm, oft unfreiwilliger Stuhl, Schließmuskelschwäche am After, Brennen und Jucken am Darmausgang, Dickdarmkatarrh mit Leberbeteiligung, Darmgeschwüre, Hämorrhoiden.

Aloe gilt als drastisches Abführmittel.

Waage: Häufiger Harndrang, Harn dunkel, beim Harnlassen oft unfreiwilliger Stuhl.

Krankheitsentsprechungen der Gestirne:

Mars: Brandwunden, Ausscheidung von Krankheitsstoffen und Stoffwechselprodukten durch Entzündung, Eiterung, Fieber, bitterer und saurer Geschmack im Mund.

Saturn: Ballenbildung des Darminhalts, Gallenstockung bei Gicht und Hypochondrie, Stauungen im ganzen Körper, Mattigkeit, Menschenscheu.

Anmerkung: Aloe darf jeweils nur kurzfristig genommen werden.

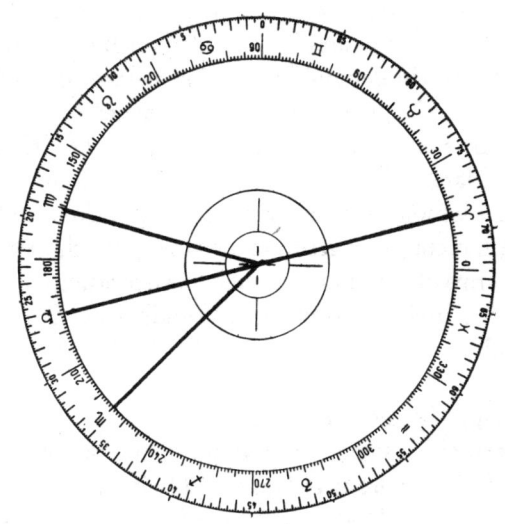

♂
Brandwunden, Hitze,
Entzündungen, Fieber

♄
Stauungen, Verhärtungen
Mattigkeit, Menschenscheu

♍
Darmkatarrh

♈
Kopfschmerzen
durch aufgestau-
te Gase

♏
Hämorrhoiden,
Brennen am
After

Alumina

Alumina oder Aluminiumoxyd wird auch als Tonerde bezeichnet und ist besonders im Ton- und Lehmboden reichlich enthalten. Das Strukturbild entspricht der Hälfte eines Sechssterns im Tierkreis.

Stier: Nasen- und Rachenkatarrhe verschiedener Art und bei »Heiserkeit magerer Kanzelredner« infolge schwacher Stimmbänder, Wundheit der Nase.

Krebs: Magenschwäche, Magenkatarrh, Ängstlichkeit und Schüchternheit (Angst, nicht mehr gesund zu werden), Psychosen.

Jungfrau: Darmkoliken und Blähsucht, Verstopfung.

Skorpion: Chronischer Darmkatarrh, Wundheit des Darms, Blutabgang beim Stuhl.

Krankheitsentsprechungen der Gestirne:

Mond: Magenleiden stehen in Verbindung mit der seelischen Verfassung, kleine Geschwüre am Magen und Dünndarm.

Saturn: Chronische Leiden, anhaltende Müdigkeit, Magerkeit, Mangel an Eigenwärme, Neigung zu Erkältungen, Hautjucken, Haarausfall.

Neptun: Verschlimmerung der Krankheiten durch Alkoholgenuß. Anmerkung: Alumina wirkt langsam, aber tief und muß längere Zeit genommen werden.

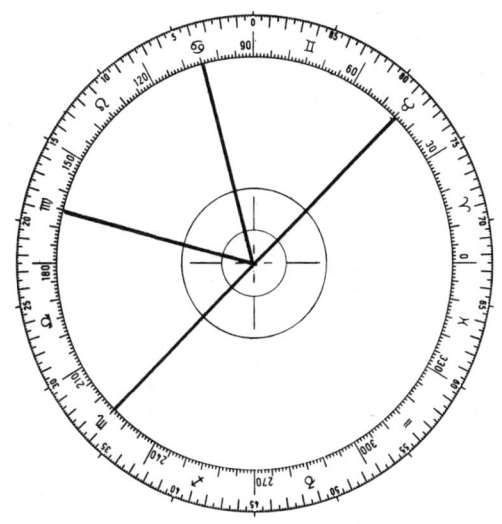

♄   ☽   ♅
chronische Leiden Magenleiden Alkoholmiß-
Magerkeit, Mangel Magensäure brauch
an Eigenwärme

  ♉   ♋   ♍   ♏
Nasen- und Magenleiden, Darmkolik, Verstopfung,
Rachenkatarrh Magensäure Blähsucht Wundheit
               des Mast-
               darms

Arnica montana oder Bergwohlverleih enthält ein ätherisches Öl mit antiseptischer Wirkung. Es ist nur in stärkerer Verdünnung zu gebrauchen. Das Strukturbild zeigt ein Kreuz der Zeichen Stier, Löwe, Skorpion, Wassermann, nebenbei aber auch Beziehungen zu Widder und Krebs.

Widder: Blutandrang zum Kopf mit kalten Gliedern infolge venöser Stauung, Kopfweh wird schlimmer durch Husten und Bücken.

Stier: Halsentzündung, Ohrensausen.

Löwe: Herzstiche, Herzkrampf, Herzbeklemmung, Rückenschmerzen.

Skorpion: Übelriechende Blähungen, unwillkürlicher Stuhl, Durchfall mit eitrigen, blutigen Stühlen.

Wassermann: Venenentzündung, Krampfadern, Wadenkrämpfe.

Krankheitsentsprechungen der Gestirne:

Mars: Verwundungen, Entzündungen, Schmerzen in Gelenken, Verrenkungen, Blutergüsse; leicht erregbar, streitsüchtig.

Saturn: Schwäche und Erschöpfung, Zerschlagenheit, Rheumatismus.

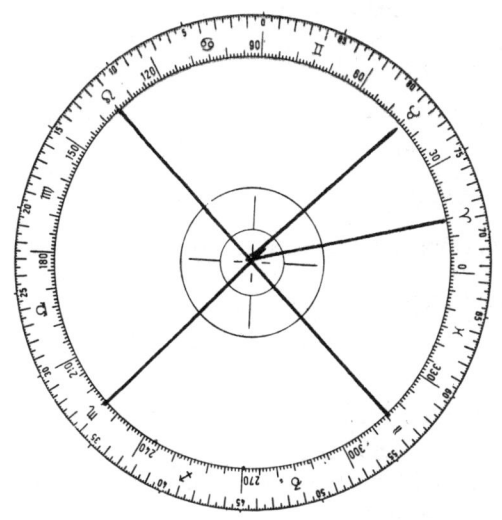

♂	♄
Verwundung, Entzündung,	Haut und Knochen,
Schmerzen der Gelenke,	Schwäche, Rheuma
Verrenkung	

♈	♉	♌	♒
Blutandrang	Hals, Nase,	Herz,	Unterschen-
zum Kopf	Mandeln,	Rücken-	kel, Krampf-
Kopfweh	Ohren	mark	adern.

Arsenicum album oder Arsenige Säure wirkt auf einen großen Teil der Organe und zwar nach dem Strukturbild auf die Hälfte aller Tierkreiszeichen zwischen Stier und Skorpion.

Stier: Kehlkopfkatarrh, Schnupfen, Wundsein des Mundes, Schluckbeschwerden, Kropf.

Zwillinge: Husten, Kurzatmigkeit, Ruhelosigkeit, Stechen in der Lunge.

Krebs: Magenbeschwerden, Magenkatarrh, Erbrechen, unstillbarer Durst.

Löwe: Herz- und Kreislaufbeschwerden, Angina pectoris.

Jungfrau: Pedantische Veranlagung, Ärger aus geringfügigen Anlässen, Verdauungsstörungen, Anlage zu Krebs.

Waage: Brennen in der Harnröhre, unwillkürliches Harnlassen, Schmerzen in der Nierengegend.

Skorpion: Durchfälle mit übelriechenden Stühlen, Brennen am After, Hämorrhoiden.

Krankheitsentsprechungen der Gestirne:

Saturn/Neptun: Krankheit des Gesamtorganismus, allgemeine Sepsis, Gesicht ist verfallen, tiefe Ränder um die Augen; Nasenspitze, Hände und Füße fassen sich kalt an, mangelnde Ausscheidung von Giftstoffen.

Mars/Neptun: Neigung zu nässenden Ekzemen, Geschwürbildungen, Infektionen.

Mond/Neptun: Magenempfindlichkeit, Magenschwäche, Angstgefühl, Halluzinationen.

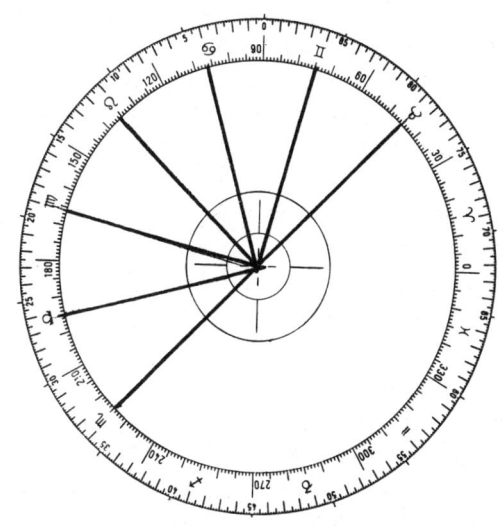

♄♅
Krankheit des
Gesamtorganismus,
allgemeine Sepsis

♂♅
Vergiftung, In-
fektion, Schwäche
Erschöpfung

☽♅
Magenem-
pfindlichkeit,
Angstgefühl

♉
Kehlkopfkatarrh,
Schnupfen, Wund-
heit des Mundes

♊
Husten, Kurz-
atmigkeit

♋
Magenschmer-
zen, Erbrechen

♌
Herz,
Kreis-
lauf

♍
Verdauungs-
störungen
(durch Ärger)

♎
Harnorgane

♏
Hämorrhoiden,
Durchfälle

117

Aurum metallicum oder Blattgold richtet sich als Hauptmittel besonders auf das Zentralnervensystem und das Sonnengeflecht.

Widder: Blutandrang zum Kopf, rotes aufgedunsenes Gesicht, bohrende Kopfschmerzen, Schmerz in den Schädelknochen.

Stier: Bitterer Mundgeschmack, Mundgeruch als Folge von Störungen in den Verdauungsorganen.

Löwe: Herzklopfen verbunden mit Bangigkeit und Beklemmungen, unregelmäßiger Herzschlag, Conorarsklerose, Angina pectoris.

Skorpion: Rötung und Schwellung der Nase, Nasenverstopfung, Schmerzen in den Sexualorganen.

Krankheitsentsprechungen der Gestirne:

Sonne/Mond: Zusammenhänge zwischen Krankheiten und seelischer Verfassung, chronische Leiden. Augenkrankheiten.

Saturn: Mutlosigkeit, mangelndes Selbstvertrauen, Entschlußlosigkeit, Depressionen, Hautkrankheiten, Empfindlichkeit gegen Kälte.

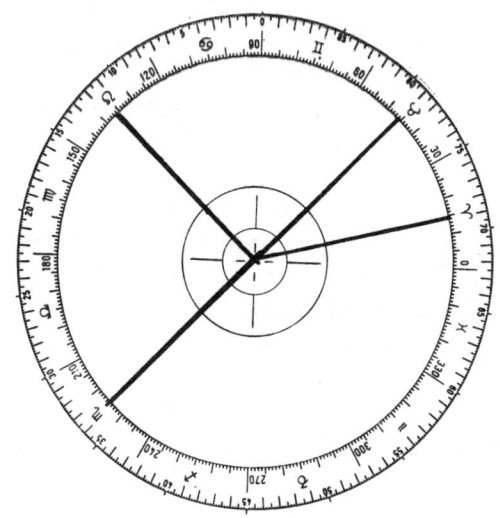

⊙☽

Augen, Schlech-
tes Sehen.
Sonnengeflecht

♄

Hautkrankheiten,
Empfindlichkeit gegen
Kälte, Depressionen

♈   ♉   ♌   ♏

Blutandrang bitterer   Herz,   Rötung und
zum Kopf,   Mundge- Kreislauf, Schwellung
Kopfweh   schmack, Angina   der Nase,
           Mundge- pectoris   Sexualleiden
           ruch   (Uterus,
                               Hoden)

Belladonna

Atropa Belladonna oder Tollkirsche (Teufelsbeere, Schlafkirsche) bezieht sich in ihrem Strukturbild besonders auf die negativen Zeichen mit Ausnahme des Zeichens Widder.

Widder: Blutandrang nach dem Kopf, klopfendes Kopfweh, Kopf und Gesicht heiß, Zähneknirschen im Schlaf, Überempfindlichkeit der Sinnesorgane.

Stier: Trockener Hals, Hals- und Mandelentzündung, beginnende Angina, Funktionsstörung der Schilddrüse, Schmerzen im Mittelohr.

Krebs/Jungfrau: Erkrankung der Verdauungsorgane, Erbrechen, Magenkrämpfe, Magengeschwüre, Blinddarmentzündung.

Skorpion: Darmerkrankung, Brennen in der Harnröhre, Krämpfe im Unterleib.

Krankheitsentsprechungen der Gestirne:

Mars: Fieber, Entzündungen, Muskelkrämpfe, blitzartig auftretende Schmerzen in allen Gliedern.

Saturn: Hautkrankheiten, Papeln, Pusteln, Herpes.

Uranus: Krampfzustände, plötzlich heftige Funktionsstörungen, rasches Auftreten und schnell wieder verschwindende Symptome, Unruhe, Überempfindlichkeit, Epilepsie.

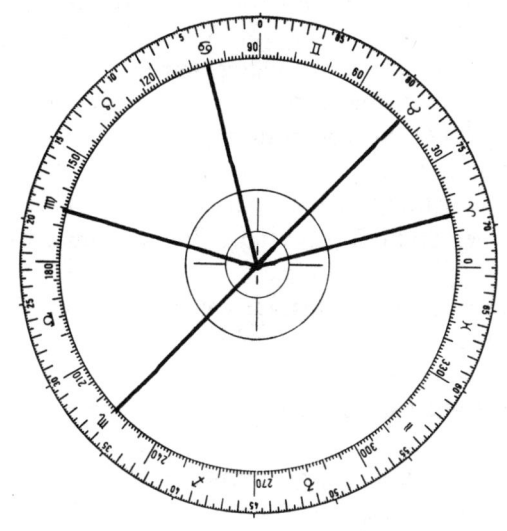

♂	♄	⚡
Fieber, Muskel- kräm pfe, Ent- zündungen	Hautkrank- heiten	Krampfzustände, plötzliche heftige Funktionsstörungen

♈	♉	♋♍	♏
Blutandrang zum Kopf	Hals, Mandel- entzündung, Schilddrüse, Mittelohr	Verdauungs- traktus, Ma- gen-Darm- Kolik	Blinddarm, Nasen- katarrh, Geschlechts- krankheiten

Bryonia alba oder Weiße Zaunrübe (Zaunwurzel, Gichtwurzel, Teufelsrübe) zeigt ein sehr vielseitiges Strukturbild in Form eines Malteserkreuzes mit den Spitzen in Zwillinge/Krebs.

Zwillinge/Krebs: Brustfell, Bronchien, Lunge, trockener Husten mit Durstgefühl, Schmerzen in der Brust beim Husten und jeder Erschütterung, Magenkatarrh.

Jungfrau/Waage: Mangelnde Gallenabsonderung, Gelbsucht durch Ärger, trockener Stuhl, Verstopfung, Brennen am After, Nierenschwäche.

Widder/Fische: Großer Durst auf kaltes Wasser durch Hitze im Körper, oft auch Fröste und Schüttelfrost.

Schütze/Steinbock: Schwächegefühl in den Gliedern, Muskelschmerzen, Rheumatismus, Schmerzen bei jeder Bewegung.

Krankheitsentsprechungen der Gestirne:
Mond/Saturn: Störung des Flüssigkeitshaushalts, Trockenheit, großer Durst nach kaltem Wasser, ärgerlich, reizbar, Angstzustände.

Jupiter: Leberleiden, Lungen- und Rippenfellentzündung.

Mars: Erregungszustände, Gallenblasen- und Blinddarmentzündung, Muskelschmerzen, Rötung und Schwellung der Haut.

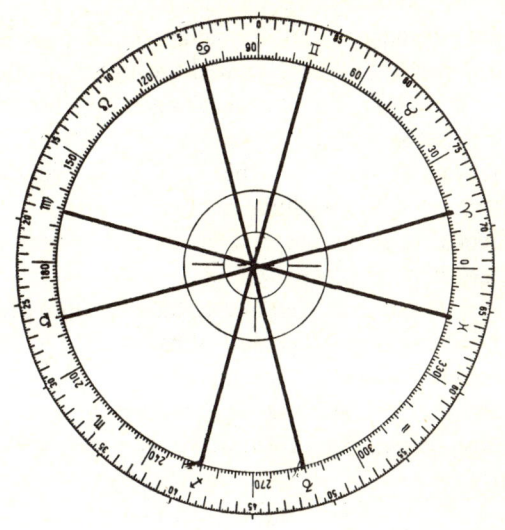

☽♄
großer Durst
durch innere Hitze
und Trockenheit

♃
Lunge- und
Leberkrank-
heiten

♂
Gallenblasen-
und Blinddarm-
entzündung, Mus-
kelschmerzen,
Krankheit durch
Ärger

♊♋
Brustfell, Bronchien,
Lunge

♍♎
Gedärm Blind-
darm, Nieren

♈♓
Milderung der Hitze
durch Kälte

♐♑
Glieder, Gelenke

123

Calcium carbonicum

Calcium carbonicum Hahnemanni oder Austernschalenkalk ist kein chemisch reiner kohlensaurer Kalk, sondern enthält wie Hahnemann angenommen hat, wichtige Beimischungen, zum Beispiel von Mangan. Die Verteilung der Entsprechungen im Tierkreis ergibt als Strukturbild einen Sechsstern der negativen Zeichen.

Stier: Unterkieferdrüsen, Katarrhe der Schleimhäute, Mandelentzündung, Ohrenfluß, Schwächung der Schilddrüse.

Krebs: Übersäuerung des Magens, saurer oder bitterer Geschmack im Mund, Sodbrennen, Magenkrämpfe.

Jungfrau: Erkrankung der Verdauungsorgane, saure Durchfälle.

Skorpion: Gallensteinkolik, Hämorrhoiden, harter Stuhl, Darmkrämpfe, Erkrankung der Geschlechtsorgane.

Steinbock: Knochen- und Muskelrheuma, Schmerzen in den Gelenken, Hautkrankheiten, Ernährungsstörungen der Knochen durch Kalkmangel.

Fische: Kalte Füße, Erkrankungen bei Tätigkeit mit Wasser.

Krankheitsentsprechungen der Gestirne:

Saturn: Schwäche der Zellen und Gewebe durch Störung des Calcium-Haushaltes, weiches Knochensystem, gehemmter, depressiver Zustand, allgemeine Müdigkeit, Versagen der Kräfte bei Anstrengung, Hautleiden, Einschlafen der Glieder.

Venus: Chronische Entzündungen und Schwellen der Lymphdrüsen und Mandeln, Tuberkulose der Drüsen, Nasenkatarrhe, Schwäche der Keimdrüsen.

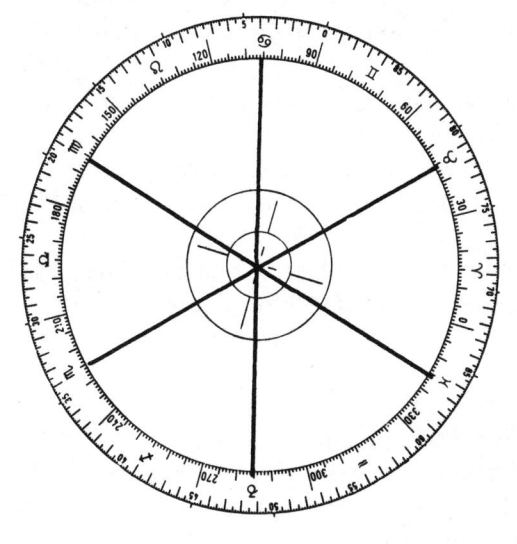

♄

Schwäche der Zellen
und Gewebe durch Störung
des Calcium-Haushaltes

Drüsensystem ♀

♍ ♉ ♋
Verdauungsorgane Unterkieferdrüsen Knochen, Gelenke,
Nebenschilddrüse, Zähne, Oberhaut
Mandeln, Ohr

♋ ♏ ♓
Magen Geschlechtsorgane Füsse

Chamomilla oder Feldkamille zeigt ein Strukturbild, das den ersten Quadranten des Tierkreises und die Gegenzeichen Schütze und Skorpion erfaßt.

Widder: Zahnfieber der Kinder, Kopfschmerzen, heiße Schweiße und Wallungen zum Kopf, gerötetes Gesicht.

Stier: Schnupfen, krampfartiger Husten.

Zwillinge/Schütze: Schmerzen in den Gliedmaßen, Muskelrheumatismus.

Krebs: Auftreibung des Magens nach dem Essen, Magendrücken, Erbrechen, Verschlimmerung durch Ärger.

Skorpion: Wäßriger oder schleimiger Stuhl, Darmkatarrh, Kolikschmerzen.

Krankheitsentsprechungen der Gestirne:

Mond: Organische Störungen durch Ärger und Aufregung, Empfindlichkeit des Magens, bitterer und fauliger Geschmack im Mund, saures Aufstoßen.

Uranus: Krampfartige Erscheinungen, besonders Magen und Darm betreffend.

Mars: Kolikartige Schmerzen, Entzündungen, Fieber, Neuralgien.

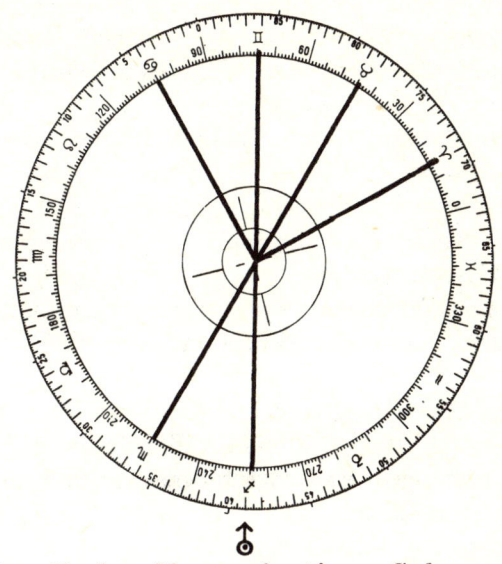

☽
Seelische Empfind-
lichkeit Magen, Ge-
bärm utter

☿̵
Krampfartige
Erscheinungen,
Nerven

♂
Schmerzen, Fieber,
Gelenke

♈
Kopf, Zähne

♋
Magen

♏
Darm,
Unterleibs-
organe

♊♐
Arme Schenkel

127

Hamamelis

Hamamelis virginiana oder Zaubernuß zeigt wieder ein Strukturbild eines Kreuzes der Zeichen Stier, Löwe, Skorpion, Wassermann, wobei die Hauptrichtung dieses Volksheilmittels im Wassermann liegt, wo es besonders den Venen entspricht.

Stier: Überfunktion der Schilddrüse, Rachenkatarrhe, Basedow-krankheit.

Löwe: Herz- und Kreuzschmerzen.

Skorpion: Regelkrämpfe, Darmblutungen, Hämorrhoiden, Erkrankung der Geschlechtsorgane.

Wassermann: Venenentzündung, Krampfadern, Entwicklung der Krampfadern, besonders in der Schwangerschaft.

Krankheitsentsprechungen der Gestirne:

Mars: Frische Wunden, Blutungen, Entzündungen.

Jupiter: Blutungen bei Lungentuberkulose und im Magen und Darm, schlechtes Blut.

Saturn: Stauung, Verhärtungen.

Neptun: Geschwüre, Infektionen.

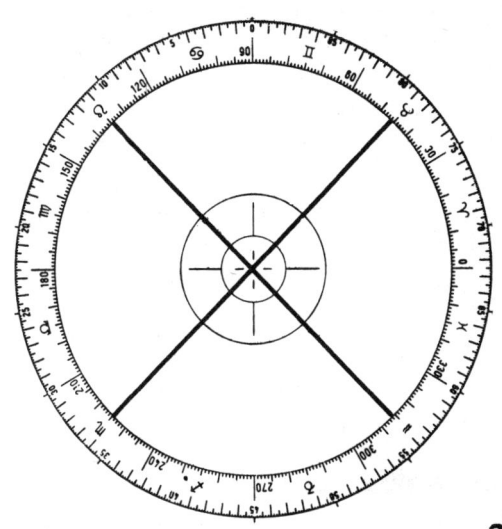

♂
Frische Wunden, Blutun-
gen, Entzündungen

♃
Lungenkrankheit, blutiger
Auswurf, schlechtes Blut

♄ Stauungen, Verhärtungen

♇
Geschwüre, Infektionen

♒
Venenentzündung,
Krampfadern

♉ Überfunktion
der Schilddrüse,
Kropf

♌
Herzkrankheit,
Rückenschmerzen

♏
Regelkrämpfe, Schmerzen in Geschlechtsorganen,
Darmblutungen, Hämorrhoiden

Eupatorium

Eupatorium perfoliatum oder Wasserhanf erstreckt sich in seiner Wirkung auf die Organe der Tierkreiszeichen von Widder bis Jungfrau.

Widder: Klopfendes Kopfweh, Hitzewallungen zum Kopf mit rotem Gesicht, Schwindel, Schmerzhaftigkeit der Augen.

Stier: Halsweh, trockene Nase und trockener Hals, Zunge gelb belegt und trocken.

Zwillinge: Zerschlagenheitsgefühl, Mattigkeit der Glieder und Gelenke.

Krebs: Brust- und Magenschmerzen, besonders beim Husten, Übelkeit.

Löwe: Rückenschmerzen.

Jungfrau: Verdauungsstörungen, Schmerzen in der Lebergegend, Übelkeit und Erbrechen.

Krankheitsentsprechungen der Gestirne:

Mars: Hitze im Kopf, Fieber, Schmerzen überall.

Saturn: »Weh in allen Knochen und Gelenken«, Zerschlagenheit und Mattigkeit.

Neptun: Mattigkeit und Zerschlagenheit durch Infektion.

Mars/Saturn: Trockenes Fieber, Knochenverletzung, trockene Nase und wenig Schweiß.

Saturn/Neptun: Infektionskrankheit, allgemeine Seuche.

Mars/Neptun: Empfänglichkeit für Ansteckung bei Massenerkrankungen.

Saturn = Mars/Neptun: Mangelnde Hautfunktion, Giftstoffe im Körper, Allgemeinerkrankung.

Eupatorium gilt besonders als Grippemittel, wird einzeln verordnet oder ist in den meisten Mitteln gegen Grippe enthalten.

Eupatorium perforatum/Wasserhanf

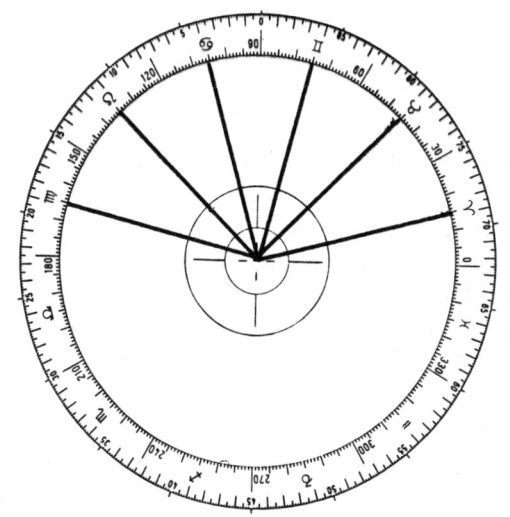

♂	♄	♆
Hitze im Kopf Fieber	"Weh in allen Knochen u. Gelenken"	Mattigkeit, Zerschlagenheit, Infektion

♂♄	♄♆
Knochenverletzung, trockenes Fieber mit trockener Nase, wenig Schweiß	Infektionskrankheit, allgemeine Seuche

♂♆	♄ = ♂♆
Schwäche, Empfänglichkeit für seuchenartige Krankheiten.	Mangelnde Hautfunktion, Giftstoffe im Körper, Seuche

♈	♉	♊
Hitze im Kopf, Kopfschmerzen	Halsweh, trockener Hals, trockene Nase	Mattigkeit der Glieder u. Gelenke.

♋	♌	♍
Brust- u. Magenschmerzen	Rückenschmerzen	Übelkeit, Verdauungsstörungen

Hypericum

Hypericum perforatum oder Johanniskraut zeigt in seinem Strukturbild Beziehungen zu Widder, Stier und den Gegenzeichen Waage und
Skorpion.

Widder: Blutandrang zum Kopf mit Reizung der Gehirnnerven.

Stier: Schleimbildung in der Kehle, trockener Husten.

Waage: Hypericum jagt das Gift durch Niere und Harn aus dem
Körper, Neigung zu Nieren- und Blasensteinen.

Skorpion: Nasenbluten, Magen- und Darmkatarrh, Hämorrhoiden,
Leibschmerzen, Erkrankung der Geschlechtsorgane.

Krankheitsentsprechungen der Gestirne:

Mars: Wunden, Quetschungen, Insektenstiche, Hämorrhoiden.

Jupiter: Lungenkrankheit, Blutspeien.

Mond/Saturn: Melancholie, Depressionen, Angstzustände, Schlaflosigkeit, große Müdigkeit.

Bei psychischen Erkrankungen sind hohe Verdünnungen notwendig.

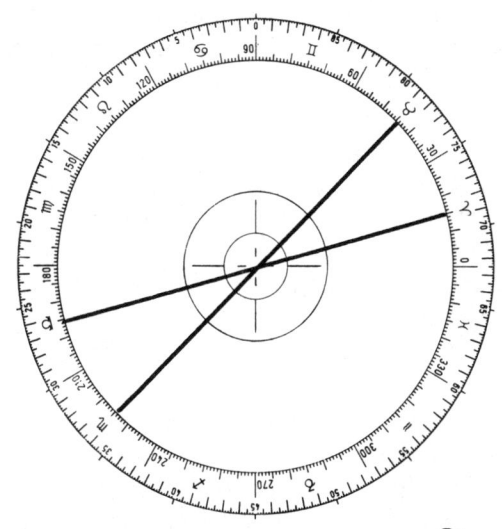

♂
Wunden, Quetschungen, Insektenstiche, Hämorrhoiden

♃
Lungenkrankheit mit Blutspeien

♄
Melancholie, Depressionen, Angstzustände, Manie, Schlaflosigkeit oder große Müdigkeit

♈
Kopfschmerzen, Neuralgien des Gesichts

♎
Blasensteine, Gifte werden durch Harn ausgeschieden

♉
Schleimbildung in der Kehle

♏
Nasenbluten, Störungen in den Geschlechtsorganen.

133

Jodum oder Jod (griechisch: »veilchenfarben«) ist ein zur Gruppe der Halogene gehöriger grauschwarzer Grundstoff, dessen Dämpfe violett gefärbt sind. Es kommt in der Natur nur in kleinen Mengen vor zum Beispiel im Meerwasser, in Meeralgen, Salzquellen. Die kosmischen Entsprechungen erstrecken sich vornehmlich auf die Zeichen Stier, Löwe, Skorpion und Krebs.

Stier: Jodstoffwechsel, Schilddrüsenerkrankung, Skrofulose, Rachenkatarrh, Heiserkeit.

Krebs: Gastritis, Darmgeschwüre, Bauchspeicheldrüsenentzündung, Schmerzen im Bauch.

Löwe: Kropfherz, ständiger Herzdruck und Herzangst, Herzklopfen bei geringster Anstrengung.

Skorpion: Durchfälle, Zwölffingerdarmgeschwüre, Erkrankungen in den Geschlechtsorganen.

Den Einfluß des Jods sollte man keineswegs nur von der Schilddrüse aus betrachten, denn es wirkt auf das gesamte Bindegewebe, alle Drüsen und Lymphknoten.

Krankheitsentsprechungen der Gestirne:

Venus: Jodstoffwechsel, das gesamte Drüsensystem, Skrofulose.

Merkur/Uranus: Innere Unruhe, Nervosität.

Saturn/Neptun: Hautkrankheiten, mißfarbige und gelbliche Haut bei rotem Gesicht, Ausscheidung von Giftstoffen durch die Haut.

Merkur/Neptun: Angstzustände, Fahrigkeit.

Merkur/Mars: Nervenüberreizung.

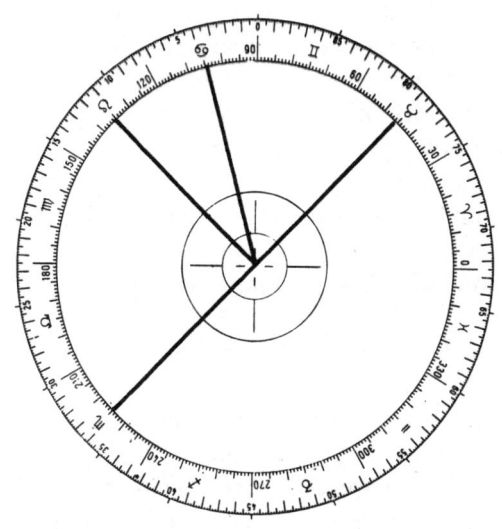

♀
Jodstoffwechsel,
Schilddrüsener-
krankung, Skro-
fulose

☿☖
innere
Unruhe

♄♅
Hautkrankheiten,
(Akne, Pusteln, Fu-
runkulose)

☿♅
Angstzustände

☿♂
Nervenüberreizung

♉
Schnupfen, Heiserkeit
Rachenkatarrh

♋
Gastritis, Heißhunger,
Bauchspeicheldrüse

♌
Herzklopfen Herz-
angst

♏
Durchfälle, Zwölfinger-
darmgeschwüre, Schwel-
lungen i. Sexualorganen

135

Strichnos ignatii = Ignatia amara oder Ignazbohne ist in ihrer Hauptwirkung überwiegend auf das Nervensystem gerichtet. Das Strukturbild weist daher besonders auf das Zeichen Widder, neben Stier, Krebs und Skorpion, und den Planeten Merkur hin.

Widder: Blutandrang durch den Kopf mit Kopfschmerzen und erhitztem Gesicht, Migräne.

Stier: Kitzel im Hals, Hustenreiz, krampfhafter Husten, trockener Hals.

Krebs: Magenschwäche, Magenschmerzen nach Tabakgenuß, Blähsucht.

Skorpion: Scharfe Stiche im After und im Mastdarm, Aftervorfall Krankheitsentsprechungen der Gestirne:

Mond/Saturn: Gemütsleiden, Melancholie, stiller Kummer, Folgen von Schreck und Furcht, Mangel an Selbstvertrauen, Verdrießlichkeit, Zornausbruch bei Widerspruch, Empfindlichkeit gegen Kälte.

Uranus/Mond/Mars: Wechsel der Affekte, Weinkrämpfe, Zuckungen, krampfartige Zustände, Zittern am ganzen Körper.

Merkur: Überempfindlichkeit aller Nerven und Sinnesorgane.

Neptun/Pluto: Verworrenheit, Besessenheit, Nachteile durch Genußgifte (Tabak, Alkohol), seelische Symptome sind gefolgt von funktionellen Störungen.

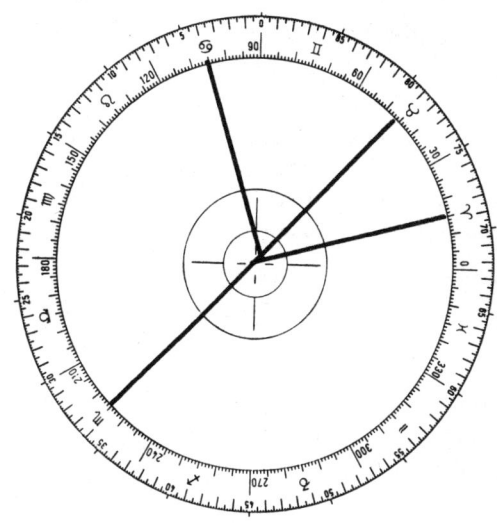

☽♄
Gemütsleiden, Melancholie, stiller Kummer Folgen von Schreck u. Furcht, empfindlich gegen Kälte

☿
Überempfindlichkeit der Nerven

♈
Blutandrang zum Kopf, Kopfweh

♉
Kitzel im Hals, Hustenreiz

☝☪♂
Wechsel der Affekte, Weinkrämpfe, Zu ungen, krampfartige Zustände.

♆♀
Verworrenheit , Besessenheit , Schaden durch Genußgifte

♋
Magenkrankheit durch Aufregung, Magenkatarrh bei Rauchern

♏
Mastdarmvorfall, Hämorrhoiden

137

Strychnos Nux vomica oder Brechnuß (Krähenaugenbaum) zeigt ein kosmisches Strukturbild, das Beziehungen zu Widder (Kopf) und den Zeichen der Verdauungsorgane Krebs, Jungfrau, Waage, Skorpion zeigt.

Widder: Kopfweh, Benommenheit, oft verursacht durch Magenleiden, daher schlechter Mundgeruch, reißende Schmerzen im Gesicht, Zuckungen im Gesicht und den Kiefermuskeln.

Krebs: Abwechselnd Widerwille gegen Speisen, Heißhunger, verdorbener Magen, besonders nach Alkoholgenuß oder Rauchen, chronische Gastritis, vorzugsweise bei sitzender Tätigkeit.

Jungfrau: Verdauungsstörungen, teils Verstopfung, teils Durchfall, Schmerzen in der Lebergegend.

Waage: Nierenschwäche, Blasenkatarrh.

Skorpion: Leberleiden, Leibschmerzen, Stuhl- und Harndrang, Hämorrhoiden, Krankheiten der Geschlechtsorgane.

Krankheitsentsprechungen der Gestirne:

Merkur: Zentralnervensystem, Neuralgien, Folgen geistiger Überanstrengung.

Venus: Blasenkatarrh, Brennen und Reißen im Blasenhals und der Harnröhre.

Uranus: Muskelkrämpfe, Rheumatismus, krampfartige Zuckungen im Gesicht, Regelstörungen bei Frauen.

Mond/Saturn: Lebensüberdruß, Ängstlichkeit, Bangigkeit, Ärger über Kleinigkeiten, Zusammenhänge zwischen organischen Störungen und seelischer Verfassung.

Mond: Magenleiden, psychische Störungen.

Neptun: Folgen von Mißbrauch der Genußmittel (Alkohol, Tabak, Kaffee).

Nux vomica führt oft zu einer raschen Besserung bei Magenverstimmung.

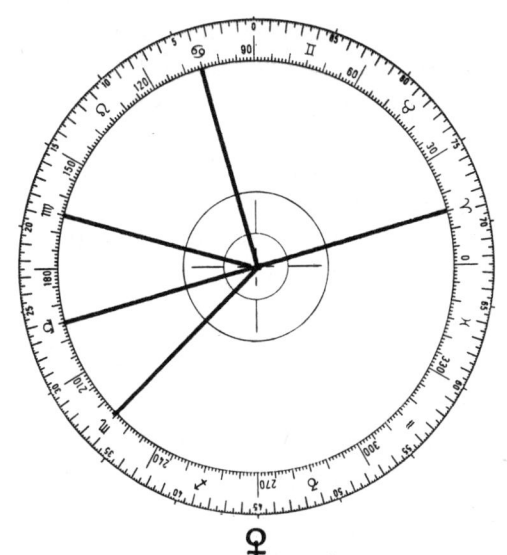

☿	♀	♂
Centralnervensystem, Neuralgien, Folgen geistiger Überanstrengung	Blasenkatarrh	Muskelkrämpfe, Rheuma, Zuckungen im Gesicht
☾ (♄) Lebensüberdruß, Ängstlichkeit, Bangigkeit	☽ Magenleiden, psychische Störungen	♅ Folgen von Mißbrauch von Genuß- und Arzneimitteln
♈ Kopfweh, Mundgeruch	♎ Blasenschwäche	♋ Widerwille gegen Speisen, verdorbener Magen
♍ Verdauungsstörungen, Verstopfung	♏ Leberleiden, Stuhl- u. Harndrang, Hämorrhoiden, Erkrankung d. Geschlechtsorgane	

139

Passiflora incarnata oder Passionsblume zeigt in ihrem Strukturbild eine eigenartige, aber doch symmetrische Form.

Widder: Geistige Störungen durch Süchtigkeit, zum Beispiel durch Morphium.

Löwe: Herzangst, Beklemmungen, Angina pectoris, Schmerzen an der linken Seite und am linken Arm, Schlaflosigkeit.

Skorpion: Krampfartige Schmerzen im Unterleib.

Fische: Süchtigkeit, Trunksucht.

Krankheitsentsprechungen der Gestirne:

Merkur/Uranus: Nervöse Unruhe, Schlaflosigkeit.

Uranus: Krampfartige Zustände.

Neptun: Süchtigkeit, insbesondere nach Morphium.

Passiflora wird besonders zur Bekämpfung von Schmerzen und als Schlafmittel angewandt.

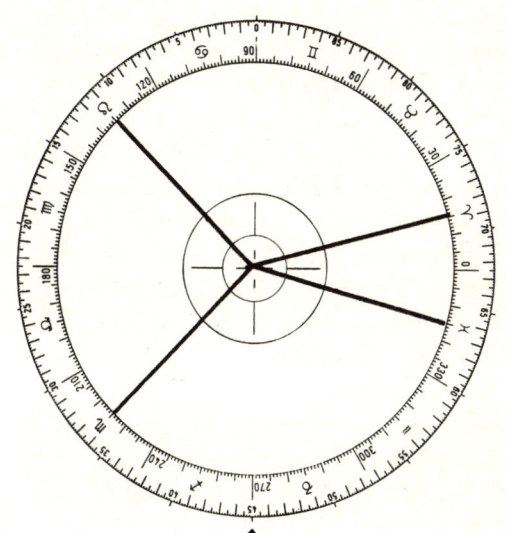

☿↑
☊

Nervöse Unruhe krampfartige Zu-
Schlaflosigkeit stände

☊

Süchtigkeit, Ent-
wöhnung von Mor-
phium

♈

Geistesstörungen durch
Süchtigkeit

♌

Herzangst, Beklemmung,
Angina pectoris Schmer-
zen der linken Brustseite
und am linken Arm

♏

krampfartige Unterleibs-
schmerzen

♓

Süchtigkeit, Trunksucht.

141

Pulsatilla pratensis, Kuhschelle oder Küchenschelle, zeigt in seinen Tierkreisentsprechungen die Struktur eines Malteserkreuzes und damit sehr vielseitige Krankheitsbeziehungen.

Widder: Kopfschmerz, besonders im Hinterkopf, Bindehautentzündung, Trübsichtigkeit, Ohrenkrankheiten, Migräne.

Stier: Nasen- und Rachenkatarrh, Heiserkeit, heftiges Kitzeln im Kehlkopf.

Krebs: Magenkatarrh mit Mangel oder Überfluß an Säure, besonders nach fetten oder sauren Speisen, Magenkrämpfe.

Waage: Nierenbecken- und Blasenkatarrh.

Wassermann: Venenentzündung, Krampfadern, Krampfadergeschwüre.

Jungfrau: Darmkatarrh, selten Verstopfung, mehr Durchfälle.

Skorpion: Brennen in der Harnröhre.

Steinbock: Gelenkrheumatismus, steife Glieder, Jucken der Haut, Pickel an verschiedenen Körperstellen.

Krankheitsentsprechungen der Gestirne:

Mond/Saturn: Weinerlichkeit, Neigung zu Depressionen, Durstlosigkeit, trockene Lippen und Haut, schlechte Blutzirkulation.

Mars: Gereiztheit, Entzündungen, Muskelschmerzen.

Jupiter: Schwellungen und Stauungen.

Saturn: Erkältungskrankheiten, Hautkrankheiten.

Uranus: Rhythmusstörungen durch mangelnde Bewegung.

Neptun: Infektionskrankheiten, Hautausschläge.

Pulsatilla pratensis/Küchenschelle

♑ ♄
Negative Gefühls-
haltung, Depres-
sionen, Durstlo-
sigkeit, trockene
Lippen und Haut

♂
Gereiztheit, Mus-
kelschmerzen

♈
Trübsichtigkeit,
Bindehautentzün-
dung, Ohrenkrank-
heiten, Migräne

♎
N ierenbecken-
u. Blasenkatarrh

♍
Darmkatarrh

☊
Rhythmus-
störungen

♃
Schwellun-
gen

♉
Katarrhe,
Heiserkeit,

♅
Infektionskrankhei-
ten(Grippe, Masern,
Scharlach)

♄
Erkältungskrank-
heiten

♋
Säuremangel, Ma-
genkrämpfe

♑
Gelenkrheuma

♒
V enöse Stauungen
Kram pfadern

♏
Krankheiten der
Geschlechtsorgane

Sulfur

Sulfur oder Schwefel hat die Struktur eines etwas unregelmäßigen Fünfsterns mit der Hauptrichtung auf die Entsprechungen zu den Verdauungsorganen Krebs, Jungfrau, Skorpion und den gegenüberliegenden Zeichen Widder und Wassermann.

Widder: Blutandrang zum Kopf mit Hitze auf dem Scheitel, Lichtscheue, Bindehautentzündung.

Krebs/Jungfrau/Skorpion: Mundgeruch, Magenkatarrh, Leberanschwellung, Unverträglichkeit vieler Speisen, Verlangen nach Alkohol und Süßigkeiten, Sodbrennen, Darmkatarrh, Verstopfung, Afterjucken, Hämorrhoiden, Diabetes.

Wassermann: Venenentzündung, Krampfadern, Wadenkrampf.

Krankheitsentsprechungen der Gestirne:

Saturn: Brennen und Jucken der Haut, Ekzeme, Furunkulose durch Unreinigkeit.

Jupiter: Leberkrankheiten.

Mars: Muskel- und Gelenkrheuma, Fieber mit trockener Hitze und Durst.

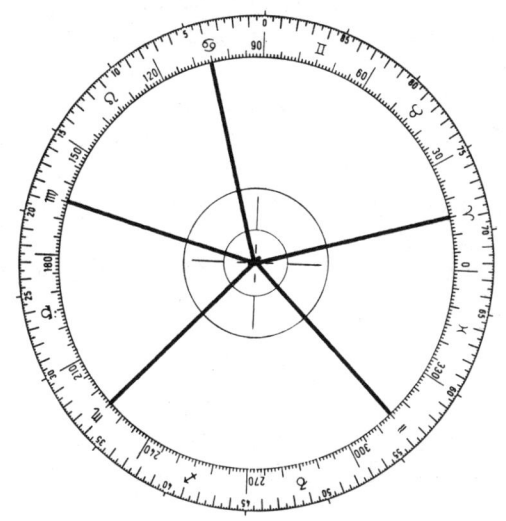

♄	♃	♂
Hautkrankheiten (Akne, Furunkulose) durch Unreinigkeit	Leberkrank-heiten	Muskelrheuma, Fieber

♋ ♍ ♏

Pfortadersystem(Magen, Darm, Bauchspeicheldrüse, Milz, Leber), Unverträglichkeit vieler Speisen, Verlangen nach Alkohol und Süssigkeiten, Diabetes, Durchfälle oder Verstopfung, Magenkatarrh.

♈	♏	♒
Lichtscheu, Bindehautent-zündung	Hämporrhoiden Gallen-blaseentzündung, After-jucken	Venenentzün-dung, Krampf-adern.

Zincum

Zincum valerianicum oder Zinkvalerianat ist vorwiegend ein gutes Symptomaticum bei Einschlafstörungen aufgrund verschiedener Ursachen.

Widder: Stirnkopfweh, Neuralgie, Zähneknirschen.

Krebs: Nervöses Magenleiden, Magenkrämpfe, ständiges Aufstoßen.

Waage: Brennen und Schneiden in der Harnröhre, Harndrang, besonders nachts.

Wassermann: Unruhe in den Beinen, Krampfadern, Wadenkrämpfe.

Krankheitsentsprechungen der Gestirne:

Merkur/Uranus: Unruhe, Zittern der Gliedmaßen, Schreckhaftigkeit, Krämpfe, verbunden mit Schlaflosigkeit.

Sonne/Neptun: Schwäche, Mattigkeit, nervöse Erschöpfung, Folgen geistiger Überanstrengung.

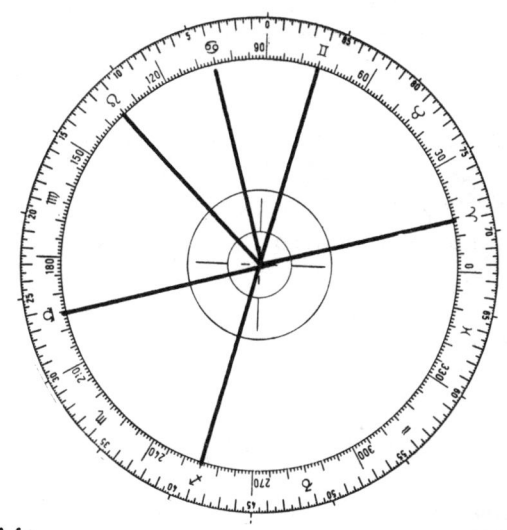

☿⚷   ☉♅

Unruhe Zittern, Schreck- Schwäche, Mattigkeit,
haftigkeit, Krämpfe, Schlaf- Schwindel, Ohnmachten
losigkeit

♈   ♋   ♌

Stirnkopfweh,   Magenkrämpfe,   nervöse Herzbe-
Neuralgie, Zähne- fades Aufstossen schwerden, Herz-
knirschen   klopfen, Kreuz-
weh

♎   ♒

Harndrang, besonders   Unruhe in den Beinen,
nachts   Wadenkrämpfe

Cinnamomum camphora, der Kampferbaum, liefert den Kampfer, ein altchinesisches Heilmittel, das besonders der Blutdrucksteigerung dient.

Widder: Gehirnkrämpfe, Verzerrung des Gesichts, Verlust des Bewußtseins, Schwindel, Kälte des ganzen Körpers.

Stier/Skorpion: Schnupfen, Erstickungsanfall, brennendes Gefühl im Bauch, kolikartige Schmerzen, Gallensteinkolik.

Löwe: Herzangst, Herzschwäche, Gefühl innerlicher Kälte.

Waage: Nierenkolik.

Krankheitsentsprechungen der Gestirne:

Uranus: Alle Arten von Krämpfen in verschiedenen Organen.

Merkur/Uranus: Nervöse Erregung.

Sonne/Neptun: Allgemeine Schwäche und Erschöpfung, angstvolle Visionen.

Mars/Neptun: Muskellähmung, Gegenmittel gegen Vergiftungen.

Saturn: Erkalten des Körpers, Kräfteverfall, Schüttelfrost, kalter Schweiß, Hautkrankheiten.

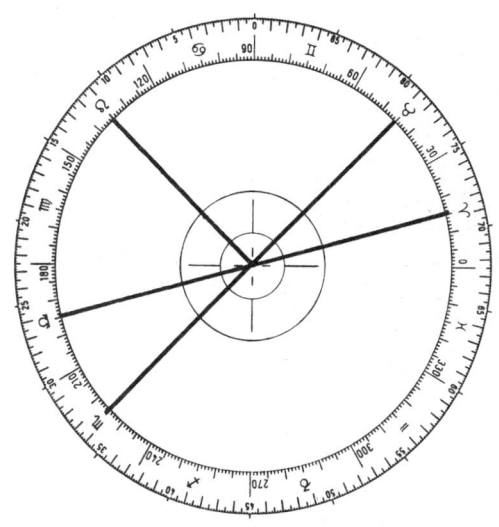

♋

☿♋   ☉♅

Alle Arten von   nervöse Schwäche, Erschöpfung,
Krämpfen in ver-Erregung angstvolle Visionen
schiedenen   ♄
Organen   Erkalten des Körpers, kalter
     ♂♅   Schweiß Hautkrankheiten
Muskellähmung

     ♈   ♉♏
Gehirnkrämpfe, Verzerrung Schnupfen, Erstikungs-
des Gesichts, Verlust des   anfall, Darmerkrankung
Bewußtseins

     ♌   ♎
Herzangst, Herzschwäche   Nierenkolik

Metalle als Heilmittel

Seit alters werden die Entsprechungen zwischen Gestirnen und Metallen erwähnt, aber selten hört man davon, daß Lösungen von Metallen auch als Heilmittel angewandt werden. Hinweise auf Heilungen durch Metalle sind bereits im Altertum vorhanden. So wird berichtet, daß der jugendliche Jäger Ilceus durch eine Seuche plötzlich um seine blühende Gesundheit und Wohlgestalt gebracht wurde. Von der Nymphe Lipare wurde er in einer unterirdischen Grotte in flüssigem Silber, das heißt Quecksilber, gebadet und erhielt dadurch seine Gesundheit wieder.[63)]

Der eigentliche Begründer der Verwendung der Minerale und Metalle zu Heilzwecken war Paracelsus. Bei dem großen Interessensgebiete seines Vaters, einem Bergwerksingenieur, schaute er diesem bei der Metallgewinnung zu und kam dabei auf den Gedanken, Minerale und Metalle als Heilmittel zu verwenden. Er wurde damit zum Begründer der pharmazeutischen Industrie. Er löste bereits Goldpräparate in Alkohol und verwandte sie dann als Heilmittel.

Die Beziehungen zwischen Krankheiten und metallischen Lösungen werden uns am besten bewußt, wenn wir die homöopathischen Arzneimittel untersuchen.

Gold – Aurum – Sonne

Gold ist ein regelmäßiger Bestandteil des menschlichen Körpers und kommt besonders im Gehirn vor. Es nimmt hier Bezug auf das Zentralnervensystem, führt zu einem gehobenen Lebensgefühl und bei Mangel dieses Stoffes zu depressiven Symptomen bis zum Selbstmord. Gold ist demnach die beste Entsprechung zum Leben überhaupt. Gold hat Beziehungen zu den Sinnensorganen, insbesondere den Augen. Nach der Tradition entspricht der Sonne das rechte und dem Mond das linke Auge.

Die Sonne hat weiter Beziehungen zum Tierkreiszeichen Löwe und damit zum Herzen und dem Kreislauf. So wird Aurum angewandt bei Hitzegefühl und Blutandrang zum Kopf mit Wallungen, Toben und Brausen im Kopf, Rauschen in den Ohren, bei heftigem Herzklopfen, Beklemmungen am Herzen, die zu tiefem Atemholen zwingen.

Aurum wird in Verdünnungen von D 4 bis D 12 angewandt (D= Dillution = prozentuale Verdünnung). Die Zahl entspricht jeweils den Nullen hinter der 1, also ist D 4 eine Verdünnung im Verhältnis von 1:10000, oder D 6 eine Verdünnung von 1:1000000 usw.)

Aurum wird auch in verschiedenen Zusammensetzungen verordnet, zum Beispiel Aurum jodatum, Aurum sulfuratum usw.

Silber – Argentum – Mond

Silber als Heilmittel wird vornehmlich als Argentum nitricum verordnet. Wenn der Mond im Körper dem Magen und den Verdauungsorganen entspricht, so bezieht sich auch das Heilmittel Argentum nitricum vornehmlich auf den Magen-Darm-Trakt, insbesondere auf nervös gesteuerte Durchfälle vor einer Reise, vor öffentlichem Auftreten, vor einer Prüfung, also in einem Erregungszustand in Erwartung des Kommenden. Der Magen ist oft aufgetrieben, er ist »wie zum Platzen«, heftiges Aufstoßen und Angstgefühl begleiten die Verdauungsstörungen. Wenn im Kosmogramm Aspekte zwischen Mond und Saturn oder Neptun bestehen, kann eine Neigung zu chronischen Magenerkrankungen vorliegen, wobei Argentum nitricum neben anderen Heilmitteln zur Gesundung beitragen kann.

Quecksilber – Mercurius – Merkur

Die Bezeichung Mercurius für Quecksilber weist auf die Beziehungen zu Merkur hin. In der Homöopathie wird vorwiegend das Quecksilberpräparat Mercurius Solubilis Hahnemanni verwandt. Ebenso wie dem Merkur vorwiegend das zentrale und periphere Nervensystem entspricht, so wird auch das Heilmittel Mercurius eingesetzt bei Erre-

152

gung der Nerven mit Angst und Unruhe, hastigem Wesen, Gereizt-heit, bei Verwirrung der Gedanken, der Angst, den Verstand zu verlie-ren, Mangel an Konzentration und Denkfähigkeit bis zur geistigen Stumpfheit. Außerdem wird das Mittel empfohlen bei Gesichtsneu-ralgie, Bindehautkatarrh, Eiterbildung im Ohr, bei Rachen- und Bronchialkatarrh.

Mercurius wird außerdem in verschiedenen Verbindungen ange-wandt als Mercurius sublimatiticus corrosivus, Mercurius jodatus fla-vius, Mercurius biojodatus, Mercurius dulcis und Mercurius chromi-cus oxydulatus.

Die Verdünnungen schwanken zwischen D 2 und D 12.

Kupfer – Cuprum – Venus

Kupfer ist ein lebenswichtiges Element im Körper; es findet sich im Blutserum und dient als Katalysator für eine Reihe von Enzymen im Körperhaushalt. Es ist Bestandteil des Zellprotoplasmas und regt die Tätigkeit der blutbildenden Zellen an. Cuprum metallicum und Cuprum aceticum gelten besonders als Heilmittel bei Nierenkrank-heiten (Venus), die mit krampfartigen Erscheinungen zusammen-hängen. Cuprum arsenicosum kann bei Erkrankung der Harnorgane eine Hilfe sein.

Als Dosierung wird D 4 bis D 12 empfohlen.

Eisen – Ferrum – Mars

Den Eisenmangel von schwächlichen, blutarmen Menschen suchte man in der Volksmedizin oft dadurch zu beheben, daß man abends ei-nen sauberen Nagel aus Eisen in einen Apfel sticht und den Apfel am kommenden Morgen ißt. Dabei wird angenommen, daß die Säure im Apfel etwas Eisen auflöst, das dem Körper zugute kommt.

Bei Eisenmangel kommt es bei Kindern zu Wachstumsstörungen, bei Erwachsenen findet man ein glanzloses, struppiges Haar, trockene welke Haut, brüchige Nägel. Eisenmangel spielt auch eine Rolle bei infektiösen Krankheiten in Verbindung mit Fieber. Die Wirkung von arzneilichen Eisengaben erstreckt sich vornehmlich auf den Haemoglobingehalt, die Erythrocytenzahl, als Reizwirkung auf das Knochenmark und beschleunigte Blutzirkulation. Ferrum wird auch angewandt bei Schmerzen in den Muskeln (Mars) und bei rheumatischen Beschwerden.

Neben Ferrum metallicum werden auch verwandt: Ferrum collodiale, Ferrum aceticum, Ferrum carbonicum, Ferrum muriaticum, Ferrum arsenicum und andere.

Zinn – Stannum – Jupiter

Ebenso wie Jupiter hat das metallische Zinn eine starke Beziehung zu den Atmungsorganen, insbesondere der Lunge, andererseits aber auch zu den Verdauungsorganen, besonders der Leber. Das Mittel ist daher angebracht bei Rauheit und Heiserkeit der Kehle mit Mattigkeit und Leere der Brust, bei verschleimter Luftröhre, bei gelbem oder grünem, widrig süß schmeckenden Auswurf, Beklommenheit und Wundheitsgefühl auf der Brust.

Das Mittel wird meist in D 3 gebraucht, da höhere Potenzen nicht immer befriedigen.

Blei – Plumbum – Saturn

Die häufigste Anwendung findet Plumbum metallicum bei Arterienentzündung (Arteriosklerose), einer schmerzhaften Erkrankung, bei der die Schläfenarterie anschwillt, knötchenförmige Entzündungen kleinere Arterien verschließen, sich schließlich Altersepilepsie, Nierenerkrankungen oder auch die Folgen von Schlaganfällen einstellen. Es bewährte sich auch bei spastischer Obstipation (Verstopfung), bei intermittierendem Hinken, bei Abmagerung, bei blasser und schmutziger Haut.

Das sind alles Krankheiten, die dem Saturn entsprechen. Da ein Arzneistoff wie Blei im Organismus nicht abgebaut und schwer ausgeschieden werden kann, sollten nur höhere Verdünnungen von D 6 an benutzt werden.

Neben Plumbum metallicum werden auch Plumbum aceticum, Plumbum jodaticum und Plumbum collodiale angewandt.

Mit Saturn hört die alte Siebenzahl der Gestirne auf und damit auch die traditionelle Überlieferung der Metall-Entsprechungen. Die folgenden Beziehungen zwischen Gestirnen und Metallen sind daher erst in den letzten Jahrhunderten festgestellt worden, nachdem die fernen Planeten entdeckt worden sind.

Zink – Zincum – Uranus

Zink ist noch ein verhältnismäßig junges Metall. Es konnte erst in der Mitte des achtzehnten Jahrhunderts, zu der Zeit, als der Uranus entdeckt wurde, aus dem Zinkerz gewonnen werden. Der Gehalt an Zink ist in den einzelnen Organen größer, je mehr sich die Zellen im Wachstum befinden. Uranus hat vornehmlich Beziehungen zu den Kleinhirnfunktionen. Es ist daher verständlich, daß es viele Ärzte als Gehirnmittel betrachten und besonders bei Nervenkrämpfen der verschiedensten Art anwandten. Die Hauptwirkung erstreckt sich besonders auf das Zentralnervensystem, wenn Müdigkeit und Schwäche wechseln mit Unruhe und Erregung. Charakteristisch ist, daß beim Sitzen die Beine nicht still gehalten werden. Bei nächtlicher Schlaflosigkeit fällt es auch schwer, die Glieder ruhig zu halten. Die Kranken haben fast immer einen nervösen Charakter, zum Beispiel bei Magen- und Darmstörungen. Zink gilt als ein Beruhigungs- und Neuralgiemittel. Zincum valerianicum ist ein gutes Schlafmittel in der Dosierung D 2 bis D 6, Zincum phosphoricum hilft bei nervöser Erschöpfung, Zincum sulfuricum bei Darmkatarrhen und Augenleiden.

Aluminium – Alumina – Neptun

Aluminium gehört zu den Metallen, die erst in neuerer Zeit entdeckt wurden; erst 1827 gelang die Herstellung reinen Aluminiums. Neptun wurde 1846 entdeckt. Aluminium ist vornehmlich in Ton- und Lehmböden enthalten, gilt als notwendiges Spurenelement, kann aber in löslicher Form zu heftigen Reiz- und Vergiftungserscheinungen (Neptun) führen, die auch Lähmungen (Neptun) und Krämpfe der Muskulatur zur Folge haben können. Als Heilmittel wird es vorwiegend bei Infektionen angewandt, bei chronischem Nasen- und Rachenkatarrh, Stimmbandschwäche, bei Heiserkeit der Redner, Verschleimung im Hals, Verschlimmerung der Krankheit durch Alkoholgenuß (Neptun), allgemeiner Schwäche des ganzen Körpers, unsicherem Gang, Müdigkeit in den Beinen.

Da es sich meist um konstitutionelle Leiden handelt, werden höhere Verdünnungen ab D 12 bevorzugt.

Baryum – Baryum carbonicum – Pluto

In allen mir bekannten astromedizinischen Schriften fehlt die Entsprechung eines Metalls zum Pluto, der erst 1930 entdeckt wurde. Nach heutigen Erfahrungen entsprechen dem Pluto ungewöhnliche Krankheiten oder auch in bestimmte Richtungen gesteigerte Leiden, die schließlich zu chronischen Erkrankungen, zum Beispiel zum Krebs, und den durch diesen bedingten Zerfall des menschlichen Körpers führen.

Das Baryum (oder Barium) scheint zum Aufbau des menschlichen Körpers nicht erforderlich zu sein, es wird daher als Fremdkörper, als giftig empfunden. Dem Baryum entspricht ein Typus von Kindern, die sich körperlich und geistig schlecht entwickeln und schwerfällig sind, spät sprechen lernen, zwergenhaft bleiben, nicht spielen, stumpfsinnig sind, viel Angst haben; es handelt sich also um den Typus des »behinderten Kindes«, für deren Erhaltung heutzutage Unsummen aufgewandt werden müssen. Bei Kümmerwuchs hat sich Baryum carbonicum bestens bewährt, weil es besonders auf das endokrine System (Hypophyse und Zwischenhirn) Einfluß hat. Allgemein ist Baryum auch ein Mittel für Erkrankungen des Lymph- und Drüsen-Systems.

Andererseits ist es auch ein Altersmittel, besonders gegen die Arteriosklerose mit hohem Blutdruck, für das Altersherz, für die cerebrale Sklerose. So findet der Kümmerwuchs des Kindes im Alter sein Spiegelbild in einer disharmonischen Rückbildung, wie es auch bei einer Krebserkrankung geschieht.

Die Dosierung liegt bei D 3 bis D 12 und höher. In chronischen Fällen wird das Mittel höchstens einmal täglich verabreicht.

Neben Baryum carbonicum werden auch Baryum muriaticum, Baryum aceticum und Baryum jodatum verabreicht.

Für die Anwendung von Metallen in homöopathischer Form als Heilmittel sollte immer der Rat eines Arztes oder Heilpraktikers eingeholt werden. Wenn hier die Entsprechungen der Metalle zu Krankheiten besprochen wurden, so konnte es sich immer nur um die Entsprechungen handeln, die ganz besonders den betreffenden Gestirnen zukommen, ohne darauf hinzuweisen, daß das Anwendungsgebiet viel größer ist. Wer sich besonders für dieses Spezialgebiet der Astromedizin interessiert, sei auf das Buch von Jaap Huibers *Gesund sein mit Metallen* hingewiesen.

Vierter Teil

Kosmische Grundlagen
für astromedizinische
Diagnostik und Prognostik

Für die praktische Diagnostik und Prognostik ist es notwendig, die hierfür erforderlichen Arbeitsgrundlagen zu besprechen.

Grundlagen der Kosmobiologie

Das Wort »Kosmobiologie« wurde erst vor wenigen Jahrzehnten geprägt. Es will weiter nichts sagen, als daß Beziehungen bestehen zwischen Kosmos und Bios, dem gesamten All und allen Lebewesen. Damit wird die Aufgabe gestellt, diese Beziehungen näher zu untersuchen.

Fälschlicherweise werden oft Astrologie und Kosmobiologie verwechselt, was teils aus geschäftlichen Gründen, manchmal mit Absicht geschieht. Der Unterschied liegt darin, daß die traditionelle Astrologie zu einem großen Teil auf mantischer Grundlage aufgebaut ist und im volkstümlichen Sinne vornehmlich der Schicksalsforschung dienen soll, während die Kosmobiologie mit wissenschaftlichen Methoden arbeitet, auf empirischem Wege die Beziehungen zwischen Kosmos und Mensch erforscht, sie statistisch zu sichern und im Vergleich mit anderen Untersuchungsmethoden zu gleichen Ergebnissen und gegenseitiger Bestätigung zu kommen sucht. Während sich die Astrologie vornehmlich darauf beschränkt, aufgrund der Gestirnkonstellationen Aussagen über Charakteranlage und Schicksal zu erhalten, erkennt die Kosmobiologie – im Sinne des Verfassers – einen kosmischen Faktor an, der mitbestimmend ist für die Wesensstruktur und die Entwicklungsmöglichkeiten, aber auch andere Bildekräfte anerkennt, wie sie sich bieten:

1. in der Erbmasse, deren starker Einfluß auf Charakter, gesundheitliche Konstitution und Schicksalsverlauf erwiesen ist;

2. im Elternhaus, wo nicht nur das gegenseitige Verhältnis der

Eltern zueinander, das Verhältnis der Eltern zu ihren Kindern (Leitbilder), sondern auch die wirtschaftlichen und sozialen Verhältnisse und das Bildungsniveau einen besonderen Einfluß geltend machen;

3. in der Umwelt, die über das Elternhaus hinausgreift in die Nachbarschaft, die Schule, die Wohngemeinde und deren soziale, wirtschaftliche und kulturelle Verhältnisse;

Bilde-Kräfte

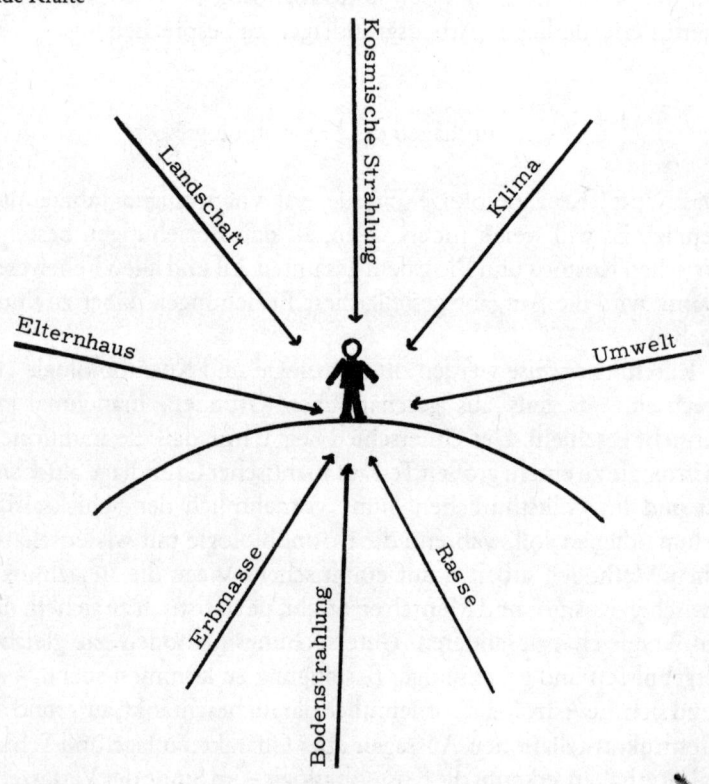

4. in der Landschaft mit ihren Unterschieden, dem Hochland, den Mittelgebirgen, der Ebene und der Meeresnähe;

5. im Klima, das in enger Verbindung mit der Landschaft steht und als Meeresklima, Binnenlandklima, Tief- oder Hochlandklima erheblichen Unterschieden im Volkscharakter entspricht;

162

6. im Wetter, das sich aus kosmischen und terrestrischen Faktoren bildet, und besonders durch die moderne Forschung (Bioklimatik) in seinem wesentlichen Einfluß auf die seelische und körperliche Verfassung erwiesen ist.

Unter all diesen Bildekräften ist der kosmische Faktor aus den Gestirnskonstellationen im Augenblick der Geburt berechenbar. Da aber der kosmische Faktor einer unter vielen ist, erhebt auch die Kosmobiologie (gegenüber der traditionellen Astrologie) keinen Anspruch darauf, ein Ganzheitsbild der Person und deren Schicksal berechnen zu wollen, sondern nur die Anlagefaktoren und Entwicklungsmöglichkeiten zu erforschen, die sich aus dem kosmischen Faktor ergeben.[64] Daraus ergibt sich zwangsläufig, wie schon mehrfach betont, daß für eine astromedizinische Untersuchung unbedingt Angaben im obigen Sinne und über den bisherigen Lebenslauf notwendig sind. Blinddiagnosen können im kosmobiologischen wie überhaupt im wissenschaftlichen Sinne nicht durchgeführt werden. (Das schließt nicht aus, daß zuweilen auch Blinddiagnosen erfolgreich sein können.)

Im Sinne des Verfassers ergeben sich folgende Arbeitsgrundlagen:

1. die astronomischen Positionen der Gestirne: Sonne, Mond, Merkur, Venus, Mars, Jupiter, Saturn, Uranus, Neptun, Pluto, Mondknoten, eventuell auch Transpluto (Verfasser verwendet nicht die sogenannten Transneptunplaneten, die astronomisch noch nicht gesichert sind),

2. der Kulminationspunkt (Medium Coeli = Himmelsmitte) über dem Geburtsort;

3. der Aszendent oder Aufgangspunkt, in dem die Gestirne für den Geburtsort aufsteigen.

Die zwölf Felder oder Häuser verwendet der Verfasser nicht, weil sie zu spekulativ sind. Außerdem gibt es vierzehn Häusermethoden, in denen aber Aszendent und Medium coeli übereinstimmen und die daher auch mit verwandt werden. Ebenso verzichtet der Verfasser auf Stärken und Schwächen, auf die sogenannten Glücks-, Liebes- und Todespunkte, zumal diese nicht stimmen, wenn die Geburtszeit nicht auf vier Minuten genau bekannt oder korrigiert ist. Angewandt werden aber die sogenannten Halbsummen (Schnittpunkte, Halbdistanzpunkte), weil sie dazu beitragen, den kosmischen Zustand eines jeden

Gestirns besser zu beurteilen und viele Feinheiten in dem jetzigen komplizierten Leben zu erfassen.

Um die Übersichtlichkeit zu gewährleisten, werden in den verschiedenen Abhandlungen Abkürzungen vorgenommen, wie sie sich aus der »Internationalen Nomenklatur« ergeben.

Tabelle der internationalen
Abkürzungen kosmischer Faktoren

Ap	= Apex	
Z	= Galakt. Zentrum	
hel	= heliozentrisch	
⊕	= Erde(hel)	= ER
♃	= Cupido	= CU
Ⴚ	= Hades	= HA
⚷	= Zeus	= ZE
♆	= Kronos	= KR
♃	= Apollon	= AP
♇	= Admetos	= AD
⚼	= Vulkanus	= VU
♓	= Poseidon	= PO
p	= progressiv	
s	= mit dem Sonnenbogen vorgeschoben	
t	= Transit, laufend	
r	= Radixposition	
R	= scheinbar rückläufig	
st	= stationär	
//	= Parallelschein	

N	= nördliche Position	
S	= südliche Position	
☿	= Merkurknoten	

(Planetenknoten sind durch zwei kleine Kreise gekennzeichnet, wie bei Merkurknoten)

☉	= Sonne	= SO
☽	= Mond	= MO
☿	= Merkur	= ME
♀	= Venus	= VE
♂	= Mars	= MA
♃	= Jupiter	= JU
♄	= Saturn	= SA
♅	= Uranus	= UR
♆	= Neptun	= NE
♇	= Pluto	= PL
♇	= Transpluto	= TP
☊	= Drachenkopf (Aufst. Mondknoten)	= DR

A	= Aszendent	= AS
M	= Medium Coeli	= MC
♈	= Widder	= ar
♉	= Stier	= ta
♊	= Zwillinge	= gm
♋	= Krebs	= cn
♌	= Löwe	= le
♍	= Jungfrau	= vi
♎	= Waage	= li
♏	= Skorpion	= sc
♐	= Schütze	= sg
♑	= Steinbock	= cp
♒	= Wassermann	= aq
♓	= Fische	= ps

Aspekte (Winkelbeziehungen der Gestirne)

0°	= Konjunktion	= ♂
30°	= Halbsextil	= ⊻
45°	= Halbquadrat	= ∠
60°	= Sextil	= *
72°	= Quintil	= Q
90°	= Quadrat	= □
129°	= Trigon	= △
135°	= Anderthalb-quadrat	= ⬚
144°	= Biquintil	= Bq
150°	= Quincunx	= Qc
180°	= Opposition	= ☍

GMT = Weltzeit (WZ) = General Mean Time
OZ = Ortszeit
GZ = Greenwichzeit (oder WZ = Weltzeit)
WEZ = Westeuropäische Zeit (0°)
MEZ = Mitteleuropäische Zeit (15°)
OEZ = Osteuropäische Zeit (30°)
SZ = Sommerzeit
DSZ = Deutsche Sommerzeit
DDSZ = doppelte deutsche Sommerzeit
LZ = Landeszeit
a.m. = ante meridiam (vormittags, zwischen 0 und 12 h)
p.m. = post meridiam (nachmittags zwischen 12 und 24 h)
O.A. = Ortsaszendent
O.M. = Ortsmeridian
KE = Krankheitsentsprechungen
KdG = Kombination der Gestirneinflüsse

Himmel und Erde, Yang und Yin

In den üblichen Horoskopzeichnungen bildet die Horizontebene, die Verbindung zwischen Aszendent und Descendent, die Scheide zwischen dem sichtbaren und dem unsichtbaren Teil des Himmels, wobei allgemein die obere Hälfte als positiv und die untere als negativ bezeichnet wird. Andererseits unterscheidet man auch aufgrund der Teilung durch den Meridian eine Osthälfte und eine Westhälfte, wobei die Osthälfte als positiv und die Westhälfte als negativ angesehen wird.

In China betrachtete man aufgrund einer fünftausendjährigen Tradition den Himmel als Yang, als Erzeuger aller Erscheinungen und aller Wesen auf der Welt, und die Erde als Yin, als die vom Himmel Empfangende oder auch Gebärende.[65]

Die Begriffe Yang und Yin werden am besten symbolisiert durch den Kreis, der durch eine Wellenlinie geteilt ist. Damit soll aber nicht gesagt sein, daß die beiden Prinzipien Gegensätze sind, sondern daß sie sich innerhalb eines Raumes ergänzen und ineinanderfließen,

zusammen also immer eine Einheit bilden. Es kann nun in einem Falle das Yang- und im anderen das Yin-Prinzip überwiegen. Ist die Harmonie gestört, so ist es möglich, zum Beispiel eine Yin-Krankheit durch Yang-Mittel oder -Behandlung zu heilen, um das Gleichgewicht im Körper wiederherzustellen. Die beiden Bezeichnungen enthalten als wesentlichen Unterschied die Vokale A und I, die als Unterscheidungsmerkmale gelten, auch als Abkürzungen für die Begriffe Außenmenschen und Innenmenschen oder nach C. G. Jung Extravertierte und Introvertierte. A ist der Anfangsbuchstabe von »außen«

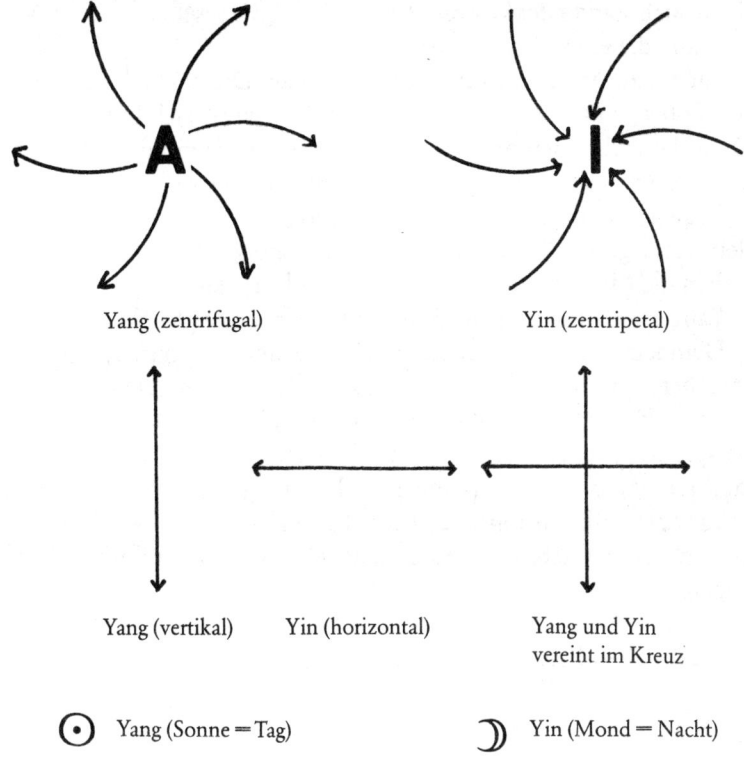

Yang (zentrifugal) Yin (zentripetal)

Yang (vertikal) Yin (horizontal) Yang und Yin
vereint im Kreuz

Yang (Sonne = Tag) Yin (Mond = Nacht)

und bezeichnet das zentrifugale Prinzip, I ist der Anfangsbuchstabe von »innen« und bezeichnet das nach innen gerichtete, das zentripetale Prinzip. Im Alltagsleben erkennt man die Außenmenschen daran, daß ihr ganzes Wesen nach außen gerichtet ist, daß sie sehr lebendig wirken und alles selbst in die Hand nehmen wollen, während die Innenmenschen »alles in sich hineinfressen«, sehr empfindlich und verschlossen sind.

Yang entspricht weiterhin dem Vertikalen, Senkrechten, Yin dem Horizontalen, Waagrechten. Aus der Verbindung von Yang und Yin ergibt sich das Kreuz. Yang entspricht der Sonne und dem Tag, Yin dem Mond und der Nacht. Tagsüber bewegt sich der Mensch aufrecht im Sinne von Yang, nachts ruht der Mensch in der Yin-Lage. Er ist dann auch stärker der kosmischen Strahlung ausgesetzt, er ladet Energien auf, die er tagsüber wieder abgibt.

Yang kann man auch darstellen durch ein Dreieck mit der Spitze nach oben, Yin durch ein Dreieck mit der Spitze nach unten. Beide Dreiecke verbunden ergeben den Sechstern als Symbol der Vereinigung von positiv und negativ, von männlich und weiblich.

In bezug auf die Farben bezeichnet Yang die leuchtenden, wärmenden, Yin dagegen die dunklen und kalten Farben. Die anderen Farben stellen die Mittelwerte zwischen Yang und Yin dar:

Yang – rot, orange, gelb, grün, blau, indigo, violett – Yin.

Demnach ist ein Ausgleich von Yang und Yin durch eine entsprechende farbige Kleidung möglich. Nach innen gekehrte Menschen sollten daher einen Ausgleich in heller Kleidung vorziehen. Als Beispiel können die buddhistischen Mönche gelten, die als Ausgleich zu ihrer religiösen Versenkung gelbe Kleidung tragen. Im Verhältnis dazu wirken die katholischen Mönche in ihrer schwarzen Kleidung negativ mit Ausnahme der Orden, die eine weiße oder farbige Kutte tragen.

Nachstehend beachte man weitere Gegenüberstellungen:

Yang	Yin
das Männliche	das Weibliche
das Befruchtende	das Empfangende
das Zusammenfassende	das Auflösende
die gezielt eingesetzte Kraft	die zerstreute, fehlgeleitete Energie
das Ordnende	das Ungeordnete
die Zeit	der Raum
der Tag	die Nacht
der Sommer	der Winter
das Trockene	das Feuchte
das Salzige	das Süße, die Säure (Zucker verwandelt sich im Körper in Säure)
das Positive	das Negative

das Feste	das Lockere
das Harte	das Weiche
das Schwere	das Leichte

Yang und Yin sind keine feststehenden Begriffe oder Anlagen, sondern sie lassen sich jeweils durch das eine oder andere verändern oder ergänzen. Dabei spielen Nahrungs- und Heilmittel eine große Rolle. Gehalt und Stärke derselben sind verschieden, daher werden in der folgenden Übersicht die Werte in Zahlen angegeben, die aber nur als Orientierungshilfe angesehen werden können. Immerhin erhält man dadurch bereits Hinweise, wie man durch die entsprechende Ernährung einen Ausgleich der zu starken Yang- oder Yin-Veranlagung erreichen kann. Auf das Geburtsbild bezogen ist ein gewisser Ausgleich möglich, wenn zum Beispiel ein Jupiter-Typ einen Ausgleich sucht durch Yin-Ernährung und ein Saturn-Typ durch Yang-Ernährung.

Für die Lebensmittel[66] ergeben sich folgende Gegenüberstellungen:

Gemüse

Yang	Yin
Chicoree (1)	Artischocken (2)
Endivien (1)	Blumenkohl (2)
Feldsalat, Rapunzel (1)	Erbsen, hochwachsend (2)
Huflattigwurzel (2)	Fenchelstengel (1)
Kohlrüben (1)	Grünkohl (1)
Knoblauch (1)	grüne Buschbohnen (1)
Kopfsalat, tief wurzelnd (1)	Gurke (3)
Lauch (1)	Kartoffeln (1–4)
Löwenzahnblätter (1)	Kohlrabi (1)
Löwenzahnwurzel (3)	grüne Erbsen, niedrig (1)
Mairüben (1)	Paprika (5)
Meerrettich (3)	Rotkohl (1)
Mohrrübe, gelbe Rübe (2)	Sauerampfer (1)
Petersilienwurzel (1)	Sellerieblätter (1)
Selleriewurzel (1)	Spargel (3)

Yang	Yin
Radieschen (1)	Spinat (1)
Rettich, schwarz/weiß (1)	Tomate (3)
Schwarzwurzel (2)	Topinambur (1)
Zwiebel, gelb oder rot	Wachsbohnen (1)
	Weißkohl (1)

Früchte

Yang	Yin
Äpfel (2)	Ananas (4)
Aprikosen (2)	Apfelsine (3)
Erdbeeren aus dem Garten (1)	Banane (3)
Erdbeeren aus dem Wald (2)	Birne (3)
Himbeeren aus dem Wald (1)	Dattel (3)
Johannisbeeren (1)	Feigen, frisch (4)
Kirschen (2)	Melonen (2)
Maronen (2)	Pampelmusen (2)
Preiselbeeren (1)	Pfirsiche (2)
Stachelbeeren (1)	Weintrauben (3)
	Zitrone (2)

Fleisch

Yang	Yin
Ei, befruchtet (3)	Aal (4)
Fasan (3)	Austern (3)
Geflügel (1)	Hummer (1)
Hase, Kaninchen (1)	Karpfen (1)
Hecht (1)	Schwein (4)
Hering (3)	Tintenfisch (2)
Krabben (2)	Wurst (4)
Krebs (1)	Kranke sollten
Kaviar (3)	auf obige
Kalb (1)	Fleischsorten
Lachs (2)	möglichst
Makrele (2)	verzichten.

Yang	Yin
Reh, Hirsch (2)	
Ren (3)	
Rind (1)	
Sardinen (2)	
Schaf (1)	
Sprotten (3)	
Thunfisch (1)	

Fette, Öle

Yang	Yin
Bucheckernöl (1)	Butter, Süßrahm (4)
Mohnöl (1)	Butter, natürlich gesäuert (3)
Rapsöl, rein (1)	Erdnußöl (1)
Reisöl (1)	Kokosfett (2)
Sojaöl (1)	Kokosfett, gehärtet (3)
Sesamöl (2)	Margarine, gehärtet (3)
Sonnenblumenöl (1)	Olivenöl (1)
Weizenöl (1)	Palmfett (2)
	Rindertalg (5)
	Schweineschmalz (4)

Getränke

Yang	Yin
Alkohol als Medizin (3)	Bier (2)
Birkenblättertee (2)	chinesischer oder russischer Tee (2)
Ginsengtee (3)	Champagner (3)
Rhododendrontee (2)	Bohnenkaffee (5)
Salbeitee (2)	Fruchtsaft, ungezuckert (2)
Tausenguldenkrauttee (2)	Fruchtsaft, gesüßt (4)
Thymiantee (2)	Mineralwasser (2)
Wermut-, Beifuß-Tee (3)	Kakao (5)
	Quellwasser (2)
	Mineralwasser (2)

171

Milchprodukte

Camembert (2)
Frischmilchkäse (2)
Molkenkäse (2)
Quark, mager (1)
Roquefort (2)
Schweizerkäse (2)
Ziegenkäse (3)

Buttermilch (1)
Joghurt (2)
Kefir (2)
Molke (2)
Sahne, süß (3)
Sahne, sauer (3)
saure Milch (2)
Vollmilch (1)

Weitere Nahrungsmittel

Honig (3)
Rohrzucker (4)
Zucker, weiß (5)
Sirup (3)

Durch entsprechende Behandlung werden Nahrungsmittel in der Richtung nach Yang oder Yin umgeformt oder verstärkt, sogar ins Gegenteil verkehrt. Durch Erwärmen, Kochen, Backen, Rösten, Trocknen, Verdunsten, Salzen und Würzen mit Bitterstoffen bekommen die Lebensmittel mehr Yang-Charakter. Durch Abkühlung, Anreicherung mit Flüssigkeit, Zusatz von sauren oder süßen Stoffen, Würzen mit stark aromatischen Kräutern oder Gewürzen (die aber nicht bitter sind), durch Reiben, Zermalen oder Gärung bekommen die Lebensmittel mehr Yin-Charakter. Wenn ein Getreidekorn ins Wasser gelegt wird, wird es zu Yin, wenn Nahrungsmittel mit Zucker gesüßt werden, macht man sie auch zu Yin.

Der menschliche Körper

Der Mensch als Einheit ist ebenfalls eine Zusammensetzung aus Yang und Yin. Die rechte Körperseite ist Yang, die linke ist Yin, denn die rechte Seite ist bei den meisten Menschen die aktivere. Wenn sich der Mensch in einer Abwehrstellung befindet, hält er die linke Hand (Yin) vor das Gesicht und erhebt den rechten Arm zum Stoß oder Schlag (Yang).

Nach Rilling[66] ergeben sich schon rein anatomisch Unterschiede. So ist zum Beispiel die linke Herzhälfte kräftiger entwickelt, der linke Pfortaderanteil ist länger als der rechte, die linke Niere ist größer als die rechte, der linke Harnleiter ist länger, die linke Lungenspitze wird häufiger durch Tuberkulose befallen als die rechte usw.

Rilling hat auch nach experimentellen Untersuchungen gefunden, daß die linke Gesichtshälfte durch Erlebnisse weniger Veränderungen unterworfen ist als die rechte. »Die rechte Gesichtshälfte ist Trägerin des individuellen, dem Leben zugewandten Ausdrucks, sie vermittelt zudem die verborgenen Charakterzüge, die vom Unbewußten des Menschen geprägt sind.« »Nach allen Vorstellungen und Erfahrungen ergeben sich auch die Zusammenhänge mit der Erbmasse: in der rechten Seite verkörpert sich die väterliche Linie, in der linken Seite mehr die mütterliche Erbmasse.«

Für die einzelnen Organe gibt Rilling folgende Übersicht:

Yang	Yin
Dickdarm	Lungen
Magen	Milz-Bauchspeicheldrüse
Drei-Erwärmer	Kreislauf-Sexualsphäre
Dünndarm	Herz
Gallenblase	Leber
Blase	Nieren

Als besonders wichtig wird die Gallenblase angesehen. Sie ist das Organ, das als besonders rein gilt, denn es enthält nur Galle, während in den anderen Organen Abfallstoffe enthalten sind oder durchgeschleust werden. Die Chinesen sagen, ein tapferer Mensch habe auch eine kräftige Gallenblase, ein furchtsamer Mensch dagegen eine schwache. Wir werden später sehen, daß die Galle dem Mars zugeordnet ist, so daß also einem stark gestellten Mars eine starke Gallenblase entspricht und umgekehrt. Die Beziehung zwischen Dickdarm und Lunge bestätigt sich durch häufige Darmverstopfungen bei Erkrankungen der Lunge durch Erkältung. Entwickelt sich Hitze im Dickdarm, zeigt sich oft ein trockener Reizhusten. Ähnliche Beziehungen ergeben sich auch zwischen den anderen Organen.

Charakter- und Konstitutionstypen

Das Yang-Yin-Prinzip findet man auch in den modernen Typenlehren wieder, in den Schmal- und Rundwüchsigen, den hoch aufgeschossenen Schlanken und den kleinen Dicken. Nachstehend ein kleiner Auszug aus der reichhaltigen »Synoptischen Konstitutionstabelle« nach Schulte-Kuhlmann, die ebenfalls in dem Buche von Rilling enthalten ist.[66)]

Konstitutionstabelle

Ursprung, Autoren	Breite Typen	Schmale Typen
Altchinesische Medizin	Yang-Typ	Yin-Typ
Altindische Vorstellungen ca. 500 vor Christus	Elefantenkuh (für die Frau gebraucht)	Gazellentyp
Cervantes (1605)	Sancho Pansa	Don Quijote
Carus (1856)	Plethorische Konstitution mit bevorzugter Entwicklung der Ernährungsorgane	Celebrale, sensible, asthenische Konstitution
Huter (1880)	Ernährungsnaturell	Empfindungsnaturell
Kretschmer (1921)	Pyknisch, Zyklothymiker	Leptosom (Astheniker), Schizothymiker
Stockard (1923)	Quertyp, lateraler Typ	Längstyp, linearer Typ

174

Curry (1949)	Warmfronten	Kaltfronten
	empfindlicher W-Typ	empfindlicher K-Typ
Rilling (1957)	Plus-Typ	Minus-Typ

Eine solche kurze Übersicht kann nur allgemeine Hinweise geben; wer tiefer eindringen will, wird ohne gründliches Studium des reichhaltigen Werkes von Rilling[66] nicht auskommen.

Beim Studium aller Typenlehren wird man immer wieder feststellen, daß es kaum reine Typen gibt, vielmehr wird man beim einzelnen Menschen beobachten, daß er mehr zu diesem oder jenem Typ neigt. Es kann auch vorkommen, daß ein Mensch in seiner Jugend außerordentlich schlank ist und im Alter durch Fettansatz mehr in die Breite geht. Ebenso ist es möglich, daß durch entsprechende Ernährung, durch sportliche Betätigung, Massagen und anderem die Statur verändert werden kann.

Yang und Yin im Tierkreis

Im zwölfteiligen Tierkreis unterscheidet man die Yang- und Yin-Typen nur unter anderen Bezeichnungen. Schon Claudius Ptolemäus schreibt in seinen *Tetrabiblos*[5] über männliche und weibliche Zeichen. »Außer diesen Bestimmungen (über die verschiedenen Arten der Zeichen) werden sechs Zeichen als männliche und Tagzeichen und ebensoviele der weiblichen Natur und der Nacht zugesprochen. Ihre Reihenfolge ist ununterbrochen, wie dem Tag die Nacht angefügt ist und eine Vereinigung männlichen und weiblichen Wesens naturnotwendig ist. Nehmen wir also unseren Ausgang vom Widder aus Gründen, die ich oben erwähnt habe, wie auch der männlicheHerr stets voranstehen muß, da alles Tatkräftige dem Passiven vorausstürmt. So sind Widder und Waage männlich und gehören dem Tage. Das ergibt sich aus dem Umstande, daß der Äquator, der durch sie beschrieben wird, die ursprünglichste und kraftvollste Regung alles Lebendigen hervorbringt. Von diesen folgt dann in fortlaufender Reihe einem männlichen ein weibliches Zeichen.«

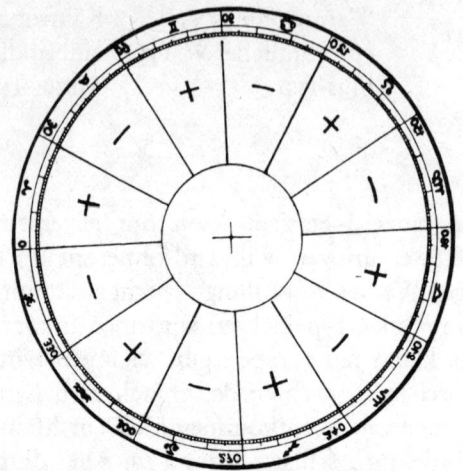

Verteilung der positiven und negativen Zeichen.

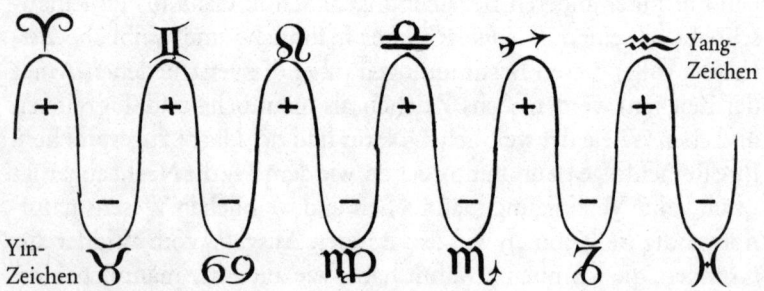

Wechsel der Yang- und Yin-Zeichen im Tierkreis.

176

Yang und Yin im Kosmogramm

In unserem Beispiel-Kosmogramm vom 9. Oktober 1898 liegt der Aszendent waagerecht und teilt damit den Kreis in eine obere Hälfte = Yang und eine untere Hälfte = Yin. Durch den Meridian (MC) ergibt sich eine Teilung in eine Osthälfte = Yang und eine Westhälfte = Yin.

Untersuchen wir die Stellung der einzelnen Faktoren in den Tierkreiszeichen, so befinden sich Pluto, Neptun, MC, Mond, Merkur, Sonne, Jupiter, Venus, Uranus, Saturn in den positiven oder Yang-Zeichen und Mars, Aszendent, Mondknoten in negativen oder Yin-Zeichen. Demnach überwiegt in diesem Kosmogramm das Yang-Prinzip.

Männliche Geburt
9. Oktober 1898, 4.30 Uhr
50°36'N / 17°02'O

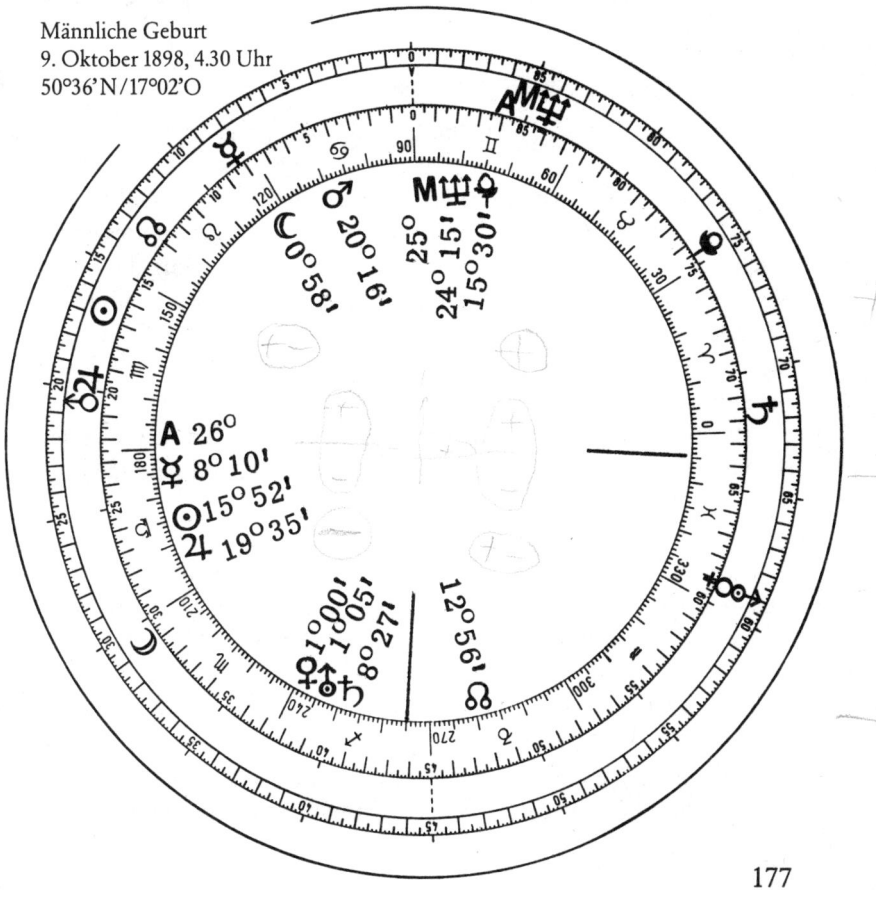

177

Die vorchristliche Astrologie machte »einen bewundernswerten kühnen Versuch, die Welt als ein Ganzes, als eine einzige große Einheit zu deuten; und sie fügt auch den Menschen in diese große Gemeinsamkeit ein, die alles Lebendige gesetzlich verbindet.«[1] Aus diesem Grunde ist die Verbindung zwischen Kosmos und Bios nicht allein mit wissenschaftlichen Mitteln zu fassen, sondern sie liegt tiefer, sie ist Philosophie, sie ist Religion, sie ist Verbindung mit dem Schöpfer, mit Gott. Diese Anschauung war Allgemeingut der Menschheit und ist bei Völkern aller Kontinente zu finden. Gerade auf dem Gebiet der Heilkunde hat sie sich bis in unsere Zeit erhalten, sie lebt aber auch unbewußt fort in allen Religionen, die auf einen kosmischen Ursprung zurückzuführen sind.

Die drei Grundsäfte

In der tibetanischen und indischen Medizin liegt eine Dreiteilung der physiologischen Vorgänge des Organismus vor, die kein reines empirisches Ergebnis sein kann, sondern nur eine Konsequenz der durch sie vorausgesetzten metaphysischen Dreiteilung des Seins selbst.[60]

Das erste der drei Prinzipien heißt *Chi* = Luft, Wind. Es ist aber keine Luft im natürlichen Sinne, sondern die das All begründende und durchdringende Vernunft, die Idee oder das Gesetz.

Das zweite Prinzip heißt *Schara* = Galle (Gelbes). Es ist aber keine Galle, sondern das den Kosmos beherrschende und bewegende Prinzip jeglicher Aktivität und Mächtigkeit, das Tat- und Aktprinzip.

Das dritte Prinzip heißt *Bagdan* = Wasser (Schleim), es ist aber wiederum kein Wasser, sondern das tragende Prinzip, das sich passiv verhält und von den anderen Prinzipien mitbestimmt und gestaltet wird.

Es würde zu weit führen, eine grundlegende Betrachtung über diese drei Prinzipien fortzusetzen, zumal anschließend die erweiterten Grundlagen aus dem Mittelmeerraum erörtert werden. In der griechischen Astrologie wurden die Grundlagen für eine »Humoral-Pathologie« gelegt. Darunter versteht man die Lehre, die alle Krankheiten auf eine fehlerhafte Beschaffenheit der Körpersäfte zurückführt. Die Grundlagen wurden von den griechischen Philosophen und Ärzten entwickelt.

Elemente – Temperamente – Humores

Die allgemeine Anerkennung der uralten Lehren von Yang und Yin, von Elementen und Körpersäften und der sich daraus entwickelnden Konstitution ist mit darin zu erblicken, daß sich diese Lehren über fünftausend Jahre erhalten haben und sich heute noch bestätigen. So finden wir diese auch in der *Psychologie* von Prof. Dr. Anschütz[26].

Aus diesem Werk werden folgende Zeilen entnommen:

»Während die Psychologie in ihren Anfängen bei den ionischen Naturphilosophen die Verschiedenheit der Menschen auf das jeweilige Vorherrschen eines der vier Elemente Feuer, Luft, Wasser und Erde zurückführt, erklären Hippokrates und Galen die Temperamente durch die vermeintlichen vier Hauptflüssigkeiten des menschlichen Körpers, die gelbe Galle (Cholos), die schwarze Galle (Melas Cholos), das Blut (Sanguis) und den Schleim (Phlegma). Später führte man die Temperamente auf die Beschaffenheit des Blutes zurück und nannte das cholerische Temperament das warmblütige, das melancholische Temperament das schwerblütige, das sanguinische das leichtblütige und das phlegmatische das kaltblütige.«

»1. Das cholerische Temperament äußert sich durch leichte Erregbarkeit zu starken Affekten, die sich aber nicht lange auf ihrem Höhepunkt halten können und daher in ihren Einfluß auf das Handeln mehr stoßweise als nachhaltig wirken. Die Äußerungen des Gefühls sind oft scharf, bitter, verletzend. Es besteht Neigung zu aufbrausendem Zorn, weniger zu hingebender Liebe, aber nicht zur Unversöhnlichkeit. Der Choleriker hat starkes Selbstgefühl, er meidet kleinliche Geschäfte und pedantischen Gehorsam. Er ist leicht herrschsüchtig, ehrgeizig und zeigt momentane Kraftäußerungen. Er kann großzügig und aufopfernd, aber auch hart und stolz, egoistisch sein. Im allgemeinen ist er ernst, nur selten harmlos-freudig. Nach der negativen Seite treten auch Hochmut, Jähzorn, Verwegenheit und Tollkühnheit auf.

2. Der Phlegmatiker ist durch Umständlichkeit und Schwierigkeit gekennzeichnet, mit der er alles aufnimmt, es aber dann stur festhält. Er neigt zur Ruhe, läßt die Dinge an sich herankommen, liebt das Überkommene und ist konservativ. Er ist für behaglichen Genuß, pünktlich in seinen Geschäften, wenn sie keine besonderen Ansprüche stellen. Er ist frei von Illusionen, regt sich nicht auf und ist besonnen, umsichtig, praktisch, zuverlässig, friedfertig. Andere läßt er gewähren, wenn sie ihn nicht stören, und er bewahrt immer das innere Gleichgewicht. Nach der negativen Seite hin treten Indolenz und Faulheit auf.

3. Den Sanguiniker zeichnet hochgradige Erregbarkeit aus, der jedoch die Tiefe fehlt. Er ist leicht beeindruckt, interessiert, angesprochen. Aber ebenso rasch wechselt er seine Anteilnahme, so daß er sich nicht zu anhaltender Tätigkeit eignet. Er ist vergeßlich, leicht gerührt, gutmütig, unzuverlässig. Er liebt heitere Gesellschaft, ist hilfsbereit, gibt Zusagen, ohne sie zu halten. Er macht harmlos-dumme Streiche, gesteht sie ein, zeigt Reue und macht das gleiche bei der nächsten Gelegenheit wieder. Er ist überall Optimist, nimmt alles leicht, ist aber ebensowenig tiefem Glück wie tiefem Schmerz zugänglich. Leichtsinn, Zerfahrenheit, Zerstreutheit und Oberflächlichkeit können sein Bild ins Negative wandeln.

4. Der Melancholiker ist für leichte und oberflächliche Eindrücke nicht empfänglich. Ist er aber angesprochen, dann wird er innerlich auf längere Zeit ergriffen. Wenn ihn Leidenschaften erfassen, dann schlagen sie in ihm tiefe Wurzeln und bestimmen seine Gemütslage. Nach außen hin ist er im allgemeinen vorsichtig, oft mißtrauisch. Er ist ernst, fast trübsinnig, um die Zukunft besorgt, oft geizig, kleinlich. In Liebe und Freundschaft ist er treu, der Eifersucht ist er zugänglich. Arbeitsamkeit, Pünktlichkeit, Gewissenhaftigkeit zeichnen ihn aus. Seine Ansprüche an andere sind entsprechend. Er nimmt schwer und bedächtig auf, bleibt dann aber konsequent. Er meidet laute Vergnügen und sucht die Einsamkeit, den Umgang mit der Natur, den Verkehr nur mit guten Freunden. Im Extremen kann er zum Menschenhasser werden und in Schwermut verfallen.«

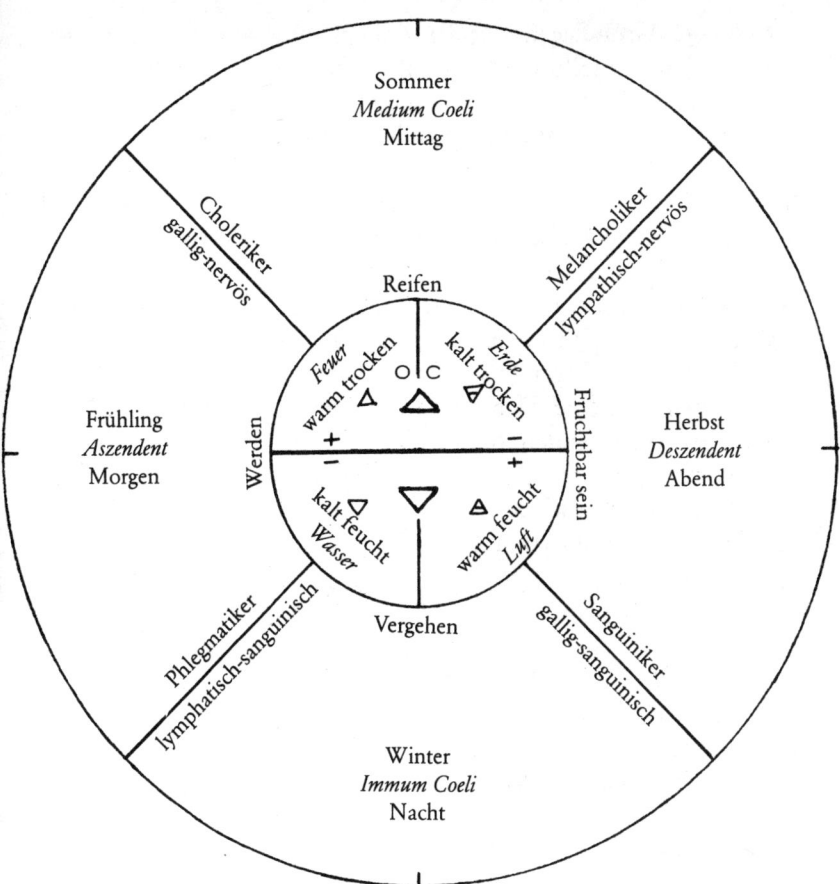

Kosmopsychologisches Diagramm

Während man unter Temperament die Veranlagung des Menschen hinsichtlich der Art und Weise, der Stärke und des Ablaufs der geistigen, insbesondere der gefühlsmäßigen und Willensprozesse versteht, bezeichnet man als Konstitution die individuelle Eigenart eines Menschen, die sich in Formen und Funktionen des Körpers, seiner Leistungs-, Widerstands- und Reaktionsfähigkeit zeigt. »In der Zusammenarbeit von Psychologie und Medizin hat sich die Sinngebung auf die körperlich-seelische Gesamtverfassung erweitert. Man bezieht alles ein, was durch Vererbung und Erfahrung Bestandteil psycho-

181

physischer Grundlagen der Persönlichkeit geworden ist. Hierzu gehören auch Anfälligkeit für Krankheiten, Lebens- und Verfügungsfähigkeit des Gesamtorganismus, schließlich alle Anlagen und Bereitschaften im Sinne körperlicher und seelischer Leistungen.«

Zusammenfassung der historischen Grundlagen

Faßt man die bisher besprochenen historischen Grundlagen zusammen, so erkennt man aus der Zeichnung auf Seite 179 die Gliederung in Yang und Yin, Tag und Nacht, Sommer und Winter und die verschiedenen Elemente. Dabei sollte festgehalten werden, daß immer von einer fortlaufenden Teilung des Kreises ausgegangen wird, die sich vornehmlich erstreckt auf Halbierung, Viertelung und Achtelung, wie wir sie wiederfinden in den grundlegenden Winkelbeziehungen Konjunktion, Opposition, Quadrat, Halbquadrat und Anderthalbquadrat.

Es ist noch zu ergänzen, daß nach Retschlag[67] die Elementarzeichen auch chemischen Elementen zugeordnet werden:

Feuerzeichen dem Sauerstoff (O = Oxygen),
Erdzeichen dem Kohlenstoff (C = Carbon),
Luftzeichen dem Stickstoff (N = Nitrogen),
Wasserzeichen dem Wasserstoff (H = Hydrogen).

Kosmobiologische Typen

Wie aus dem Buch *Grundlagen der kosmobiologischen Heilkunde*[65] hervorgeht, sind verschiedene Versuche unternommen worden, eine Typisierung durchzuführen (Kretschmer, Pfahler, Jaensch, Jung und andere). Für eine kosmopsychologische Typenlehre hat sich eine Anlehnung an die graphologischen Typen von Christiansen-Carnap [68] als praktisch ergeben. Die Verfasser sprechen einmal von einem Lösungs- und Spannungstyp und, auch in Anlehnung an Jung, von einem Außentyp und einem Innentyp. (Extravertierte und Introvertierte).

Widder, Löwe, Schütze	=	Gespannter Außenmensch	= SA-Typ
Stier, Jungfrau, (Skorpion), Steinbock	=	Gespannter Innenmensch	= SI-Typ
Zwillinge, Waage, Wassermann	=	Gelöster Außenmensch	= LA-Typ
Krebs, Fische	=	Gelöster Innenmensch	= LI-Typ

Das Zeichen Skorpion ist unter den SI-Typen in Klammern gesetzt. Verfasser vertritt die Ansicht, daß das Zeichen Skorpion keineswegs den Zeichen Krebs und Fische gleichzusetzen ist, denn der Skorpion-Typ zeigt mehr die Kennzeichen eines SI-Typs anstelle eines LI-Typs. Ihm fehlt die Weichheit und Gelassenheit des Krebs- und Fische-Typs.

Schon Freiherr von Klöckler[69] wies darauf hin, daß der »Skorpion« eben doch ganz anders geartet ist als »Krebs« und »Fisch«. In einem persönlichen Gespräch mit Professor Gerhard Krüger erklärte dieser den Unterschied folgendermaßen: »Krebs entspricht dem Quellwasser, Skorpion dem stehenden Gewässer und Fische dem Meer. Aus diesem Grunde hat der ›Skorpion‹ einen mehr beständigen und festen Charakter als die real denkenden SI-Typen. Man hat schließlich nach der Überlieferung den Mars dem Zeichen Skorpion zugeordnet, also einen positiven Planeten, während dem Zeichen Krebs der Mond und dem Zeichen Fische der Neptun, beides negative Gestirne, beigegeben wurden.«

Die Bewertung der einzelnen Punkte eines Kosmogramms kann nicht gleichmäßig erfolgen, denn es ist zu bedenken, daß die langsamen Planeten oftmals jahrelang im gleichen Tierkreiszeichen laufen und somit eine gleiche »Prägung« für sehr viele Menschen, sogar mehrere Jahrgänge gegeben ist, während andere Gestirne ein Zeichen in einem Monat durcheilen und schließlich die beweglichsten Punkte MC und AS bereits in circa vier Zeitminuten einen Grad des Tierkreises durchlaufen. Je schneller nun einer dieser kosmischen Faktoren ist, um so weniger kann seine Position bei vielen Menschen gemeinsam sein. Aus diesem Grunde haben wir[64] folgende Bewertung eingeführt:

Die individuellen Faktoren (Sonne, Mond, MC, AS) werden mit drei Punkten, die schnell laufenden Planeten (Merkur, Venus, Mars) mit zwei Punkten und die langsamen Planeten (Jupiter, Saturn, Uranus, Neptun, Pluto) und Mondknoten nur mit einem Punkt bewertet. In dem Beispiel vom 9. Oktober 1898 erhalten demnach die SA-Zeichen folgende Bewertung:

Mond in Löwe	3 Punkte	
Venus in Schütze	2 Punkte	
Uranus in Schütze	1 Punkt	
Saturn in Schütze	1 Punkt	
	zusammen 7 Punkte	

Die SI-Zeichen ergeben

Aszendent in Jungfrau	3 Punkte	
Mondknoten in Steinbock	1 Punkt	
	zusammen 4 Punkte	

Die LA-Zeichen ergeben

Pluto in Zwillinge	1 Punkt	
Neptun in Zwillinge	1 Punkt	
MC in Zwillinge	3 Punkte	
Merkur in Waage	2 Punkte	
Sonne in Waage	3 Punkte	
Jupiter in Waage	1 Punkt	
	zusammen 11 Punkte	

Die LI-Zeichen ergeben

Mars in Krebs	2 Punkte	
	zusammen 2 Punkte	

Das sind alles zusammen 24 Punkte. Überträgt man dieses Ergebnis zeichnerisch auf Papier, so ergibt sich folgendes Bild.

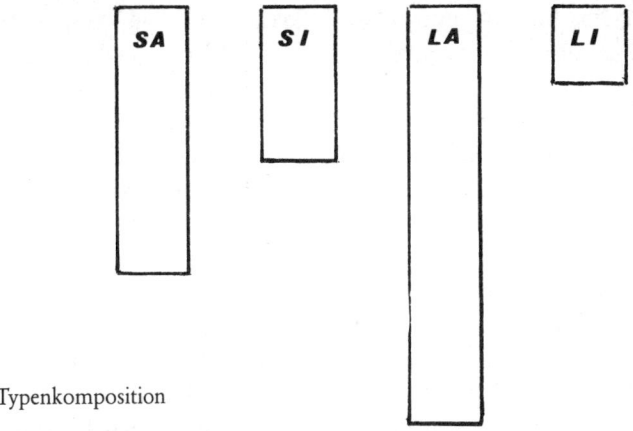

Typenkomposition

Eine solche zeichnerische Wiedergabe hat den Vorteil, daß sie sich auch für Statistiken eignet. So hat zum Beispiel der Arzt Rolf Reiß- mann in Leipzig eine Untersuchung an Epileptikern angestellt und folgendes Ergebnis erzielt:

SA-Typen = 37 Punkte
SI -Typen = 95 Punkte
LA-Typen = 55 Punkte
LI -Typen = 53 Punkte.

Daraus geht hervor, daß Epileptiker vornehmlich unter den SI- Typen zu finden sind, was nun durch weitere Untersuchungen bestätigt werden müßte.

Krankheit und Charakter

Wenn in dieser Abhandlung immer wieder die einzelnen Charakter- typen hervorgehoben werden, so liegt das daran, daß Krankheit und Charakter eine Einheit bilden und sich gegenseitig beeinflussen. Wer sich bereits mit der Homöopathie befaßt hat, wird wissen, daß hier ganz bestimmte Heilmittel-Typen entwickelt wurden. Man spricht zum Beispiel von einem Nux-vomica-(Brechnuß)-Typ, der durch breiten Mund und vortretende Lippen dem Sinnengenuß zugetan ist, aber auch zu Magen- und Darmkrankheiten neigt, gespannte Gesichtszüge aufweist und leicht nervös wird. Oder man erkennt den Phosphor-Typ an seiner schlanken Statur und seinem Streben nach besten Leistungen, aber mit mangelndem Interesse am Sport und praktischer Tätigkeit. Da diese homöopathischen mit den kosmischen Typen leicht in Einklang zu bringen sind, greifen auch kosmobiologisch geschulte Ärzte gern zu homöopathischen Heilmitteln.

Man sollte aber nicht vergessen, daß es nicht der Zweck sein kann, allein auf kosmobiologischer Grundlage eine Diagnose zu stellen, sondern es müssen auch andere medizinische und psychologische Methoden zur Sicherung herangezogen werden. Der Wert der kosmobiologischen Arbeit liegt vor allem darin, eine Krankheit zu erkennen, bevor sie ausbrechen kann, wann die beste Heilungsmöglichkeit besteht, wann vielleicht mit einem Rückfall zu rechnen ist oder ob es sich um eine akute oder chronische Krankheit handeln kann.

Kosmische Entsprechungen zu Krankheiten und Heilmitteln

»Temperament und Konstitution«

a) Der gespannte Außenmensch = SA-Typ

Allgemeine Charakteristik: Sachlicher und nüchterner Verstand mit »langem Willen«, der Außenwelt gegenüber mit klarer Beobachtungsgabe, unternehmend, mit klaren Zielen und Plänen, viel auf den eigenen Vorteil bedacht, zeigt wenig Einfühlung und Schmiegsamkeit, hat Freude am Wettkampf, möchte sich gern überlegen zeigen.

Temperament: Cholerisch, gallig-nervös.

Konstitution: Athletiker, Astheniker.

Körperbau: Mager bis vollschlank mit kräftigen Muskeln, oft stark hervortretende Adern, behaarter Körper, ausdrucksvolles, strenges Gesicht, leuchtende Augen.

Krankheiten: Die Krankheiten haben in vielen Fällen ihren Ursprung in Störungen der Galle-Leber-Tätigkeit. Wird im Körper zu viel Galle abgesondert, so erzeugt das eine erhöhte Verbrennung und dadurch Fieberneigung. Breitet sich die Galle im ganzen Körper aus, so vergiftet sie den Organismus, es kommt zu Gelbsucht, Leberschmerzen, Leberschwellung. Dabei werden oft auch Magen, Darm, Nieren, Blase in Mitleidenschaft gezogen. Es können auch nervöse Störungen auftreten, sogenannte Verdauungsneurosen. Das Herz kann angegriffen werden. Zuweilen besteht auch eine Anlage zu Neuralgie, Ischias und Rheumatismus.

Um die Lebensmitte, zwischen fünfundvierzig und fünfzig Jahren, ist die Möglichkeit vorhanden, daß das cholerische in das melancholische Temperament übergeht; dies besonders dann, wenn es nicht gelungen ist, die gestellten Ziele bis zu dieser Zeit zu erreichen oder starke Rückschläge eingetreten sind.

Vorbeugende Maßnahmen: Jede Überaktivität und jedes Übermaß sollten gebremst, die Neigung zu scharf gewürzten Speisen, Genuß- und medizinischen Giften eingeschränkt werden, weil Reizmittel das cholerische Temperament steigern und Störungen in den Verdauungsorganen hervorrufen. Die Ernährung sollte mehr auf Yin-Nahrungsmittel eingestellt werden. Besonders zu empfehlen sind Hafer- und Gerstenschleim, Reis, grünes Gemüse, viel Obst, wenig Milch und wenig Eier.

Als Getränke haben sich bewährt: Mineralwasser mit etwas Wein, Saft von Orangen, Zitronen, Johannisbeeren, Kirschen, Himbeeren.

Zur Erholung sind größere Wanderungen und als Urlaubsaufenthalte Gebiete mit gemäßigtem Klima richtig.

Homöopathische Mittel nach Herlbauer sind Belladonna, Chelidonium China, Hyposcyamus nig., Nux vomica, Phosphorus, Veratrum vir, Natrium nitr. Diese Heilmittel sind selbstverständlich den verschiedenen Krankheiten unter Mithilfe des Arztes oder Heilpraktikers anzupassen.

b) Der gespannte Innenmensch = SI-Typ

Allgemeine Charakteristik: Zögerndes, reflexives Wesen, mehr defensive Haltung, Zurückhaltung gegenüber der Außenwelt, nachdenklich, planmäßiges und systematisches Vorgehen, geschlossene Haltung, oft schüchtern und verlegen, manchmal auch rücksichtslos und ungesellig, in allen Vorhaben geduldig, zäh und unbeugsam, konservativ, zuweilen fanatisch und borniert.

Temperament: Melancholisch, lymphatisch-nervös
Konstitution: Pykniker.

Körperbau: Vollschlanke bis starke Figur mit weichen Formen, zuweilen etwas aufgedunsen, lässige und oft etwas vorgebeugte Haltung, wenig hervortretende Adern, normal behaarter Körper, dunkle Augen.

Krankheiten: Krankheitsursachen können in der Blutbeschaffenheit liegen, besonders an einem Mangel an roten Blutkörperchen, wodurch der Körper gegen Krankheit weniger widerstandsfähig sein kann. Es treten leicht Schlaflosigkeit, Verdauungsstörungen, besonders Verstopfung oder Durchfall ein. Der Appetit ist unregelmäßig, er schwankt zwischen Heißhunger und Appetitlosigkeit. Kopfschmerzen sind häufig, besonders bei falscher Ernährung. Anlage zu Hysterie und Hypochondrie. Sitzende oder bewegungsarme Tätigkeit haben bei falscher Ernährung Venenleiden und Hämorrhoiden zur Folge. Selbstgifte (Harnsäure) werden oft durch die Haut ausgeschieden. Der Hals ist empfindlich; Neigung zu Drüsenleiden (Mandeln).

Vorbeugende Maßnahmen: Krankheiten treten oft bei zu geringer körperlicher Bewegung auf; der Kreislauf sollte ständig angeregt werden. Fette und Säuren sind in der Ernährung möglichst einzuschränken. Da die Veranlagung mehr Yin-Charakter haben kann, ist die Ernährung mehr nach Yang auszurichten. Bei Getränken ist darauf zu achten, daß sie nicht zu stark künstlich gesüßt sind.

Zu Erholung eignet sich mehr ein kühles als ein zu heißes Klima.

Homöopathische Mittel sind nach Herlbauer: Aesculus hippoc., Arsenicum alb., Aurum met., Calcium carn., Graphites. Ignatia, Pulsatilla, Verartrum alb.

c) Der Gelöste Außenmensch = LA-Typ

Allgemeine Charakteristik: Rasche Reaktion auf alle Eindrücke von außen. Dieser Mensch läßt sich gern von der Strömung des Lebens tragen, stellt sich rasch auf alle Gelegenheiten ein, kommt schnell in Kontakt mit anderen Menschen, zeigt keinerlei Hemmungen, setzt sich über Schwierigkeiten leicht hinweg, nimmt Menschen und Dinge, wie sie wirklich sind, ist weder dogmatisch noch mystisch, kann sich jeder Lage anpassen, legt sich selten auf bestimmte Grundsätze fest. Der LA-Typ wird am besten erkannt beim Tanzen, Musizieren, rhythmischen Bewegungen.

Temperament: Sanguinisch, gallig-sanguinisch.

Konstitution: Astheniker.

Körperbau: Schlank, mittelgroß bis groß, beweglicher Körper mit lebhaften Ausdrucksbewegungen, oft geschmeidiger und sportlicher Typ, helle Augen, schöne Zähne, bläulich hervortretende Adern.

Krankheiten: Die Krankheiten haben meist einen akuten und weniger chronischen Charakter, sie ergeben sich oft aus Vollblütigkeit mit Neigung zu Nasenbluten, Blutkongestionen, Blutergüssen. Es können Anlagen vorhanden sein zu Entzündungen am Hals und an der Brust oder als Folge von Verletzungen. Krankheiten treten wohl häufig auf, nehmen aber meist einen raschen Verlauf.

Vorbeugende Maßnahmen: In der Ernährung sollte gemischte Kost bevorzugt werden, die nicht zu feucht, zu warm und zu salzig ist. Mäßigkeit in jeder Beziehung erhält das Wohlbefinden. Das lebhafte Temperament verlangt als Ausgleich Yin-Nahrung, Trockenfrüchte, Fruchtsaft; junge leichte Weine werden meist gut vertragen. Zur Erholung können feuchte Gegenden bevorzugt werden.

Homöopathische Mittel nach Herlbauer: Acidum sulf., Aconitum, Belladonna, Hyoseyamus nig., Pulsatilla, Rhus toc.

d) Der gelöste Innenmensch = LI-Typ

Allgemeine Charakteristik: Während der LA-Typ in seiner Gelöstheit auch seine Mitwelt zum »Mitschwingen« bringt und über seine Anpassung und Beweglichkeit andere Menschen »dirigiert«, lebt der LI-Mensch mehr für sich, stellt an die Außenwelt keine Ansprüche, richtet sein Wirken nur auf das Muß der Notwendigkeit oder auf den Ausgleich seines Innenlebens, ist oft träumerisch und nachdenklich, zeigt sich nicht immer allen Anforderungen gewachsen, ist sogar zuweilen unpraktisch und unentschlossen, versucht Gegensätze zu überbrücken, vermeidet alle Reibungen, sucht sich in andere Menschen einzufühlen, ist besinnlich, bequem, wird im negativen Sinne von Trieben und Genußsucht hin und her getrieben. Sonst ist er ein Gemütsmensch, hilfsbereit, tolerant, geht aber nicht gern ein Risiko ein.

Temperament: Phlegmatisch, lymphatisch-sanguinisch.

Konstitution: Pykniker.

Körperbau: Kleine bis mittelgroße Figur, rundliche Formen, lässige Haltung, geringe Körperbehaarung, Neigung zu Glatze, langsamer Puls, schlaffe Muskulatur (weil auch jede Anstrengung vermieden wird), geringe Körperkraft, Neigung zu Fettleibigkeit.

Krankheiten: Die Krankheiten ergeben sich vorwiegend aus mangelndem Stoffwechsel, zu geringer Ausscheidungstätigkeit der Drüsen und der Haut, wobei die Ursache besonders in mangelnder Bewegung zu suchen ist. Wenn Krankheiten vernachlässigt werden, können sie chronisch werden. Es handelt sich meist um Drüsenerkrankungen. Das heilende Fieber setzt meistens nur langsam ein, wodurch sich die Heilung verzögert.

Die Kost sollte mehr trocken als feucht sein, bei Trägheit des Körpers ist auf leichte Nahrung zu achten. Unter den Getränken sind die zu bevorzugen, die Bitterstoffe enthalten. Süchtigkeit nach Genußgiften (Alkohol, Nikotin) und starken Schlafmitteln ist vorzubeugen.

Um den Stoffwechsel anzuregen, sind viel frische Luft, reichliche Bewegung, Abhärtung, sportliche Betätigung notwendig.

Homöopathische Mittel nach Herlbauer: Belladonna, Capsicum ann., Magnesium chlorat., Natrium carb., Natrium chlorat., Natrium sulf., Pulsatilla nigr., Abies canad., Argentum nitr., Lilium trigr., Populus trem., Sepia, Calcium carb., Carbo anim., Carbo veg., Phosphorus, Phytolacca dec., Solicea.

Anmerkung: Die Heilmittel sollte man nur nach Verordnung eines Arztes oder Heilpraktikers anwenden.

Die einzelnen Typen sind so ausführlich behandelt, damit jeder Leser nach Charakter, Körperbau, Temperament und Konstitution selbst feststellen kann, zu welchem Typ er besonders neigt. Es ist möglich, daß nach der Berechnung im Kosmogramm ein bestimmter Typ nicht zum Ausdruck kommt, weil andere Faktoren dagegen sprechen. Wenn sich zum Beispiel bei einem LA-Typ im Geburtsbild eine Konjunktion von Sonne und Saturn befindet, wird die Lebhaftigkeit des Typs unterbunden. Steht bei einem SI-Typ der Mars bei der Sonne, so wird er sich viel energischer und positiver zeigen als die üblichen SI-Typen.

Tierkreiszeichen – Organe – Krankheiten

In den mittelalterlichen Kalendern durfte keineswegs das Aderlaßmännchen fehlen, wonach angezeigt wurde, wann sich im Krankheitsfall der Mond in dem richtigen Zeichen befand, um einen Aderlaß vorzunehmen. Demnach soll jeder Körperteil einem Tierkreiszeichen unterstehen. Diese Zeichenentsprechungen sind aber nicht allein maßgebend und nicht zuverlässig genug, um danach eine Diagnose zu stellen. Hier ist noch sehr viel Forscherarbeit notwendig. Die Erfahrung hat aber gezeigt, daß es einzelne Abschnitte des Tierkreises oder auch bestimmte Grade gibt, die geradezu verblüffende Hinweise geben. Hierzu sind die *Anatomischen Entsprechungen der Tierkreisgrade*[48] und die zugehörige Organuhr von Brandau[49] (siehe Seite 190) als Ergänzung hinzuzunehmen.

Es hat sich herausgestellt, daß nicht allein die einzelnen Zeichen, sondern auch als sekundärer Einfluß die Zeichen beachtet werden müssen, die im Quadrat oder in Opposition stehen. So ergibt sich oft ein Zusammenhang zwischen den Quadratzeichen Stier – Löwe – Skorpion – Wassermann, denn die Venenleiden (Wassermann) stehen oft mit einem Herzleiden (Löwe) oder auch einem Unterleibsleiden (Skorpion) in Verbindung. Das Zeichen Stier kann zum Beispiel keine Anzeichen von Halsleiden zeigen, aber dem Oppositionszeichen Skorpion entsprechend Unterleibsleiden. Stier und Skorpion entsprechen den verschiedenen Ausscheidungsorganen, also auch der Nase und den Mandeln. Man beachte hierzu auch die Übersicht über die gegenseitigen Beziehungen der einzelnen Organe.

Gegenseitige Beziehungen zwischen Leibesorganen

Es wurde bereits darauf hingewiesen, daß die anatomischen Entsprechungen nicht nur Zeichen, sondern auch die Gegenzeichen betreffen. Diese Zusammenhänge werden verständlich durch die homologen Organe, worunter die Medizin die Organe versteht, die unter sich eine Entsprechung oder einen Zusammenhang aufweisen, zum Beispiel Mund – Urogenitalmündung, Zunge – Clitoris, Mandeln – Gebärmutter bzw. Vorsteherdrüse. Man kann zum Beispiel bei jungen Mädchen beobachten, daß oft Ausfluß bzw. Infektionen der Scheide eintreten, wenn die Mandeln herausgenommen wurden.

Die Veröffentlichung dieser Beziehungen gehen zurück auf die französischen Ärzte Dr. Adrien Peladan und Dr. Duz und auch den

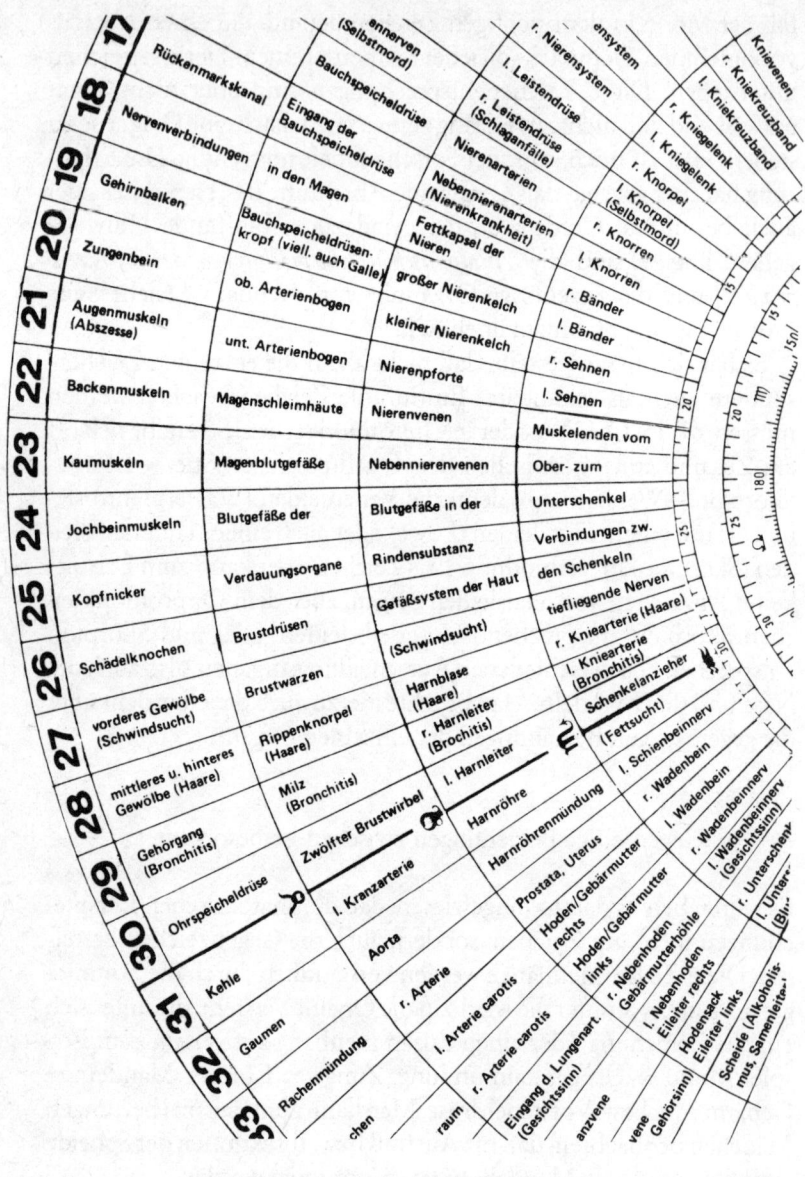

Ausschnitt aus: Fritz Brandau: *Organuhr der anatomischen Entsprechungen.*

Wiener Arzt Dr. Feerhow. Nachstehend werden diese Beziehungen alphabetisch wiedergegeben:

Bauchspeicheldrüse – Leber
Blase – Luftröhre
Blinddarm – Magen
Blutdrüsen (Drüsen der inneren Sekretion, Thymusdrüse, Nebennieren)
Blutdrüsen – Hypophyse
Bronchien – Harnröhre
Brustdrüsen – Ovarien
Clitoris – Zunge
Dünndarm – Krummdarm
Eichel – Zunge
Eingeweide – Speiseröhre
Gebärmutterhals – Mandeln
Genitalorgane — Schilddrüse, innere Sekretionsdrüsen
Genitalschleimdrüsen – Mundspeicheldrüsen
Herz – Gebärmutter
Hoden – Schilddrüse
Hypophyse (Hirnanhang) – Blutdrüsen bzw. Blutgefäßdrüsen
Kehlkopf, Herz – Gebärmutter
Kehlkopf – Vorsteherdrüse
Kinn – Schamgegend
Kinnbart – Schamhaar
Leber – Bauchspeicheldrüse, Milz

Luftröhre – Harnleiter, Blase
Lungen – Nieren
Magen – Blinddarm
Mandeln – Gebärmutter, Vorsteherdrüse
Mastdarm – Nasenmuscheln
Milz – Leber, innere Sekretion
Mund — Urogenitalmündung
Nasenlöcher – Mastdarm
Nebennieren – Thymusdrüse, Blutgefäßdrüsen
Nieren – Lungen
Oberlippe – Perineum (Damm)
Ovarien – Schilddrüse, Brustdrüsen
Pankreas – Leber
Prostata – Mandeln, Schilddrüse, Kehlkopf
Schilddrüse – Eierstöcke, Vorsteherdrüse, Hoden, Milz
Uretra (Harnröhre) – Luftröhre
Uretra (Harnleiter) – Bronchien
Regius pubis (Schamgegend) – Kinn
Visisca (Blase) – Luftröhre
Zunge – Clitoris, Glans

Dr. Feerhow bemerkt, daß er für die Richtigkeit dieser Liste nicht immer einstehen kann; sie sollte daher nur als Anregung für Untersuchungen dienen.

Die Entsprechungen zwischen Zeichen, Organen und Krankheiten

Zeichen	Primärer Einfluß	Sekundärer Einfluß	Krankheiten
Widder	Kopf, Gesicht, Ohren, Augen, Nerven	Nieren, Leber	Kopfschmerz, Gehirnkrankheiten, Schwindelanfälle, Epilepsie, Neuralgie, Hautausschläge im Gesicht (bei schlechter Nierentätigkeit).
Stier	Hals, Kehle, Mandeln, Atmungsorgane	Sexual- und Ausscheidungsorgane, Drüsensystem	Kropf, Hals- und Mandelentzündung, Kehlkopfleiden, Diphterie, Erstickungsanfälle, Erkrankung der Ohrspeicheldrüsen und der Schilddrüse, Herzleiden, Unterleibsleiden.
Zwillinge	Schultern, Arme, Hände, Lunge, 1. bis 4. Rückenwirbel	Oberschenkel, Verdauungsorgane	Lungenkrankheiten, Asthma, Bronchialkatarrh, Brüche der Arme oder Beine, nervöse Störungen.
Krebs	Brust, Magen, Lunge, Brustdrüsen	Knie, Knochen, Schienbein, (Nieren)	Magenkrankheiten, Aufstoßen, Schlucken, Sodbrennen, Wassersucht, mangelnde Peristaltik, unzureichende Tätigkeit der Lymphdrüsen, Trunksucht, Gemütsleiden, Knötchenbildungen (Brust).
Löwe	Herz, Blutkreislauf, Rücken, 5. bis 9. Rückenwirbel	Magenmund, alle Blutgefäße, Venen- und Unterleibsleiden	Herzleiden, Störungen der Blutzirkulation, Blutarmut, Aderverkalkung, Venenleiden, Unterleibsleiden, Ohnmachten, Rückenmarksleiden, Neurosen, Halskrankheiten.
Jungfrau	Verdauungsorgane, Milz, Leber, Galle	Bauchspeicheldrüse, Füße, Zehen	Darmkrankheiten, Bauchfellentzündung, Durchfall, Verstopfung, Leber- und Gallenkrankheiten, Darmgeschwüre.

Zeichen	Primärer Einfluß	Sekundärer Einfluß	Krankheiten
Waage	Nieren, Blase, Lenden	Gebärmutter, Nabelgegend, Kopf	Nierenentzündung, Nierensteine, Urinverhaltung, unreines Blut, schlechte Haut (bei mangelnder Nierentätigkeit), Nervenleiden, Kopfrose.
Skorpion	Geschlechts- und Ausscheidungsorgane, Gebärmutter, Hoden, Mastdarm	Nase, Hals, Mandeln, Kehle, Blase	Blasenleiden, Nierensteine, Urinverhaltung, unreines Blut, schlechte Haut, Rheuma, Nasenpolypen, Nasenkatarrhe, Furunkel, Hämorrhoiden, Neurasthenie, Geschlechtskrankheiten, Operationen im Bereich der Geschlechtsorgane.
Schütze	Muskelsystem, Oberschenkel, Lendengegend.	Schultern, Arme, Verdauungsapparat	Hüftleiden, Rheuma, Ischias, Gicht, Gehstörungen, Arteriosklerose, Nervenleiden, schlechtes Blut.
Steinbock	Haut- und Knochen-System, Knie	Brust, Magen, Lunge	Hautausschläge, Kopfgrind, Gelenkrheuma, Knochen- und Gelenktuberkulose, Furunkulose, Skrofulose, Anlage zu Verhärtungen, Hautverhornung.
Wassermann	Unterschenkel, Waden, Knöchel, Blutkreislauf	Herz, Rücken, Kreislauf	Knöchelbrüche, Verrenkungen, Wadenkrämpfe, Venenentzündung, Anschwellen der Beine, Krampfadern, Blutkrankheiten, Rückenmarksleiden, Gehstörungen, Herzleiden.
Fische	Füße, Zehen, Fersenbein	Verdauungsorgane, Milz, Nerven, Lunge, Leber	Schwache Füße, Fußleiden, zum Beispiel Senkfuß, Erkältungskrankheiten, Rheuma, Gicht, Trunksucht, Skrofulose, Vergiftungen.

Krankheitsentsprechungen der Gestirne

Gestirne	Biologische Entsprechungen	Krankheitsanlagen
Sonne	Vererbung, Gesundheit, Lebenskraft, Herz, Kreislauf, rechtes Auge, Großhirn, Hyperämie	Herz- und Kreislauferkrankungen, Schwächezustände, Ohnmachten, Blutkrankheiten, Augenleiden, Skrofulose, Rachitis
Mond	Fruchtbarkeit, Flüssigkeitshaushalt des Körpers, Blutserum, Lymphe, Magen, Schleimhäute, Kleinhirn, Psyche	Erkrankung der weiblichen Organe (ein schlecht gestellter Mond im weiblichen Kosmogramm ist kritischer als im männlichen), Magenleiden, Wassersucht, Drüsenerkrankungen, Geschwüre, Geschwülste, Gemütsleiden.
Merkur	Motorische Nerven, Sprach- und Hörorgane, Hände, Finger	Nervöse Störungen, Sprachhemmungen, Gehörleiden, geistige Übererregbarkeit, beschleunigte Atmung, Zittern.
Venus	Drüsen, besonders Nieren, Venen, Wangen, Mund, Haut, weibliche Brüste	Drüsenerkrankungen, Nierenleiden, eitrige Mandeln, Blasenleiden, Zellgewebsentzündungen, Wucherungen, Frauenleiden.
Mars	Muskeln, Sehnen, rote Blutkörperchen, Galle, Nase, Sexualfunktionen	Entzündungen, Fieber, Gallenleiden, starke Blutungen, Geschlechtskrankheiten, Neigung zu Verletzungen und Unfällen.
Jupiter	Flüssigkeitsanreicherung, Ernährungsfunktionen, Dickenwachstum, Leber, Galle, Lunge, Schwellungen, Glycogen-Haushalt	Vollblütigkeit, Leber- und Gallekrankheiten, Fettleibigkeit, Selbstvergiftung durch falsche Ernährung, Diabetes, Neigung zu Schlaganfällen, Hämorrhoiden.

Gestirne	Biologische Entsprechungen	Krankheitsanlagen
Saturn	Knochengerüst, Gelenke, Milz, Haut, Zähne, weiße Blutkörperchen	Stoffwechselstörungen, Ablagerung von Selbstgiften, Verhärtungen, Steinbildungen, Rheuma, Gicht, chronische Leiden.
Uranus	Lebensrhythmus, Hirnhäute, Rückenmark, Hypophyse	Rhythmusstörungen, Nervenleiden, Krampfzustände, Rückenmarksleiden, Unfälle, Operationen.
Neptun	Zirbeldrüse, Sonnengeflecht, Unterbewußtsein	Erschlaffung von Organen, Lähmungen, Vergiftungen, Neigung zu medizinischen und Genußgiften, Bewußtseinstrübungen, Schlafkrankheit, Koma.
Pluto	Noch nicht genau erforscht, erfahrungsgemäß körperliche Veränderungen durch Gewaltmaßnahmen oder höhere Gewalt.	Verwachsungen, Amputationen, nachteilige Operationen, Erkrankungen durch das Kollektivgeschehen (Katastrophen, Epidemien, Krieg, Terror.)
Mondknoten	Störungen in Verbindung mit anderen Menschen	Infektionen durch Ansammlungen, Krankenhausaufenthalt.

Jahrzehntelange Erfahrungen haben dem Verfasser bestätigt, daß die einzelnen Gestirne für die Erkrankungen einzelner Organe oft viel ausschlaggebender sind als die Tierkreiszeichen, in denen sie sich befinden. Man denke zum Beispiel an Winkel zwischen Venus und Saturn, die sehr oft Nierenkrankheiten oder auch Frauenleiden auslösen, Sonne und Neptun mit einem Hinweis auf Herzschwäche, Mond und Saturn auf Störungen des Flüssigkeitshaushaltes usw.

Gestirne mit Yang-Charakter	Gestirne mit Yin-Charakter
Sonne	Mond
Mars	Venus
Jupiter	Saturn
Uranus	Neptun
Pluto	Merkur
MC	AS (Mondknoten)

Diese Unterscheidung wird noch deutlicher, wenn man die Entsprechungen zu den Gestirnen einzeln betrachtet (s.S. 194/195).

Die Winkelverbindungen

Die einzelnen Gestirne im Kosmogramm stehen durch Winkel oder Aspekte in Verbindung. Dabei ist besonderer Wert auf die Aspekte zu legen, die sich aus der fortlaufenden Teilung des Kreises ergeben, also Konjunktion, Opposition, Quadrat, Halbquadrat, Anderthalbquadrat. Trigone, Sextile und die Vielfalt der anderen Winkel der traditionellen Astrologie spielen gerade bei Krankheiten kaum eine Rolle, es sei denn, sie würden unter sich wieder Halbsummen bilden, wie es zum Beispiel bei einem vollständig besetzten Trigon der Fall ist. Es ist nun notwendig, die Entsprechungen der in Verbindung stehenden Gestirne zu kombinieren. Als besonders empfehlenswertes Hilfsmittel gilt das Buch *Kombination der Gestirneinflüsse.*[70]

Die Sonne betrifft jeweils den ganzen Körper, die Lebenskraft, den Willen zum Leben, das Herz und den Kreislauf. Tritt die Sonne mit anderen Gestirnen in Verbindung, so ergeben sich zum Beispiel aus Sonne – Neptun Herz-Schwäche, aus Sonne – Mars Entzündungen, aus Sonne – Jupiter Blutkrankheiten, aus Sonne – Saturn Zellablagerungen, Verhärtungen, Steinbildungen, aus Sonne – Uranus Herz-Rhythmusstörungen usw. Aus den Verbindungen mit Mond ergeben sich besonders Krankheiten, die den Flüssigkeitshaushalt des Körpers betreffen oder mit dem Flüssigkeitsgehalt einzelner Organe zusammenhängen. So entspricht zum Beispiel Mond – Venus dem Drüseninhalt, unter anderem auch der Hormone, Mond – Mars betrifft die unbewußte Steuerung der Muskelbewegungen oder Reaktionen der Seele auf die Außenwelt, zum Beispiel Erröten, Erblassen.

Weitere Entsprechungen ergeben sich aus den Halbsummen (Schnittpunkte, Halbdistanzpunkte), wenn also ein Gestirn nach beiden Seiten den gleichen Abstand zu anderen Gestirnen aufweist:

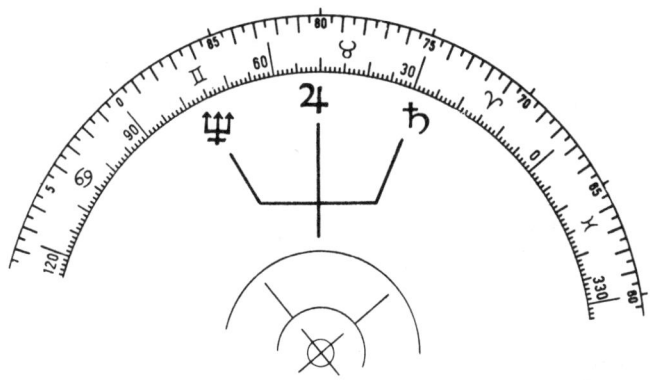

In diesem Beispiel befindet sich der Jupiter in der Mitte zwischen Saturn und Neptun, geschrieben Jupiter = Saturn/Neptun oder abgekürzt JU = SA/NE. Der Jupiter steht auch in der halben Summe von Saturn und Neptun. Bei solchen Berechnungen ist es vorteilhaft, stets vom Widderpunkt aus zu zählen.

Dann ist Saturn in 28° Widder = 28°, Neptun in 14° Zwillinge = 74° ergibt zusammen 102°, die Hälfte ist 51 = 21° Stier, das ist die Position des Jupiter. Diese genaue Rechnung wird man nur selten vornehmen, weil sie sich viel schneller mit dem Arbeitsgerät und der Rechenscheibe feststellen läßt.

Bei JU = SA/NE handelt es sich um eine direkte Halbsumme. Wenn nun zum Beispiel die Sonne in 21° Wassermann stehen würde, stünde sie im Quadrat zu SA/NE; es handelt sich dann um eine indirekte Halbsumme. Früher wurde unterschieden zwischen direkten und indirekten Halbsummen. Es hat sich aber herausgestellt, daß das nicht notwendig ist, wie zahlreiche Beispiele zeigen werden.

Das Neunzig-Grad-Arbeitsgerät

Das gewöhnliche Arbeitsgerät besteht aus Plastik und hat im Mittelpunkt des aufgedruckten Tierkreises eine Verschraubung, um die Formulare mit der Rechenscheibe zu befestigen. Mit der Rechenscheibe mißt man die Halbsummen, aber auch die Abstände zwischen den Gestirnpositionen, um festzustellen, in welchem Lebensalter sich einzelne Konstellationen auslösen. Die Handhabung des Arbeitsgerätes wird bei den verschiedenen Beispielen erklärt.

Krankheitsentsprechungen wichtiger Halbsummen

1	SA	= SO	/ VE	Krankheiten, die sich aus dem Liebesleben ergeben
2	NE	= SO	/ MA	Schwäche, Krankheit
3	SA	= SO	/ JU	Krankheit
4	NE	= SO	/ JU	Untergrabung der Gesundheit
5	ME	= SO	/ SA	Neigung zu Gehörleiden, Nervenleiden
6	VE	= SO	/ SA	Krankheiten in Verbindung mit Liebes- und Eheleben
7	NE	= SO	/ SA	Mangel an Lebenskraft, Schwäche

8	PL	= SO / SA	Krankheiten durch seelische Belastung oder die Verhältnisse
9	DR	= SO / SA	Aufenthalt im Krankenhaus
10	MC	= SO / SA	Krankheit durch Mangel an Entfaltungsmöglichkeiten
11	SO	= UR	Herzneurose
12	MA	= SO / UR	Unfall, Verletzung
13	NE	= SO / UR	Plötzliche Schwäche, zuweilen beim Tode fällig
14	PL	= SO / UR	Schweres körperliches Leiden, körperliche Behinderung
15	SO	= NE	Schwäche, Krankheit
16	MO	= SO / NE	Krankheit durch seelisches Leid
17	VE	= SO / NE	Schwächung der weiblichen Organe
18	MA	= SO / NE	Triebschwäche
19	SA	= SO / NE	Schlechtes Blut, Kreislaufstörungen, seelisches Leid
20	UR	= SO / NE	Plötzliche Schwäche, Krampfzustände, Nervosität
21	DR	= SO / NE	Krankenhausaufenthalt
22	NE	= SO / PL	Überempfindlichkeit, Krankheit, Märtyrertum
23	SA	= SO / MC	Neigung zu Depressionen
24	SA	= MO / VE	Unbefriedigtsein, Frauenleiden
25	UR	= MO / VE	Drüsenkrankheiten, Krampfzustände, Epilepsie
26	NE	= MO / VE	Gestörte Drüsentätigkeit
27	NE	= MO / MA	Schwache Zeugungskraft, Infektion, Krankheit der Zeugungsorgane
28	PL	= MO / MA	Periodische Störungen im weiblichen Organismus
29	SA	= MO / JU	Leber- oder Gallekrankheiten, Gallensteine
30	MO	= SA	Störungen des Flüssigkeitshaushaltes, Harnverhaltung, Blasenleiden, nässende Wunden, Schleimhautdefekte, Gemütskrankheiten, Depressionen

31	MA	= MO / SA	Entzündungskrankheiten
32	NE	= MO / SA	Gemütskrankheiten
33	PL	= MO / SA	Depressionen in Verbindung mit organischen Leiden
34	AS	= MO / SA	Aufenthalt in geschlossenen Anstalten, Krankenhaus
35	MC	= MO / SA	Sich krank fühlen
36	MA	= MO / UR	Verletzungen, Gewaltmaßnahmen
37	SA	= MO / UR	Plötzliche Erkrankung
38	MA	= MO / NE	Geschwächtes Triebleben, nervöse Störungen durch unnatürliches Verhalten
39	SA	= MO / NE	Manisch-depressive Zustände, sich gelähmt oder gehemmt fühlen
40	PL	= MO / NE	Hochgradige Empfindlichkeit
41	SA	= MO / PL	Seelisches Leid, Depressionen
42	UR	= MO / PL	Nervenleiden
43	NE	= MO / PL	Sentimentalität, Überempfindlichkeit, Erschlaffung
44	UR	= MO / MC	Gereiztheit, Nervosität, außergewöhnlicher seelischer Zustand
45	UR	= ME / MA	Aufregung, Tobsucht
46	UR	= ME / SA	Nervenkrankheit
47	NE	= ME / SA	Depressionen
48	NE	= ME / UR	Nervöse Störungen
49	PL	= ME / UR	Nervenüberreizung
50	SA	= ME / NE	Getrübte Vorstellungen, Schwarzseherei, Empfindlichkeit
51	UR	= ME / NE	Krampfartige Störungen in Verbindung mit dem Nervensystem
52	UR	= ME / PL	Nervenüberreizung, Nervenzusammenbruch
53	NE	= ME / PL	Nervöse Empfindlichkeit, Angstzustände
54	SA	= ME / MC	Pessimismus, Depressionen
55	UR	= ME / NE	Ungewöhnliche Erregbarkeit
56	SA	= VE / MA	Krankhaftes Triebleben
57	UR	= VE / MA	Defloration, Vergewaltigung, Unterleibsoperation
58	NE	= VE / MA	Neigung zu Perversität, Krankheiten in

			Verbindung mit dem Liebesleben, Blind-darmentzündung
59 VE	= SA		Hemmungen in der inneren Sekretion, Drüsenleiden (Nieren)
60 SO	= VE	/ SA	Triebhemmungen, Drüsenleiden
61 MO	= VE	/ SA	Depressionen
62 NE	= VE	/ SA	Krankheit durch seelisches Leid
63 MC	= VE	/ SA	Triebhemmungen
64 SA	= VE	/ UR	Verzögerte oder schwierige Geburt
65 NE	= VE	/ UR	Drüsenleiden, Unterleibskrankheiten
66 MA	= VE	/ NE	Perversionen, Infektionen, Erkrankung der Zeugungsorgane
67 SA	= VE	/ NE	Krankhafte Erotik, krank durch Liebesleid
68 UR	= VE	/ NE	Perversionen
69 MA	= VE	/ PL	Gefahr der Vergewaltigung, körperliche Eingriffe
70 SA	= VE	/ MC	Unbefriedigtsein, Depressionen
71 NE	= VE	/ MC	Seelisch-körperliches Leid
72 SA	= MA	/ JU	Schwierigkeiten bei der Geburt, krank durch Mißerfolge
73 SO	= MA	/ SA	Schwache Lebenskraft, Lebensgefahr
74 MO	= MA	/ SA	Depressionen, seelisches Leid, Trauer
75 UR	= MA	/ SA	Plötzliche Erkrankung, Lebensgefahr
76 NE	= MA	/ SA	Untergrabung der Lebenskraft durch Gift, Gas, Medikamente
77 PL	= MA	/ SA	Körperliche Schäden, Amputation, Lebens-gefahr
78 MC	= MA	/ SA	Krankheit, Trauer, Todesgedanken
79 MA	= UR		Verletzung, Unfall, Operation
80 SO	= MA	/ UR	Körperverletzung, Unfall, Operation
81 MO	= MA	/ UR	Verletzung, Operation (bei einer Frau)
82 ME	= MA	/ UR	Nervenprobe, Nervenüberreizung, Verlet-zung, Operation
83 VE	= MA	/ UR	Unterleibsoperation
84 JU	= MA	/ UR	Erfolgreiche Operation
85 SA	= MA	/ UR	Schwere Verletzung, Operation, Amputation

86	PL	= MA / UR	Gewaltsame Verletzung, schwere Operation
87	NE	= MA / UR	Schwächeanfall, Infektion bei Operation oder Verletzung, Gefahr durch Gifte, Narkose
88	MA	= MA / UR	Verletzung, Unfall, Operation
89	SO	= MA / NE	Schwache Lebenskraft, Infektion, Schwächeanfall
90	MO	= MA / NE	Empfindlichkeit, Nervenschwäche, Infektion, Nachteile durch Genußgifte
91	ME	= MA / NE	Nervenschwäche auf Grund von Genußgiften, falschen Medikamenten (Schlafmitteln), Kräftemißbrauch
92	VE	= MA / NE	Geschwächte Zeugungskraft, Perversionen, Infektion
93	SA	= MA / NE	Giftstoffe im Körper, Schwäche, Krankheit
94	UR	= MA / NE	Plötzliche Lähmung, Schwächezustände, Lebenskrise
95	PL	= MA / NE	Krankheit durch Schädigung, Gift, falsche Medikamente
96	MC	= MA / NE	Schwach oder krank sein, Süchtigkeit
97	SO	= MA / PL	Gewaltsame Verletzung, Unfall, Operation
98	MO	= MA / PL	Verletzung, Folgen von Überanstrengung
99	ME	= MA / PL	Nervenüberreizung
100	VE	= MA / PL	Defloration, Vergewaltigung, Unterleibsoperation
101	UR	= MA / PL	Grausamkeit, Gewalttätigkeit erleben, Katastrophe
102	NE	= MA / PL	Heimliche Schädigung, Krankheit durch Operationsfehler, Wasserkatastrophe
103	AS	= MA / PL	Unfall, Lebensgefahr
104	MC	= MA / PL	Gefahr durch höhere Gewalt, Operation, Amputation
105	SO	= JU / SA	Leberstörungen, Lungenkrankheit
106	UR	= JU / SA	Plötzliche Erkrankung, Aussetzen des Bewußtseins, Unfall
107	NE	= JU / SA	Depressionen, schlechtes Blut, Kreislaufstörungen

108	JU	= NE		Organschlaffheit, Fehldiagnosen
109	SO	= JU	/ NE	Kräfteverlust, Krankheit
110	SO	= SA	/ UR	Krankheit durch Überanstrengung, Rhythmusstörungen
111	MO	= SA	/ UR	Wechsel zwischen Erregung und Depression, seelische Erkrankung führt zu organischen Leiden
112	ME	= SA	/ UR	Nervenstörungen
113	MA	= SA	/ UR	Verletzung, Unfall, Gewalttätigkeiten, Operation
114	NE	= SA	/ UR	Nachlassen der Kräfte, Mangel an Lebenslust
115	SA	= NE		Krankheitsachse
116	SO	= SA	/ NE	Anfälligkeit für Krankheiten, körperlich-seelisches Leid
117	MO	= SA	/ NE	Gemütsdepressionen, Frauenkrankheiten
118	ME	= SA	/ NE	Nervenkrankheit, Nervenschwäche, Erkrankung der Sinnesorgane
119	VE	= SA	/ NE	Gehemmte Drüsentätigkeit, Drüsenkrankheiten (Nieren), gestörtes Triebleben
120	MA	= SA	/ NE	Energiemangel, geringe Lebenslust, chronisches Leiden
121	JU	= SA	/ NE	Abmagerung, Leber- oder Lungenleiden
122	UR	= SA	/ NE	Plötzliche Schwäche oder Erkrankung, Krankheit durch Aufregungen
123	PL	= SA	/ NE	Schwere Krankheit, chronisches Leiden (Krebs)
124	DR	= SA	/ NE	Krankenhausaufenthalt
125	MC	= SA	/ NE	Krankheit durch seelisches Leid
126	MA	= SA	/ PL	Mißhandlung erleben, um sein Leben kämpfen müssen, Katastrophe, Operation
127	ju	3 sa	0pl	Schwierigkeiten durch Krankheit, Organunterentwicklung, Schwellung, Verhärtung
128	UR	= SA	/ PL	Plötzliche Eingriffe, Gewalttakt
129	NE	= SA	/ PL	Krankheit durch Wasser, Gift, Gas, Folgen von Süchtigkeit
130	MO	= SA	/ DR	Seelisches Leid durch andere oder Isolierung

131	NE	= SA	/ DR	Krankheit durch deprimierende Umwelt, Nachteile durch Aufenthalt im Krankenhaus
132	SA	= MC		»Ichkrankheiten«, Verlust des Ichbewußtseins, Krankheit durch Entfaltungshemmungen, Mangel an Durchsetzungskraft
133	SO	= SA	/ MC	Seelisch bedrückt oder krank sein, geringe Abwehrkraft
134	MO	= SA	/ MC	Seelisches Leid, Depressionen, Psychosen
135	ME	= SA	/ MC	Schwermut
136	MA	= SA	/ MC	Mangel an Lebenskraft, unter seelischer Bedrückung leiden
137	SO	= UR	/ NE	Empfindlichkeit, schwacher Lebenswille, Krankheit
138	MO	= UR	/ NE	Schwächeanfall, Mangel an seelischem Gleichgewicht, Bewußtseinsstörungen
139	MA	= UR	/ NE	Mangel an Widerstandskraft, sich lahm gelegt fühlen
140	SA	= UR	/ NE	Pessimismus, eigenartige Zustände
141	MC	= UR	/ NE	Nervenzusammenbruch, Bewußtseinsstörungen
142	SO	= UR	/ PL	Nervenüberreizung, Zusammenbruch
143	MA	= UR	/ PL	Verletzung, Unfall, plötzliche Erkrankung, Operation
144	NE	= UR	/ PL	Ermattung, Nervenleiden, Folgen von Süchtigkeit
145	SO	= NE	/ PL	Empfindlicher Körper, Krankheit durch Süchtigkeit oder medizinische Gifte (Schlafmittel)
146	MO	= NE	/ PL	Hochgradige Empfindlichkeit, eigenartige seelische Zustände, Gemütsleiden
147	ME	= NE	/ PL	Nervenschwäche, Nervenkrankheit, Verworrenheit
148	MA	= NE	/ PL	Energiemangel, anderen Kräften unterliegen (Besessenheit)
149	SA	= NE	/ PL	Pessimismus, Kräfteverfall
150	UR	= NE	/ PL	Überempfindliche Nerven, plötzliches

		schwer erkennbares Leiden, Bewußtseins- störungen
151	MO = NE / MC	Unter Einbildungen und Selbsttäuschungen leiden
152	SA = NE / MC	Krankheit als Folge von Fehlhandlungen und seelischem Leid, Geisteskrankheiten
153	UR = NE / MC	Seelische Erkrankung, geistige Verwirrung, Erkrankungen, deren Ursprung im Unter- bewußtsein liegen
154	NE = PL / MC	Schwere Krankheit, chronisches Leiden (Krebs), Folgen von seelischem Leid even- tuell durch Herabsetzung oder Behinde- rung der persönlichen Entfaltung

Diese Aufstellung von Entsprechungen zwischen kosmischen Konstellationen und Krankheitserscheinungen soll keineswegs den Eindruck erwecken, daß man nach kurzer Untersuchung eines Ge- burtsbildes die Krankheitshinweise nur abzulesen braucht. Es gibt Fäl- le, wo sich eine verblüffende Übereinstimmung ergibt, aber im allge- meinen setzt sich das kosmische Krankheitsbild aus mehreren Ent- sprechungen zusammen; außerdem spielen auch immer Faktoren ei- ne Rolle, die kosmisch nicht erfaßbar sind (zum Beispiel Erdstrahlen). Wenn eine Krankheit vorhanden ist, wird man auch die wesentlichen Entsprechungen finden, aber keinesfalls darf man davon ausgehen, daß sich die hier angeführten Entsprechungen auch verwirklichen müssen. Sie sollen vielmehr Hinweise geben, um Krankheitsdisposi- tionen abzuschwächen oder gar zu verhindern. Bei einer gesunden und natürlichen Lebensweise werden sich die einzelnen Konstellatio- nen weniger auslösen, als wenn durch ständige Diätfehler, Süchtigkeit oder auch sportliche Übertreibungen das Schicksal herausgefordert wird. Als Ergänzung ist das umfangreiche Werk von Dr. Baldur R. Ebertin *Kosmobiologische Diagnostik* zu empfehlen.[71]

Die Krankheitsentsprechungen sind numeriert, damit in den Bei- spielen auf diese Konstellationen hingewiesen werden kann. Die Abkürzung KE (Krankheitsentsprechungen) in Verbindung mit der Nummer soll das Auffinden erleichtern.

Wenn man die wenigen noch vorhandenen Lehrbücher über Astromedizin durchsieht, so findet man darin zahlreiche Regeln, aber keine Anleitung, wie man systematisch vorzugehen hat. Wenn auch der routinierte Fachmann oft auf den ersten Blick die maßgebenden Konstellationen erkennt, so kann der Laie doch leicht in die Irre gehen. Es sollte daher das Bestreben sein, zunächst vom Allgemeinen, vom Ganzheitsbild auszugehen.

Der Verfasser hat ein Schema entworfen, das die Untersuchung erleichtern soll. Die ersten Untersuchungen mit diesem Formular »Kosmobiologische Krankheitsdisposition« wurden bereits vorgenommen. Die Zeichenbesetzung läßt in diesem Fall erkennen, daß vorwiegend die positiven oder Yang-Zeichen mit neun Faktoren besetzt sind gegenüber nur drei Faktoren in den negativen oder Yin-Zeichen. Bewertet man diese Position nach dem bereits bekannten Schlüssel für die Typenkomposition, so ergeben sich achtzehn Punkte für Yang und nur sechs Punkte für Yin.

Unter den Aspekten sind ebenfalls die Gestirne nach ihrem positiven und negativen Charakter unterschieden. Es folgt dann noch eine Zusammenstellung der Halbsummen-Verbindungen, von denen die möglichen Krankheitskonstellationen durch Unterstreichungen hervorgehoben sind.

Faßt man die Ergebnisse zusammen, so erhält man folgenden Überblick:

1. Es handelt sich um einen Yang-Typ, der sehr lebhaft und aktiv ist, der in gesundheitlicher Beziehung mehr zu Krankheiten neigt, die akut auftreten, die mit Fieber, plötzlichen Krampfzuständen, Koliken usw. verbunden sind.

2. Der starken Besetzung der Luftzeichen entsprechend handelt es sich um einen Sanguiniker oder LA-Typ mit einer gallig-sanguinischen Konstitution. Da die Zeichen Zwillinge und Waage besonders stark besetzt sind und auch die darin befindlichen Gestirne starke gegenseitige Aspekte aufweisen, könnten Krankheitsdispositionen in Richtung der Zeichen Zwillinge und Waage auf Lungenkrankheiten,

nervöse Störungen oder Erkrankungen der Niere, Blase, Lendengegend hinweisen.

3. Unter den starken Aspekten treten die Sonne-Jupiter-Mars-Be-
ziehungen hervor mit dem Hinweis auf Blutkrankheiten, Kreislauf,
Leber, Galle; die Venus-Uranus-Verbindung auf Drüsenleiden, besonders Niere; die Neptun-MC-Verbindung auf Enttäuschungen im Beruf mit der Möglichkeit, sich in zu geringem Maße entfalten zu können, wobei sich die seelische Reaktion auf die schwächsten Organe
legen kann.

4. In den Halbsummenverbindungen können die unterstrichenen
Schnittpunkte besondere Hinweise ergeben. Hierzu muß das Buch
Kombination der Gestirneinflüsse[70] herangezogen werden, doch
wurden die wesentlichen Krankheitsentsprechungen bereits zu-
sammengestellt. MA = VE / SA : Hemmungen der inneren Sekretion,
Drüsenleiden (Nieren).

Wenn das vollständige Planetenbild in den Krankheitsentsprechungen nicht angeführt ist, so nimmt man die Halbsumme für
sich, also hier KE 59 = VE / SA.

MA = SA / UR:	Verletzung, Unfall, Operation	
PL = SA / NE:	Schwere Krankheit, chronisches Leiden (KE 123)	
PL = SA / MC:	»Ichkrankheiten«, Mangel an Durchsetzungs- kraft (KE 132)	
PL = SA / AS:	Unter Unterdrückung leiden	
MC = MA / UR:	Verletzung, Unfall, Operation	
MO = SA / NE:	Gemütsdepressionen (KE 117)	
MO = SA / MC:	Seelisches Leid, Depressionen	
SA = MO / JU:	Leber- oder Gallekrankheiten (KE 29)	
ME = MA / NE:	Nervenschwäche, Kräftemißbrauch (KE 91)	

Die Krankheitsdispositionen können sich nur dann auslösen, wenn
sie durch Direktionen oder Transite aktiviert werden.
Dieser Grundsatz, der in den meisten Lehrbüchern kaum erwähnt
ist, gilt als besonders wichtig, weil er überhaupt erst den Schlüssel für

Kosmobiologische Krankheitsdisposition

Name: XY, Beamter — Krankheit: Nierenkolik

Geburtstag: 9.8.1898 — Geburtsstunde: 4.30 h — Geburtsort: 50° 36 n./17° 02 ö.

Zeichenbesetzung:

Widder		0	Stier		0
Zwillinge	♇♆M	5	Krebs	♂	2
Löwe	☾	3	Jungfrau	A	3
Waage	☿☉♃	6	Skorpion		0
Schütze	♀⛢♄	4	Steinbock	☊	1
Wassermann		0	Fische		0

Elemente:

Feuer	7	Erde	4 (11)
Luft	11	Wasser	2 (13)
	18		6

YANG +	18	YIN -	6

Aspekte:

			Mondknoten		
Sonne	☌♃□♂∠♀∠⛢		Mond	∠♇	
Mars	□☉□♃⚼♀		Venus	☌⛢∠☉⚼♂	
Jupiter	☌☉□♂		Neptun	☌M□A	
Uranus	∠☉☌♀		Saturn	—	
Pluto	∠☾		Merkur		
MC	☌♆	13	AS	□♆	7

Halbsummen:

SO = ♃/☊=♂/☊=♀=⛢	MO = ♇=♄/♆=♄/M=♄/A
MA = ♃=☽/☿=♀/♄=♄/⛢	VE = ⛢=☉=♃/☊=♂/☊
JU = ♂=☽/☿=♀/♄=♄/⛢	NE = M=A=☿♄=♂♃/♀⛢
UR = ☉=♃/☊=♂/☊=♀	SA = ♀/♇=⛢/♇=☽/♃
PL = ♄/♆=♄/M=♄/A=☉/♀⛢=☾	ME = ♂♃/♆M=☾/♇
MC = ♆=A=♀/♄=♂♃/♀⛢	AS = M=♆=♄/☊=♂♃/♀⛢

Bemerkungen:

das Krankheitsgeschehen gibt. Es kommt daher darauf an, ob in diesem Falle folgende wesentliche Gestirnverbindungen ausgelöst werden:

Venus-Uranus-Sonne
Jupiter-Mars
Pluto-Mond
Neptun-MC-AS

Die kürzeste und einfachste Methode, sich einen Überblick zu verschaffen, ist folgende:

Man nimmt die Ephemeride des Geburtsjahres zur Hand, also in diesem Falle 1898 und sieht nach, ob sich nach dem dreißigsten und sechzigsten Tag nach der Geburt entsprechende Konstellationen zum Geburtbild ergeben. Es handelt sich dabei um die Progressionen oder Sekundärdirektionen nach dem Schlüssel ein Tag = ein Jahr nach der Geburt. Der dreißigste Tag gibt also Hinweise auf das dreißigste und der sechzigste Tag auf das sechzigste Lebensjahr.

Am dreißigsten Tag nach der Geburt am 9. Oktober läßt sich nicht viel erkennen. Mars befindet sich drei Grad Löwe und hat somit in den letzten Jahren die Konjunktion mit dem Mond überschritten. Aus der Lebensbeschreibung ist für diese Zeit nichts angegeben.

Das sechzigste Lebensjahr müßte dann etwa dem 8. Dezember entsprechen. Der Uranus befindet sich in vier Grad Schütze, hat hier das Halbquadrat zum Jupiter überschritten und geht auf das Anderthalbquadrat zum Mars zu.

Saturn befindet sich in 14°57' Schütze und nähert sich der Opposition zu Pluto = Saturn/Neptun!, gleichzeitig auch dem Anderthalbquadrat zum Mond. Jupiter hat in zwei Grad Skorpion das Quadrat zum Mond überschritten. Nun muß man wissen, daß sich solche progressiven Aspekte oft viele Jahre vor der Fälligkeit auslösen, so daß sich lange vor dem sechzigsten Lebensjahr SA p-180-PL = SA/NE bemerkbar machen kann.

Die zweite Methode zur Erfassung der Auslösung von Ereignissen oder Krankheiten ergibt sich durch den Sonnenbogen, der für jedes Jahr rund ein Grad beträgt. Man kann die Rechenscheibe nehmen und jeweils untersuchen, ob sich um das dreißigste Lebensjahr besondere Aspekte ergeben. Man erkennt, daß mit etwa zweiunddreißig Jahren der Pluto im 90-Grad-Kreis die Sonne erreicht, demnach auch SA/NE also die Halbsumme, die mit Pluto verbunden ist. Mit reichlich fünfunddreißig Jahren nähert sich der Komplex AS, MC, NE dem Mond. Mit reichlich dreißig Jahren kommt Mond in Verbindung mit Venus und Uranus im Halbquadrat zur Sonne. Saturn überschreitet mit rund dreißig Jahren den Merkur. Im Umkreis von einigen Jahren liegt daher die Möglichkeit einer Erkrankung nahe.

Was ist nun passiert? Im Jahre 1932 setzten Nierenkoliken ein, die im Kosmogramm angedeutet sind durch die starke Besetzung des Zeichens Waage und durch Venus in Konjunktion mit Uranus. Diese Koliken hielten an bis zum Jahre 1938.

1959, im Alter von einundsechzig Jahren, erkrankte der Mann an Gelbsucht; anschließend war eine Gallenoperation fällig. Es wurde bereits festgestellt, daß sich in diesen Lebensjahren Saturn p der Opposition zum Pluto nähert. Außerdem hat zu dieser Zeit Sonne p den Pluto überschritten und damit auch das Anderthalbquadrat zum Mond. Es wurde also in diesen Jahren die sofort erkannte Krankheitskonstellation ausgelöst. Weiterhin verbinden sich Saturn s (s = mit dem Sonnenbogen vorgeschoben) und Mars s mit dem Komplex NE, MC, AS. Am 24. September 1962 erlitt der Mann einen Herzkollaps. Zu dieser Zeit näherte sich Uranus 4°50' Schütze dem Anderthalbquadrat zum Mars; Saturn hatte jetzt die Oposition zum Pluto mit einem Orbis von nur 4' erreicht; bei einem Sonnenbogen von ca. 65° kam der Komplex PL, NE, AS ins Halbquadrat zur Sonne und fast ins Quadrat zu Uranus und Venus. Das bedeutet eine plötzliche (UR) Herz(Sonne)-Schwäche (NE). Untersucht man dieses Datum auch mit Hilfe der Transite, so wurde der Herzkollaps ausgelöst durch Mars 20° Krebs Konjunktion Mars Quadrat Jupiter und dem scheinbar stillstehenden Merkur in 21° Waage kurz nach dem Quadrat zum Mars.

Damit sollte zunächst im Überblick gezeigt werden, wie man vorgehen kann, um zu den Krankheitsentsprechungen zu gelangen. Es werden nun Beispiele folgen, die einzelne Krankheitsfälle ganz ausführlich behandeln, aber das Wesentliche in den Vordergrund schieben, um dadurch mit möglichst vielen Beispielen in die kosmobiologische Krankheitsdiagnose einzuführen.

Fünfter Teil

Kosmobiologische Praxis

Das Rüstzeug für den Praktiker

Es gibt bekanntlich verschiedene astrologische Arbeitsmethoden, die sich besonders durch die sogenannten Felder- oder Häusermethoden unterscheiden. Unter den Häusern verstand man ursprünglich die zwölf Tierkreiszeichen. Diese Zeichen waren jeweils einem Gestirn beziehungsweise einem Gestirn-Gott zugewiesen, der als »Herr des Hauses« bezeichnet wurde. Wahrscheinlich fiel jeweils das Fest für diesen Gestirngott in den Monat, der dem Tierkreiszeichen oder auch dem Hause des Gottes entsprach. Der Zwölfteilung des Tierkreises entsprechend schuf man noch eine Einteilung in zwölf Felder, die mit dem Aszendenten oder Aufgangszeichen begann. Ursprünglich zählte man diese Felder in der Richtung des Uhrzeigers rechts herum, also in der natürlichen Folge vom Aszendenten über den Kulminationspunkt (MC) zum Untergangspunkt, dem Deszendenten und schließlich über den Mitternachtspunkt (IC) zurück zum Aszendenten.

Angeblich hat der ägyptische Gott Hermes Trismegistos eine Reform vorgenommen zu einer linksläufigen Zählung der Felder, wofür der Gedanke maßgebend war, »daß der zur Welt kommende Mensch seine ganzen Schicksale in der Nacht der Zukunft liegen hat; demnach müssen die Sterne, die noch in der unteren Hemisphäre stehen, die Zukunft anzeigen.« Diese widersinnige Felderzählung wird heute noch überall angewandt.

Die Unsicherheit auf diesem Gebiet geht daraus hervor, daß nach und nach vierzehn Feldermethoden entwickelt wurden, die nur in zwei Punkten übereinstimmen: im Aszendenten (AS) und im Medium coeli (MC). Es kommt hinzu, daß bei verschiedenen Häusermethoden AS und MC fast aufeinanderfallen, je weiter der Geburtsort im Norden liegt. Dann kann es vorkommen, daß einzelne Felder nur wenige Grade groß sind und die anderen sich über mehrere Zeichen erstrecken.

Ich selbst habe diese Unsicherheit ausgeschaltet und komme mit AS, MC und den Aspekten zu diesen aus. Man findet also in meinen Beispielen keine Feldereinteilung; die beiden maßgebenden Punkte AS und MC sind jeweils nur durch A und M markiert, um die einzelnen Positionen möglichst genau eintragen zu können, besonders dort, wo sich eine Häufung der Faktoren ergibt.

Wie bereits früher erwähnt, liegt im Formular um den Tierkreis der 90-Grad-Kreis als Rechenkreis, wodurch eine rasche Erfassung der Aspekte gegeben ist. Die Winkelbeziehungen habe ich reduziert auf die Winkel, die sich aus der fortlaufenden Teilung des Kreises ergeben, also die Winkel von 0°, 180°, 90°, 45°, 135°.[72]

Kombiniertes Arbeitsformular mit 360°-Kreis innen und 90°-Kreis außen (stark verkleinert).

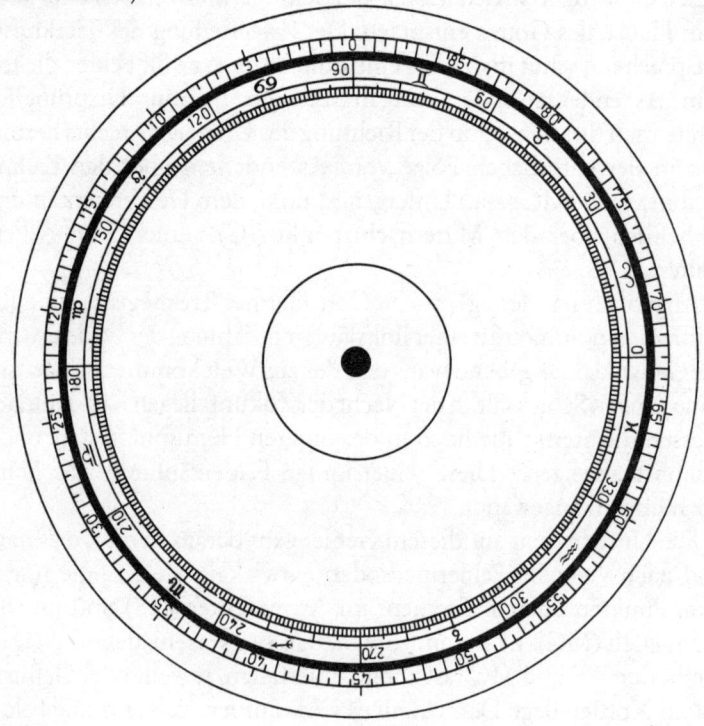

Fortlaufende Teilung des Kreises in Aspekte.

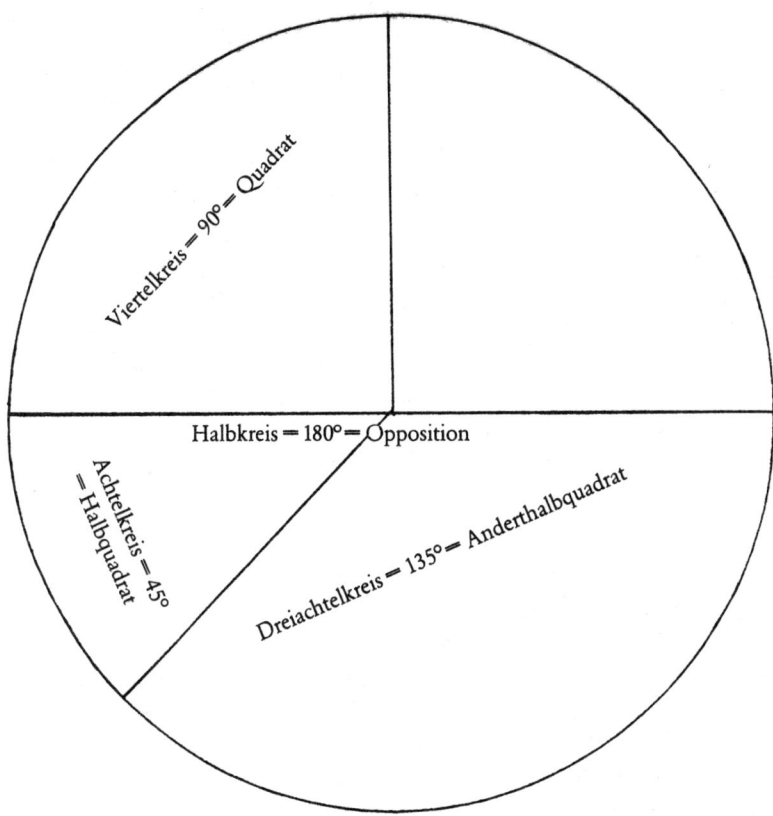

Für die Untersuchung der Kosmogramme ist ein Arbeitsgerät oder mindestens eine Rechenscheibe notwendig, um die Winkelabstände, die Halbsummen und auch die Sonnenbogendirektionen zu erfassen.

Für die zeitliche Erfassung habe ich das Lebensdiagramm[42] entwickelt, das mehrfach in den Beispielen vorgeführt wird. Das Jahresdiagramm ergibt sich jeweils durch Verwendung der graphischen 45-Grad-Ephemeriden.

In den letzten Jahren wurden die Deklinationen der Gestirne[73] sehr stark vernachlässigt, obwohl die Position eines Gestirns niemals allein durch die Länge im Tierkreis bezeichnet werden kann, denn ein

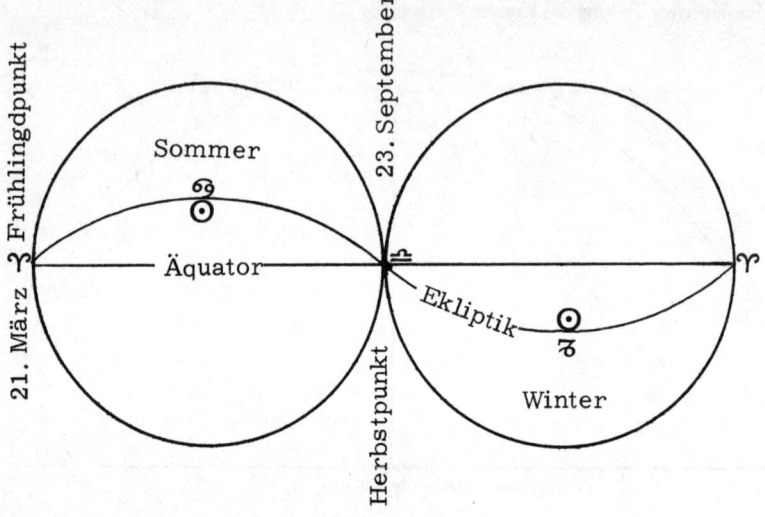

Punkt wird immer bestimmt durch zwei sich schneidende Linien. Man braucht nur einen Atlas anzusehen mit seinen Längen- und Breitengraden. Beispiel: Hamburg in Norddeutschland und Tunis in Nordafrika liegen in der Nähe des zehnten Längengrades, aber Hamburg liegt zwischen dem dreiundfünfzigsten und vierundfünfzigsten Breitengrad und Tunis ungefähr auf dem siebenunddreißigsten Breitengrad. Es kann doch niemand behaupten, daß diese Positionen gleich sind. Ebenso kommt es darauf an, welchen Abstand ein Gestirn vom Äquator hat.

Die Deklinationen der Sonne sind maßgebend für die Jahreszeiten, wie die beigefügte Abbildung beweist. Die anderen Gestirne laufen ungefähr in der Nähe der Sonnenbahn.

Um die Abstände vom Äquator gut darstellen zu können, wurde ein besonderes Formular entworfen. Den folgenden Beispielen sind Darstellungen der Deklinationen mehrfach beigefügt, die auch ihre Bedeutung beweisen.

Das Geburtsbild als Hilfsmittel in der Sprechstunde

Die Gestirnkonstellationen können stets nur als eine Hilfe betrachtet werden, da eine vollständige Diagnostik und Prognostik auf kosmobiologischer Grundlage nicht möglich ist. Es muß immer eine Anamnese, das heißt eine Krankheitsgeschichte, vorliegen, da aus dem Geburtsbild Vererbung, Umwelt, Familien- und Zeitverhältnisse und anderes nicht hervorgehen. Eine Blinddiagnostik könnte zutreffen, aber auch in die Irre gehen. Gerade im Gespräch können wichtige Tatsachen zutage treten, die für eine Beratung und Behandlung wichtig sind. Es soll daher ein kurzer Einblick in eine Sprechstunde gegeben werden.

Auf Empfehlung eines befreundeten Arztes kommt eine Dame zu mir, die bereits verschiedene Ärzte konsultiert und sich verschiedenen Behandlungen unterworfen hat, ohne daß man etwas Besonderes feststellen konnte. Sie erklärte, daß sie einesteils gesund, andererseits auch wieder nicht gesund sei.

Ich markierte mir die Gestirnpositionen ihres Geburtstages auf einem Formular, ohne zunächst eine genaue Berechnung vorzunehmen. Das dauerte an sich keine fünf Minuten. Ich erkannte sofort einen Komplex Merkur-Sonne-Saturn und gegenüber die Venus. Die Dame machte durchaus nicht den Eindruck, daß sie sich durch die Verbindung von Sonne und Saturn irgendwie gehemmt fühlte, aber es ergab sich doch im Laufe des Gesprächs, daß sie sich nicht so entfalten konnte, wie sie es gern möchte. Sie hat einen Mann, der bedeutend jünger ist (Venus-Saturn kann einen großen Altersunterschied bedeuten), sie viel allein läßt und sich auch nicht gerade sehr liebevoll zeigt. Somit bestätigte sich die Venus-Saturn-Verbindung. Es war nur ein Halbquadrat, das man in vielen Fällen unberücksichtigt läßt, das aber doch von größerer Bedeutung ist, als früher angenommen wurde.

Da sich der Pluto in den Halbsummen Sonne/Mond = Mond/Uranus = Venus/Mars und der Mars in Venus/Saturn befinden, fragte ich, ob sie Kinder habe, da diese Konstellationen eine Geburt verneinen oder sehr schweren Geburten entsprechen. Ich fragte auch, ob sie nicht größere Operationen durchgemacht habe. Die Dame bestätigte, daß sie bereits vier Fehlgeburten und eine Unterleibsoperation hinter sich habe.

```
        PL              MA
SO ..........MO      VE ..........SA                      ME
MO..........UR                        VE ..........SO
VE ..........MA                                    SA
```

Aus dem Geburtsbild des Mannes war nun zu ersehen, daß eine
Konjunktion von Venus-Mars mit Pluto der Frau in Verbindung steht.
Aus dieser und anderen Konstellationen war zu schließen, daß der
Ehemann nicht nur sehr leidenschaftlich, sondern auch brutal und
rücksichtslos ist. Es stellte sich im Gespräch heraus, daß er seine Frau
niemals zu Betriebsausflügen mitnimmt, um sich mit anderen Frauen
besser amüsieren zu können.

Aus diesen Gesprächen ergab sich, daß der Frau – abgesehen von
den üblichen Beschwerden in den mittleren Lebensjahren – nichts
fehlte, sondern es vielmehr notwendig war, das belastende Verhältnis
zu dem Gatten in Ordnung zu bringen, ein offenes Gespräch eines
Arztes mit dem Gatten herbeizuführen oder das Ehepaar der Behandlung eines Therapeuten anzuvertrauen.

In einem anderen Fall kommt ein Mann mit seiner siebenund-
zwanzigjährigen Tochter zu mir. Diese ist unsicher und nicht be-
friedigt von ihrem Beruf, sie findet nicht den rechten Kontakt mit
Partnern. Ein Blick auf ihre Gestirnkonstellationen zeigt einen
Komplex von Jupiter-Saturn-Mond im Stier und im Quadrat zum
Mars, dabei Beziehungen zu 16 bis 17 Grad Stier, die für die Schilddrüse maßgebend sein können. Meine Frage lautet daher zunächst, ob
sie nicht mit den Mandeln oder der Schilddrüse zu tun hat. Sie bejaht
es. Die nächste Frage: »Sind Sie nicht in den Jahren 1962 und 1963 in
Behandlung gewesen?« Sie bejaht wieder. Diese Frage wurde gestellt,
weil in den betreffenden Jahren der laufende Neptun in einer Winkel-
beziehung zu den genannten Punkten gestanden hat, wodurch die
Möglichkeit einer Erkrankung gegeben war. Mit vorsichtigen und
taktvollen Fragen ergaben sich noch weitere Bestätigungen.

Da bei Mond Konjunktion Saturn eine oft vorhandene Zurückhaltung und Kontaktarmut anscheinend nicht gegeben war, gab diese
Konstellation doch Anlaß zu der Frage, wie es um den Verdauungsap-

parat, insbesondere den Magen, stehe. Sie bestätigte, daß sie bereits Magengeschwüre hatte und daß die Verdauung zu wünschen übrig läßt.

Es ergab sich auch, daß verschiedene Freundschaften in die Brüche gegangen waren. Demnach hat sich die Mond-Saturn-Konjunktion auch dadurch bestätigt, daß sich mehrfach Entfremdungen, Trennungen ergeben haben und sie sich isoliert fühlt. Es kam dann heraus, daß diese wissenschaftliche Assistentin viel am Schreibtisch sitzt, was ihr gar nicht behagt, denn die genannten Konstellationen bringen eben bei zu geringer Bewegung Verdauungsschwierigkeiten mit sich.

Das Beispiel zeigt, wie das Kosmogramm die Möglichkeit gibt, bestimmte Fragen zu stellen und auf diese Weise Feststellungen zu treffen, die der Patient sonst zurückhalten würde.

Welche Möglichkeiten für Arzt und Heilkundigen bestehen, mag folgender Fall zeigen. Ein älterer Arzt, mit dem ich schon seit vielen Jahren in Verbindung stehe und der sich gut in meine Methode eingearbeitet hat, rief mich eines Abends an, um mir folgende Mitteilung zu machen. Der Arzt ist Inhaber eines kleinen Sanatoriums; er stellt für jeden Patienten sofort das Kosmogramm und das Jahresdiagramm. Nun wurde eines Tages ein Kranker eingeliefert, in dessen Geburtsbild er für die nächsten Tage eine schwere Krise feststellte. Er lehnte daher die Verantwortung ab und überwies den Mann ins Krankenhaus. Nach drei Tagen hörte er, daß dieser Mann gestorben war. Wenn sich der Todesfall in seinem Privatsanatorium ereignet hätte, wäre er vielleicht in ein Verfahren verwickelt worden. Seine kosmobiologischen Kenntnisse hatten ihn davor bewahrt.

In der Bundesrepublik werden jährlich etwa vierzigtausend behinderte Kinder geboren, die große psychische und finanzielle Belastungen für die Eltern bedeuten und kostspielige Hilfsmaßnahmen von seiten des Staates verlangen. Prof. Dr. G. Wendt, Marburg, sagte auf einer Tagung der Evangelischen Akademie Loccum zum Thema »Genetik und Gesundheit« im November 1975:

»Wir haben in dem Bestreben, den Behinderten zu helfen, die Möglichkeit außer acht gelassen, die Behinderung zu verhindern«.

Diese Möglichkeit ist auf kosmobiologischer Grundlage gegeben, wenn eine bewußte Zeugung zu bestimmter Zeit vorgenommen wird. (Näheres darüber auch in einer Denkschrift der »Kosmobiologischen Akademie Aalen« über das Thema »Vorbeugung gegen Mongoloismus«. Hier hat der Privatforscher Erich Modersohn, Lippstadt, bedeutende Vorarbeit geleistet.) Ich habe nun Gelegenheit, einen Fall vorzuführen von der Geburt eines behinderten Kindes und der kosmobiologisch berechneten Geburt eines gesunden Kindes.

Die Mutter der Kinder, ich nenne sie Inge Lehmann, wurde am 6. Mai 1923 geboren. Nähere Angaben sind aus Gründen der Diskretion nicht möglich. Die Frau hatte im Alter von siebenundzwanzig Jahren geheiratet und nach zwei Jahren einem Kind das Leben geschenkt, das sich aufgrund der Blutkörpereigenschaft (Rhesus-Faktor) der Ehegatten nicht normal entwickelte und in einem Heim untergebracht werden mußte. Als das Kind vier Jahre alt war, starb der Vater. Es hat lange gedauert, bis diese Frau den Mut fand, sich wieder zu verheiraten. Die Ehe wurde geschlossen, als die Frau achtundreißig Jahre alt war. Der Mann war nicht ganz gesund, aber er wünschte sich ein Kind. »Denn eine Ehe ohne Kind ist keine Ehe!« sagte er. Aber die Frau hatte immer noch Angst, daß auch das zweite Kind nicht normal sein könnte. Die Familie hatte seit Jahren großes Vertrauen zu mir gefaßt und fragte mich, ob es nicht möglich wäre, einen Zeitpunkt zu berechnen, wo mit einer glücklichen Geburt zu rechnen ist. Die Voraussetzung war zunächst die Untersuchung des Kosmogramms der Mutter und des behinderten Kindes. Die Mutter ist Yin- und SI-Typ. Im 90-Grad-Kreis erkennt man sofort die Verbindungen von Venus mit Pluto und Saturn und auch Saturn mit MC. Der Komplex Jupiter-

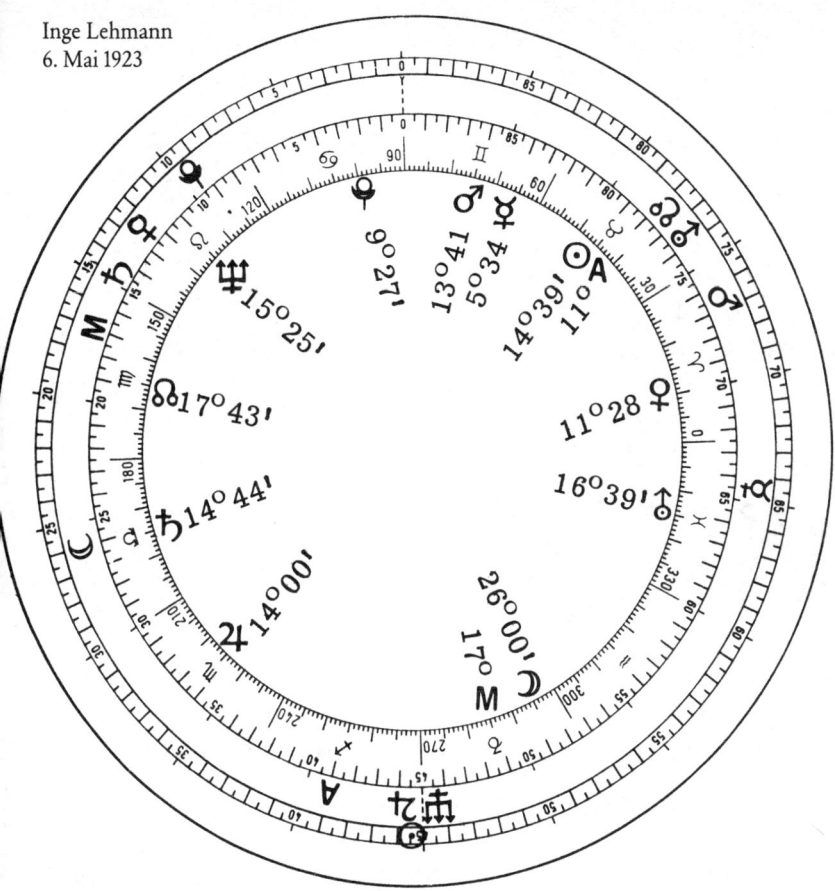

Inge Lehmann
6. Mai 1923

Sonne-Neptun ist ebenfalls nicht schön, so daß es durch Schwierigkeiten bei Geburten (VE = SA/PL) Enttäuschungen in Liebe und Ehe
geben kann. Bedenken lösen auch UR = DR = SA/NE und MA =
SA/NE und VE/NE aus.

Als nun Marta am 15. April 1952 geboren wurde, bewegte sich im
Kosmogramm der Mutter die Sonne p auf den Mars zu, also gerade auf
die kritische Stelle im Geburtsbild. Betrachten wir dazu das Kosmogramm von Marta, so fällt sofort ins Auge, daß im 90-Grad-Kreis der
Komplex Mond, Venus, Merkur, Uranus, Saturn mit dem Komplex
Pluto, Venus, Saturn, MC der Mutter zusammenhängt. UR = ME/SA
bedeutet beim Kind Nervenkrankheit (KE 46). In *Kombination der*

223

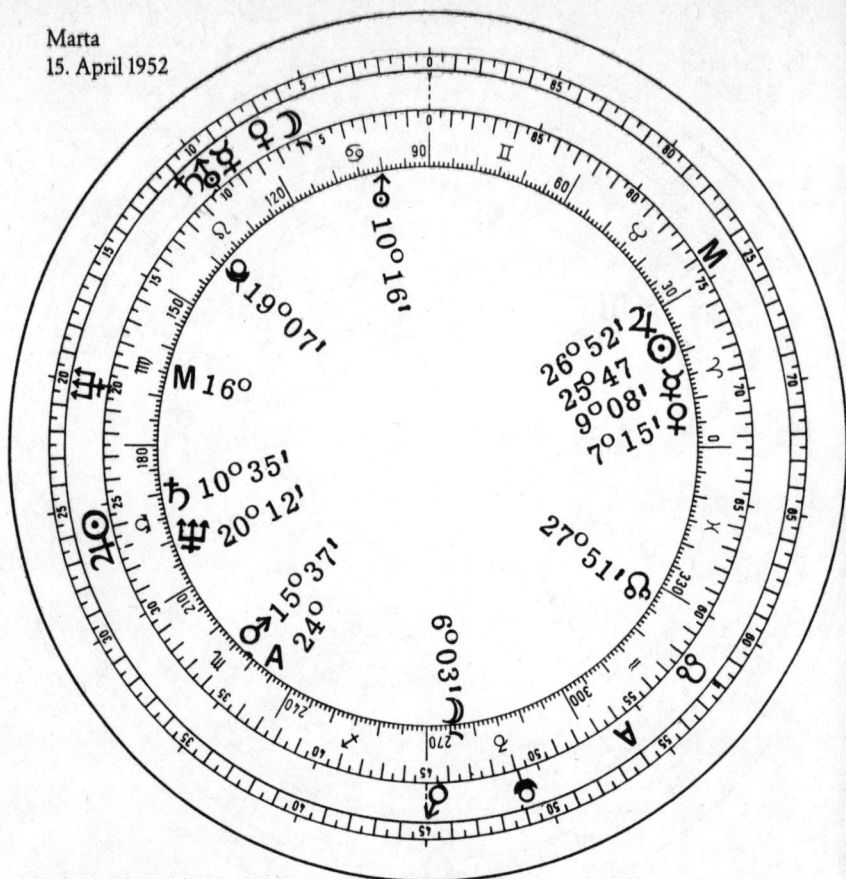

Marta
15. April 1952

Gestirneinflüsse liest man unter ME/SA »Nervenblockierung, Beziehungen zu Sprach- und Hörorganen«. Das Kind ist heute (1978) erwachsen, ist immer noch in einem Heim, hat nichts lernen können und beschäftigt sich nur mit einfachen Handarbeiten. Bei fünfundvierzig Grad deckt sich der Mars des Kindes mit Jupiter, Sonne, Neptun der Mutter. Bei sechsundsiebzig Grad kommt das MC des Kindes in die Halbsumme MA/UR = SA/NE zu stehen. Hier ist leicht zu erkennen, daß außerordentlich kritische Konstellationen bei der Geburt für Mutter und Kind vorgelegen haben. Daher ist es auch zu verstehen, daß die Mutter Angst vor einem zweiten Kind hatte. Außerdem war die Frau über vierzig. Aber das aufgestellte Lebensdiagramm gab Hoffnung.

224

Was ist ein Lebensdiagramm?

Im 90-Grad-Kreis fallen alle Konjunktionen, Quadrate und Oppositionen zusammen. Es hat sich aber herausgestellt, daß auch die Winkel von fünfundvierzig und einhundertfünfunddreißig Grad, die Halb- und Anderthalbquadrate, von größerer Bedeutung sind. Weil sie nicht so leicht erkannt werden, hat man früher auf sie verzichtet. Geht man von 90-Grad auf das 45-Grad-System über, so kann man auch die 45-Grad-Winkel in der gleichen Weise erfassen. In der Achtelung des Tierkreises liegen dann die Anfangspunkte der 45-Grad-Bogen in null Grad Widder, Krebs, Waage, Steinbock und in fünfzehn Grad Stier, Löwe, Skorpion, Wassermann. In dem Formular für das Lebensdiagramm ist diese Einteilung auf der linken Seite dargestellt. Demnach gilt die erste Spalte für Venus, Pluto, Saturn, MC, Mond, die zweite Spalte für Sonne, Neptun, die dritte Spalte für Merkur, Mars, Mondknoten, Uranus usw. An der rechten Seite trägt man die Positionen an die Gradskala an und zieht waagrechte Linien durch das Blatt.

Das vorliegende Lebensdiagramm kann nur im Ausschnitt gezeigt werden und fängt daher mit dem dreißigsten Lebensjahr an. Demnach beginnt man mit der Eintragung der einzelnen Gestirne mit dem dreißigsten Tag nach der Geburt, also am 5. Juni 1923 und notiert sich die Positionen alle zehn Tage bzw. Jahre. Dann entsteht die vorliegende Zeichnung.

Es ergeben sich nun Schnittpunkte zwischen den Gestirnbahnen und den Positionslinien. Die positiven Konstellationen sind durch kleine Kreise, die negativen durch schwarze Punkte markiert. Auf diese Weise bekommt man einen Überblick über das ganze Leben.

Auswertung des Lebensdiagramms

Für die einzelnen Konstellationen muß man jeweils einen kleinen Orbis wählen. Es wurde bereits an anderer Stelle gesagt, daß sich diese Konstellationen meist früher auswirken. Bei den schnellen Gestirnen kann das ein oder zwei Jahre ausmachen, bei den langsamen mitunter sogar ein Jahrzehnt und mehr.

Zur Zeit der Geburt der ersten Tochter erkennt man ganz oben den

Übergang der Venus über Neptun, der sich im Geburtsbild in der kritischen Halbsumme Mars/Saturn befindet. Schon die Verbindung Venus-Neptun zielt auf eine Enttäuschung in Liebe und Ehe hin durch die Geburt eines behinderten Kindes. Unterhalb der Mitte geht die Sonne über Mars, der sich in der Krankheitsachse Saturn/Neptun befindet. Schließlich findet man ganz unten Venus in Verbindung mit Jupiter und Sonne, was auf die Geburt hinweist, die aber durch Neptun einen negativen Charakter bekommt.

Nun wollte das Ehepaar doch wieder an ein Kind denken. Da zeigt sich nun um 1965/1966 ein Übergang von Mars und MC p über Venus. Diese Direktion war nun für die folgende Untersuchung maßgebend, die Möglichkeit einer zweiten Zeugung und Geburt zu berechnen. Es kam also darauf an, innerhalb der genannten Jahre einen Zeitpunkt zu finden, der für Zeugung und Geburt günstig ist und möglichst wenig negative Konstellationen in der Zeit der Schwangerschaft zeigt.

Das Jahresdiagramm

Während des Zweiten Weltkrieges habe ich im stillen weitergearbeitet und dabei die graphische 45-Grad-Ephemeride entwickelt, die später mehrfach noch verbessert wurde. Ich habe damals die führenden Persönlichkeiten nach ihren Geburtspositionen in verschiedenen Farben gemeinsam auf eine graphische 45-Grad-Ephemeride übertragen und konnte auf diese Weise auch das Ende des Weltkrieges feststellen. Die graphische 45-Grad-Ephemeride hat sich in den letzten Jahrzehnten ganz besonders bewährt.[74)]

Nach Durchsicht des Jahres schien mir der September 1965 besonders günstig zu sein, denn am 11. September vereinigten sich die Bahnen von Mars und Jupiter auf Jupiter und Sonne des Kosmogramms der Mutter. Dazu kamen auch weitere Überschneidungen hinzu wie Merkur über Venus und MC, Venus über Mond, Venus über Mars, die Halbsumme Venus/Mars über Uranus, Sonne über Mondknoten. Vorher hatte allerdings der Saturn die Mondlinie überschritten, Uranus und Pluto bewegten sich auf den Uranus zu.

Ich habe das Ehepaar noch gebeten, vor diesem Termin etwas

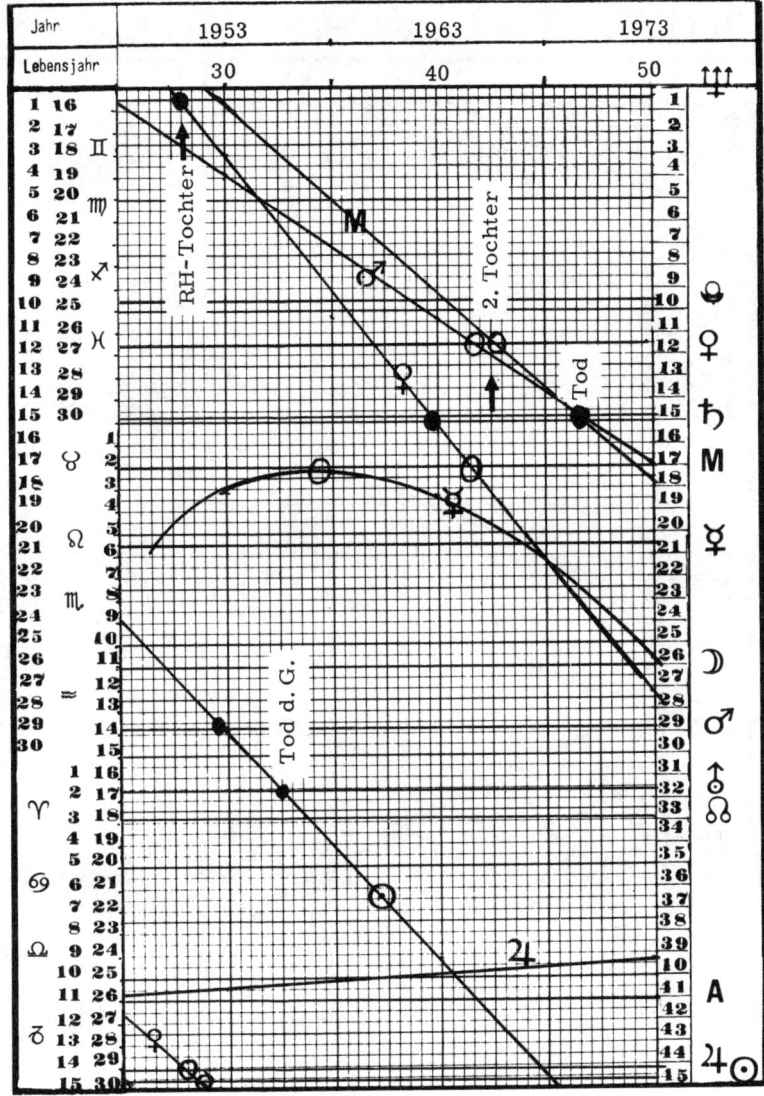

Lebensdiagramm: Inge Lehmann

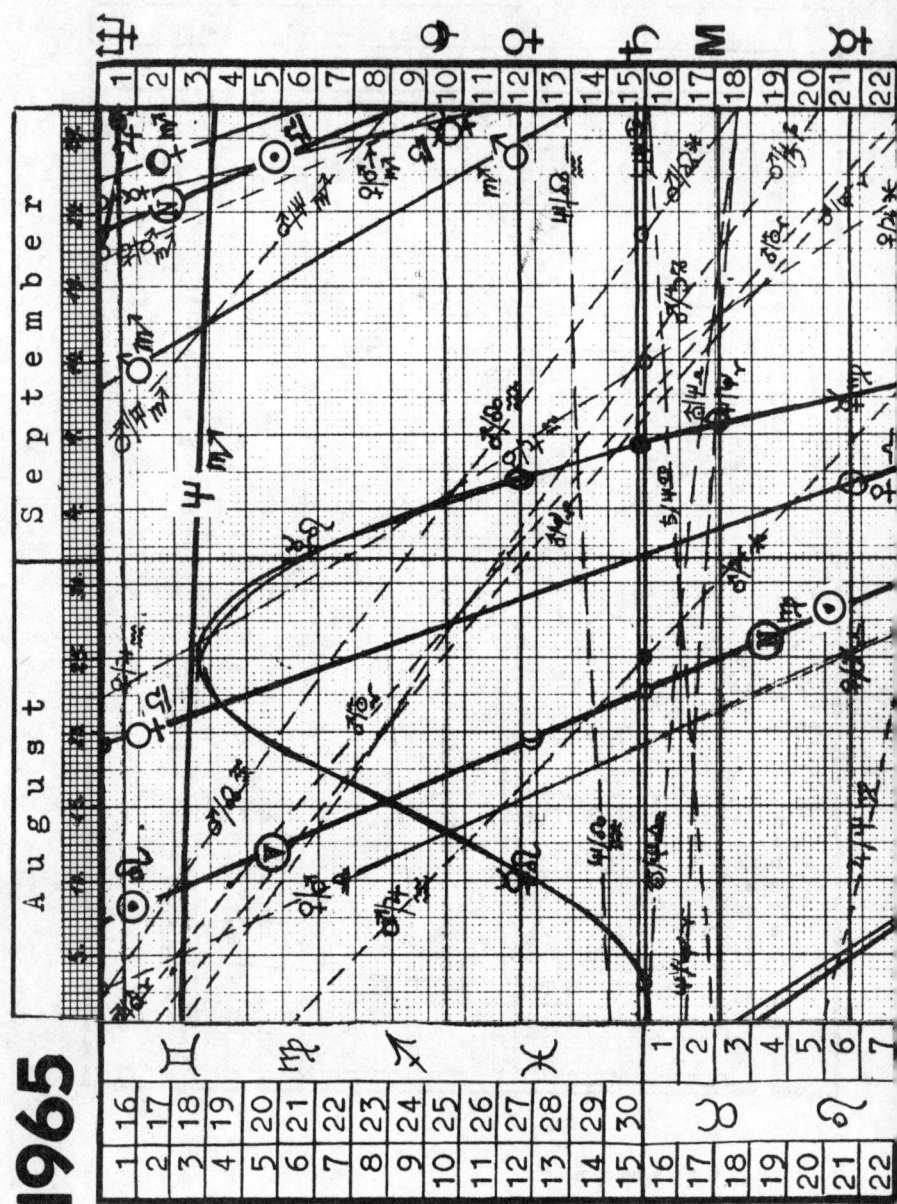

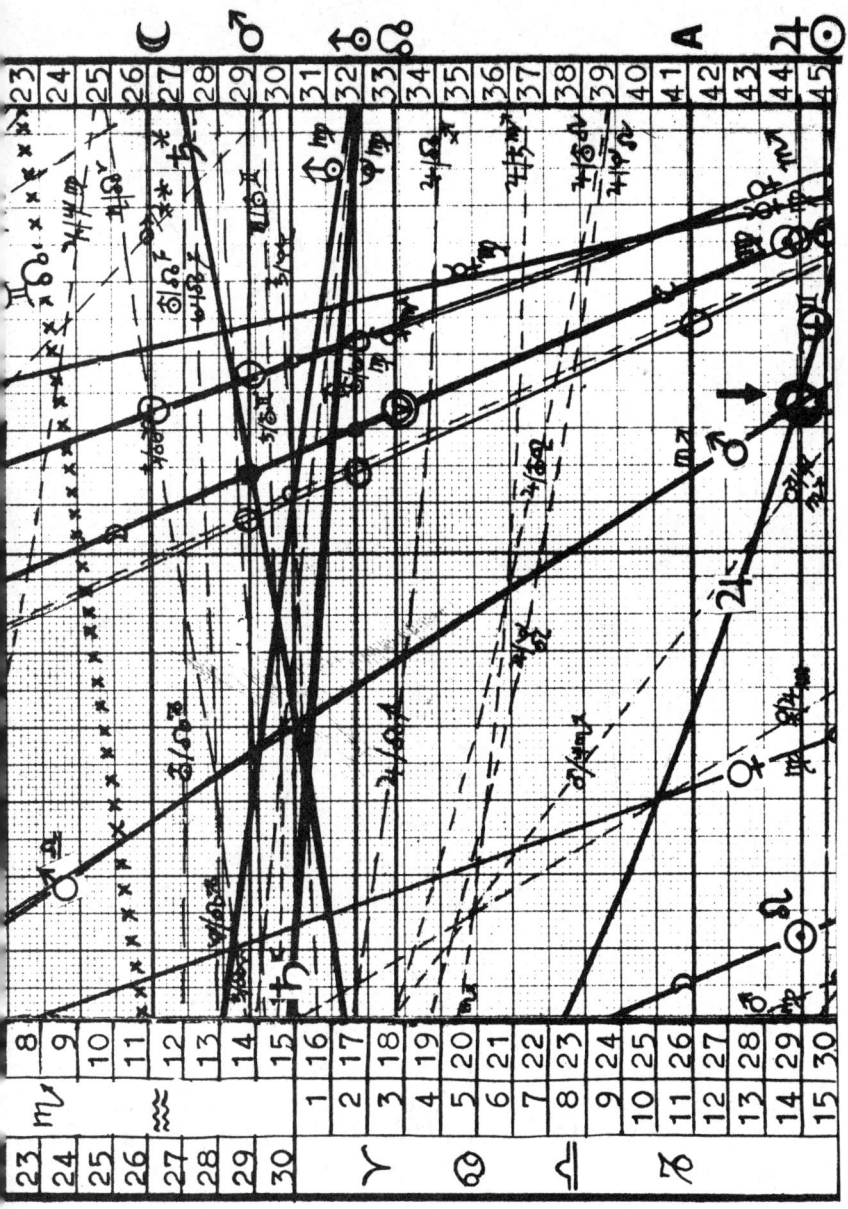

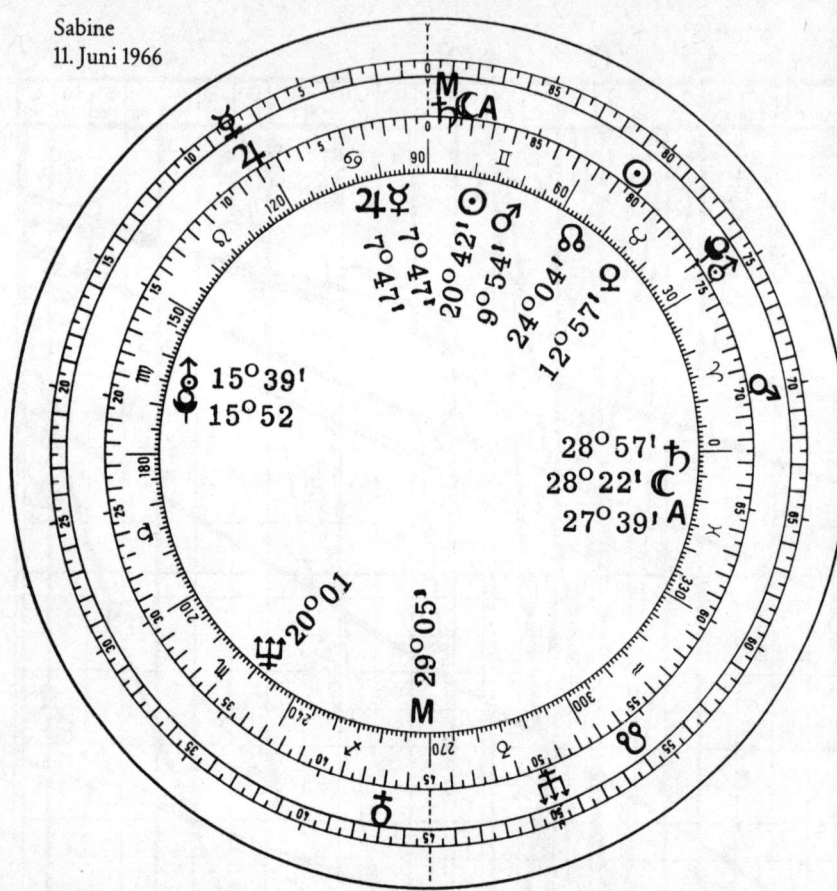

enthaltsam zu sein, damit gerade zu dieser Zeit größere Zeugungsenergie vorhanden ist. Genau nach zweihundertdreiundsiebzig Tagen, der normalen Schwangerschaftszeit, wurde die zweite Tochter Sabine geboren am 11. Juni 1966.

Die Gegenüberstellung der Diagramme von Mutter und Kind sah jetzt auch ganz anders aus. Jupiter und Merkur des Kindes deckten sich mit Pluto der Mutter, die Venus des Kindes fiel auf Jupiter und Sonne der Mutter, Uranus und Pluto des Kindes deckten sich mit Uranus und Mondknoten der Mutter. Die letztgenannte Konstellation war weniger gut. Die Freude der Eltern über die Geburt ihrer Tochter war groß.

Nun wird man im Lebensdiagramm der Mutter bereits festgestellt haben, daß sich die progressiven Bewegungen von Mars und MC auf den Saturn zu bewegten und zum vorzeitigen Tod der Mutter führten. Im Kosmogramm von Sabine wird die frühe Trennung von der Mutter durch Mond Konjunktion Saturn angedeutet. Das Kosmogramm des Kindes ist nicht ohne Belastungen, aber der Wunsch der Eltern wurde erfüllt.

Süchtige Mutter – krankes Kind

Wer die 29. Arbeitstagung für kosmobiologische Forschung 1977 in Aalen besucht hat, wird unter den Zuhörern eine Mutter mit einem kleinen Jungen gesehen haben, der einen unförmigen Leib hatte. Die Mutter hat mir einen langen Bericht mit einem Foto des Kindes zur Verfügung gestellt, so daß es möglich ist, diesen Fall sehr genau zu untersuchen. Dabei stellt sich heraus, wie wichtig es ist, stets das Geburtsbild der Mutter mit heranzuziehen, denn die Geburt ist doch ein besonderes Ereignis für die Mutter, muß sich in deren Kosmogramm widerspiegeln und erleichtert eventuell auch die Geburtszeit-Korrektur für das Kosmogramm des Kindes.

Aus dem Krankheitsbericht der Mutter sind zunächst folgende Tatsachen zu entnehmen:

Der Bauch des Jungen wächst so stark, daß die Beine den Leib kaum zu tragen vermögen. Der Junge ist ständig müde, antriebslos, weinerlich, schläft fast immer, hat häufig Bauchweh, Kopf- und Knochenschmerzen. Er schwitzt immer; oft schlafen ihm die Arme und die Beine ein, nachts wälzt er sich ständig hin und her, wimmert und spricht unverständlich. Am Tage ist sein Schlaf ruhiger.

Die Krankheit heißt Morbus Gaucher und ist bei dem Kinde eine Mischform mit Beteiligung des Zentralnervensystems. Es ist eine seltene Stoffwechselkrankheit, die unheilbar sein soll. Nach der Schulmedizin ist der Junge bereits seit Jahren »klinisch nicht mehr lebensfähig« und müßte »wissenschaftlich gesehen« längst tot sein. Seit fünf Jahren wird er von einem Heilpraktiker behandelt, und dadurch hat sich vieles gebessert. Sorgen macht nur der riesige Bauch: Umfang in Nabelhöhe 80 cm; durch einen Lebertumor und Milztumor sind alle

Organe stark verdrängt. Das Herz ist bereits oben beim dritten Rippenbogen; der Junge hat ständig Atembeschwerden. Ursache ist ein Mangel an dem Enzym Glocozerebrosidase, das nur mehr zu vierzehn Prozent vorhanden ist. Daher wird eine Fett-Zucker-Verbindung nicht gespalten und lagert sich ab in Milz, Leber, Knochenmark, Lunge und Gehirn. Bevorzugt wird die Milz als Ablagerungsplatz. Die Lunge soll noch verschont sein. Knochenmark ist fast nicht mehr da, jedenfalls kam im letzten Sommer beim Punktieren nichts mehr heraus. Es soll sich um eine Erbkrankheit handeln. Die Mutter vermutet, daß das Kind bei der Geburt beschädigt worden ist und im Laufe der Jahre von ihr – unbewußt – vergiftet wurde.

Die Mutter schreibt: »Als der Junge zur Welt kommen sollte – ich lag in der dritten Klasse –, kam in der ersten Klasse auch ein Kind zur Welt. Die Hebamme ließ mich einfach liegen und befahl mir, die Wehen zurückzuhalten; aber ich habe es nicht ganz fertiggebracht. Der Kopf des Babys schlug immer gegen das Becken; ich war total erschöpft und muß ohnmächtig geworden sein. Dann lag plötzlich ein Arzt auf meinem Bauch und drückte mit seinem Gewicht, während ein zweiter Arzt meinen Kopf in das Kissen drückte, mich dann wieder hochriß, so daß Hals- und Rückenwirbel nur so krachten. Ich wurde dann plötzlich ruhig. Der eine Arzt wollte Kaiserschnitt machen, der andere war dagegen. Die Prozedur begann von neuem. Ich war wieder ohnmächtig. Dann hörte ich die Schwester sagen, daß der Herzschlag aufgehört hat, und ich dachte, das Kind sei tot. Im Augenblick hatte ich keine Schmerzen mehr, ich sah mich in meinem Bett liegen und schwebte zugleich über mir selbst. (Demnach war wohl der Geist oder Astralkörper aus dem Leib ausgetreten.) Dann kam ich wieder zu mir. Ein Arzt sagte: ›Sie haben einen Sohn.‹ Ich bekam aber mein Kind nicht zu sehen; es war so geschwächt, daß man nicht wagte, es aus meinem Zimmer in das andere zu bringen. Als ich dann das Kind zu sehen bekam, war es knallrot und schrie ununterbrochen; zwischendurch hatte es Krämpfe. Die Ärztin sagte, der Junge wäre nicht rot, sondern er wäre voller Ausschlag. Die Flaschennahrung war ihm nicht zuträglich. Da begann wohl bereits die Vergiftung. Als Dreijähriger bekam der Junge Blutungen, zwei Jahre später traten geistige Störungen auf, im Alter von sechs Jahren wußte er seinen Namen nicht mehr, ein Jahr später begann die Behandlung

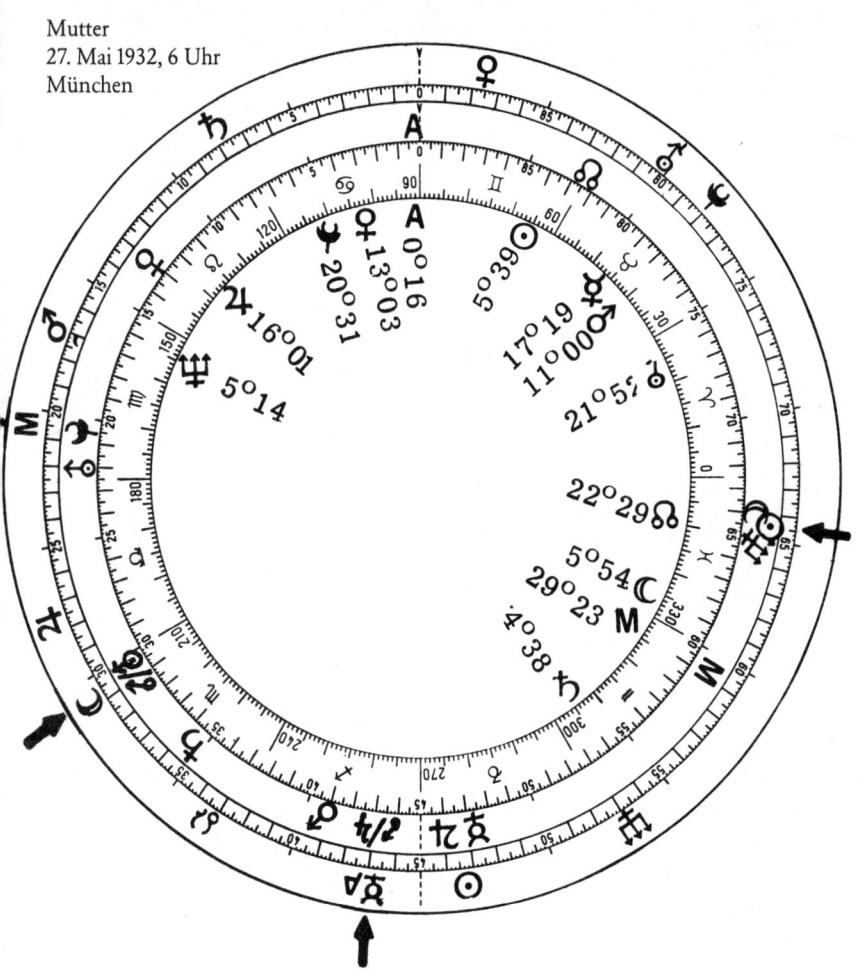

Mutter
27. Mai 1932, 6 Uhr
München

DEKLINATIONEN

☉ = 21°16N	☾ = 10°49S	☿ = 15°07N	♀ = 25°48N
♂ = 14°40N	♃ = 16°54N	♄ = 19°24S	☋ = 7°58N
♅ = 10°20N	♆ = 22°31N	M = 11°41S	A = 23°27N

233

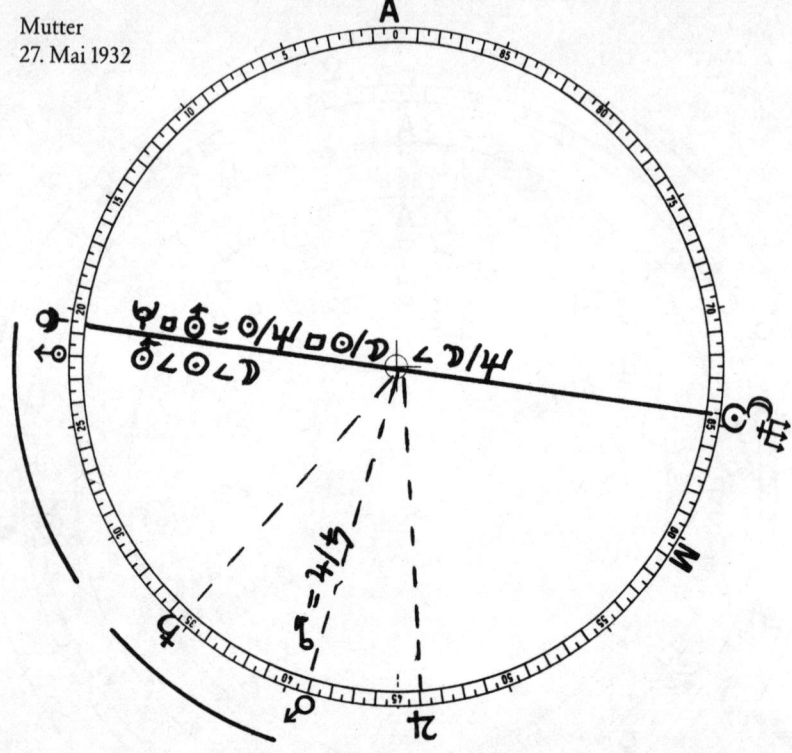

Mutter
27. Mai 1932

durch den Heilpraktiker. Der Junge konnte nur in die Klasse der Behinderten aufgenommen werden. Er mußte nach Diätvorschriften leben. Als er im Sommer 1976 wieder einmal Wurst und Schweinefleisch aß, begann der Ausschlag von neuem. Der Bauch wuchs um zehn Zentimeter.«

Um nun die Kosmogramme untersuchen zu können, muß der Bericht zunächst abgebrochen werden. Nach den geschilderten Tatsachen ist bereits anzunehmen, daß die Ursachen der Krankheit bei der Mutter liegen und außerdem wohl Fehler bei der Geburt vorgekommen sind. Es liegen folgende Daten der Mutter vor: Geburt am 27. Mai 1932 um sechs Uhr laut Standesamt München. 12. Oktober 1948 erste Periode. 1. Dezember 1952 Selbstmordversuch eines Kollegen. »Vor Aufregung habe ich drei Tage so stark geraucht, daß ich süchtig wurde. ich fühlte mich nicht schuldig, aber ich war doch die Ursache, litt darunter und hatte Angst um ihn.« (Hier dürfte wohl die Ursache für alles Weitere liegen.) 18. Juli 1962 Blinddarmoperation, mehrmals Atembeschwerden. (Diese hatte später auch das Kind.) 24. Februar 1966 Mandeloperation, wieder Atembeschwerden. 1966 Heirat. 14. August 1966 letzte Bergtour im schwangeren Zustand, ohne es aber zu wissen. 8. Mai 1967 Geburt des Kindes. 6. August 1976 Atembeschwerden, ohnmächtig, aber Weigerung, Valium zu nehmen. (Das war sehr richtig, weil Valium schwere Nebenwirkungen haben kann.) Autogenes Training.

Das Kosmogramm der Mutter

Bei der Betrachtung des Geburtsbildes der Mutter fällt sofort im 90-Grad-Kreis der Komplex Neptun-Sonne-Mond und gegenüber Uranus und Pluto auf. (SO-90-NE-90-MO-45-PL-45-UR oder SO = UR/PL=MO/NE). Betrachtet man gleichzeitig die Deklinationen, so ist MO//NE neben MO-180-NE. Die Konstellationen im Tierkreis, die auch gleiche Deklinationen, also gleiche Abstände vom Äquator aufweisen, sind als besonders wirksam anzusehen.

In einer besonderen Zeichnung sind die maßgebenden Konstellationen im 90-Grad-Kreis dargestellt. Nach den Aussagen aus *Kombination der Gestirneinflüsse* und den Krankheitsentsprechungen ergeben sich folgende Hinweise: Belastung durch seelisches Leid, plötzliche Aufregungen, Krampfzustände, plötzliche Ereignisse im Freundeskreis (Selbstmordversuch des Kollegen!) und in der Ehe, Empfindlichkeit, Beeinflußbarkeit usw. Auf Eingriffe in das Schicksal deutet auch bereits MA = JU/SA.

Diese Konstellationen bestätigten sich bereits im Alter von zwanzig Jahren 1952, als PL s-90-MA fällig wurde. Dabei bewegte sich nicht allein Pluto um diese ca. zwanzig Grad, sondern auch der ganze Komplex, in dem er sich befand. PL-90-MA deutet auf eine Gewalttat, den Selbstmord des Freundes. NE s-135-MA bedeutet nach der KdG 722 süchtige Menschen. Die Süchtigkeit und deren Folgen ergeben sich auch aus SO/NE (KdG 266), SO = NE/PL (KdG 999) und ME = MA/NE (KdG 725). Die letztgenannte Konstellation bestätigte sich dadurch, daß ME t – fast scheinbar stillstehend – in sechs Grad Schütze R den ganzen Komplex auslöste. Die verschiedenen Konstellationen deuten außerdem auf Störungen im Flüssigkeitshaushalt des Körpers und auf eine Bluterkrankung (durch die Süchtigkeit). Die Neigung zu Infektionsherden im Körper durch die starke Neptunkonstellation bestätigt sich durch Blinddarm- und Mandeloperation.

Der große Krankheitskomplex, der im Lebensdiagramm [42] besonders gut sichtbar ist, wird immer angegriffen. Um das Jahr 1967 läuft Mars p über den Komplex, so daß hier mit einem schweren Schicksalsschlag zu rechnen ist. Man erkennt dabei einen Zusammenhang mit der 1952 fälligen Mars-Direktion über den Komplex. In dieser Zeit hätte – bei Kenntnis der Konstellationen – keinesfalls eine Zeugung stattfinden dürfen.

Die bevorstehende Krise wird noch deutlicher, wenn auch die graphischen 45-Grad-Ephemeriden für die Jahre 1966/67 herangezogen werden. Die Abbildung zeigt die Konstellationen zur Zeit der Empfängnis und der Geburt. Die Empfängnis geschah wahrscheinlich unter dem Übergang von Venus und Mars über die Positionslinien von Venus und MC. In den folgenden Tagen – also zur Zeit der anstrengenden Bergtour – überschritten Venus, Jupiter und Mars den Krankheitskomplex. Dabei erinnert man sich, daß die Geburt durch Mars p über diesen Komplex im Lebensdiagramm ausgelöst wurde. Kurz vor der Geburt am 8. Mai, Ende April, überschritt der laufende Mars wieder den Krankheitskomplex. Der Uranus, der sich kurz nach der Empfängnis auf Saturn zu bewegte, näherte sich jetzt wieder der Positionslinie des Saturn. Sonne über Jupiter wäre positiv anzusehen, wenn nicht gleichzeitig eine Sonnenfinsternis fällig gewesen wäre. Daß sich auch das laufende MC über den Krankheitskomplex bewegt, ist aus der graphischen Ephemeride nicht zu ersehen.

Nun ist besonders interessant, auch die Deklinationen bei der Geburt zu beobachten, die in den meisten Lehrbüchern gar nicht berücksichtigt werden. Eine gute Übersicht über die Deklinationen bekommt man auch erst durch das vom Verfasser entworfene Formular. Im Deklinationsdiagramm der Mutter betrifft der erste Kreis die Geburtspositionen, der zweite Kreis nach außen die progressiven und der dritte Kreis die laufenden Deklinationen. Dabei ergibt sich zunächst MO//NE als Verstärkung von MO-180-NE. Ferner ist ME//MA = SO/UR = UR/PL und JU = NE/PL (schlechtes Blut). Bei der Geburt ist MO p//VE und VE t//VE, so daß VE bei Mutter und Kind die

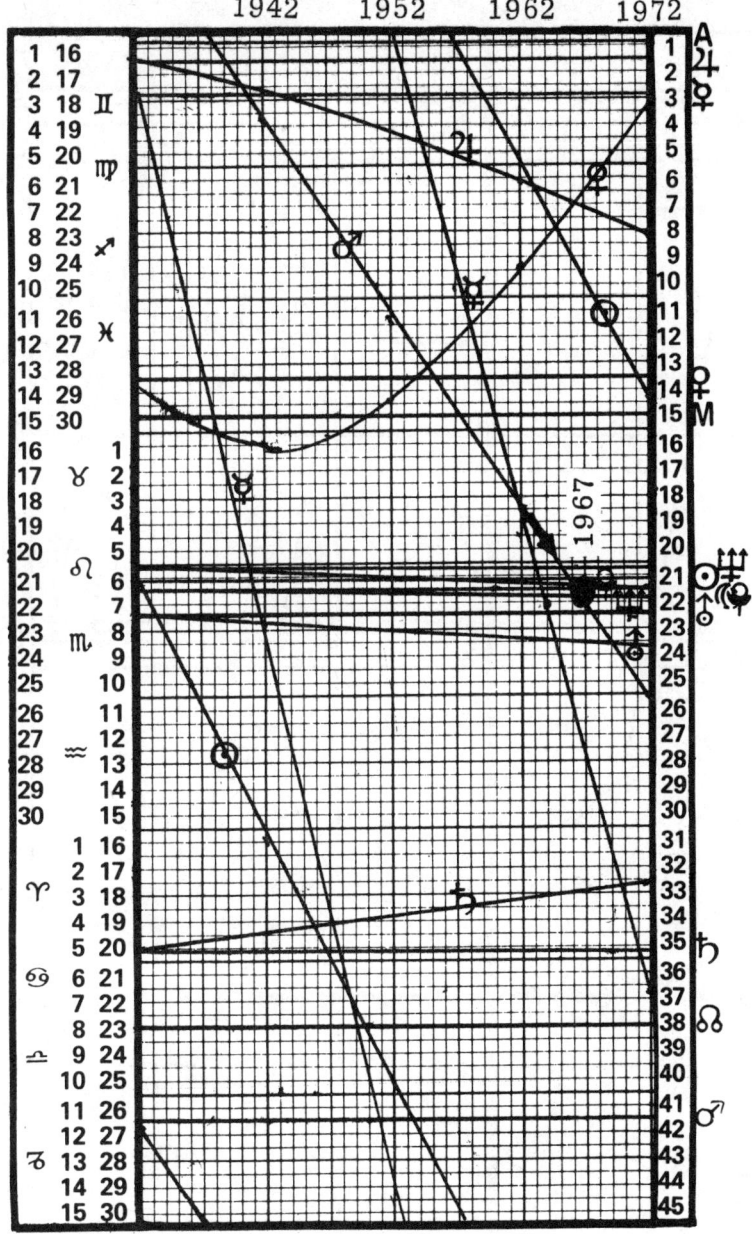

Lebensdiagramm: Mutter (27. Mai 1932)

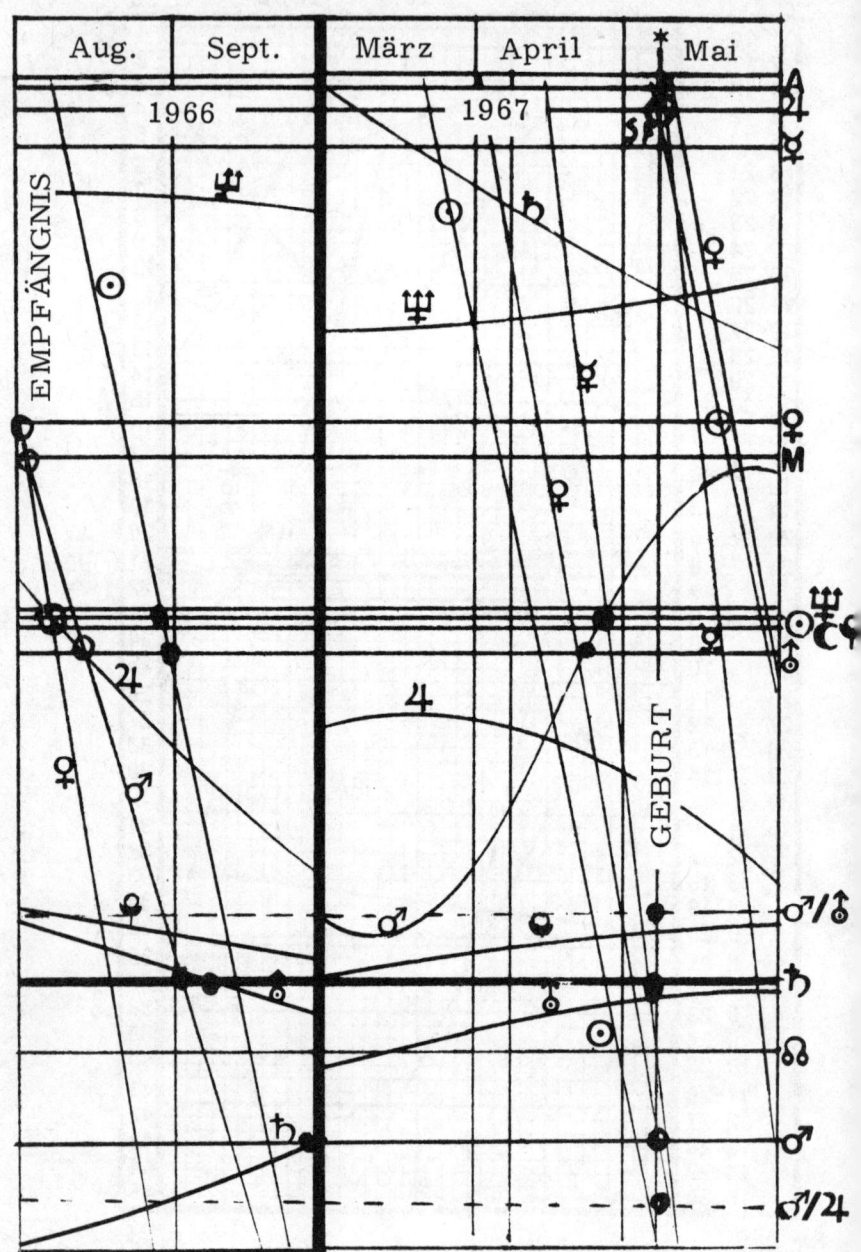

Mutter
27. Mai 1932

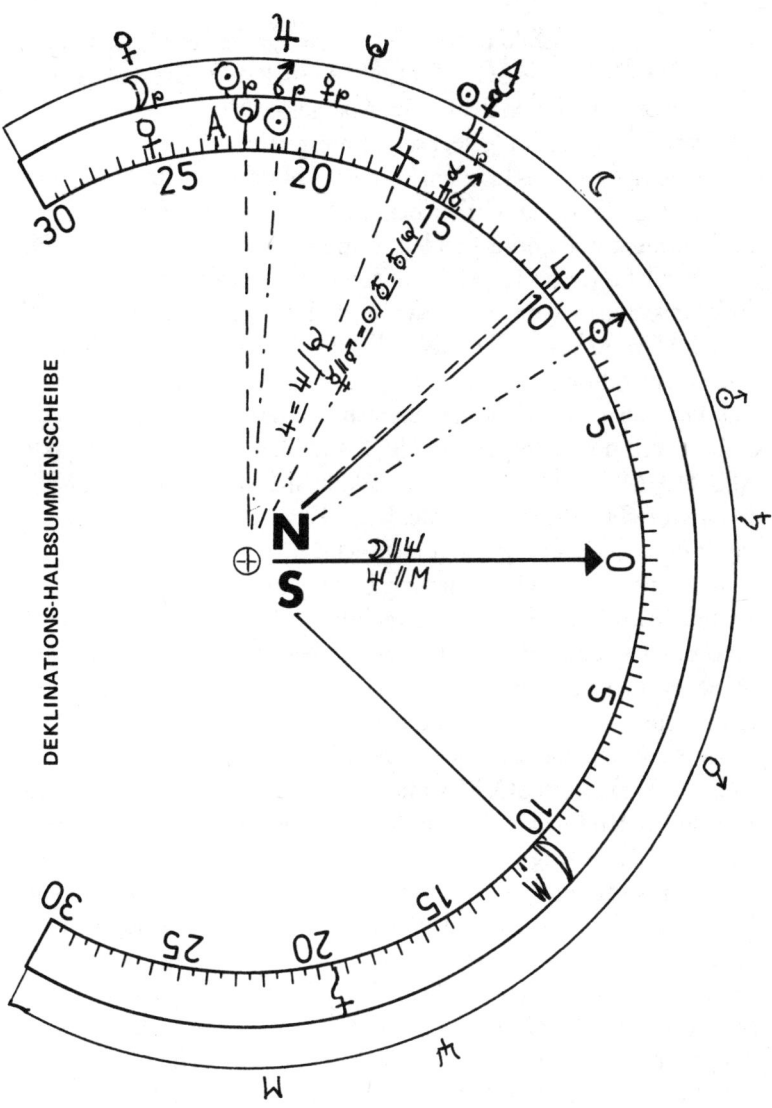

DEKLINATIONS·HALBSUMMEN·SCHEIBE

gleiche Deklination aufweist. SO p//PL//AS, MA p//SO und JU t//SO. JU p//ME und ME t//AS t//ME, so daß ME bei Mutter und Kind wieder übereinstimmen.

Im Deklinationsbild des Kindes überwiegt die Krankheitskonstellation SO//NE, SA = SO/NE und MA = UR/NE. Die Aussagen aus diesen Konstellationen deuten an: Mangel an Widerstandskraft, fehlgeleitete Energie, lahm gelegt sein, traurig sein.

Im Geburtsbild des kranken Sohnes (Abbildung Seite 239) ergeben sich eine große Anzahl kritischer Konstellationen, bei denen es sich auch um zwei Tumore handelt. (Unter Tumor versteht man eine Geschwulst oder ein Gewächs an einer Stelle, wo es nicht hingehört. Es kann sich dabei um eine bösartige, krebsartige Geschwulst handeln von der Größe einer Erbse bis zu Kopfgröße). Man kann daher auch die Konstellationen heranziehen, die besonders bei der Krebskrankheit vorkommen, auf die später genauer eingegangen wird. Das sind Aspektverbindungen von PL, NE, SA zu den persönlichen Punkten MC, SO, MO. Im 90-Grad-Kreis bilden sich MO = SA/NE, MC = MO/SA = NE/PL, und andere. Diese Konstellationen sind in einer besonderen Zeichnung veranschaulicht.

Betrachtet man den Geburtstag in der graphischen 45-Grad-Ephemeride (Abbildung Seite 236), so geht zunächst daraus hervor, daß die Geburt kurz vor einer Sonnenfinsternis liegt in Verbindung mit Venus und Merkur. In den ersten Lebenstagen, die den ersten Lebensjahren entsprechen, laufen Saturn und Neptun zusammen, während sie sich dann glücklicherweise trennen. Der Pluto bleibt wochenlang in der gleichen Position in SO/MA und weist hier auf Entzündungen und Herzstörungen hin. Der Uranus löst sich auch wochenlang und demnach jahrzehntelang nicht von seiner Position in MA/NE und entspricht hier immer wieder auftretenden Schwächezuständen und den Folgen von Infektionen, die sich von der Mutter übertragen haben und sich bereits bei der Geburt durch einen Ausschlag über den ganzen Körper ergaben. (Wenn Frauen in der Schwangerschaft stark geraucht oder auch viel Medikamente zu sich genommen haben, ist oft der ganze Körper mit Ausschlag bedeckt.) Eine Hoffnung auf Besserung des Krankheitszustandes ist möglich in den Jahren nach der Pubertät, wenn sich der Jupiter p auf das Quadrat des Mondes bewegt. Allerdings ist hier MO = SA/NE als nachteilig zu bezeichnen.

Kranker Junge
8. Mai 1967, 4.40 Uhr
München

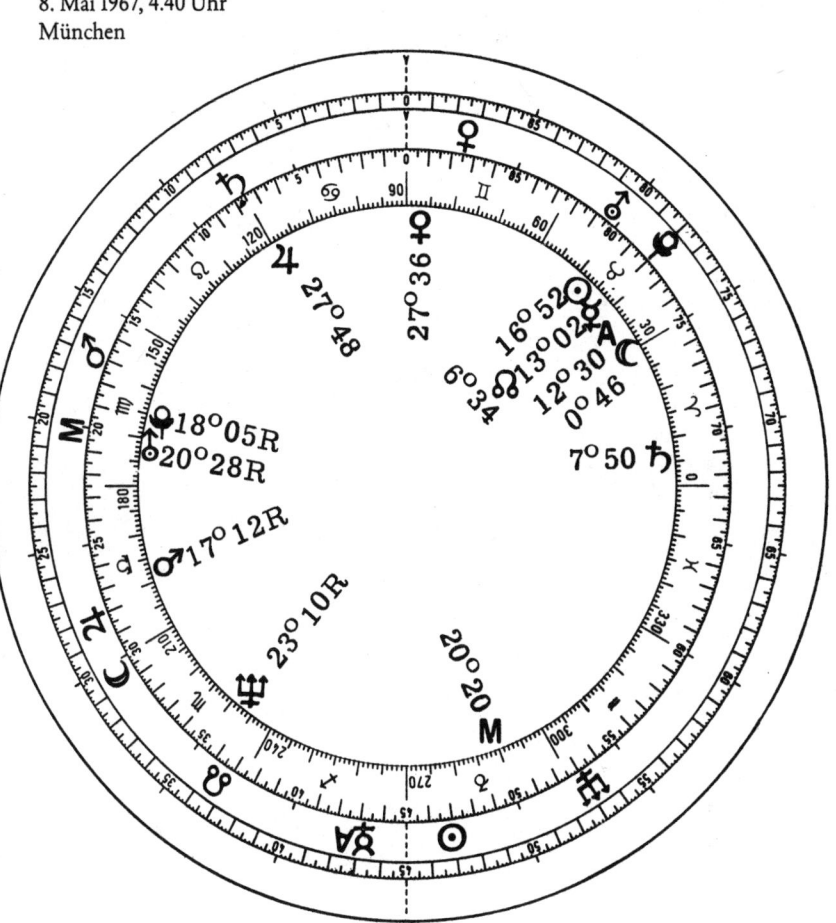

DEKLINATIONEN

☉ = 16°53N	☽ = 11°38N	☿ = 15°08N	♀ = 25°41N
♂ = 5°43S	♃ = 21°10N	♄ = 1°08N	☊ = 4°30N
♇ = 16°50S	⯓ = 18°43N	M = 21°55S	A = 15°36N

241

Sohn
8. Mai 1967

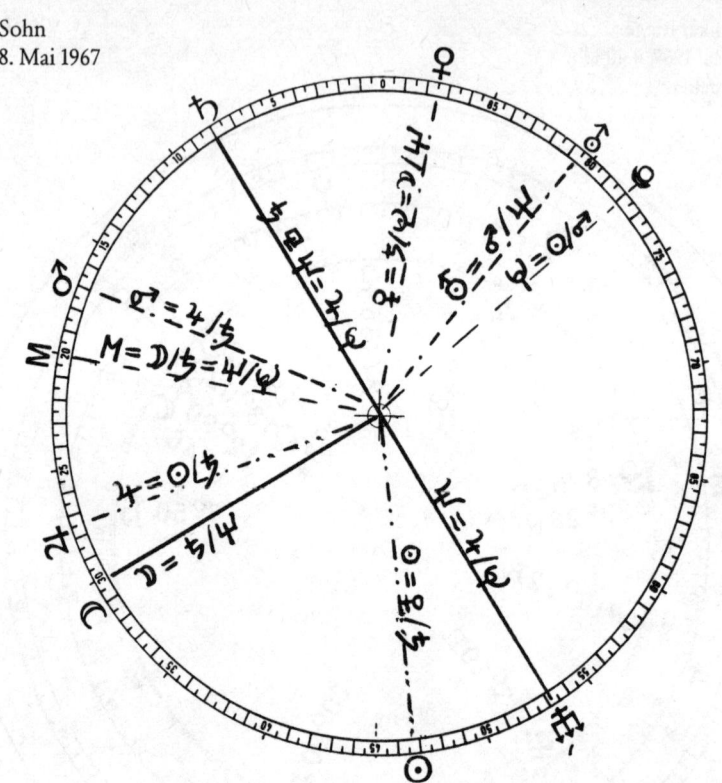

Da es sich um Giftstoffe im Körper des Kindes von Anfang an gehandelt hat, hätte man versuchen müssen, diese auszuscheiden. Statt
dessen ist wahrscheinlich durch eine falsche Behandlung die Lage ver-
schlimmert worden. Der kosmobiologisch geschulte Arzt oder Heilpraktiker hätte die infektiöse Grundlage sofort erkennen und entsprechende Maßnahmen einleiten müssen. Besser wäre es noch gewesen,
eine Behandlung der Mutter bereits vor der Zeugung vorzunehmen.
Vor allen Dingen sollte jede Frau angehalten werden, das Rauchen zu
unterlassen, weil sich dadurch immer Giftstoffe im Körper bilden, die
sich dann auf das Kind übertragen.

Wie nachträglich festgestellt wurde, war auch der Vater des Kindes
krank, so daß sich auch von seiner Seite Krankheitsanlagen auf den

242

Sohn
8. Mai 1967

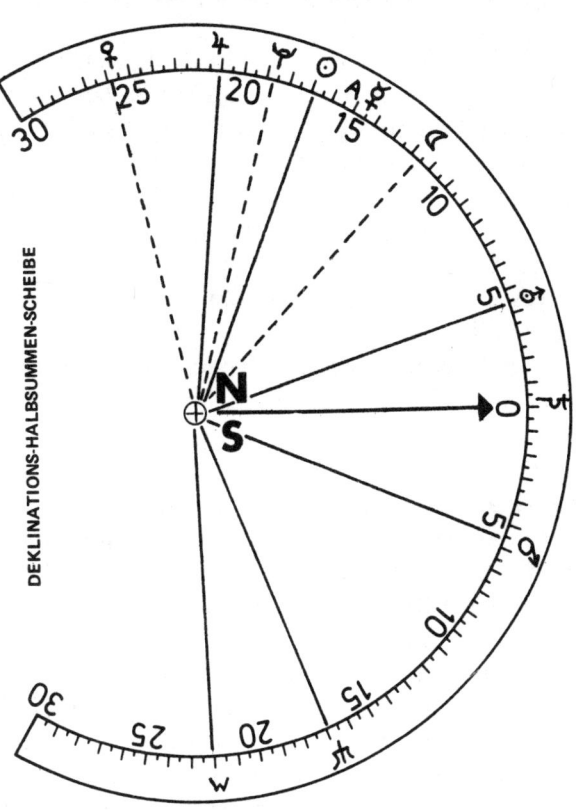

Sohn übertragen haben. Der Vater wurde am 25. Oktober 1934 etwa
11.30 Uhr bei Regensburg geboren. Er erlitt bereits am 6. August 1965
eine Gehirnerschütterung und einen doppelten Schädelbasisbruch,
also zwei Jahre vor der Geburt des Kindes. Im Jahre 1970 trat bei ihm
ein starker Hautausschlag auf, zunächst auf dem Rücken, dann auf
dem ganzen Körper, verbunden mit Frieren und Fieber, wässrigem
stinkendem Stuhl, Ohrennässen, Übelkeit, Erbrechen, Appetitlosigkeit und Durst. 1971 verlor er alle Haare und mußte eine Perücke
tragen. Es hatte sich Diabetes eingestellt. Wenn auch die letztgenann-
ten Krankheiten erst nach der Geburt des Kindes aufgetreten sind, so
müssen doch entsprechende Anlagen bereits vorhanden gewesen
sein.

243

»Ich will kein totes Kind!«

Auch dieser Fall zeigt, wie wichtig es ist, das Geburtsbild der Mutter mit zu berücksichtigen, um einen Krankheitszustand richtig beurteilen zu können. Von der Mutter liegt folgender Bericht vor: »Unser Sohn hat seit zweieinhalb Jahren (Brief vom Juli 1975) eine Angst- und Zwangsneurose. Er war schon mehrmals in therapeutischer Behandlung. Vor sechs Wochen bekamen wir gesagt, daß so gut wie keine Hoffnung auf Besserung bestehe. Wir geben aber die Hoffnung nicht auf, denn es ist unser einziges Kind. Wir haben schon sehr viel Geld für die Behandlung ausgegeben und haben jetzt wieder einen Therapeuten um Hilfe gebeten, der mit Hypnose arbeitet. Unser Sohn war immer ein ängstliches Kind, das vor allem Neuen Angst hatte.

Vor drei Jahren, also 1972, erlebte er einen Unfallschock, und seit dieser Zeit begann bei ihm ein Sauberkeitstic, der in einem schrecklichen Zwang ausartete. Das jetzige Leben, das wir durch seinen Zustand durchmachen, ist kaum erträglich. Etwas Hoffnung, daß unser Sohn wieder gesund werden kann, könnten wir gut gebrauchen.«

Einem weiteren Brief aufgrund der angeforderten Daten werden folgende Zeilen entnommen:

»Der Unfallschock war am 2. Juli 1973. Vier Wochen danach gingen mein Mann und ich zur Kur, unser Sohn wollte allein zu Haus bleiben. An dem genannten Tage stand nach einem Gewitter der Keller unseres Hauses unter Wasser. Im ganzen Haus fiel der Strom aus. Als alles wieder in Ordnung war, reiste er uns nach und begann sich langsam zu verändern. Erwähnen möchte ich noch, daß unser Sohn sehr selbstständig war und sich gut durchsetzen konnte.

Im Alter von zehn Jahren wurde er an einem Hodenhochstand operiert. Zu dieser Zeit war im Krankenhaus eine Schwester, die unseren Sohn und andere Kinder schlug und mißhandelte. Dadurch entwickelte sich eine Angstneurose. Die Schwester bekam dann Berufsverbot.

Während der Schwangerschaft hatte ich Nierensteine. Deshalb kam das Kind sechseinhalb Wochen zu früh zur Welt. Während der Geburt sagte mir der Arzt, ich müsse damit rechnen, daß das Kind nicht lebensfähig ist. Wir hatten uns so auf das Kind gefreut. Ich hatte so viel Schmerzen in den Nieren ausgehalten, daß ich mir gar nicht

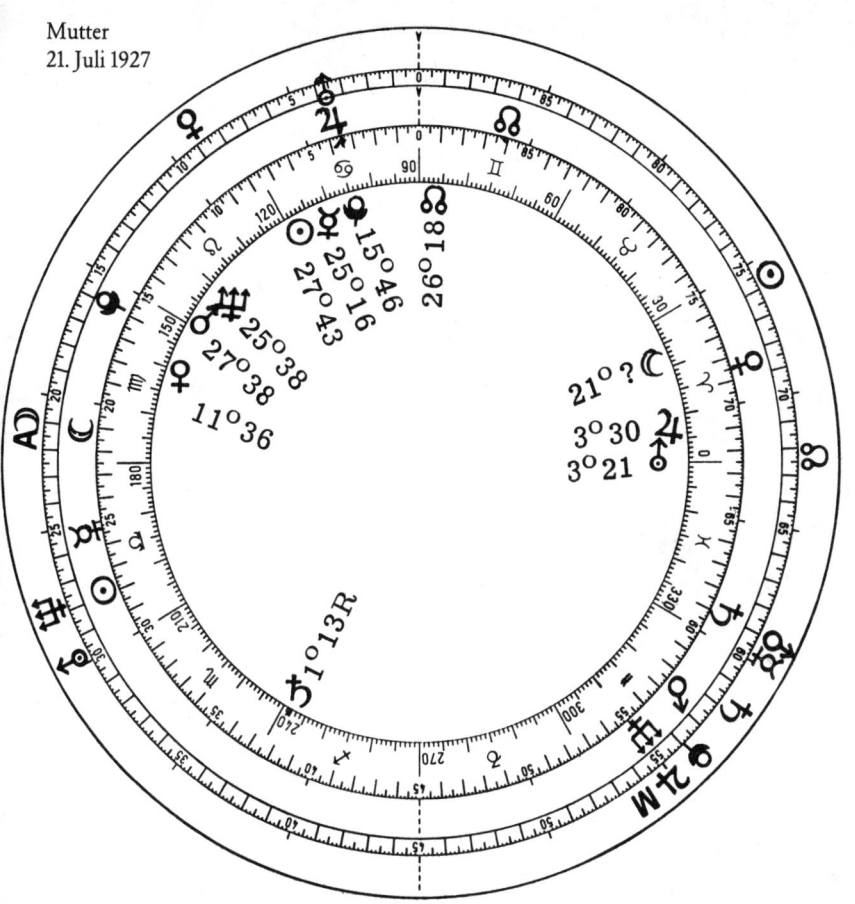

Mutter
21. Juli 1927

☉ =	20°38N	☾ =	5°51N	☿ =	16°14N	♀ =	6°31N
♂ =	13°22N	♃ =	0°07N	♄ =	18°31N	☊ =	0°39N
♇ =	13°25N	♀ =	21°23N	M =	° '	A =	° '

♂ ☌ ♃   ♂ ☌ ♇

245

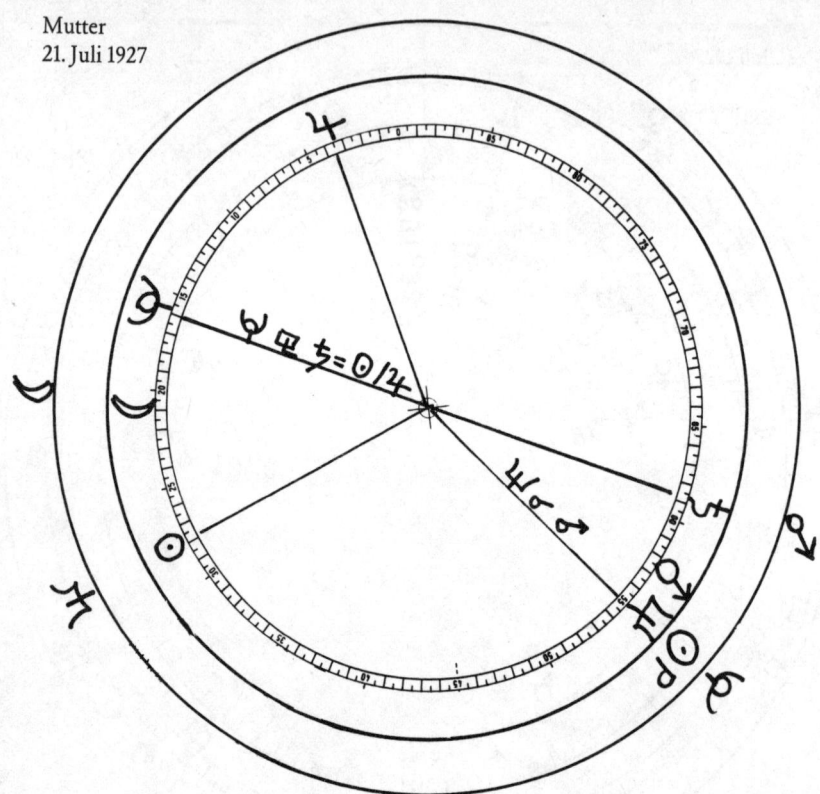

vorstellen konnte, daß mein Kind nicht lebt. Ich bekam einen Schrei-
krampf und schrie: ›Ich will kein totes Kind!‹ Ich hatte dann lange
Zeit Angst, daß ich das Kind wieder hergeben müsse. Die Geburt aber
verlief dann – mit Ausnahme einer Beckenzerrung – ganz normal. (SA
in 1° Schütze entspricht den Beckenknochen!)

Unser Sohn war den ganzen Mai 1975 in einer psychiatrischen Klinik und sollte dort medikamentös behandelt werden, damit die Angst
vor der Beschmutzung weggehen sollte. Nach Einnahme der Medizin
bekam er aber jeweils einen Nerven- und Kreislauf-Kollaps und war
drei Stunden bewußtlos. Nach drei Versuchen wurde das Medika-
ment abgesetzt, weil er es nicht vertrug. Die Ärzte wollten dann radikale Versuche machen, wie man sie bei schwer erziehbaren Kindern
anstellt. Daraufhin verließ unser Sohn die Klinik.«

246

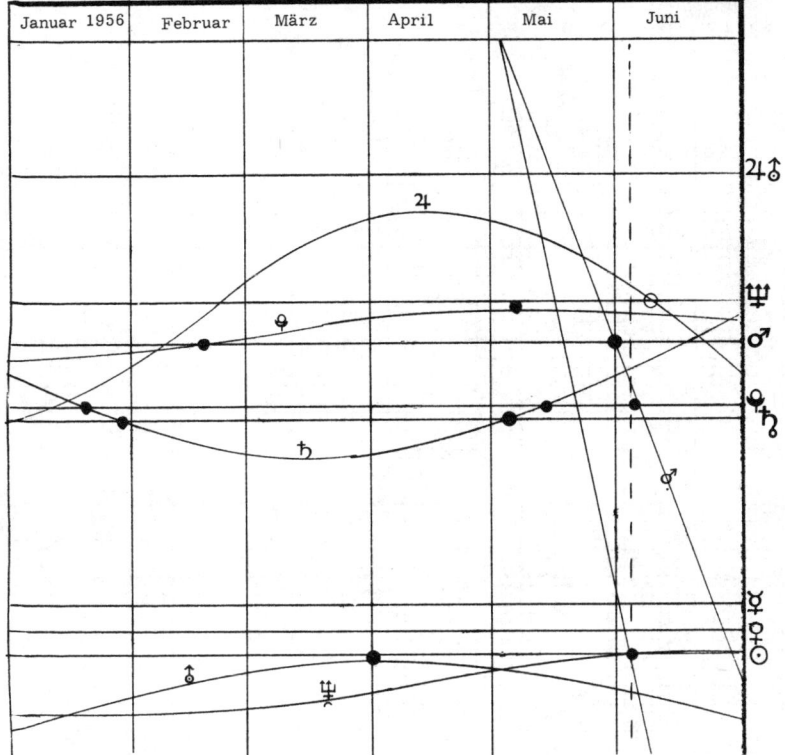

Januar 1956	Februar	März	April	Mai	Juni

Mutter
21. Juli 1927

Die Untersuchung muß zunächst mit dem Kosmogramm der Mutter (Abbildung Seite 243) beginnen. Allerdings müssen wir uns mit den Tageskonstellationen des 21. Juli 1927 begnügen. Es ist wahrscheinlich, daß die Geburt der Mutter vormittags liegt und sich ihre Mondstellung mit der des Kindes ungefähr deckt. Außerdem würde der Mond in ca. 21° Widder-180-Waage einen Hinweis auf die Nierenerkrankung geben.

Berechnet man die verschiedenen Direktionen, so ergibt sich, daß sich SO p (29 Tage nach der Geburt = 19. August) in 25°30' Löwe und somit in Konjunktion mit Neptun befindet. Das bedeutet, daß die Mutter zu dieser Zeit besonders für Krankheiten empfänglich war

247

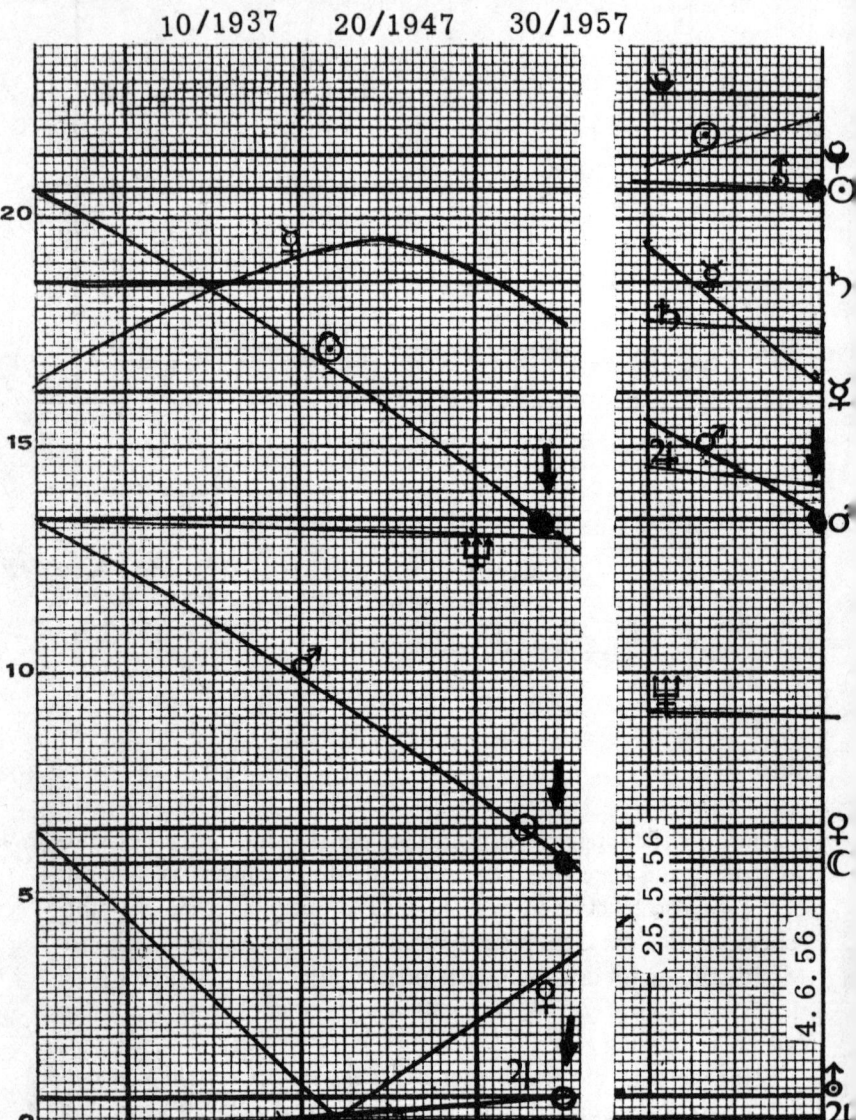

Mutter
21. Juli 1927

10/1937   20/1947   30/1957

248

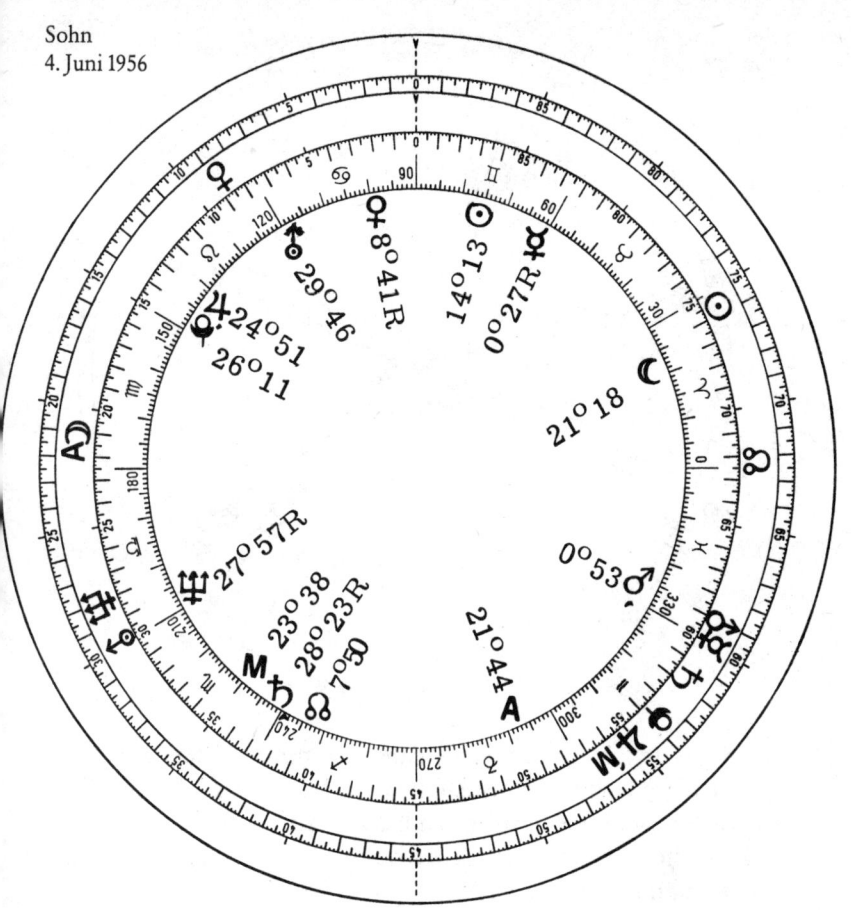

Sohn
4. Juni 1956

DEKLINATIONEN

☉ = 22°30N	☾ = 11°50N	☿ = 16°33N	♀ = 24°41N
♂ = 13°47S	♃ = 14°11N	♄ = 17°39S	⚷ = 20°45N
♅ = 9°05N	♇ = 22°50N	M = 18°40S	A = 21°45S

249

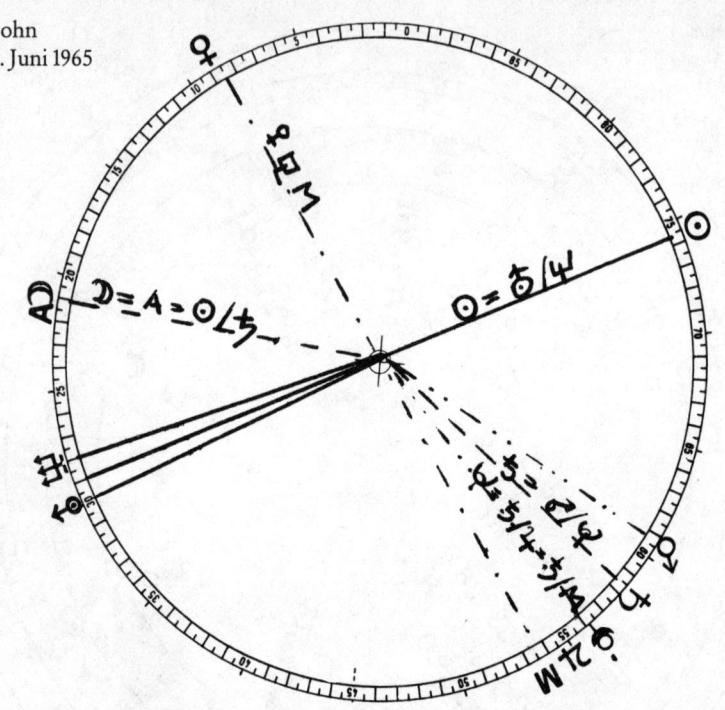

Sohn
4. Juni 1965

und in diesem Jahr gar kein Kind hätte bekommen dürfen. Es kommt hinzu, daß im Geburtsbild MA-0-NE und MA//NE vorhanden sind, so daß also immer eine Anlage zu Infektionen besteht.

Wenn die Zeugung etwa im November 1955 stattgefunden hat, dann ist zu dieser Zeit auch NE t-90-SO fällig gewesen.

Für die Zeit vor der Geburt wurde die graphische Ephemeride für 1956 (Abbildung Seite 245) mit den wesentlichen Gestirnbahnen kopiert. Da sieht man deutlich, wie sich NE t gerade zur Zeit der Geburt auf die SO zu bewegt, UR vorher noch einmal an die Positionslinie der SO herankommt, SA mehrmals die Positionslinien von SA und PL schneidet und sich PL zwischen den Linien von MA und NE bewegt. Die Ursachen der Nierenkrankheit, soweit sie nicht durch Direktionen bestimmt sind, liegen vor allem in dem jahrelangen Neptundurchlauf durch den Komplex ME-VE-SO. Kurz vor der Geburt geht MA über die Positionslinie von MA und am Geburtstag über PL und SA. Bei Krankheitsentsprechung 126 findet man hierzu

250

Lebensdiagramm: Sohn (4. Juni 1956)

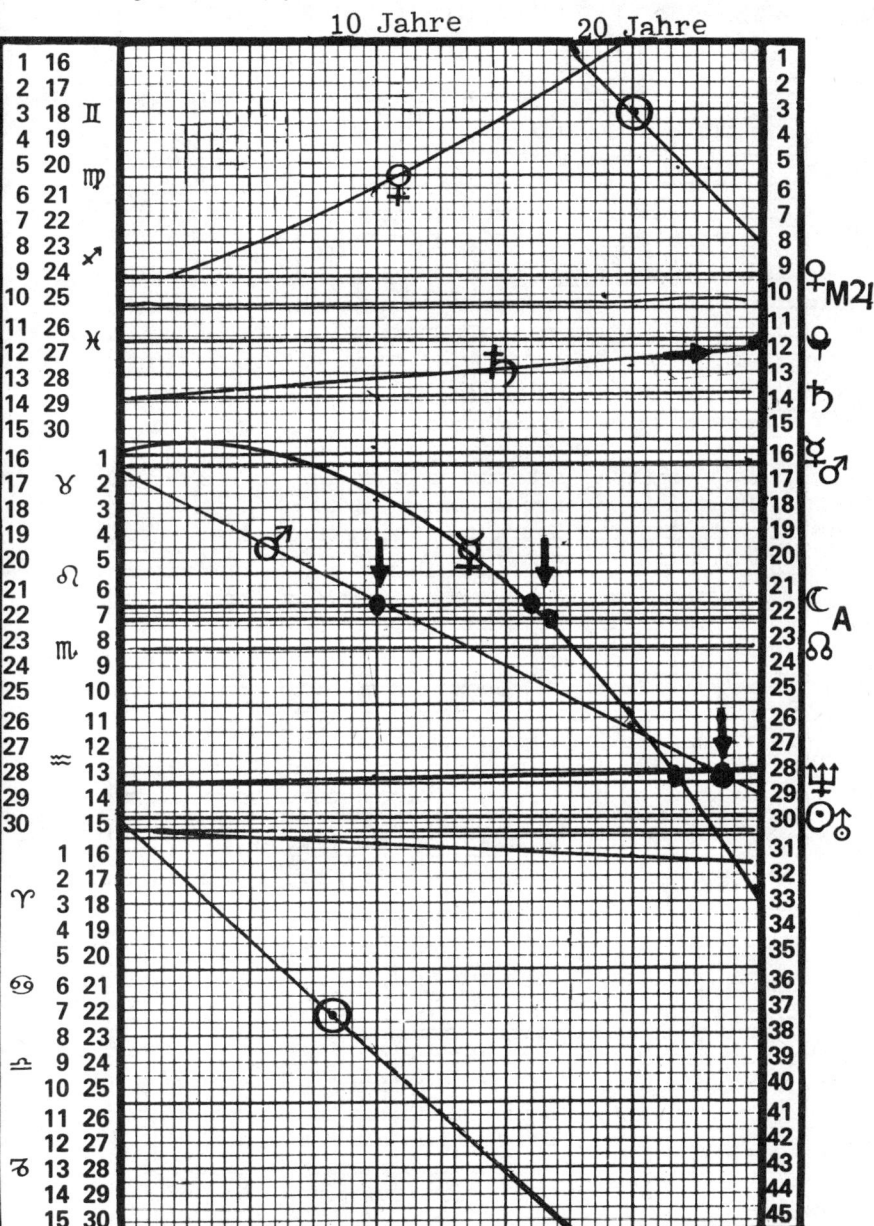

Deklinations-Lebensdiagramm: Sohn (4. Juni 1956)

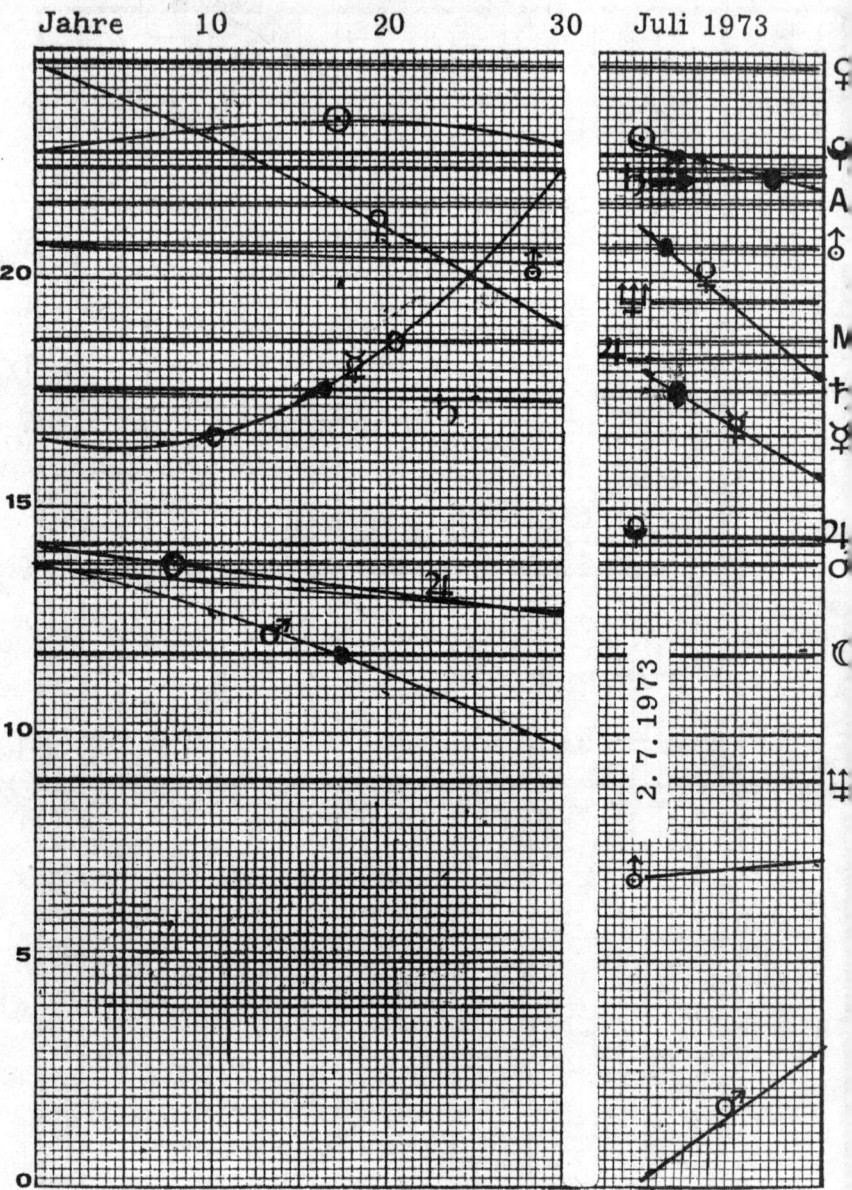

die Aussage: »Mißhandlung erleben, um sein Leben kämpfen müssen, Katastrophe, Operation«. Die Gefahr einer Totgeburt lag also sehr nahe, und der Ausruf der Mutter: »Ich will kein totes Kind!« ist daher verständlich.

Im äußeren 90-Grad-Kreis des Mutter-Kosmogramms sind die Positionen der Geburt nochmals eingetragen. Charakteristisch ist zunächst, daß die Geburt erfolgte, als MO und AS sich mit MO der Mutter verbinden. NE = SO deutet die Schwäche an, SA = MA und MA = SA lassen die Lebensgefahr für das Kind erkennen.

Stellt man das Lebensdiagramm auf der Grundlage der Deklinationen (Abbildung Seite 246), so ist bezeichnend, daß SO p die gemeinsame Linie von MA/NE erreicht und auch die gleiche Linie ganz rechts durch MA t in der Tageskonstellation ausgelöst wird. MA p über VE und MO kennzeichnen die Geburt an sich und JU p = UR bedeutet gewissermaßen das Glück, daß das Kind noch am Leben geblieben ist. Die Aufregungen bei der Geburt gehen schließlich am Geburtstag durch UR t = SO hervor. Man kann also von verschiedenen Seiten an die Geburtskonstellation der Mutter herangehen, man wird immer wieder auf die maßgebenden Neptun-Verbindungen stoßen.

Die furchtbare Angst um das Leben des Kindes dürfte sich nun auch auf das Kind übertragen haben. Greifen wir die wesentlichen Konstellationen aus dem Geburtsbild des Kindes heraus, so bedeutet MO = AS = SO/SA nach KdG 243 Gemütsdepressionen, Angst, Minderwertigkeitsgefühle. SO = UR/NE entspricht nach KE 137 einem schwachen Lebenswillen, Empfindlichkeit, Krankheit.

Stellt man das Lebensdiagramm (Abbildung Seite 000) auf der Grundlage der Progressionen für den Sohn, so kann man erkennen, wie gerade die eben genannte Konstellation MO = AS = SO/SA ausgelöst wird. Zunächst bei der Hodenoperation im Alter von zehn Jahren, als er vor den Mißhandlungen der Krankenschwester Angst haben mußte (Abbildung Seite 249).

Um das siebzehnte Lebensjahr geht der Merkur über MO und AS = SO/SA. Danach setzte die falsche Behandlung der Ärzte ein, die radikale Versuche mit dem empfindlichen und ängstlichen Menschen unternahmen. Man wird natürlich schwer aus dem Kosmogramm ersehen können, daß es sich um einen Sauberkeitstic handelte. Wenn

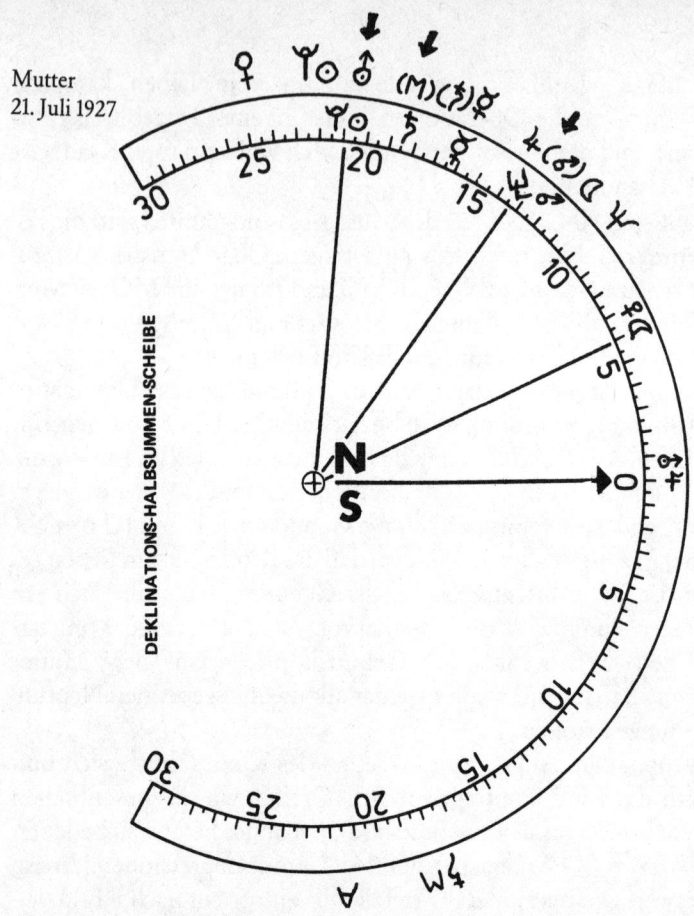

DEKLINATIONS-HALBSUMMEN-SCHEIBE

man aber die Verbindung von SA-ME-MA im inneren Kreise betrachtet, so ist MA = ME/SA. Nach KdG 494 betrifft das Nervenstörungen. Daß diese nun auf psychischer Grundlage beruhen, geht aus der Mondstellung hervor. Wenn vielleicht vorübergehend eine Besserung eintreten sollte, so könnte aber eine weitere Krise nach dem Lebensdiagramm um das zweiundzwanzigste bis vierundzwanzigste Lebensjahr eintreten, wenn ME und MA p die Neptunlinie schneiden.

Das Deklinations-Lebensdiagramm des Sohnes kann auch verschiedene Aufschlüsse geben. In den ersten Lebensjahren bildete sich noch JU//MA, zur Zeit des Unfallschocks MA//MO. Für die Änderung der Geisteshaltung ist ME//SA bezeichnend, zumal SA//MC ist mit einem Orbis von einem Grad.

254

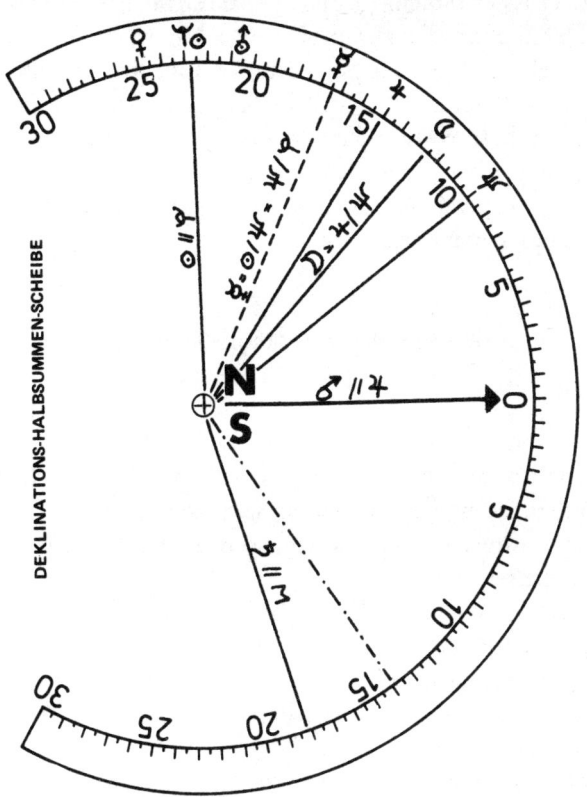

Besonders charakteristisch ist aber das Deklinationsbild um den 2. Juli 1973. Wie bei der Mutter ist SO//PL, so daß in beiden Fällen die Neigung besteht, sich durchzusetzen und zu dominieren. Nun bewegen sich in diesen Tagen SA und SO auf SO//PL zu. Das bedeutet nach KdG 0284 zunächst »Rücksichtslose Überwindung von Hemmungen und Schwierigkeiten«, wie es sich durch den Wassereinbruch in den Keller des Hauses ergeben hat. Andererseits besteht eine »körperliche Behinderung«, das heißt Krankheit. Durch SA//AS ergeben sich die Schwierigkeiten zunächst aus der Umwelt (AS). Was VE//UR in diesem Falle bedeutet, geht aus dem Bericht der Mutter nicht hervor. Aber ME//SA entspricht der Merkurkonstellation im Längenkosmogramm und deutet auch in diesem Fall auf eine Nervenstörung,

255

wobei das Persönlichkeitsbild (SA//MC) mit betroffen wird. Dabei ist im Deklinationsdiagramm ME = SO/NE = NE/PL zu beachten, wodurch ebenfalls auf Nervenstörungen hingewiesen wird.

Es würde für einen Fall allein ein ganzes Buch ergeben. Man kann aber auf diese Weise auch feststellen, welche Aussagen sich auf kosmobiologischer Grundlage ergeben, ohne die traditionellen Häuser, Zeichenherrscher oder auch die astronomisch nicht bestätigten Transneptunplaneten einzubeziehen. Es entsteht dabei die Frage:

Wie kann die Kosmobiologie im Krankheitsfall Hilfe bieten?

In den besprochenen Beispielen ergeben sich zunächst die kosmischen Entsprechungen zu den Tatbeständen. Die verschiedenen Maßnahmen, die eingeleitet wurden, geschahen vornehmlich in den kritischen kosmischen Situationen, so daß sich daraus Fehlhandlungen entwickelten.

Wenn es sich um Erkrankungen handelt, die im Seelischen wurzeln, ist es gerade bei Kindern notwendig, auch die Konstellationen der Mutter zu beachten und auch die Mutter in die Behandlung einzubeziehen, um falsche erzieherische Maßnahmen zu vermeiden.

Wer ein gesundes Kind zur Welt bringen will, sollte sich jeweils den besten Termin dazu aussuchen und eine Zeugung nicht allein dem Zufall überlassen. Welche Folgen ergeben sich allein dadurch, daß zur Zeugungszeit ein Elternteil krank ist, daß vielleicht der Vater unter Alkoholeinfluß steht und die Mutter eine starke Raucherin ist! Jede Geburt verlangt an sich auch eine vorgeburtliche Erziehung durch eine entsprechende Lebensweise. Das verlangt Opfer und Entsagung auf sogenannte »Freuden und Genüsse des Lebens«, aber der Lohn kann dann auch ein gesundes Kind sein, das Freude bereitet.

Liegt eine Krankheit vor, so sollten die besten Maßnahmen auch unter guten Konstellationen eingeleitet werden. Dann wird auch die Krankheit schnell vorübergehen.

Eine Behandlung, ohne auch auf die seelische Verfassung dabei einzugehen, ist ohne großen Wert. Wie bereits festgestellt wurde, sind vierzig bis sechzig Prozent aller Krankheiten seelischen Ursprungs.

Der größte Wert der Kosmobiologie liegt immer in der Erfassung der Zeit. Ich erinnere mich eines Falles aus der Zeit vor fünfzig Jahren, als ich noch Lehrer war. Zu meinen Schülern gehörte ein kleiner Junge, der in jeder Beziehung zurückgeblieben und aus dem kein Ton herauszubringen war. Aufgrund seiner Geburtskonstellationen suchte ich mir nun Tage heraus, wann das Kind besonders ansprechbar sein könnte, und der Kontakt konnte dadurch hergestellt werden.

Die kosmisch gesteuerte Erziehung

Vor mehr als zwanzig Jahren wandte sich eine Mutter an mich wegen ihrer kleinen Tochter. Das Kind war verhältnismäßig sehr dick und häufig krank. Die kleine Asta, geboren am 7. Mai 1953, hatte an sich ein Kosmogramm, aus dem man eine Anlage zu Krankheiten sofort erkennen konnte, denn SA und NE standen im Zeichen Waage kaum einen halben Grad auseinander. Man konnte daraus auf die Anlage zu chronischen Krankheiten schließen, die besonders die Nierengegend betreffen könnten; und wenn die Nieren nicht funktionierten, konnte man Hautausschlag annehmen.

Das bestätigte sich auch dadurch, daß kurz nach der Geburt ein starker Hautausschlag auftrat. Man konnte im kosmischen Strukturbild auch MA = VE/SA = VE/NE und AS = MA/NE feststellen. VE/SA (KE 59) betrifft Hemmungen der inneren Sekretion, Drüsenleiden (Nieren), VE/NE deutet auf schlaffe Drüsenfunktionen, MA/NE auf Infektionskrankheiten. Das Kind hatte häufig Fieber, weil der Körper die vorhandenen Giftstoffe ausscheiden wollte, und Halsentzündungen, die alle paar Wochen auftraten. Die Bestätigung hierfür liegt in der Position der Sonne in 16 bis 17° Stier. Das sind die Grade, die die Schilddrüse und die Mandeln betreffen.[48] diese Anlagen verlangten eine ständige Beobachtung, Umstellung der Ernährung (keine tierischen Fette, vor allem kein Schweinefleisch), viel Bewegung in frischer Luft und Abhärtung.

Im Alter von dreieinhalb Jahren traten Husten und Halsentzündungen auf. Verschiebt man den Mars um dreieinhalb Grad, so ergibt sich ein Abstand von 135° zu der Krankheitachse SA/NE. Als 1958/59 Wasserpocken, Masern und Keuchhusten auftraten, bildete sich UR s-

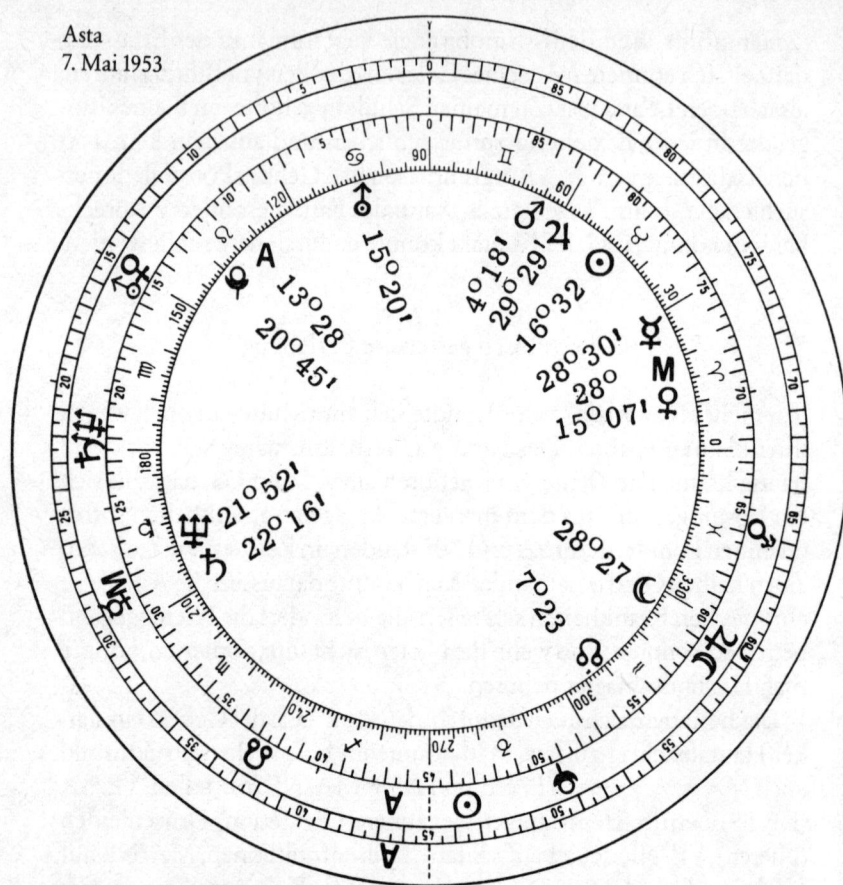

Asta
7. Mai 1953

90-SA/NE. Die Krankheitsachse wurde also wieder ausgelöst. Es kam hinzu, daß sich SA/NE s in Opposition zu ME und MC stellte. Dann gelang es aber, die Krankheitsanlage in den Griff zu bekommen. Das Kind war ein Spätentwickler, bedingt durch SA/NE. Daher kam es auch in der Schule nicht so gut voran. Als Hilfsmittel wurden auch der Baumtest, der Warteggzeichentest und der Berufsberatungstest eingesetzt. Die Ergebnisse waren durchaus befriedigend. Als das Kind die Püfung für die höhere Schule nicht bestand, riet ich dazu, lieber zuerst die Volksschule zu besuchen, um keine zu hohen Anforderungen zu stellen und erst später den Übergang auf eine höhere Schule oder Fachschule vorzunehmen. Durch die naturgemäße

258

Ernährung und Vermeidung der Impfung entwickelte sich das Kind immer besser, bestand verschiedene Examen, besuchte die Fachschule und später sogar die Universität.

Dieses Beispiel möge beweisen, daß auch kritische Konstellationen im Kosmogramm überwunden werden können und es sich lohnt, die Entwicklung eines Menschen mit den kosmischen Entsprechungen zu beobachten und Nutzen daraus zu ziehen.

Krebskrankheiten

Die Krebsseuche ist immer größer geworden. Fast jeder vierte oder fünfte Mensch stirbt an Krebs. Daraus ergibt sich die Frage, ob eine Krebsveranlagung im Kosmogramm erkannt werden kann. In einer Statistik habe ich vorwiegend folgende Dreierverbindungen herausgearbeitet, die besonders für eine Krebsveranlagung mit verantwortlich sind:

1. SO – PL – MC
2. SO – SA – MC
3. SO – NE – PL
4. SO – SA – PL
5. SO – SA – NE

Man kann hier von einem Krebssyndrom sprechen. Unter einem Syndrom versteht man das Zusammentreten mehrerer Krankheitszeichen, die aber nicht alle vorhanden sein müssen. Meistens treten mehrere solcher Dreierstrukturen auf. Es muß aber gleich vorausgeschickt werden, daß eine solche Konstellation nicht eine Krebskrankheit zur Folge haben muß, sondern nur kann. Wenn Krebs bereits erkannt worden ist, wird man meistens eine dieser Dreierstrukturen vorfinden.

Als seinerzeit Wilhelm König auf einer unserer Arbeitstagungen von einer Krebsformel sprach, erschraken viele Teilnehmer, weil sie in ihrem Kosmogramm auch diese Formel vorfanden, ohne aber bis jetzt krebskrank zu sein. Wer aber eine solche Krebskonstellation in seinem Geburtsbild entdeckt, sollte sofort vorbeugende Maßnahmen treffen, wenn sich irgendwelche Anzeichen einstellen sollten.

Die genannten Dreierstrukturen sind fast nur im 90-Grad-Kreis zu erkennen. An verschiedenen Beispielen soll nun veranschaulicht werden, in welcher Form die kosmischen Anzeichen für eine Krebskrankheit auftreten.

Nicht erkannter Krebs
W., 12. Mai 1906

Aus einem Brief an den Verfasser werden folgende Zeilen entnommen: »Nach dem Tode meiner Frau habe ich mich soweit gefangen, daß ich zu Studienzwecken ihre Krankheit bis zum Tode schildern kann. Ungefähr zwei bis drei Monate vor ihrem Tod begann sie alles zu regeln und sprach die Überzeugung aus, daß alles so kommt, wie es kommen muß. Sie hatte immer auf ihre Gesundheit geachtet, jahrelang ging sie in den Garten zum Tau-treten und ging sogar im Winter mit bloßen Füßen in den Schnee. Sie hatte nämlich immer sehr hohen Blutdruck. Sie war stets unter ärztlicher Kontrolle. Im Oktober 1968 sagte ihr der Arzt: ›Ihre Blutsenkung gefällt mir nicht!‹ Aber auf eine Voruntersuchung auf Krebs kam er nicht. Am 14. April 1964 mußte sie eine Operation am Ohr durchmachen, wobei ihr ein kleiner Tumor entfernt wurde, der als harmlos angesehen wurde. Wahrscheinlich hatte der Hausarzt die schlechte Blutsenkung darauf zurückgeführt. Sie mußte dann alle vierzehn Tage zum Ohrenarzt, um das Ohr untersuchen zu lassen.

Am 13. Juni 1969, als meine Frau merkte, daß etwas nicht in Ordnung ist, ging sie zum Arzt, der sie sofort ins Krankenhaus einwies. Am 30. Juni 1969 wurde ihr die Gebärmutter herausgenommen. Die Operation war gut verlaufen. Am 10. Juli 1969 erklärte mir der Oberarzt, der meine Frau operiert hatte, daß keine Hoffnung mehr bestünde, sie durchzubringen. Es hätten sich schon verschiedene Krebsherde gebildet. Man suchte durch weitere Behandlungen etwas zu mildern. Am 11. September 1969 wurde meine Frau nach Hause entlassen. Sie wollte auch nicht mehr ins Krankenhaus. Am 10. Oktober machten wir einen Ausflug an die Nordsee, wo sich meine Frau noch an der Natur erfreuen konnte, während ich selbst dauernd damit belastet war, daß dem Liebsten, was ich hatte, nicht mehr zu helfen sei.«

Von dieser Zeit an verfiel die Patientin ständig. Sie konnte Ende Oktober kaum noch etwas essen. Bei einem Hausbesuch fragte sie den Arzt, der ihr antwortete, daß sie noch in diesem Jahr erlöst werden würde. Die Frau starb am 8. Dezember 1969.

Betrachtet man das Geburtsbild, aus dem die wesentlichen Strukturen in einer besonderen Abbildung herausgezogen sind, so erkennen

Weibliche Geburt
12. Mai 1906

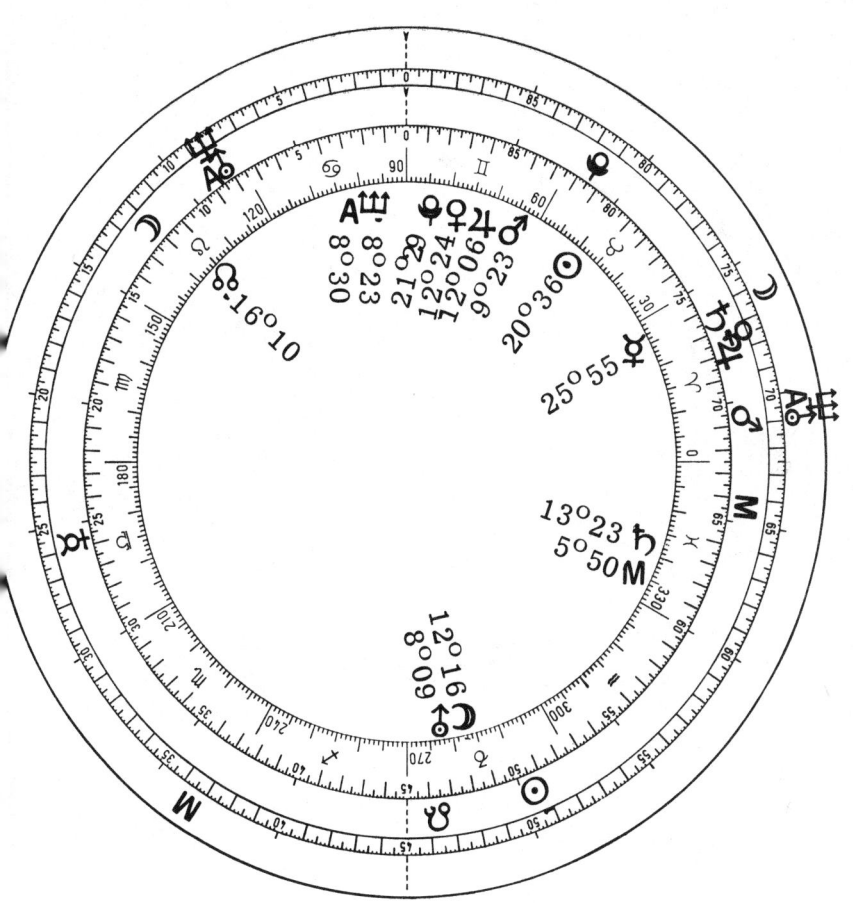

EKLINATIONEN

☽ = 18°03N	☾ = 19°35S	☿ = 7°34N	♀ = 23°06N
♂ = 22°30N	♃ = 21°50N	♄ = 8°05S	↑ = 23°30S
♅ = 22°17N	♇ = 15°24N	M = 9°23S	A = 23°11N

261

Sonnenbögen bei der Gebärmutter-Operation

Ausschnitt aus dem Deklinationsdiagramm:
Weibliche Geburt (12. Mai 1906)

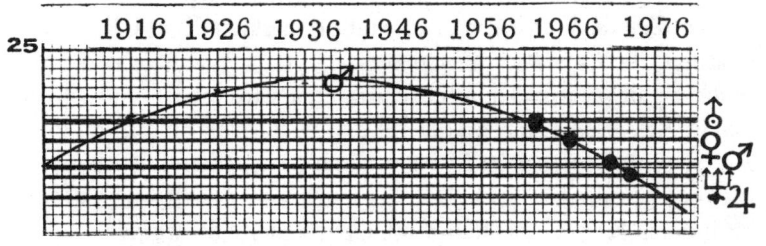

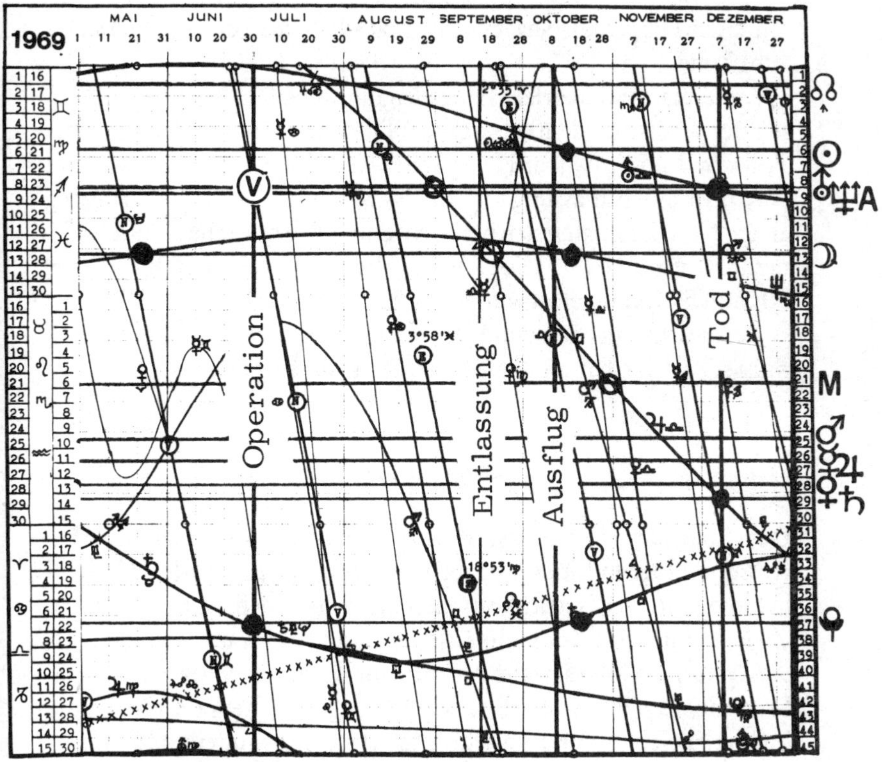

263

wir aus dem Krebssyndrom MC = SO/PL, SA = PL/MC. MA = SA/MC, NE-PL-MC. Diese Strukturen treten teilweise nur in anderer Reihenfolge auf. Im äußeren Kreis sind die Sonnenbogen-Direktionen zur Zeit der Gebärmutter-Operation markiert. Es ist UR s = MA, wodurch die Operation angedeutet ist, NE s = MA, was die Verseuchung des Körpers durch Metastasen kennzeichnet, und schließlich ist AS s = MA, was wieder auf den operativen Eingriff hinweist. Als besonders kritisch ist MO s = Sa zu bezeichnen und schließlich MC s (gegenüber) = PL, wobei man auch immer die Konstellationen im inneren Kreis betrachten muß, die mit ausgelöst werden.

Sehr eindrucksvoll ist ein Ausschnitt aus dem Deklinations-Lebensdiagramm. Es wurde bereits früher gesagt, daß sich die Direktionen meistens früher auslösen. Hier sieht man nun, wie MA p sich nach oben bewegt, seinen höchsten Stand erreicht und dann zurückgeht, um nun den ganzen Komplex UR, VE (Eierstock!), MA, NE zu überschreiten. Diese Marsbewegung kennzeichnet die Zeit von 1964 an bis zum Tode.

Der Ausschnitt aus dem Jahresdiagramm 1969 läßt die letzten Phasen der Krankheit deutlich werden. Die Operation erfolgt leider bei Vollmond und SA über PL (= NE/MC). Unter JU = MO wird die Frau über ihre Entlassung sehr froh gewesen sein. Aber beim Ausflug an die Nordsee zeigten sich bereits nachträglich kritische Konstellationen: UR = SA, NE = MO, SA = PL. Der Tod trat ein, als UR t = UR = NE durch MA ausgelöst wurde. Die Erlösung brachte JU t = VE = SA.

Bei diesem Fall hätte der Arzt bereits auf die Krebsgefahr schließen müssen, als der Tumor am Ohr operiert werden mußte.

Krebskranke gerettet

Der folgende Fall, dessen Beschreibung von Erich Modersohn, Kosmobiologe in Lippstadt, zur Verfügung gestellt wurde, läßt deutlich die Hilfe der Gestirnkonstellationen erkennen. Er berichtete:

»Das halte ich nicht mehr aus; der Blinddarm muß raus und auch die Zyste im Leib!« sagte die Patientin im August 1969. Sie wurde am 8. September 1969 operiert. Eine kindskopfgroße Krebsgeschwulst, die hinter der Gebärmutter lag, wurde mit der Gebärmutter und den Eier-

Krebskranke
5. Oktober 1903, 5 Uhr
Dortmund

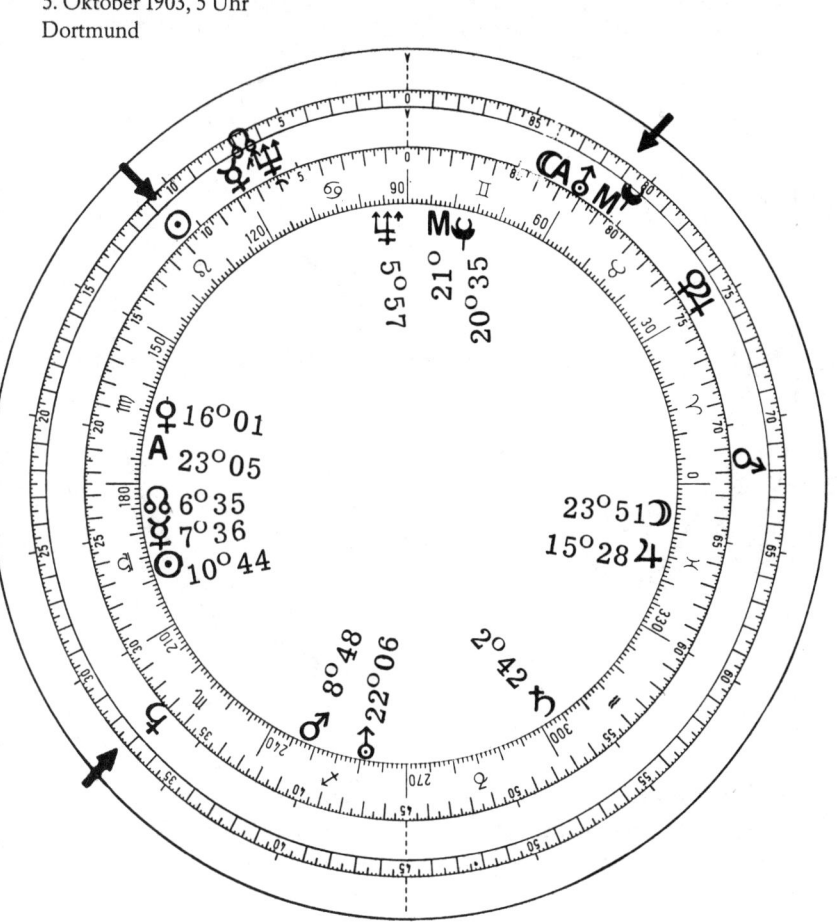

EKLINATIONEN

☉ = 4°19S	☽ = 0°44S	☿ = 3°30S	♀ = 0°14S
♂ = 23°06S	♃ = 7°09S	♄ = 20°14S	⚷ = 23°22S
⯠ = 22°15N	♇ = 14°26N	M = 23°09N	A = 2°49N

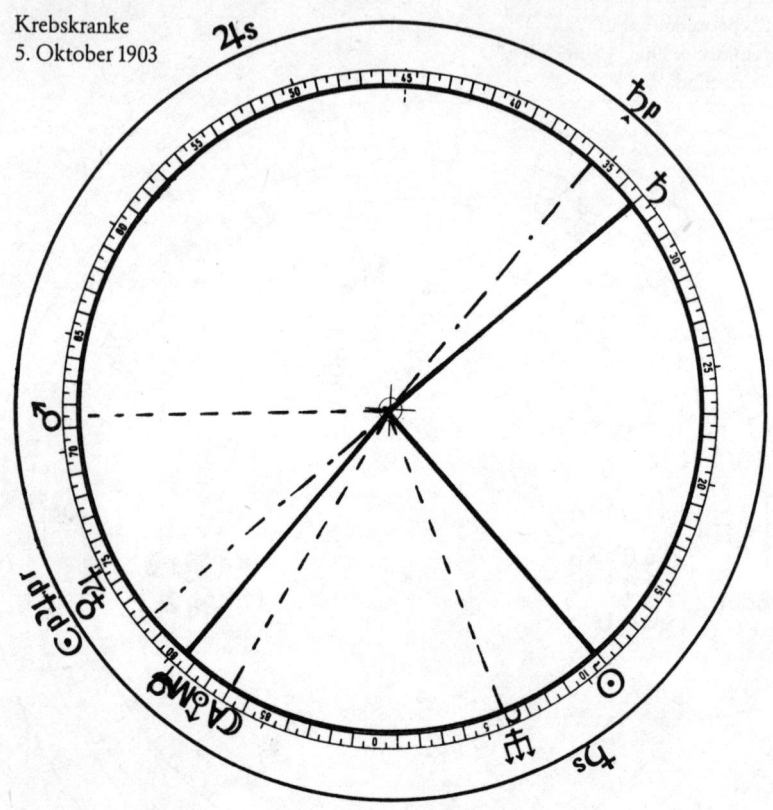

stöcken entfernt, ebenso auch der Mastdarm unter Schaffung eines anus praeter (künstlicher After) auf der linken Bauchseite. Nicht mehr zu entfernen waren Metastasen (Tochtergeschwülste) an der rechten Niere und an der Beckenwand. Der Befund, erhärtet durch zwei histologische Untersuchungen in zwei verschiedenen Instituten, wurde den Angehörigen der Patientin mitgeteilt. Der Arzt sagte, er habe der Patientin momentane Erleichterung verschaffen können, um ihr Leben vielleicht um ein halbes Jahr zu verlängern.

Die Patientin bekam im Herbst 1969 die üblichen Bestrahlungen mit einer Kobaltkanone, die sie sehr schlecht vertrug. Am 20. Januar 1970 wurde sie in die Ringberg-Klinik von Dr. Issels aufgenommen, wo ihr die nicht intakten Rachenmandeln und die toten Zähne entfernt wurden. Die rechte Niere arbeitete nicht mehr. Die Patientin

Ausschnitt aus dem progressiven Lebensdiagramm:
Krebskranke (5. Oktober 1903)

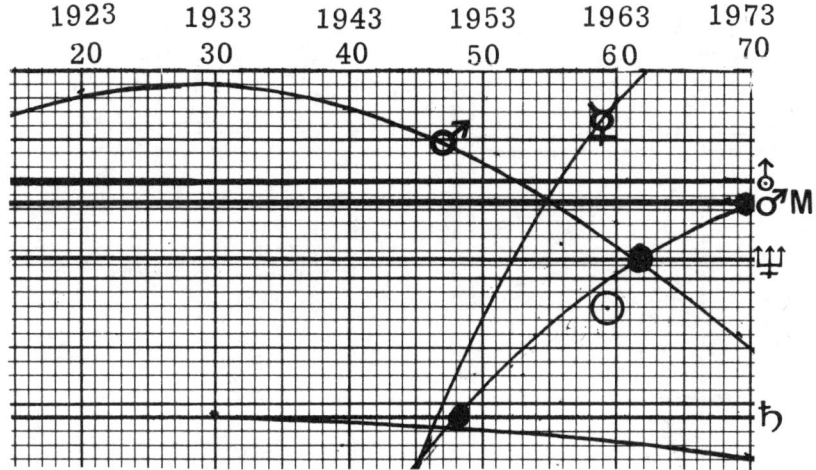

Ausschnitt aus dem Deklinations-Lebensdiagramm:
Krebskranke (5. Oktober 1903)

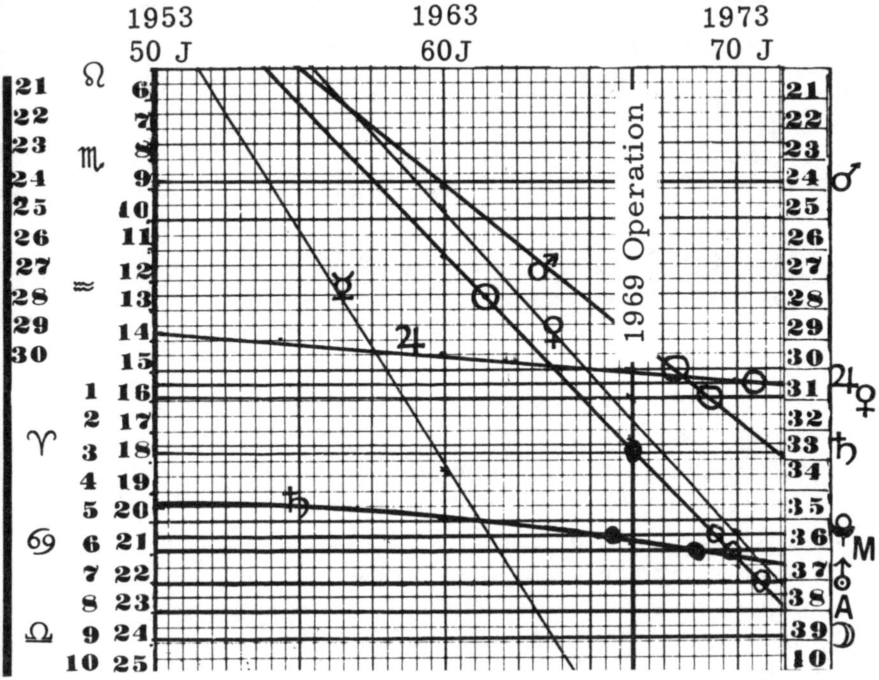

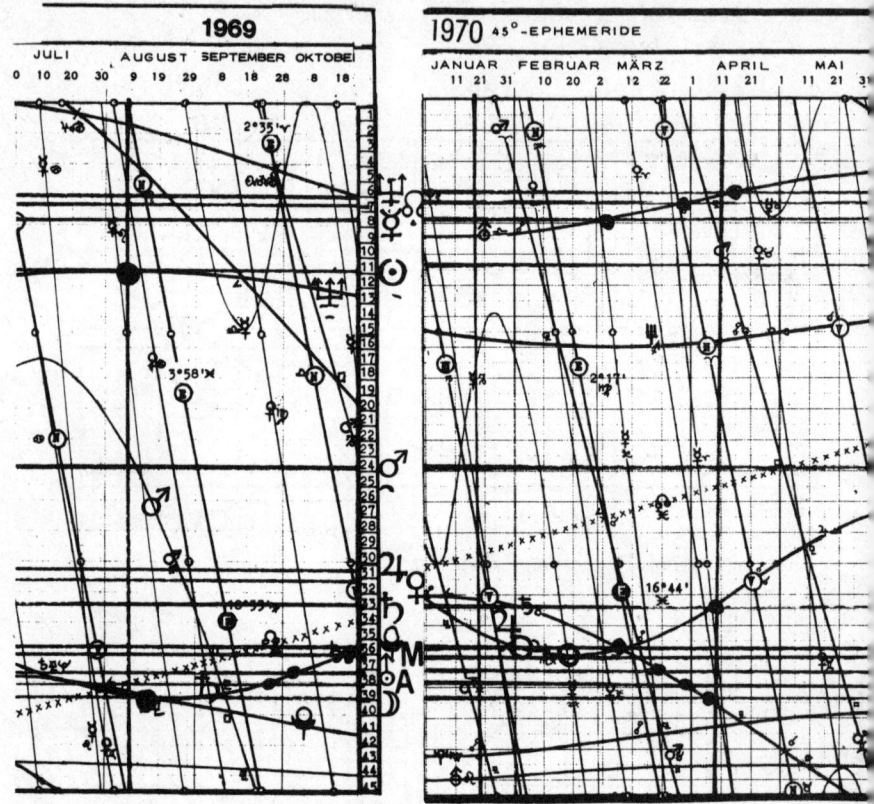

sah schlecht und aufgeschwemmt aus. Nach vier Wochen Behandlung wurde sie deutlich schlanker, die »stumme« Niere arbeitete wieder. Die Patientin faßte neuen Lebensmut und Hoffnung auf Besserung.

Am 10. April 1970 wurde sie entlassen. Ihr Hausarzt setzte die Behandlung nach Anweisungen von Dr. Issels fort. Eine eingehende Untersuchung in dem Krankenhaus, in dem sie operiert worden war, ergab im Herbst 1970 keinerlei Anhalte für das Vorhandensein von Metastasen. Die Frau fühlte sich wohl wie seit Jahren nicht mehr, sie nahm wieder aktiv am Leben teil und aß wieder normal. Sie unternahm dann nochmals eine Vorbeugekur in der Ringberg-Klinik und war überzeugt, die Krankheit überwunden zu haben.

Man betrachte folgende Punkte aus dem Krebs-Syndrom: SO = SA/PL, SO = SA/MC, NE = MA/SA. Im Lebensdiagramm bewegt sich SA p auf die Positionslinien von PL und MC zu und erreicht diese um 1968 bis 1970. Zur Zeit der Operation ist SO p = SA fällig. Was aber von ausschlaggebender Bedeutung für die Heilung ist, ist die Bewegung von JU und MA über JU mit VE.

Im Ausschnitt aus dem Deklinations-Lebensdiagramm können wir Ähnlichkeiten mit dem vorigen Beispiel feststellen. In beiden Fällen bewegt sich MA p auf den höchsten Deklinationsstand zu, kehrt dann zurück und löst im Übergang über einen Komplex die Krankheit aus. Im zweiten Fall bewegen sich SO und MA p gleichzeitig über NE. In manchen Fällen kann man immer wieder feststellen, wie gerade die Verbindung von MA und NE zur allmählichen Vergiftung des Körpers beitragen kann, im Krebsfall zur Verbreitung der Metastasen. Bei der Geburt beträgt die Deklination 4°19' S; sie braucht nun über sechzig Tage = Jahre, um die Deklinationslinie des NE zu erreichen.

Wenn man die Ausschnitte aus den Jahresdiagrammen betrachtet, so erkennt man, daß die Operation unter NE = SO und PL mit SO über MO erfolgte. Nach Übersiedlung in die Ringberg-Klinik war es ein großes Glück, daß JU sich mit PL = MC – scheinbar stillstehend – verband. JU = PL bedeutet im Krankheitsfalle »Organregeneration«, das heißt Neubildung funktionstüchtiger Zellen. Es wurde unter anderem erreicht, daß die Nieren wieder richtig arbeiten. PL = MC entspricht einer inneren Wandlung, der Selbstbehauptung, der Behebung einer Lebenskrise.

Die Entlassung erfolgte, als SA den Komplex PL, MC, UR, AS, MO und UR den Komplex ME, NE, DR überschritten hatte. Die Krise war überwunden. Der Arzt, der innerhalb eines halben Jahres mit dem Ableben gerechnet hatte, behielt nicht recht.

Möge dieses Beispiel dazu beitragen, manchem Krebskranken die Hoffnung auf Gesundung wiederzugeben, wenn es ihm gelingt, zur Behandlung seiner Krankheit zu einem tüchtigen Arzt zu kommen, der bei aller Würdigung der modernen Medizin die Heikräfte der Natur nicht vergißt.

Der Krebstod von Günther Lüders

Der beliebte Schauspieler Günther Lüders wurde am 5. März 1905 um 6.30 Uhr in Lübeck geboren. Er starb am 1. März 1975 an Leberkrebs, nachdem er bereits längere Zeit nierenkrank gewesen war. Er hat wahrscheinlich gar nicht gewußt, daß er Krebs hat, denn erst bei einer Operation wurde festgestellt, daß Metastasen über verschiedene Körperteile verstreut waren.

Wenn man das Kosmogramm betrachtet, so kann man verschiedene Planetenbilder ohne Hilfsmittel erkennen:

Günther Lüders
*5. März 1905, †1. März 1975

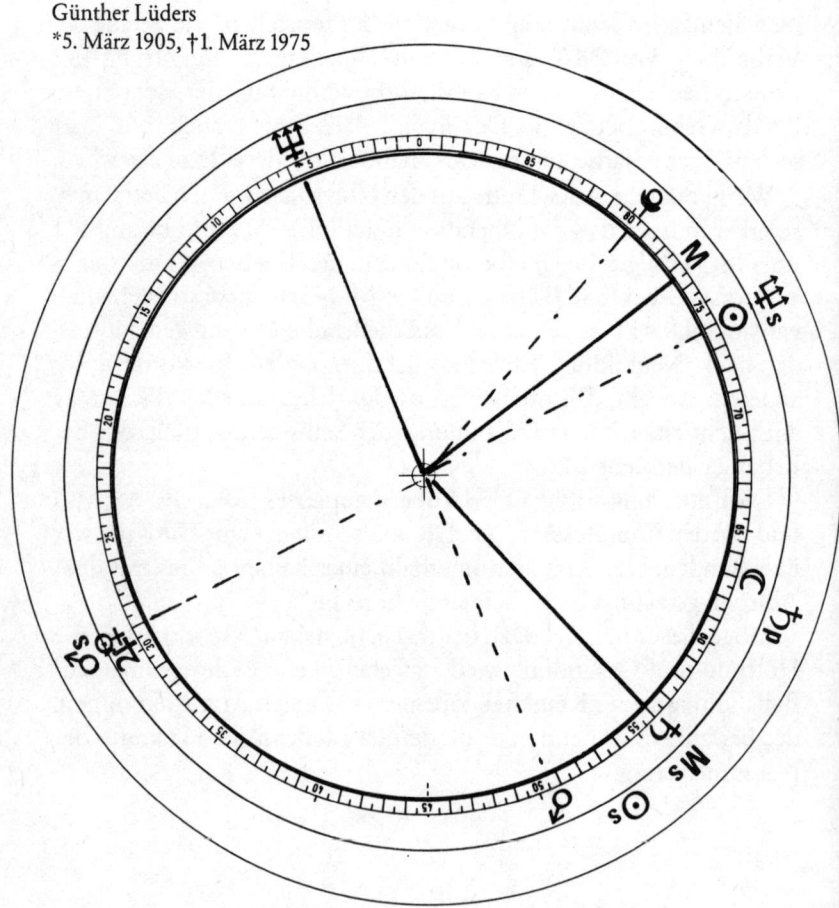

270

Günther Lüders
5. März 1905, 6.30 Uhr
Lübeck

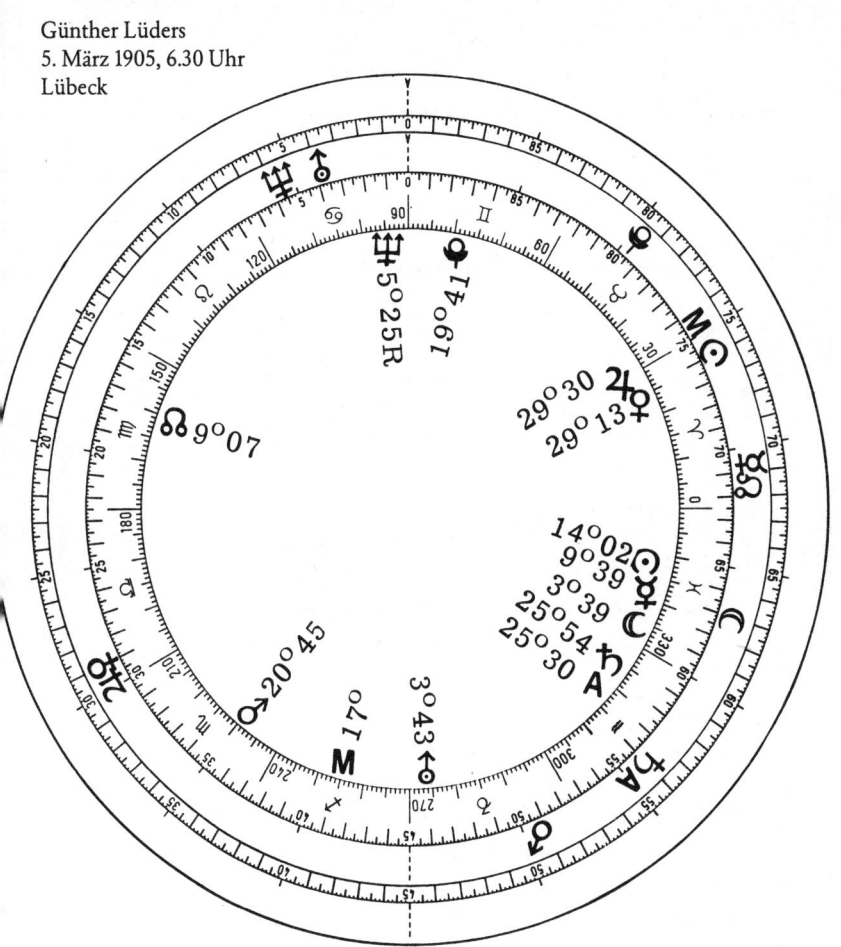

EKLINATIONEN

☉ =	6°18S	☽ =	9°42S	☿ =	9°00S	♀ =	14°54 N
♂ =	16°24S	♃ =	10°25N	♄ =	13°57S	☊ =	23°37N
♅ =	22°21N	♇ =	14°47N	M =	22°49S	A =	13°02S

271

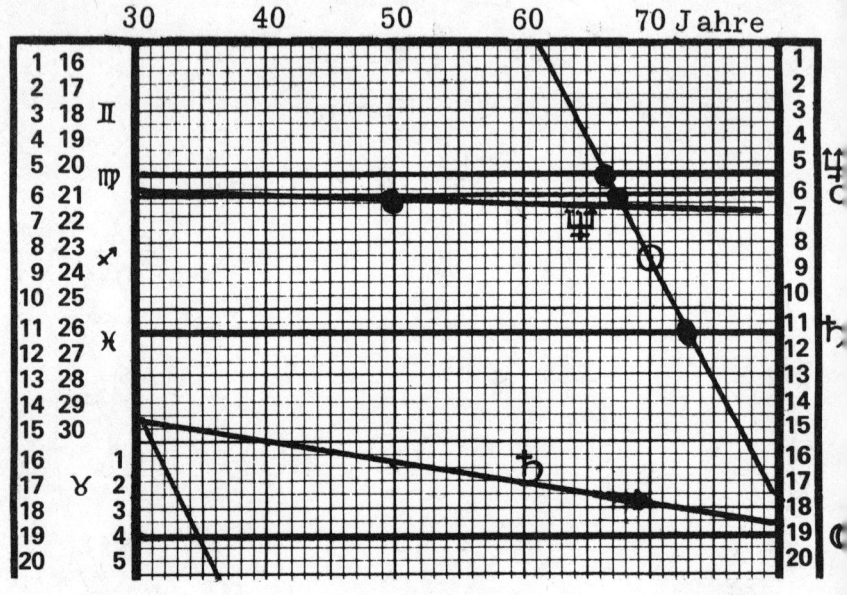

MC = SA/NE
MC = SO/PL
SO = MA/NE = VE = JU

Dazu bilden MA und NE ein Anderthalbquadrat. Da besonders Leber und Nieren erkrankten, ist es bezeichnend, daß sich JU und VE mit SO = MA/NE verbinden.

Nehmen wir einmal *Die Organ-Uhr* zu Hilfe, die Fritz Brandau[49] entwickelt hat, so weisen die Grade von PL und MC auf ein Leberleiden und MA auf eine Nierenkrankheit hin.

Zur Zeit des Todes ist zu erkennen, daß die genannten Konstellationen wirklich ausschlaggebend sind. NE s deckt sich mit SO und gegenüber MA s mit VE = JU. Demnach wurde das Krankheitsbild SO = MA/NE = VE = JU beim Tode ausgelöst. Außerdem bewegt sich SO s über die Mitte von MA und SA, also über die »Todesachse«. MC s deckt sich mit SA.

In dem Ausschnitt des Lebensdiagramms auf progressiver Basis bewegt sich schon Jahrzehnte zuvor NE p über MA. SO schneidet kurz vor dem Tode die Positionslinie von NE und MA, SA bewegt sich auf MO und SO auf SA zu. Es wurde mehrfach darauf hingewiesen, daß sich gerade die progressiven Aspekte Jahre vor der Fälligkeit auslösen können. Die Direktion MC s = SA wurde zur Zeit des Todes durch den laufenden UR ausgelöst.

Wernher von Braun starb an Nierenkrebs

Der bekannte Raketenforscher (mit der »Atomformel« SO-PL-MA) wurde am 23. März 1912 in Wirsitz bei Bromberg um 9.15 Uhr geboren. Als Mitarbeiter von Dr. Dornberger arbeitete er an den Raketenversuchen in Peenemünde und war maßgeblich an der Entwicklung der Flugbomben V 1 und V 2 beteiligt. Mit anderen bekannten Wissenschaftlern mußte er 1945 in die USA übersiedeln, wo er auf demselben Spezialgebiet weiterarbeiten konnte und mußte. Durch Rivalitäten zwischen den amerikanischen Teilstreitkräften wurde das Satelliten-Projekt jahrelang eingefroren, worunter von Braun sehr gelitten hat. Erst nach dem Erfolg des russischen »Sputnik« kam er wieder zum Zug und erreichte seinen ersten Erfolg durch den Start von »Explorer 1« im Februar 1958. Im Jahre 1972 wurde das Raketenproblem wieder als zweitrangig betrachtet, so daß Wernher von Braun enttäuscht nach Deutschland zurückging.

Deklinations-Lebensdiagramm: Wernher von Braun

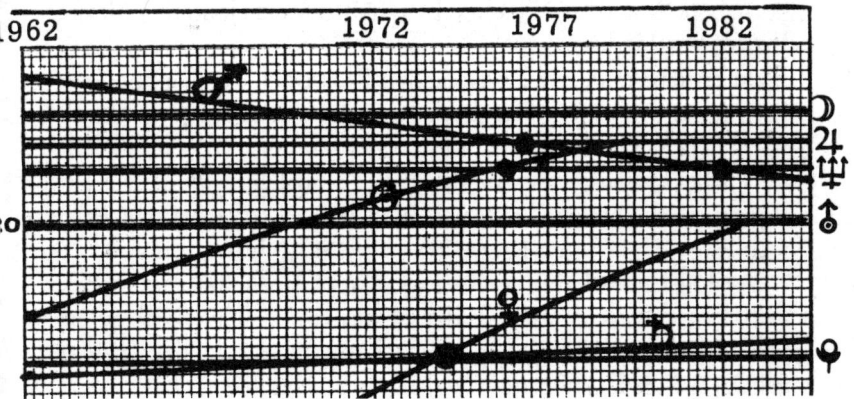

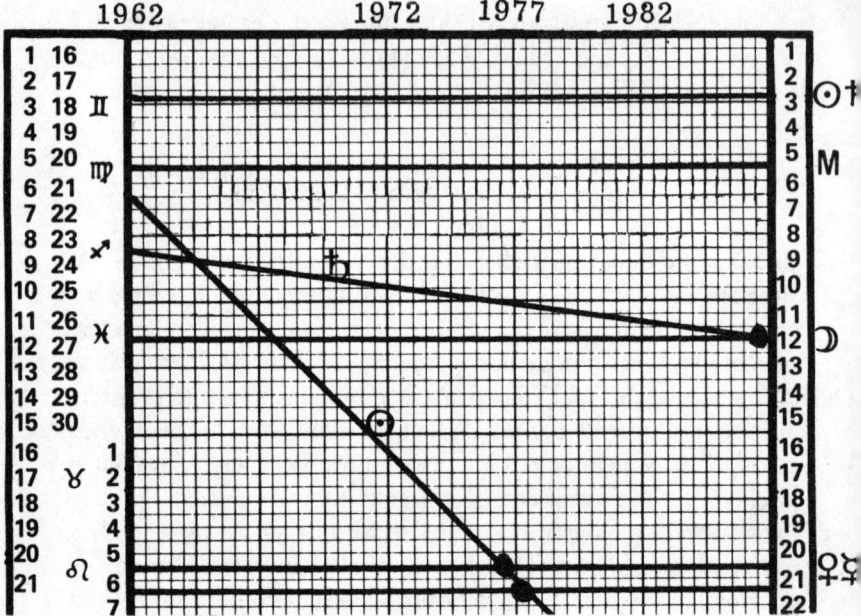

Die mehrfachen Entwicklungshemmungen und Enttäuschungen dürften viel zur Entwicklung eines schweren Krebsleidens beigetragen haben. Er starb an Nierenkrebs im Alter von 65 Jahren in Alexandria bei Washington.

Untersucht man nur die einzelnen Positionen der Gestirne nach ihren anatomischen Entsprechungen, so deuten ME, DR, NE, MC auf eine Nierenerkrankung hin. Unter dem Krebssyndrom tritt NE = SA/PL hervor mit der Verbindung zu VE, wodurch wieder auf eine Drüsen- bzw. Nierenerkrankung hingewiesen wird. Ferner deuten auch PL = VE/NE und MO = VE/SA = SO/NE daraufhin.

Über die Entwicklung des Krebses geben die Lebensdiagramme beste Auskunft. Im Geburtsbild erkennt man eine weitgefaßte Konjunktion von SA und MO. In einem Falle kommt es immer darauf an, ob sich SA auf die Positionslinie des MO zu bewegt, was auch der Fall ist.

Wernher von Braun
23. März 1912, 9.15 Uhr
Wirsitz

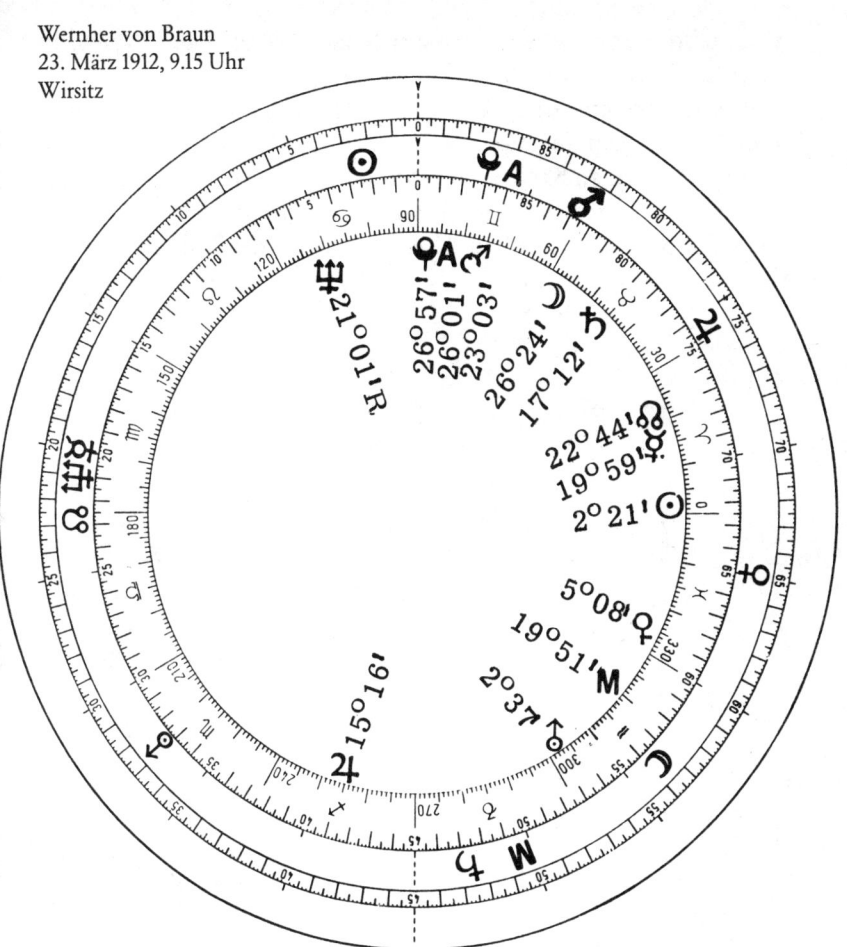

DEKLINATIONEN

☉ =	0°57'N	☾ =	22°30'N	☿ =	9°19'N	♀ =	10°38'S
♂ =	25°13'N	♃ =	21°51'S	♄ =	15°02 N	⚷ =	20°07'S
♅ =	21°16'N	♇ =	17°08'N	M =	14°52'S	A =	23°23'N

Wie mehrfach betont, entwickeln sich aber solche Leiden Jahre und sogar Jahrzehnte vor der Fälligkeit.

Auf das Nierenleiden weist VE-135-NE hin. Diese Konstellation wird im Todesjahr ausgelöst.

Wie stark NE an Krebsleiden stets beteiligt ist, beweist wieder das Deklinations-Diagramm. Hier bewegen sich So und MA auf NE zu, außerdem kreuzen sich VE und SA (Nieren) auf der Positionslinie des Pluto.

W. G.
28. Januar 1900

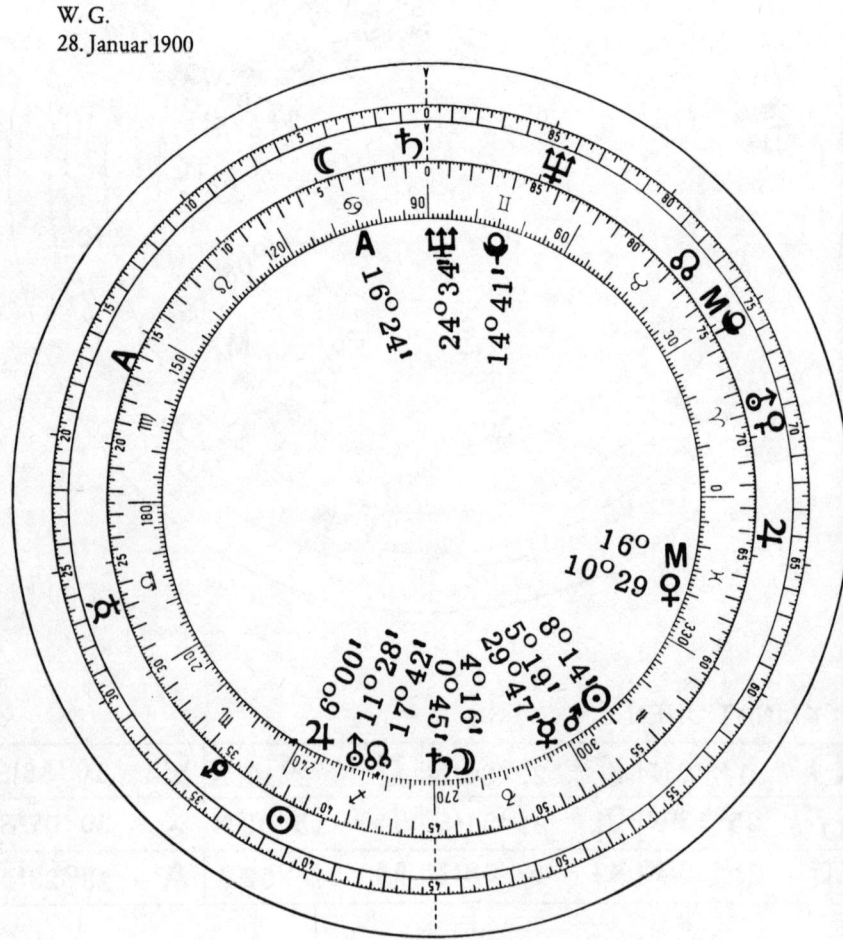

276

Darmkrebs
W. G., 28. Januar 1900

Dieser Fall paßt dadurch in unsere Reihe von Krebskrankheiten, weil sich hier genau das gleiche Bild im Lebensdiagramm ergibt wie bei Wernher von Braun. SA p bewegt sich auf MO zu und führt bei Fälligkeit zum Tode. Wenn es sich nun im vorigen Falle um einen Nieren- und in diesem Falle um einen Darmkrebs handelt, so sollte man daraus schließen, daß es eben nicht möglich ist, eine genaue Krankheitsdiagnose zu stellen, sondern daß man nur ungefähr die Richtung angeben kann. In beiden Fällen handelt es sich um eine Störung des Flüssigkeitshaushaltes, der dem Mond untersteht. Der Saturn führt in jedem Falle zu Störungen, Verkrampfungen, Verhärtungen, Schwellungen oder Krebsabsiedelungen.

Viele Jahre vor der Fälligkeit von SA p = Mo geht über SO NE und weiterhin MA s über diese Positionslinien. Man sieht, daß NE fast immer dabei ist, und daß MA den Auslöser der Krankheit mit spielt. SO-135-NE zeigt bereits im Kosmogramm eine Krankheitsanlage.

Diese Frau hat sich wahrscheinlich im Leben »alles sehr zu Herzen genommen«, ohne sich aussprechen zu können. Dann kommt es leicht vor, daß der ganze Verdauungsapparat ins Stocken gerät.

Das ist charakteristisch für eine MO-SA-Konjunktion. Aber wenn man eine solche Konstellation im Kosmogramm erkennt, kann man auch vorbeugen. Wenn der betreffende Mensch selbst nicht die Kraft dazu hat, können es die Angehörigen durch eine liebevolle Behandlung erreichen. (Siehe auch die Beschreibung des Falles in dem Buch *Lebensdiagramme*.)

Lebensdiagramm: W. G. (28. Januar 1900)

Lungenkrebs – sichtbar im Arbeitsgerät

Bisher gilt als erwiesen, daß die meisten chronischen Krankheiten nach dem Schlüssel eine Tagesbewegung = ein Jahr, besonders durch progressive Aspekte erkannt werden können. Es gibt aber viele Fälle, wo die Progressionen nur schwer festzustellen sind. Dann ist es notwendig, jeweils das Jahresdiagramm mit den Sonnenbogen zu stellen. Das Erkennen der fälligen Sonnenbogen-Aspekte wird erleichtert durch das 90-Grad-Arbeitsgerät. Es handelt sich dabei um eine quadratische Platte, auf der in vergrößertem Maßstab ein 90-Grad-Kreis aufgezeichnet ist. In der Mitte ist die Platte durchbohrt und mit einer Verschraubung versehen. Nun ist es notwendig, das Formular jeweils doppelt auszuschneiden: mit dem größeren und dem kleineren 90-Grad-Kreis. Dann legt man das größere Formular zuerst auf das Arbeitsgerät, darauf das kleinere Formular und nach Eintragung der einzelnen Positionen die Grad- oder Rechenscheibe. Die Positionen auf dem 90-Grad-Kreis überträgt man nun auf beide Formulare, nachdem man den Krebspunkt markiert hat durch einen Strich oder ein Widderzeichen. Dann kann man den äußeren Kreis jeweils um den Sonnenbogen für die einzelnen Lebensalter verschieben und hat so »im Handumdrehen« sofort die Sonnenbogendirektionen für jedes Lebensjahr.

Uns liegt der Bericht eines Lesers meiner Zeitschriften vor (H.G.D.), der am 5. Oktober 1923, 15.34 Uhr, in Breslau geboren ist. Für das Ereignis, »Erkennung eines Lungenkrebses«, beträgt im Jahre 1976 der Sonnenbogen 53 Grad. Wenn man die einzelnen Positionen aufgezeichnet hat, hält man die kleinere Kosmogrammscheibe fest und dreht die größere Scheibe um 53 Grad. Der 53. Grad der kleineren Scheibe wurde durch einen Strich und das Widderzeichen markiert. Man muß sich nun einen weiteren Gradkreis denken, der bei diesem Widderzeichen beginnt.

Nun kann man zwei Feststellungen machen: JU und NE haben gerade SO und PL auf der linken Seite oben überschritten, und auf der rechten Seite deckt sich SA s mit UR. Das kleine »s« ist jeweils das Zeichen dafür, daß der betreffende Faktor mit dem Sonnenbogen vorgeschoben wurde. Will man genau arbeiten, zählt man zu jedem

Gestirnstand den Sonnenbogen von 53 Grad hinzu und erhält folgende vorgeschobene Positionen:

MO =	3°30'	WaageMC =	17°29' Wassermann
MO =	3°30' Waage	MC =	17°29' Wassermann
DR =	2°39' Skorpion	PL =	5°21' Jungfrau
MA =	15°00' Skorpion	NE =	12°44' Waage
SO =	4°22' Schütze	AS =	8°49' Stier
SA =	14°30' Schütze	ME =	22°35' Skorpion
JU =	12°17' Steinbock	VE =	11°04' Schütze
UR =	7°35' Stier		

H. G. D.
5. Oktober 1923, 15.34 Uhr
Breslau

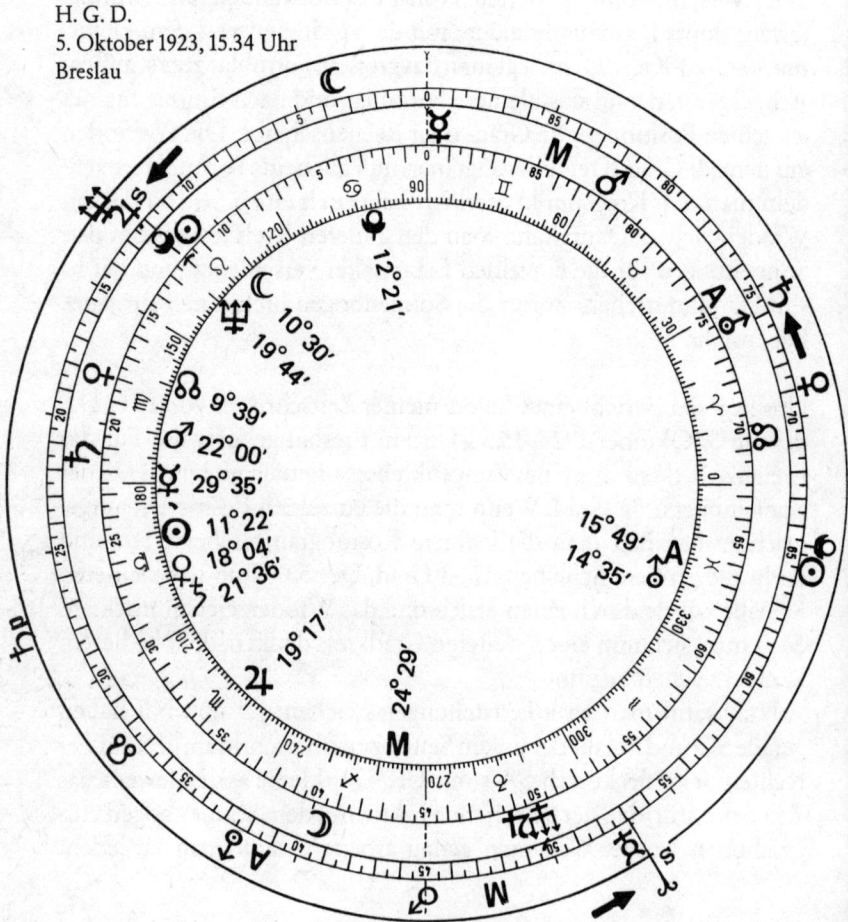

Dabei ist festzustellen, daß SA s-90-UR um eine Gradminute exakt ist. Da sich UR in SO/NE befindet, werden plötzlich Schwächezustände angezeigt.

Der Übergang von JU und NE über SO und PL ist gerade überwunden, die Krankheit muß aber vorher ausgelöst worden sein. Nun bedeutet JU-90-NE im Geburtsbild eine »Organschlaffheit«, das heißt, daß ein Organ nicht richtig arbeitet. Durch JU kann man auf Lunge oder Leber schließen.

Untersucht man die progressiven Aspekte, so ist schwer etwas zu finden, wenn man nach Gradgenauigkeit sucht. SA p befindet sich in 27°28' Waage, und somit nähert sich SA p-135-UR. Die Fälligkeit ergibt sich erst nach mehr als zehn Jahren, aber es wurde schon oft festgestellt, daß sich solche Konstellationen jahrzehntelang vorher auslösen können. Es kommt hinzu, daß SA s-90-UR ganz exakt ist, so daß in diesem Jahr mit einer körperlichen Schwäche oder Anfälligkeit zu rechnen ist. Denken wir dabei immer daran, daß die Gestirnkonstellationen Hilfsmittel sind, daß aber nicht immer eine genaue Krankheitsdiagnose gegeben werden kann.

Der Kranke hat folgenden Bericht abgegeben: 1. bis 6. Oktober 1976: Besuch in der DDR, Reise ohne Schwierigkeiten verlaufen. Am 16. November Schmerzen in der Brust, ärztliche Untersuchung. 18. November: Nochmalige Röntgenaufnahme, Ohnmacht, Einlieferung ins Krankenhaus. Schatten auf der Lunge festgestellt. 8. Dezember: Vollnarkose, Bronchoskopie (Spiegelung mit Gewebsentnahme), am folgenden Tag Entlassung. Eine Woche später ist der Befund da: Lungenkrebs. Der Kranke nahm selbst an, daß sich die Auslösung des Lungenkrebses durch NE s = SO ergeben hat.

28. Dezember: Einweisung ins Krankenhaus; 29.: der rechte Lungenflügel wird operativ entfernt. Die Operation verläuft gut. »Plötzlich, nach zwei Tagen hintereinander, geht es mir schlecht, auch noch anderen Patienten in dieser Abteilung. Schwankender, niedriger Blutdruck, körperliche Schwäche, Verdauungsschwierigkeiten am 5. und 6. Januar 1977. Später stellte ich fest, daß Vollmond war: SO und MO auf 16° Steinbock in Verbindung mit besagter SO-PL-Konstellation. Als MO am 6. Januar nachmittags ins Zeichen Löwe übergeht, wird mir schlagartig besser. Ich wurde am 12. Januar entlassen, seitdem daheim, noch nicht sehr leistungsfähig und etwas kurzatmig.

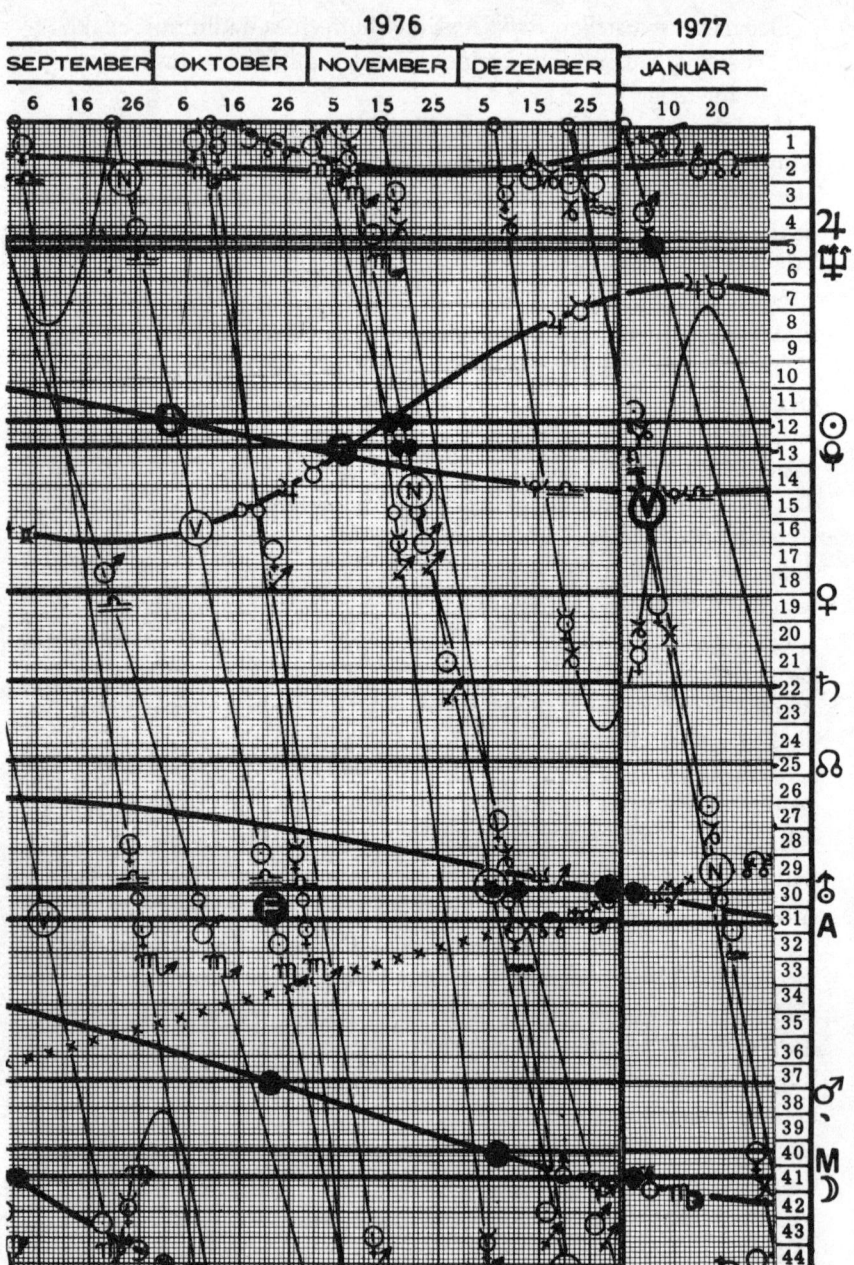

Betrachtet man die Konstellationen im Jahresdiagramm, so war die Zeit Anfang Oktober zunächst positiv durch PL über SO, was Durchsetzungskraft und Energie entspricht. SA = ME ist an sich eine Reisekonstellation. Ende Oktober wird die Lage dadurch kritisch, daß UR über die MA-Linie geht. Aber durch JU über PL Anfang Oktober ergeben sich nochmals positive Kräfte. Am 16. November treten Schmerzen in der Brust ein. Zu dieser Zeit laufen MA, SO, ME über SO und PL. Diese Konstellation kann durchaus Schmerzen (MA) entsprechen. Nach KdG-0218 entsprechen SO und MA der »entzündeten Zelle«. Es folgt ein Neumond – in der graphischen Ephemeride durch N im Kreis erkennbar und dieser ist charakteristisch für die Ohnmacht. Als der Befund eines Lungenkrebses mitgeteilt wird, hat sich UR dem MC genähert; MA über UR ruft wahrscheinlich eine entsprechende Aufregung hervor.

NE bewegt sich auf UR und UR auf MO zu. Das sind nicht gerade gute Operationskonstellationen, aber die Operation gelingt. Aber kurz danach stellen sich verschiedene Nachteile ein um den 5. Januar. Es ist Vollmond. Doch MA über JU und NE führt dann zur Entlassung aus dem Krankenhaus. Aber der Native ist noch nicht leistungsfähig und leidet unter Kurzatmigkeit, da immer noch kritische Konstellationen vorhanden sind, zum Beispiel UR = MO und NE = UR. Ferner ist Mitte Januar SA = ME festzustellen. Doch hat hier diese Konstellation nicht die gleiche Bedeutung wie zur Zeit der Reise nach der DDR, sondern jetzt entspricht diese Konstellation eher negativen (SA) Gedanken (ME), weil die Leistungsfähigkeit mit dreiundfünfzig Jahren zu gering ist und die Zukunft nicht im besten Lichte erscheint. Es ist schwer zu sagen, ob für die Operation ein besserer Zeitpunkt hätte gefunden werden können, weil nicht erkennbar ist, wie dringend notwendig der operative Eingriff zu dieser Zeit gewesen ist.

Inge Egger starb an Krebs

Inge Egger gehörte zu den beliebtesten Schauspielerinnen. Sie erfreute ihr Publikum unter anderem in den Filmen »Hochzeit im Heu«, »Auf der Alm, da gibt's ka Sünd'«, »Eva im Frack«, »Der eingebildete Kranke«. Sie liebte »Musik mit Schmalz« mehr als klassische Musik,

Inge Egger
27. August 1923, 22.45 Uhr

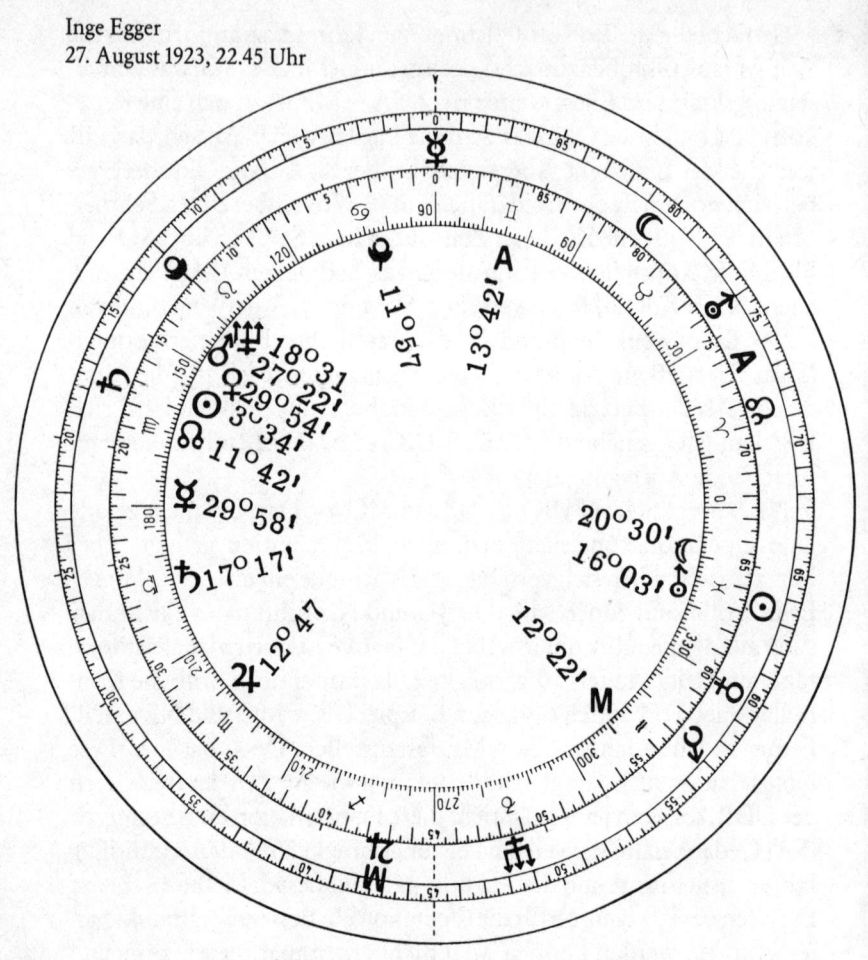

DEKLINATIONEN

☉ =	10°05'N	☾ =	4°30'S	☿ =	1°35'S	♀ =	12°32'N
♂ =	13°33'N	♃ =	14°50'S	♄ =	4°39'S	↑☌ =	6°15'S
♅ =	15°28'N	♇ =	20°23'N	M =	17°06 S	A =	22°27'N

284

Lebensdiagramm: Inge Egger (27. August 1923)

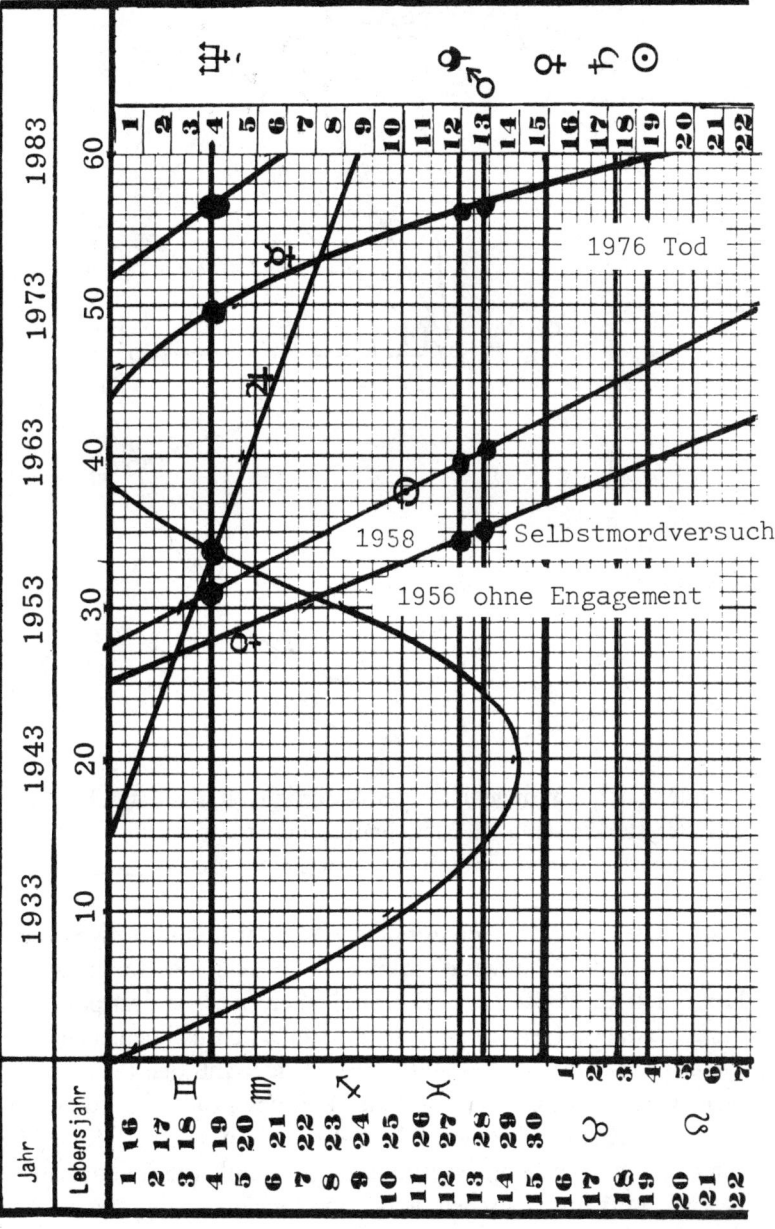

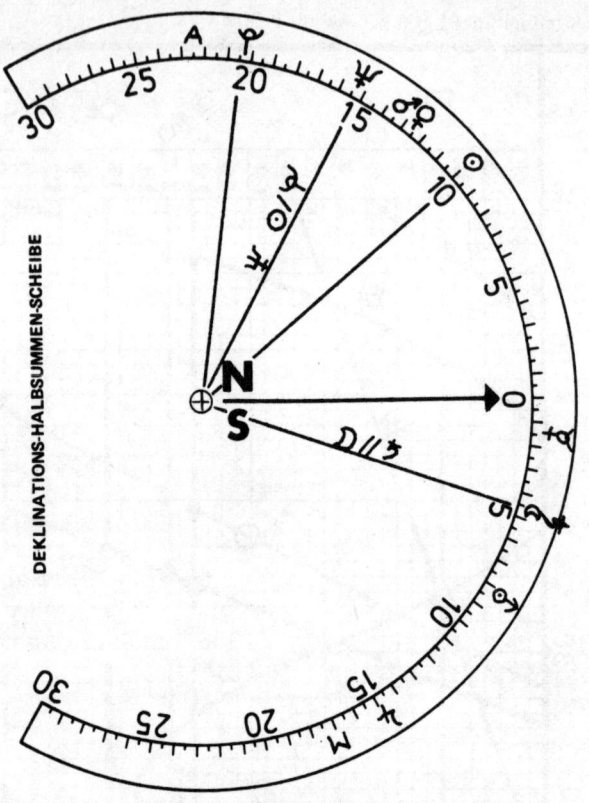

sie spielte dabei in ungekünstelter Natürlichkeit. Ihr Vater, k. und k. Offizier, steckte sie in ein Mädchenpensionat und wollte von ihrem Traumberuf Schauspielerin nichts wissen. Aber das Schicksal hatte es gut mit ihr gemeint.

Sie sagte einmal: »Jeden Sonntag wurden wir da irgendwohin geführt, so ›à la Schafherde‹. Einmal kam auch der Rennplatz in Freudenau an die Reihe. Und was glauben Sie, was dort passierte? Plötzlich trat ein Herr auf mich zu und stellte sich als Talentsucher der ›Wien-Film‹ vor. Er sei mit seinem Stab auf der Suche nach Nachwuchsgesichtern. Ich sollte gleich morgen zu Probeaufnahmen kommen.« Zu dieser Zeit war JU s-90-VE und MC s-180-VE fällig. Die Eltern erfuhren erst von der Aufnahme ins Reinhardt-Seminar, als sie bereits den Aufnahmeschein in der Tasche hatte.

Deklinations-Lebensdiagramm: Inge Egger (27. August 1923)

Aber das Geburtsbild weist auch einige kritische Punkte auf. Nach ihren ersten Erfolgen um 1944 wurde sie aufgrund einer Drüsenerkrankung (VE = SA/PL) auf einmal so dick, so daß sie einige Zeit nicht filmen konnte (JU s-90-SO). Die Ursache lag wohl darin, daß sie, bei den guten Einnahmen nach ihren ersten Erfolgen, sehr gern kochte, alle möglichen Phantasiegerichte zusammenstellte und dabei sehr unsolid war. Ihre Verfassung änderte sich aber rasch nach einer Blinddarmoperation (SO in 3° Jungfrau entspricht dem Blinddarm). Sie wurde wieder schlank und blieb es.

Um 1956 erhielt sie plötzlich kein Engagement mehr, ihr Typ war nicht mehr gefragt. SO p, JU p und ME p überschritten zu dieser Zeit im Lebensdiagramm den »Enttäuschungsplaneten« Neptun, der im Geburtsbild eine kritische Position in MO/SA einnimmt. Diese Konstellation deutet auf Gemütskrankheiten. Schwere Depressionen führten dazu, daß sich die Schauspielerin Ende März 1958 die Pulsader aufschnitt und vom Leben Abschied nehmen wollte. Sie wurde aber rechtzeitig gerettet. Im Lebensdiagramm sieht man MA und PL zusammen, die im Geburtsbild ein Halbquadrat bilden. PL p erreichte zu dieser Zeit minutengenau das Halbquadrat zu MA. Diese Konstellation kann einem Selbstmordversuch entsprechen.

Es spielten auch noch andere Dinge mit. Sie wurde von ihrem Freund Richard Häußler verlassen. Eine andere Freundschaft, mit Willy Birgel, ging in die Brüche. Die Erklärung findet man dafür, daß VE p über MA und PL ging.

Weitere Aufschlüsse gibt wieder das Lebensdiagramm auf Deklinationsbasis. Man erkennt im Deklinationsdiagramm sofort MO//SA und NE = SO/PL. Im Deklinationsdiagramm überschreiten in der fraglichen Zeit nacheinander ME, VE und SO die Positionslinien von MO und SA. Es ist wahrscheinlich, daß in diesen Jahren der Grund zu dem Krebsleiden gelegt wurde. Das Zusammenspiel von Längenpositionen und Deklinationen geht aus den Todeskonstellationen Anfang September 1976 hervor, wo, ähnlich wie 1958, SO, VE, MA die Parallele von MO//SA überschreiten. UR t bewegt sich über MO kurz vor der Todesachse MA/SA.

Zusammenfassend ergeben sich in diesem Fall folgende Krankheitskonstellationen: PL = SO/NE = MA; SA = UR/NE = SO; NE = MO/SA; MO = VE/PL (= MA/SA); MO // SA; NE // JU = SO/PL.

Dickdarm-Krebs

Der Krebskranke wurde laut Geburtsurkunde am 30. Juli 1910 in 53°50' n.B./12° ö.L. um 16.15 Uhr MEZ geboren. Die Geburtszeit wurde nach Lebensereignissen geringfügig korrigiert. Das bösartige Gewächs im Dickdarm wurde am 12. Juli 1976 herausoperiert.

Im Kosmogramm geht die Anlage zu Krebs aus den Formeln MC = NE/PL und SO = SA = MA/NE hervor. Wenn SO und SA in genauem Aspekt stehen, ist immer die Anlage zu Verdickungen,

Krebskranker
30. Juli 1910
Operation 21. Juli 1976

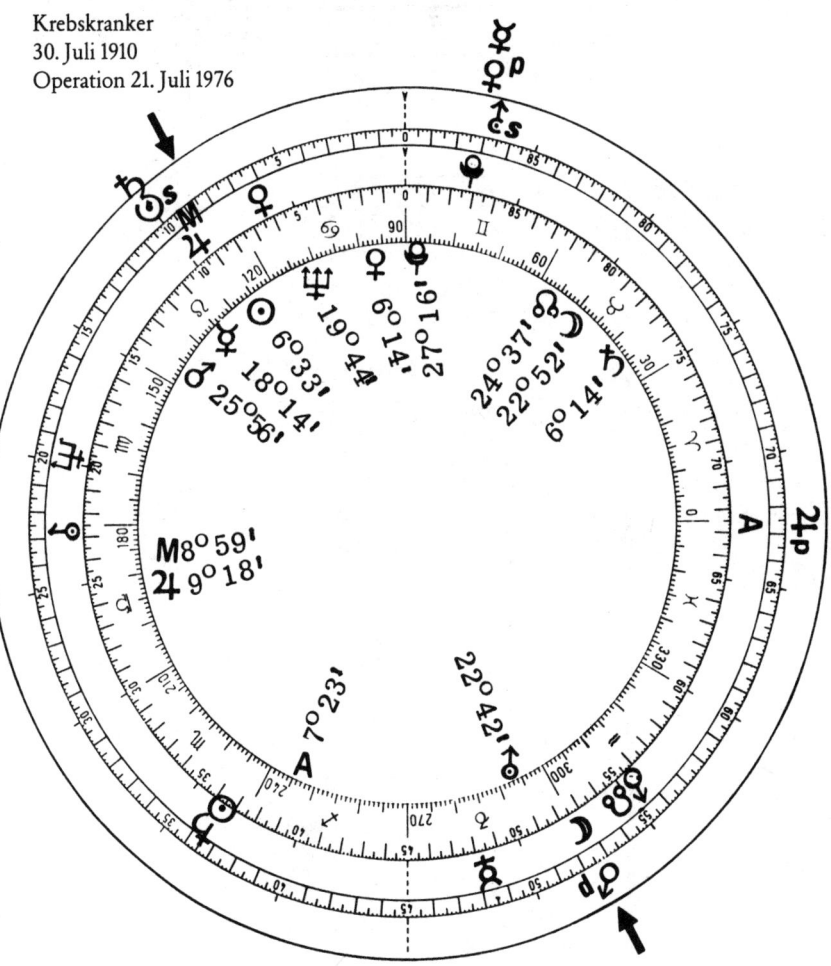

289

L. D. P.
Krebskranker
30. Juli 1910

Jahr 1960 1970 1980

Lebensjahr 50 60 70

OP. 21. 7. 1976

Verhärtungen, Gewächsen gegeben. Es kommt aber auch auf die Lebensweise und die Schicksalsentwicklung an, ob sich aus der SO-SA-Kombination ein schweres Leiden ergeben muß. Wer aber eine solche Konstellation in seinem Kosmogramm vorfindet – ebenso auch bei MO = SA – sollte rechtzeitig vorbeugen und sich vor allen Dingen von seelischen Belastungen freimachen. Man könnte annehmen, daß JU = MC dem Geborenen viel Glück und Erfolg auf den Lebensweg mitgegeben hat, es darf aber nicht übersehen werden, daß MC = JU = NE/PL ist. Der AS weist außerdem in sieben Grad Schütze nach *Anatomischen Entsprechungen der Tierkreisgrade*[48] auf eine Darmerkrankung hin. Der AS ist außerdem belastet durch SA/MC = SA/JU = SO/JU.

Der Ausschnitt aus dem Lebensdiagramm zeigt, daß sich zwischen dem fünfzigsten und sechzigsten Lebensjahr NE p-135-AS bildet und JU p außerdem an dieser Stelle die Entwicklung eines Gewächses fördert. Die Anlage zu einer Krebskrankheit durch MC = JU = NE/PL wird schließlich ausgelöst durch SO p und MA p über den Komplex MO, MC, JU, DR, MA. Auf der Positionslinie von PL begegnen sich außerdem ME und VE.

Betrachtet man das Jahresdiagramm, so wird die Operation ausgelöst durch MA über den gleichen Komplex wie durch MA p. Es ist aber von Vorteil, daß auch JU t diesen Komplex überschreitet und dadurch die Operation gut verlaufen läßt. Allerdings ist weiterhin mit Belastungen durch PL = MA, SA = SA, SO und UR = SA, SO zu rechnen.

Im Außenkreis des Kosmogramms sind die fälligen Direktionen markiert, von denen besonders charakteristisch ist, daß sich SO s und SA s mit MC = JU decken und UR s mit VE p und ME p auf PL mit für die Operation maßgebend sind.

Da der Kranke sich selbst mit Astrologie befaßt hat, kam er zu dem Schluß, daß 1980 SA s die Spitze acht erreicht und sich ähnliche Konstellationen bei seiner Frau ergeben. Er rechnet daher mit seinem Tod im Sommer 1980.

Eine solche Prognose muß vom kosmobiologischen Standpunkt aus gesehen abgelehnt werden, besonders dann, wenn sie sich auf die Felder- oder Häuserspitzen stützt. Dadurch liegt die Gefahr nahe, daß sich der Kranke einbildet, daß der Saturn an der Spitze des achten bzw. des »Todeshauses« das Lebensende bedeuten müsse, und daß allein

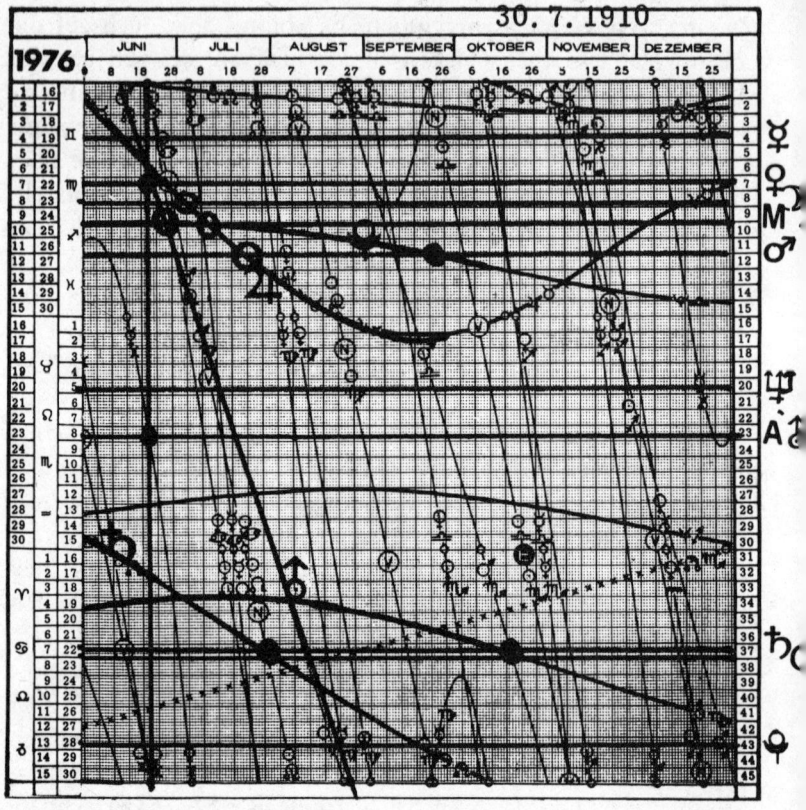

der Gedanke daran sich so festnistet, daß sich der Todesgedanke verwirklichen kann, ganz unabhängig von den Konstellationen. »Gedanken sind Kräfte!« Negative Gedanken führen auch zu negativem Geschehen, positive Kräfte stärken die Lebensenergie und lassen auch schwere Krisen überwinden.

Hodentumor

Für den jungen Mann, der am 12. September 1945 geboren wurde, ergab sich wie für seine Eltern ein schweres Schicksal. Er war der einzige Sohn und leitete bereits ein weltweites Unternehmen. Die Eltern haben alles getan, um sich ihren Sohn und Erben zu erhalten; es war vergebens. Die Anlage zu einer Tumorbildung ist durch verschiedene Konstellationen gegeben:

NE = SO/SA; MO = SA/NE; SA = MC; MA = NE. Diese Planetenbilder werden auch bei anderen Tumor- oder Krebskranken gefunden. Für die Erkrankung der Sexualorgane ist bezeichnend:

VE = 15°45' Löwe betrifft Hoden in 17° Löwe;

MC = VE/NE: Schwäche der Zeugungsorgane;

Sa = VE/MA: Hemmungen im Liebesleben;

MA = NE: Infektionskrankheit;

NE = MO/VE: anormale Drüsentätigkeit, entsagen müssen;

PL = MO/SA: Blasenleiden, Gemütskrankheiten.

Bereits im Juni 1958 im Alter von dreizehn Jahren erfolgte die erste Operation. Die Ursache der Erkrankung liegt aber sicherlich bereits um das fünfte Lebensjahr, als MA und VE die Positionslinie des NE kreuzten. Durch JU = NE ist die Möglichkeit einer Fehldiagnose gegeben, die schwere Folgen gehabt hat. Es folgen weiterhin SO und ME über NE. Nach und nach nähert sich SA dem MC mit der Gefahr einer schweren Erkrankung. Unter SO über SA tritt 1977 der Tod ein.

Betrachtet man die Deklinationen, so ergibt sich daraus die Schwere des Leidens, denn es ist nicht nur SA-180-MC, sondern auch SA//MC. Die Halbsumme SA/MC fällt nun zusammen mit MO/VE = NE = JU. Dadurch wird auf ein schweres Leiden in den Drüsenorganen hingewiesen. Außerdem ist MA//PL//UR.

Betrachtet man das Deklinations-Lebensdiagramm, so sind MA und PL dicht beisammen, so daß man annehmen könnte, daß in der Kindheit irgendein gewaltsamer Eingriff oder ein Unfall vorgelegen hat, von dem die Eltern vielleicht nichts gewußt haben. MA bewegt sich auf UR zu und führt zu einer erneuten Operation. Ebenso bewegt sich SA p auf MC zu wie im Lebensdiagramm auf progressiver Grundlage.

In der Kindheit sind die Übergänge von JU, SO über NE wieder für

Karl
12. September 1945

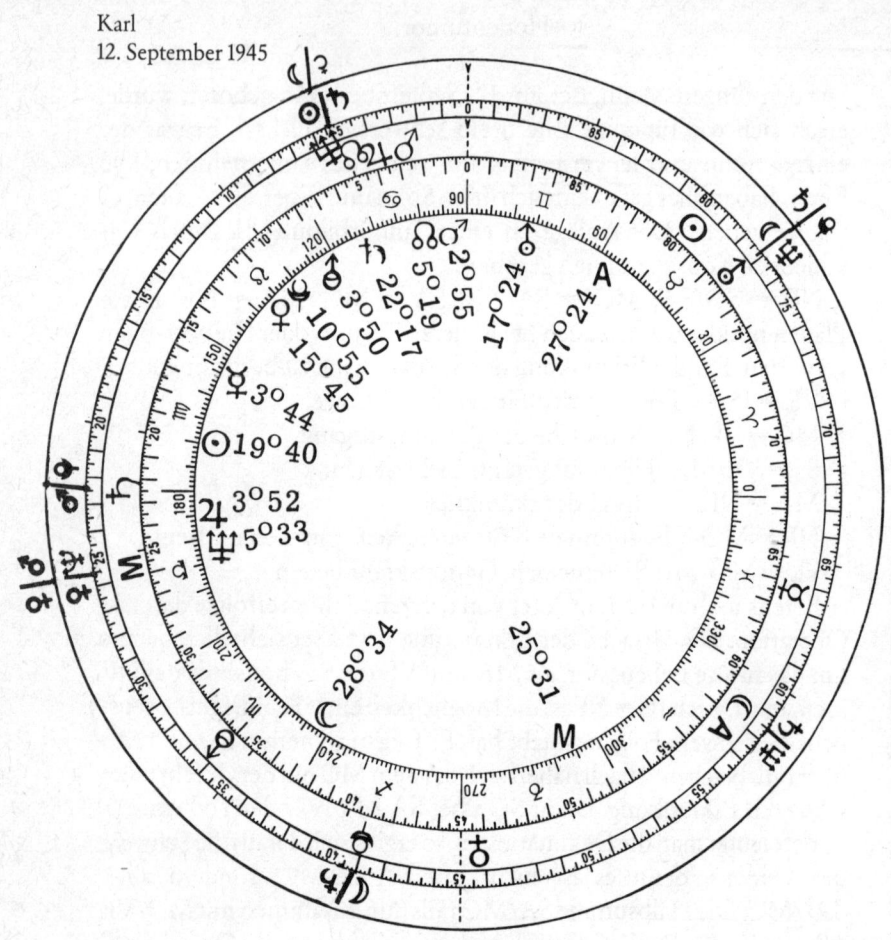

DEKLINATIONEN

☉ = 4°06'N	☾ = 16°51'S	☿ = 11°22'N	♀ = 16°23'N
♂ = 23°29'N	♃ = 0°28'S	♄ = 21°22'N	☊ = 22°52'N
♆ = 0°54'S	♇ = 23°17'N	M = 21°03'S	A = 19°36'N

Lebensdiagramm: Karl (12. September 1945)

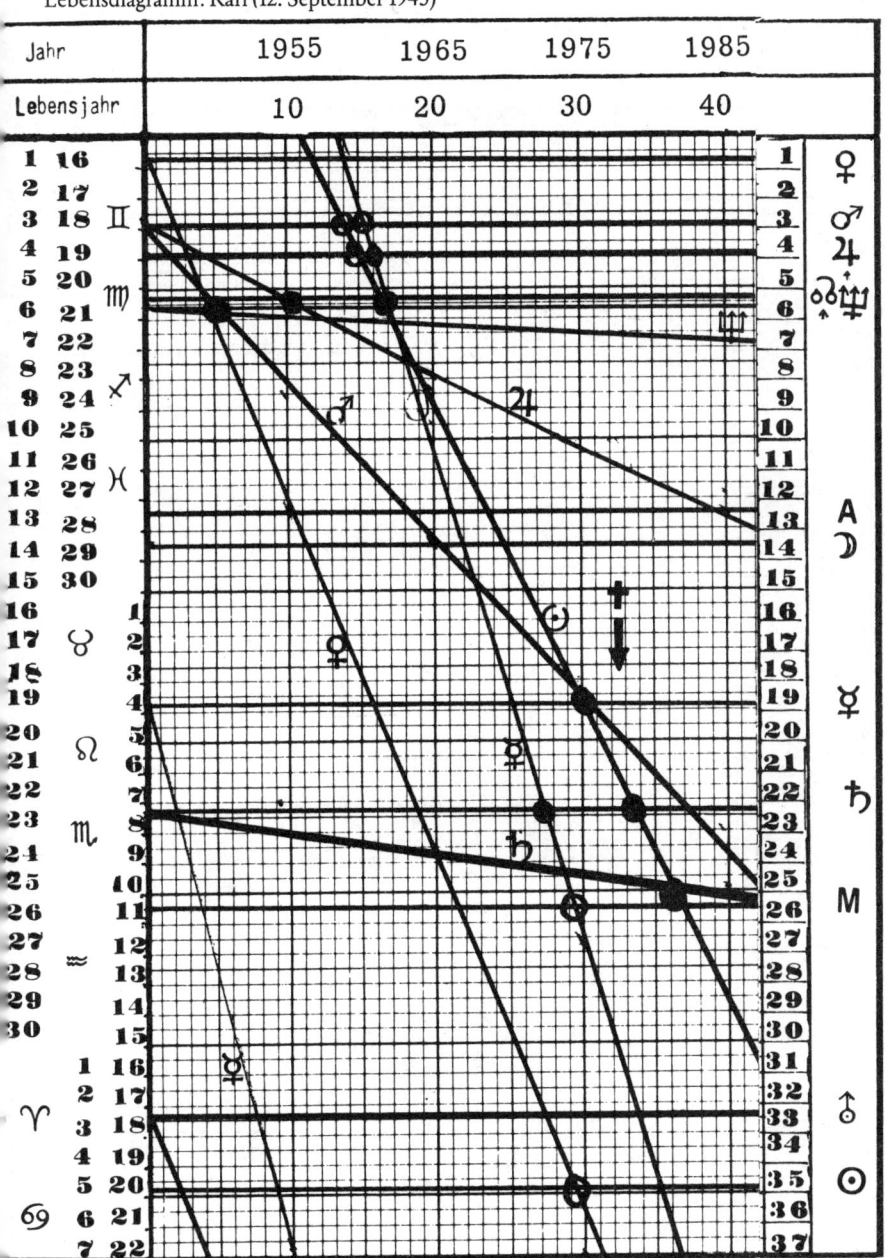

Karl
(12. September 1945; Hodentumor)

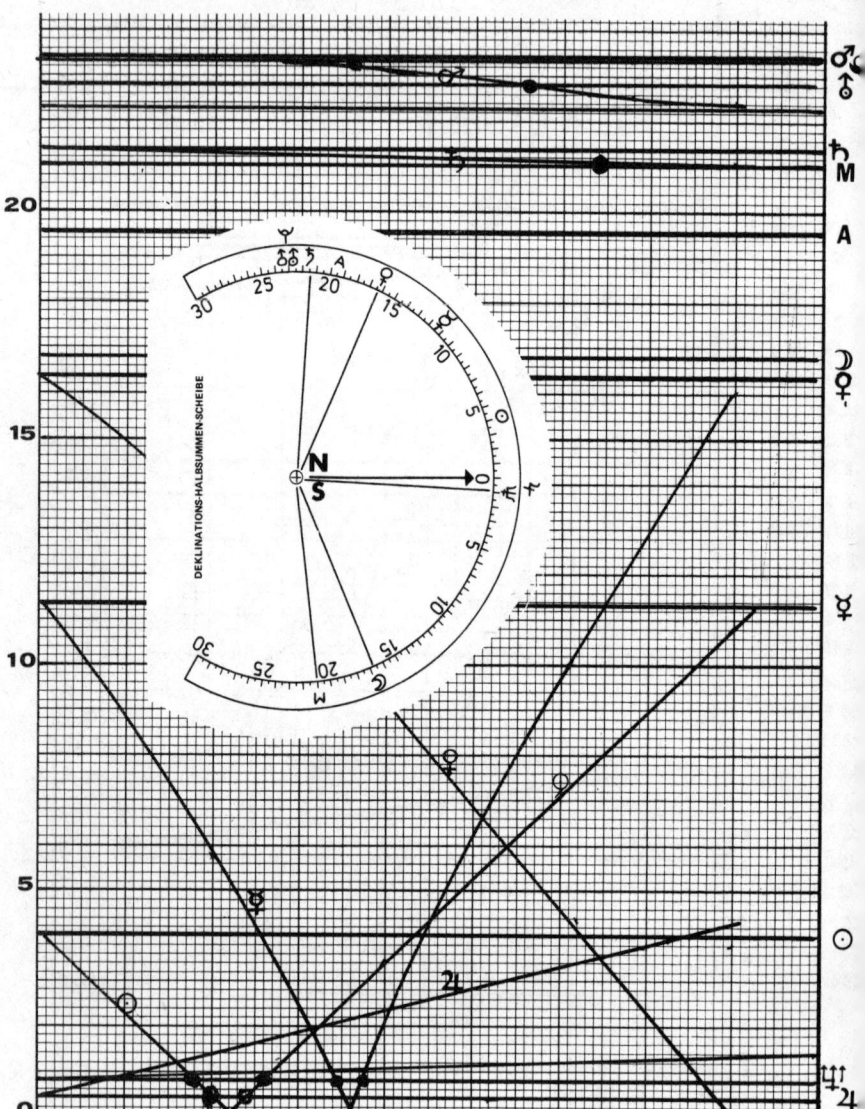

Infektionskrankheiten maßgebend. Die Ärzte hatten den Nativen bereits 1975 aufgegeben und ihm nur noch eine Frist von ein bis zwei Jahren gegeben. Das hat sich dann leider bestätigt. Im Herbst 1976 hatte ich auf die Gefahr einer schweren Krise hingewiesen, die 1977 eintrat. Als SA t = MA im Juli fällig wurde, starb der Kranke.

Herzklappen-Operation
M. G., 4. April 1929

Wenn man von einer Herzkrankheit hört, so schaut man zuerst nach der Position der Sonne und deren Aspekten. Die Sonne befindet sich in 13°44' Widder im Abstand von 135° zu Neptun 28°55' Löwe. Daraus kann zunächst auf eine Herz(Sonne)-Schwäche(Neptun) geschlossen werden. Aufgrund der *Anatomischen Entsprechungen der Tierkreisgrade*[48] betrifft 28° Löwe genau die Herzklappen. Im 90-Grad-Kreis bilden SO und NE eine Achse, in der sich die Halb-

M. G. (4. April 1929; Herzklappen-Operation)

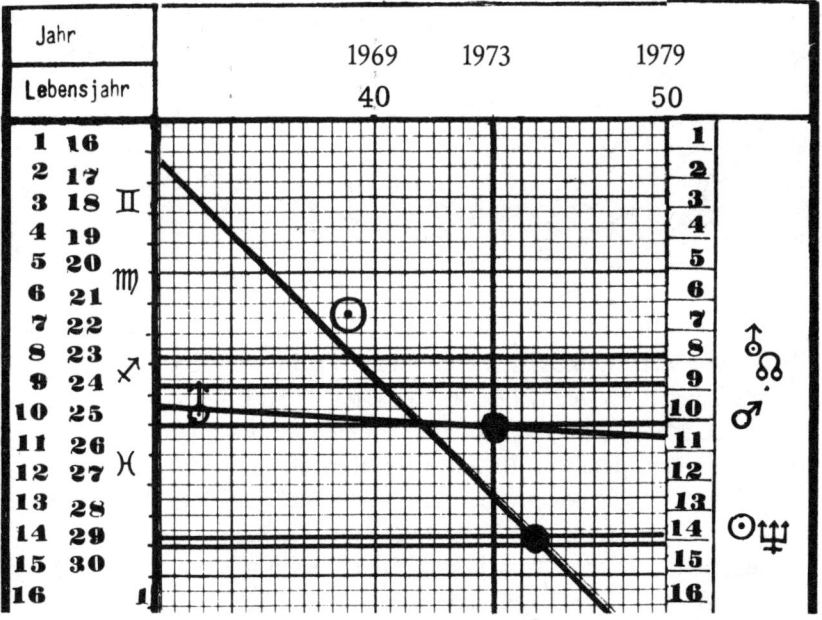

M. G.
4. April 1929, 1.45 Uhr
Wolfenbüttel
Herklappen-Operation

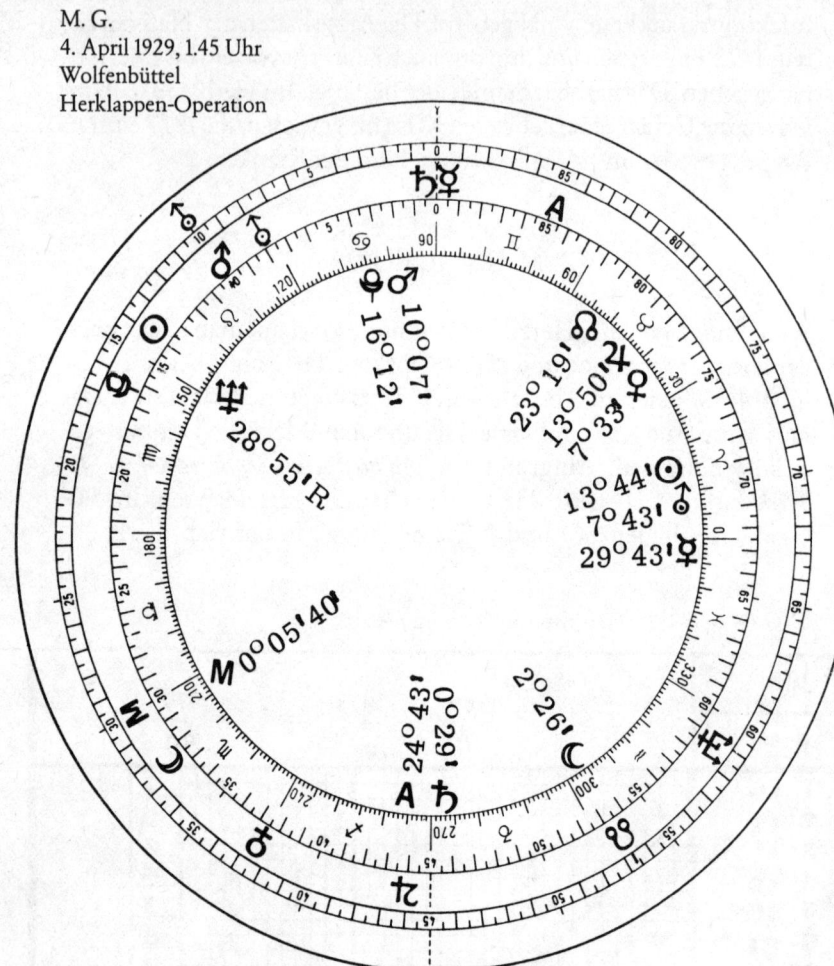

summen MA/PL und SA/MC befinden. Damit wird angedeutet, daß
Aufregungen und seelisches Leid die Ursache der Erkrankung bilden.
MA/PL ist auch oft bezeichnend für einen gewaltsamen Eingriff in
den Körper (Operation). Im Kosmogramm fällt noch MA-90-UR auf.
Nach KdG 0710 entsprechen dieser Konstellation der Tätigkeits-
rhythmus, die Herzaktion, Verletzung und Operation.

Betrachten wir den Ausschnitt aus dem Lebensdiagramm: UR läuft
auf MA zu, das exakte Quadrat ist zur Zeit der Operation fällig.

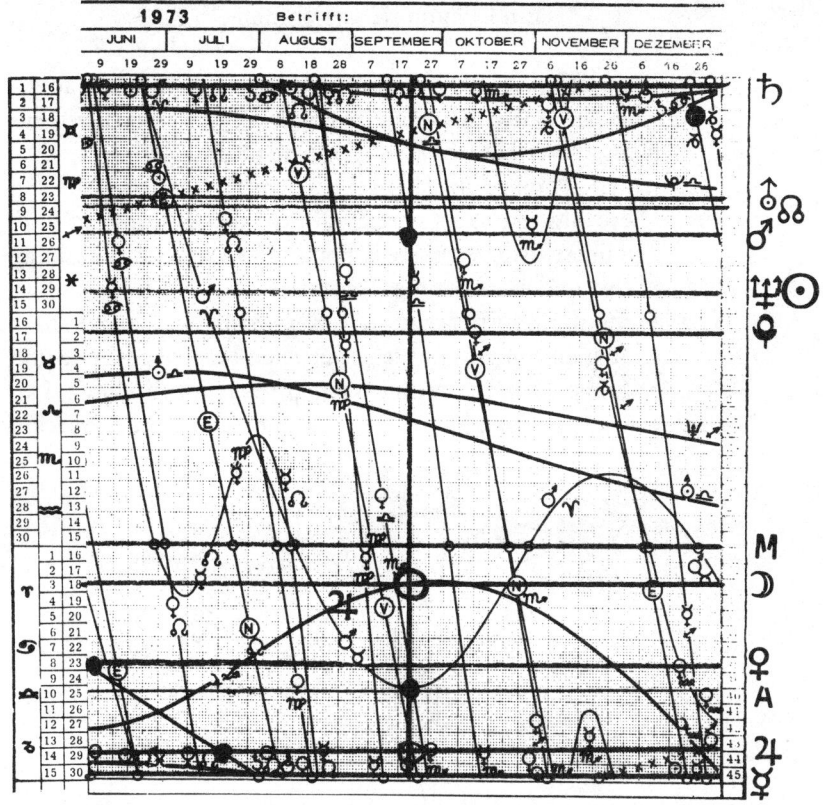

Außerdem war bei der Geburt NE scheinbar rückläufig und wird nach knapp vierzig Tagen wieder direktläufig, so daß er zur Zeit der Operation wieder die Grundstellung einnimmt. Andererseits läuft SO auf die Achse SO-NE zu. Also wurden beide Konstellationen, die auf Herzklappen- und Rhythmusstörungen hinweisen, zur Zeit der Operation ausgelöst.

Der Operationstag war gut gewählt, denn neben ME = MA, MA = AS in der Mitte zwischen Voll- und Neumond ist SO = JU und JU = MO fällig, so daß die Operation gut gelungen ist und der Patient sich bereits nach vier Wochen wieder nach Hause begeben konnte. Es waren noch eine Reihe weiterer Konstellationen fällig, die aber hier nicht besprochen werden, um nur das Wesentliche hervorzuheben.

Alle Beispiele, die sich in diesem Buch befinden, sind keine ausgesuchten Fälle, bei denen »alles stimmen muß«. Es gibt auch Beispiele, bei denen es schwerfällt, die richtigen Entsprechungen zu finden, denn es ist nicht damit getan, daß irgendwelche Konstellationen fällig werden. Diese müssen auch sinngemäß mit den Ereignissen oder Krankheiten übereinstimmen. Bei Erkrankungen an Kinderlähmung (Poliomyelithis epidemica) wurde mehrfach PL = SO/NE festgestellt.

Nun lieferte der Assistenzarzt Hans Reißmann aus Leipzig einen Fall von Kinderlähmung, der in seiner eigenen Familie passierte und dessen Ausbruch geradezu minutengenau festgehalten wurde. Der Beginn der ersten Lähmungsanzeichen bei dem damaligen Schulkind

W. G.
1. März 1916

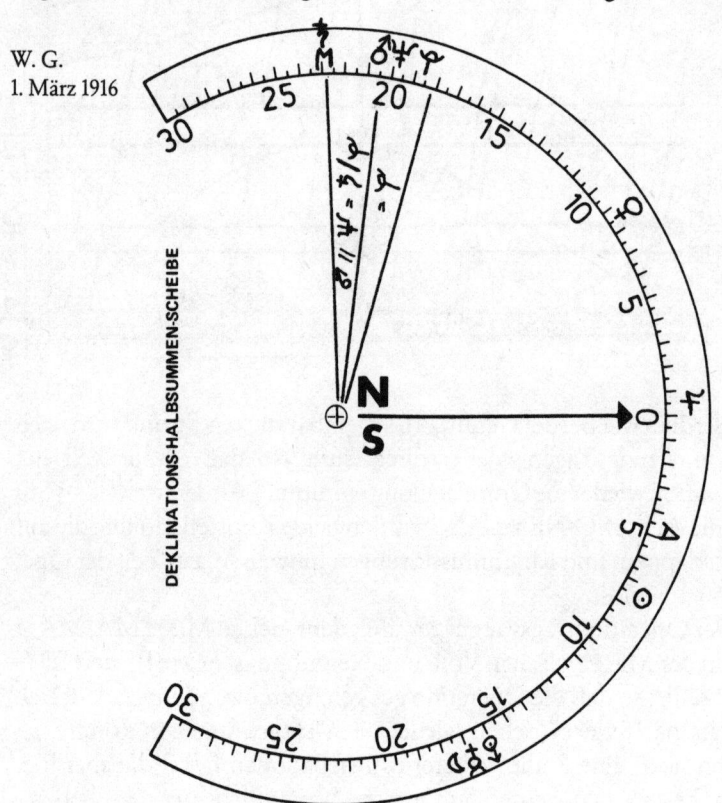

300

W. G.
1. März 1916, 20.30 Uhr
Leipzig

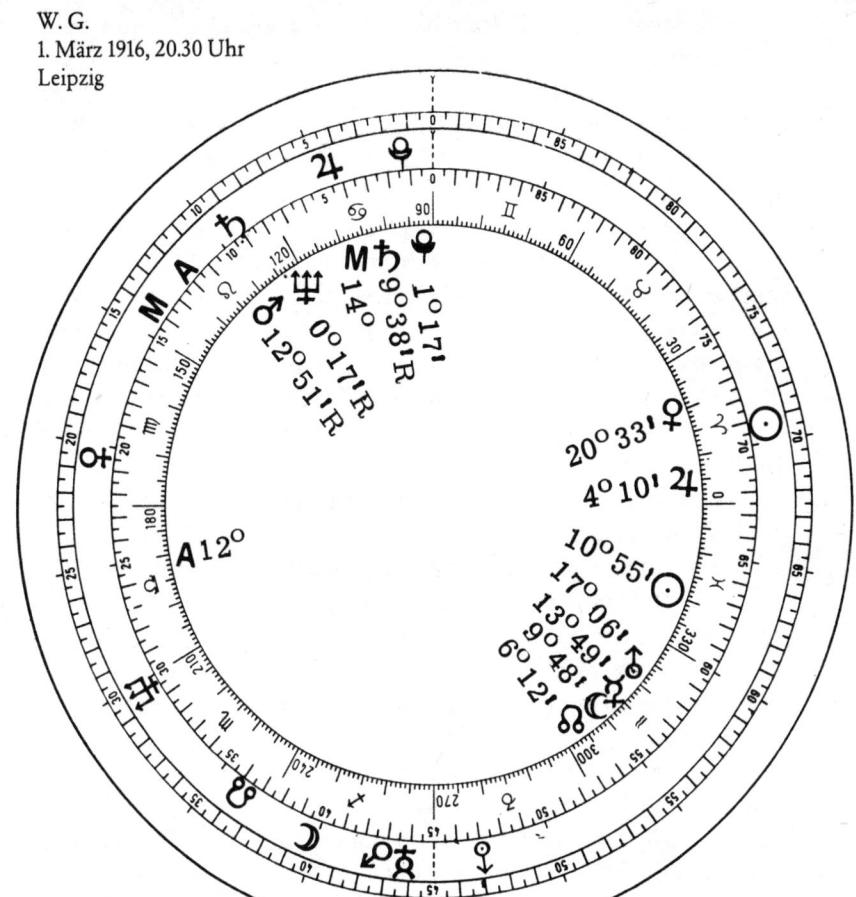

DEKLINATIONEN

☉ = 07°29'S	☽ = 17°24'S	☿ = 16°57'S	♀ = 8°42'N
♂ = 21°00'N	♃ = 0°43'N	♄ = 22°45'N	☊ = 16°20'S
♆ = 19°49'N	♇ = 18°20'N	M = 22°43'N	A = 4°48'S

ist der 6. September 1922 um 8.00 Uhr in Leipzig. Der Termin steht deshalb genau fest, weil zu dieser Zeit der Vater des Kindes als Bankbeamter gerade in seine Bank gehen wollte, nun aber sofort von Arzt zu Arzt rannte, um Hilfe zu holen.

Zur Krankheit selbst schreibt Reißmann: »Die spinale Kinderlähmung ist eine Infektionskrankheit. Sie ist epidemisch und tritt meist im Sommer oder im Herbst auf. Der Erreger ist ein Poliomyelitis-Virus. Es gibt drei verschiedene Arten der Krankheit. Sie hat eine Inkubationszeit (die Zeit zwischen Ansteckung und Ausbruch) von vier bis zwölf Tagen.«

Untersucht man die wesentlichen Krankheitskonstellationen, so erkennt man VE = SA/NE; MO = SO/SA. Verschiebt man die Positionen dem Lebensalter entsprechend um ca. 6°, so erreicht MC das Quadrat zu VE = SA/NE, das heißt die bereits festgestellte Krankheitskonstellation, ein langwieriges oder chronisches Leiden (SA/NE), wird ausgelöst.

Untersucht man die Tageskonstellationen vom 6. September 1922, so ist NE t-180-UR (Rhythmuslähmung), UR t = SO (plötzliche Aufregung). Rechnet man die obengenannte Inkubationszeit vom Sonnenstand ab, so muß die Sonne zwölf Tage zuvor NE/PL überschritten haben. Dann ergibt sich die Auslösung der Krankheit unter SO t-135-NE.

Ein eindrucksvolles Krankheitsbild ergibt sich auf dem Deklinations-Diagramm. Hier findet man eine Häufung von negativen Faktoren innerhalb von vier Grad, insbesondere SA, MC, MA, NE, PL. Darin stimmt MC//SA überein mit MC = SA im Kosmogramm. Dazu gehört auch die starke Infektionskonstellation NE = MA/PL.

Dieser Fall zeigt, daß Krankheitskonstellationen bei Ausbruch einer Krankheit immer vorhanden sind, daß aber der spezielle Hinweis auf Organ und Art der Krankheit nicht immer leicht zu erkennen ist.

Der zweite Fall von Kinderlähmung

betrifft eine Geburt am 12. Mai 1943 um 1.45 Uhr in Hirschberg/Schlesien; es handelt sich um eine Zwillingsgeburt. Die Schwester kam um 2.00 Uhr zur Welt. In der 25. Arbeitsaufgabe der Zeitschrift *Kosmobiologie* (1959) war die Frage gestellt worden, welche der Zwillings-

W. G.
12. Mai 1943, 1.45 Uhr
Hirschberg/Schlesien

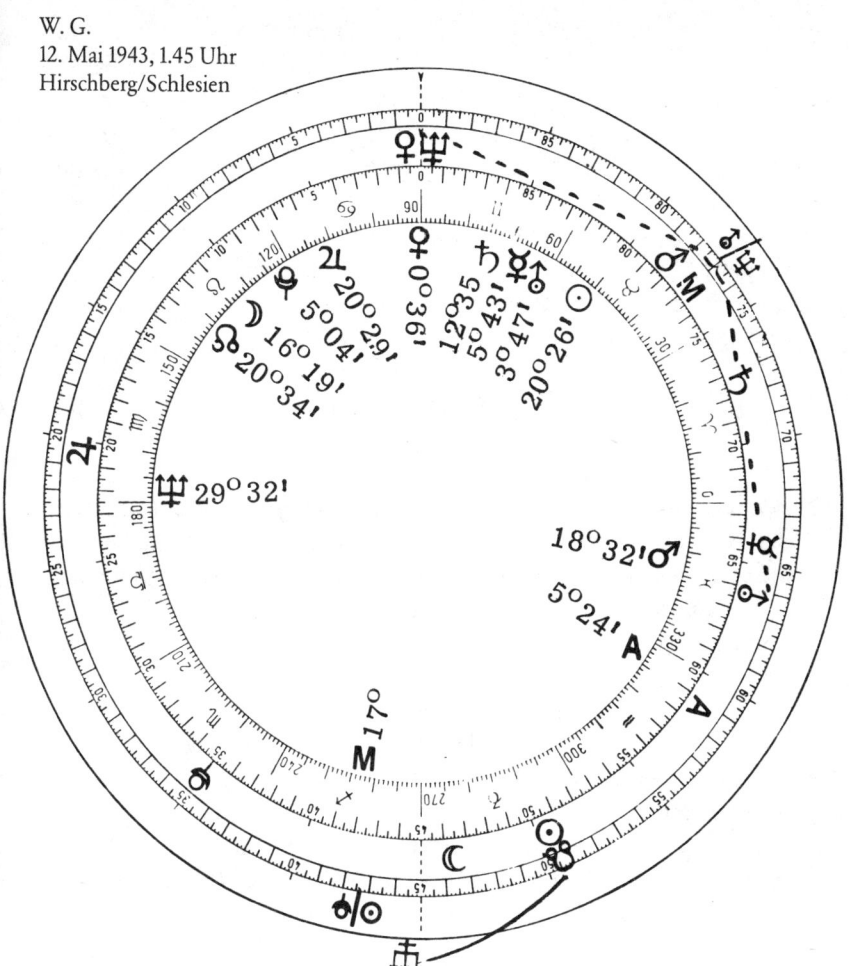

DEKLINATIONEN

☉ = 17°43'N	☾ = 16°45'N	☿ = 22°56'N	♀ = 25°40'N
♂ = 6°11'S	♃ = 22°18'N	♄ = 20°55'N	☊ = 20°47'N
♆ = 1°28'N	♇ = 23°58'N	M = 22°49'S	A = 11°56'S

schwestern im August 1948 an Kinderlähmung erkrankte. Die Aufgabe wurde von zwölf Mitarbeitern dadurch richtig gelöst, daß bei der Erstgeborenen MC=MA=UR/NE ist. Innerhalb der fünf Jahre löste SA s diese Halbsummenkonstellation aus. Im Jahresdiagramm entsprach NE t-180-UR dem Ausbruch der Krankheit. Ferner ist im Kosmogramm NE = SO/PL mit einem Orbis von 2° vorhanden. Bewegt man NE um den Sonnenbogen von 5°, so wird NE s-135-SO fällig. Im Deklinationsbild hat SA//UR einem Orbis von nur 8'. UR p erreicht zur Zeit der Erkrankung 20°52', so daß sich der Orbis auf 3' verringert.

Er hat sich totgeraucht

Herr Dr. med. Z., der sich seit Jahren mit der Ebertin-Methode befaßt und seine Patienten danach beobachtet, schreibt zu dem folgenden Fall: »Es mag interessant sein, wie ich bisweilen das Schicksal meiner Patienten kosmobiologisch verfolge. Hier ein Beispiel, das mir interessant genug erscheint, es Ihnen zu übersenden.

Die Lebensdauer des Rechtsanwalts S. hatte ich laut Kurzephemeride 1971/80 noch bis Juni 1975 befristet. Nun hat er aber – er hat sich totgeraucht – schon unter Jupiter und Uranus über Pluto – kurz vor Saturn über AS und Neptun über Saturn – das Leben beendet. Es war ein müheloses Erlöschen. Das Lebensdiagramm hatte ich schon vor Jahren gestellt.

Der Kranke litt an Wassersucht (Hydrops). Dabei sammelt sich enorm viel Flüssigkeit in den Körpergeweben und -höhlen, bedingt durch Austritt von Blutserum aus den Kapillaren als Folge von örtlicher und allgemeiner Stauung. Der Patient hätte trotzdem noch länger leben können, wenn er sich eben nicht totgeraucht hätte. Die dadurch entstandenen Giftstoffe konnte der Körper nicht mehr verkraften.«

Wenn wir uns das Kosmogramm ansehen, so ist hier bereits die Anlage zu einer langwierigen Erkrankung gegeben durch SO=MA=SA/NE: »Das chronisch unaufhaltsam fortschreitende Übel.«

Krankheiten durch Genußgifte sind besonders durch SO=NE/PL (KdG 999) gegeben. Diese Formel findet sich auch im Kosmogramm, nur in anderer Zusammensetzung: NE = SO/PL = MC. Es kommt noch hinzu NE=MA/PL=MC, worin der Hinweis auf Wassersucht

Rechtsanwalt
2. April 1902, 2.30 Uhr
48° N / 10° O

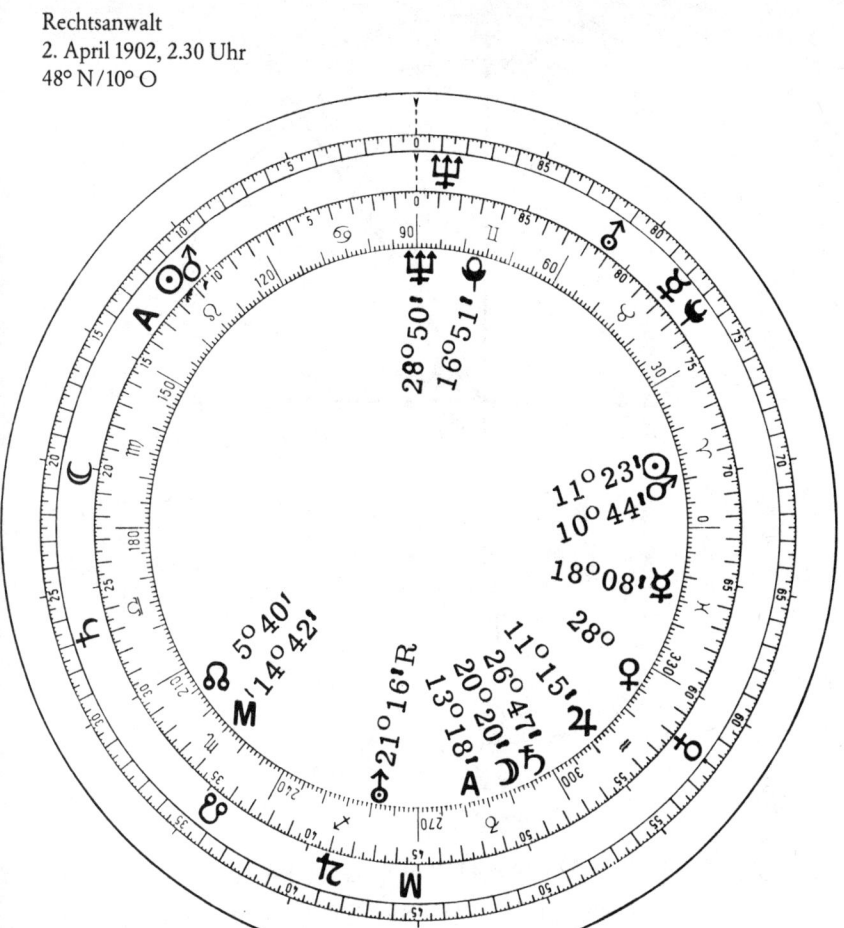

DEKLINATIONEN

☉ = 4°32'N	☽ = 16°35'S	☿ = 6°49'S	♀ = 9°28'S
♂ = 3°49'N	♃ = 17°50'S	♄ = 20°44'S	☋ = 23°14'S
♅ = 22°19'N	♇ = 13°54'N	M = 16°17'S	A = 22°47'S

305

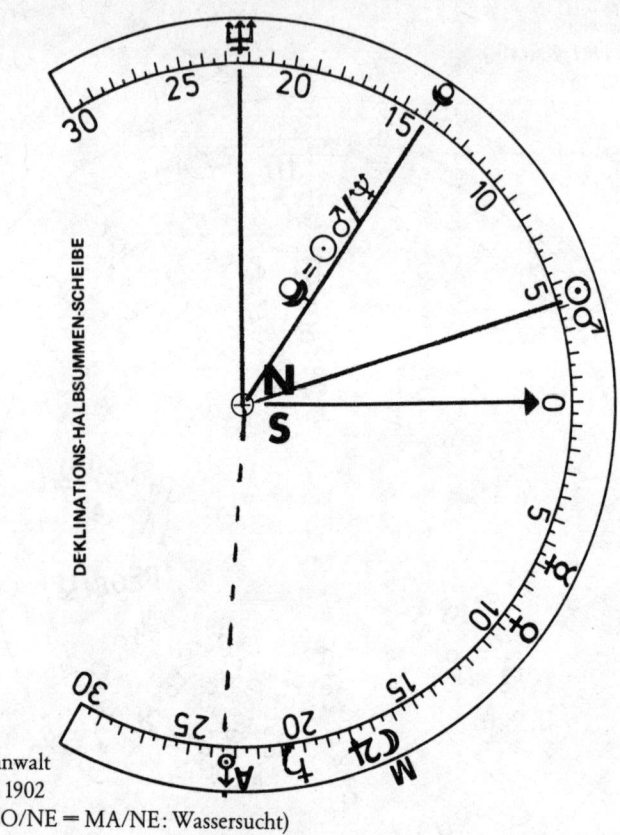

DEKLINATIONS-HALBSUMMEN-SCHEIBE

Rechtsanwalt
2. April 1902
(PL = SO/NE = MA/NE: Wassersucht)

enthalten ist. Weiterhin deutet UR=NE/PL=SA/MC=DR auf eine heimtückische, zunächst schmerzlose Krankheit, die auch seelischen Ursprungs sein kann. Der letzte Höhepunkt der Krankheit wird erreicht, als SO p = UR = NE/PL = SA/MC ist.

In diesem Falle ist auch zu erkennen, wie stark die Deklinationen an einem Krankheitsgeschehen beteiligt sein können. Im Deklinationsbild deutet PL = SO/NE = MA/NE auf die Hauptkrankheit, die Wassersucht, hin und auf die »gewaltsame Schädigung« durch Gift, durch das Rauchen. UR//NE führt dadurch zu Rhythmus-Störungen. Sehr interessant ist nun das Deklinations-Lebensdiagramm.

Die Bewegung von UR, NE, SA sind minimal, so daß sie kaum eingezeichnet werden können. JU p//MO beherrscht die zweite Hälfte

306

D. L. D.
*2. April 1902; †25. Januar 1975

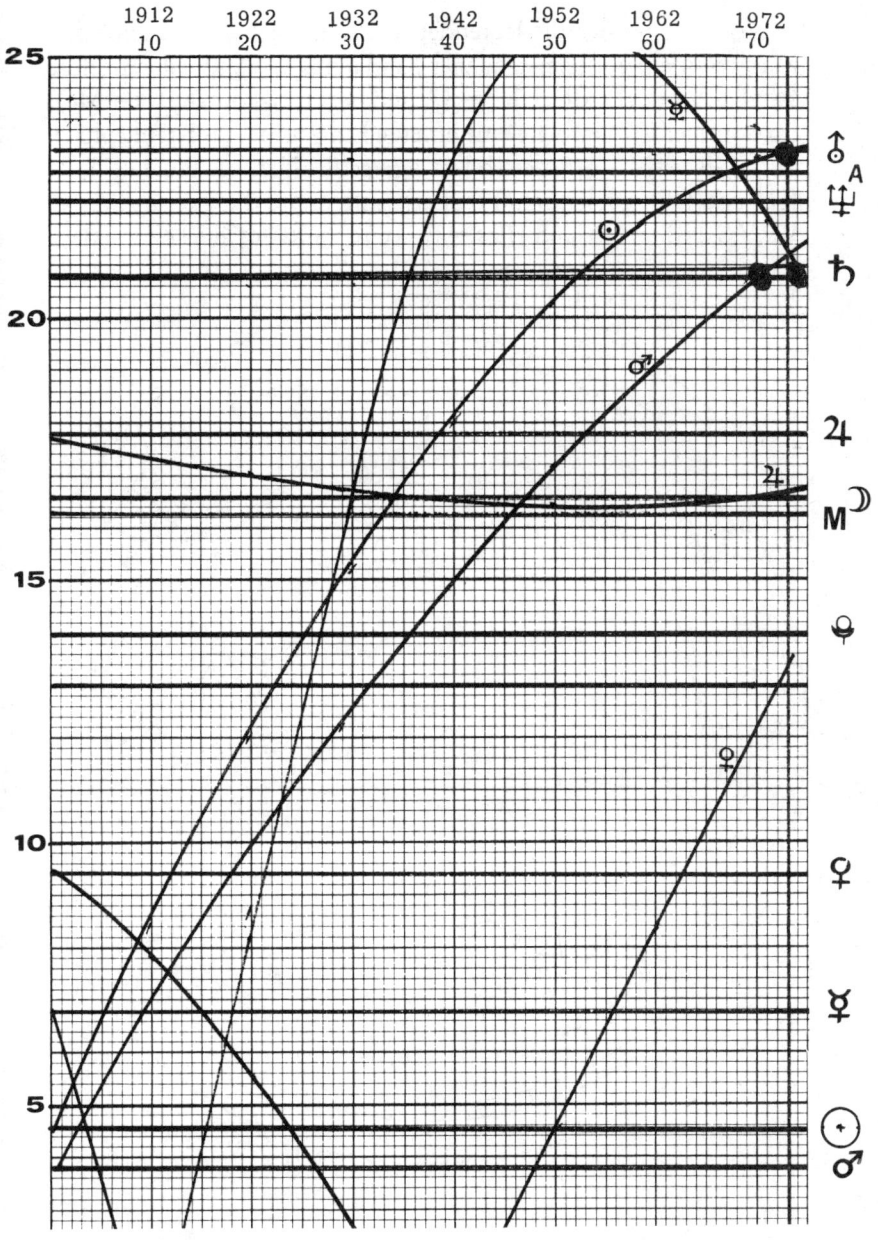

des Lebens mit einer starken Flüssigkeits(MO)-Anreicherung (JU).
Der Tod wird herbeigeführt durch MA p//SA, ME p//SA und SO
p//UR.

Wollte man noch die laufenden Transite beachten, so ergibt sich
März 1974 ein gut überstandener Krankenhausaufenthalt, ausgelöst
durch SA t = NE, MC, UR t = SA und begünstigt durch JU t = MO.
Im Sommer 1974 erfolgte eine erneute Einweisung ins Krankenhaus
durch SA t = MA, SO; der Tod erfolgte schließlich im Januar 1975, als
JU t und UR t gemeinsam PL überschritten und die Transite SA t =
VE, AS, NE t = SA und UR t = PL kurz vor ihrer Fälligkeit standen.

W. G.
28. Februar 1900

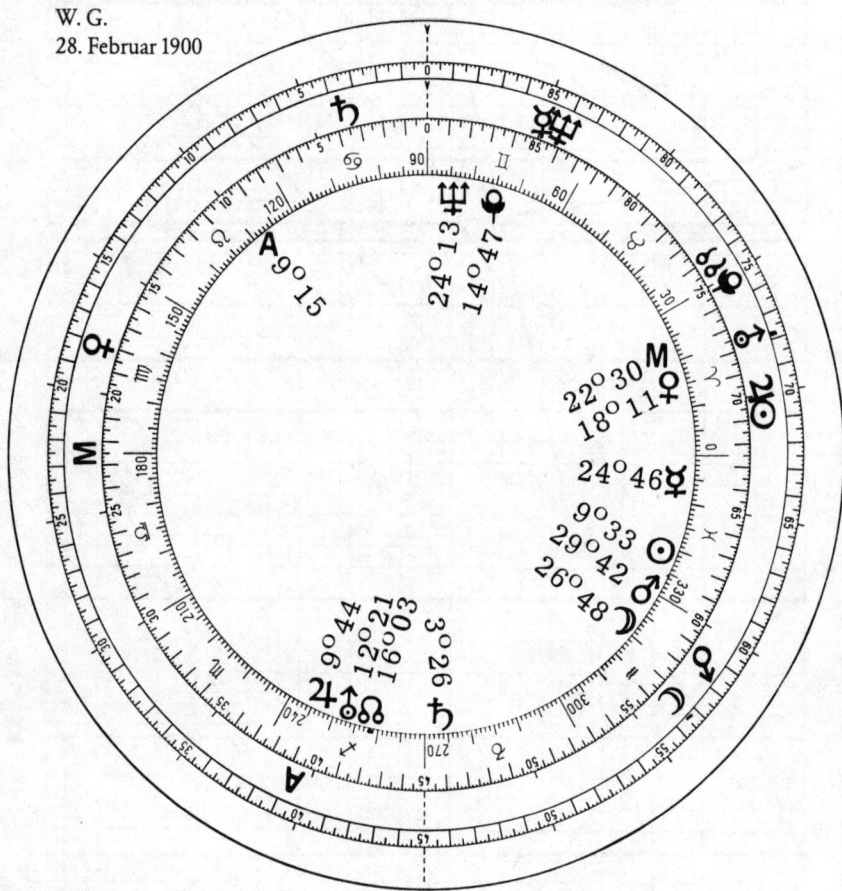

Glaukom und Gehirnembolie

Augenkrankheiten, insbesondere Grüner und Grauer Star, sind gefürchtete Alterskrankheiten. Wenn daher entsprechende Konstellationen vorliegen, sollten rechtzeitig Vorbeugungsmaßnahmen getroffen werden. Das Glaukom oder der Grüne Star erfaßt im Gegensatz zum Grauen Star das ganze Auge und kann leicht zu Erblindung führen. Das wichtigste Syndrom ist die Erhöhung des Augendruckes. Entweder liegt die Ursache in zu reichlicher Bildung von »Kammerwasser« oder der Abfluß ist behindert, eventuell sogar aufgehoben. Durch die Erhöhung des Druckes im Augeninnern kommt es zu stärkerem Druck auf die Netzhaut, Sehnerven und die ernährenden Gefäße. Dadurch tritt je nach Druckhöhe und -dauer ein mehr oder weniger schnelles Absterben der Nervenfasern ein sowie eine Sehnervenatrophie.

Es handelt sich hier um eine weibliche Geburt am 28. Februar 1900 um 15.00 Uhr in 15° ö.L./45°30' n.Br. Ohne Benutzung einer Rechenscheibe sieht man sofort ME = NE = SA/PL. Weiter treten folgende Strukturbilder hervor: SO = JU = MO/NE; SA = PL/MC; UR = MA/NE; PL = MO/SA. Die vollständigen Strukturbilder sind in einer Zeichnung wiedergegeben.

Es ergeben sich folgende Hinweise:

MO/NE = SO: Gelähmte Durchblutung, Verwässerung des Organismus, mangelnde Salzverwertung (Bewußtseinsstörung, Augenleiden).

MA/NE = UR: Lahmgelegte Tätigkeit, Muskellähmung, Muskelschwund, Seuchenempfänglichkeit, Folgen der Infektion.

ME/NE   Empfindungsverlust, Nervenschwäche, Nervenlähmung.

PL/MC = SA: Der Gesundungswille, Operationsentschluß, Therapiewechsel. Zu dieser Aussage habe ich notiert: Chronische Krankheiten, eventuell Krebs.

SA/PL = NE: Organunterentwicklung, Organverhärtung oder Verknöcherung.

VE/MA = NE: Sympathikus und Parasympathikus, vegetative

Funktionsstörungen, (besonders Darm, Niere), Menstruationsanomalien, Krampfadern.

MO/SA = PL: Chronische Störungen des Wasserhaushalts, Schleimhautdefekte, nässende Wunden, Blasenleiden, Gemütskrankheiten, Erbkrankheiten.

Es ist selbstverständlich, daß sich nicht alle Hinweise bestätigen können. Aus diesem Grunde ist auch immer die Vorlage eines Krankheitsberichtes oder eine persönliche Aussprache notwendig. Der Krankheitsbericht gibt Gelegenheit, das Kosmogramm auf seine Richtigkeit zu überprüfen. Auf keinen Fall sollte man das Geburtsbild als eine feststehende Tatsache betrachten, wie es oft geschieht, sondern es ist immer notwendig, die fortlaufende Bewegung der einzelnen Faktoren zu überblicken als Direktionen und Transite.

Im Alter von vierzehn Jahren hatte das Mädchen ein angeborenes Glaukom, also Grünen Star, am linken Auge, das operativ entfernt wurde. Aufgrund der Tradition entspricht das linke Auge dem Mond, das rechte der Sonne. Verschieben wir den Mond, der dem linken Auge entspricht, um 14 Grad (= 14 Jahre) so bewegt er sich im 90-Grad-Kreis auf den Uranus zu, genau in die Halbsumme SO/UR. SO war

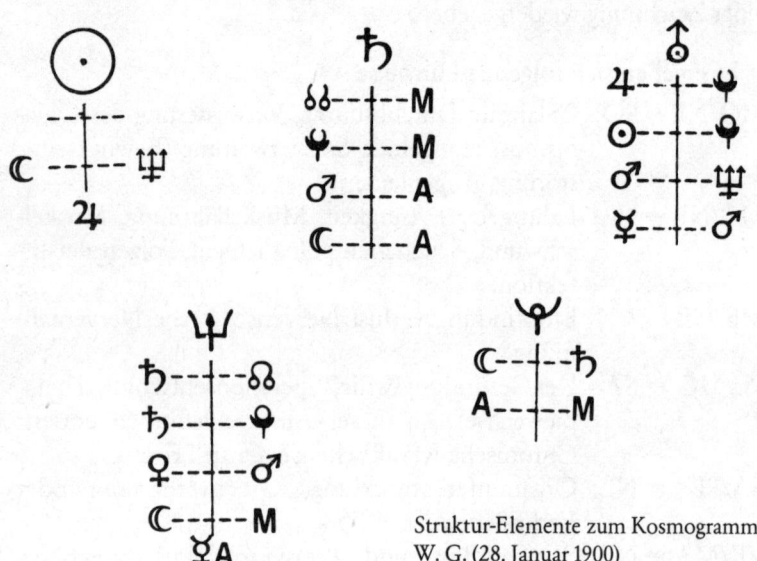

Struktur-Elemente zum Kosmogramm
W. G. (28. Januar 1900)

310

W. G. (28. Januar 1900)
14 Jahre: Glaukom linkes Auge
55 Jahre: Glaukom rechtes Auge

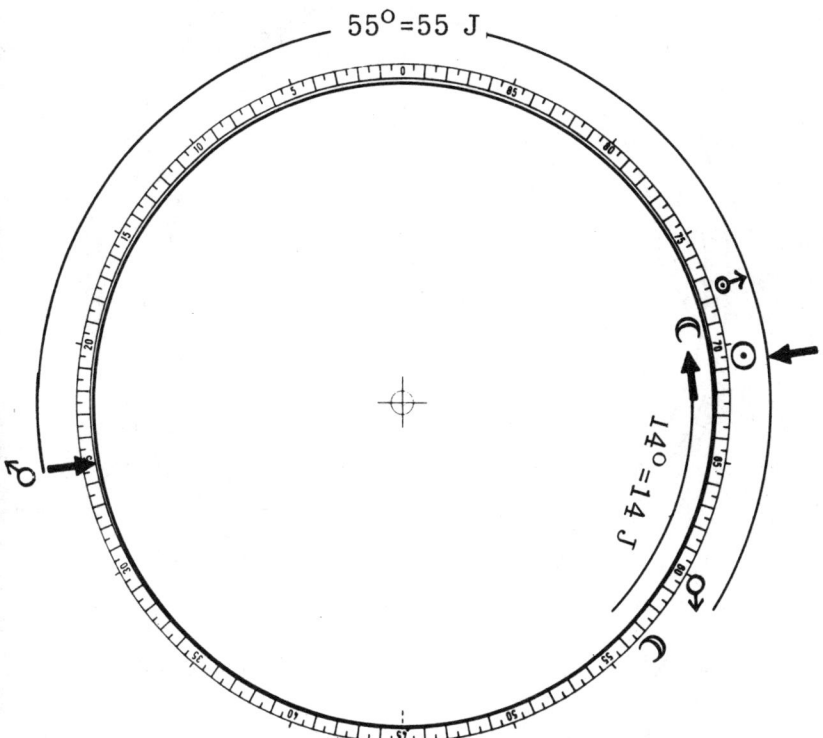

bereits überschritten, aber schließlich ist die Operation die Folge einer bereits bestehenden Erkrankung. Wir erinnern uns dabei, daß SO = MO/NE ein Augenleiden andeutet.

Im Alter von fünfundfünfzig Jahren bildete sich ein Glaukom am rechten Auge. Verschieben wir MA um 55° (= 55 Jahre), so findet sich MA genau gegenüber SO, das heißt es ist MA s-45-SO. Demnach wird wieder die Konstellation des Augenleidens SO = MO/NE ausgelöst.

Wenn es sich um rohe Überprüfung handelt, berechne ich nicht immer den genauen Sonnenbogen, sondern begnüge mich mit der einfachen Grad-Direktion, die dem Lebensalter entspricht. Es kommt hierbei nicht auf Minutengenauigkeit an, da sich der Übergang in eine

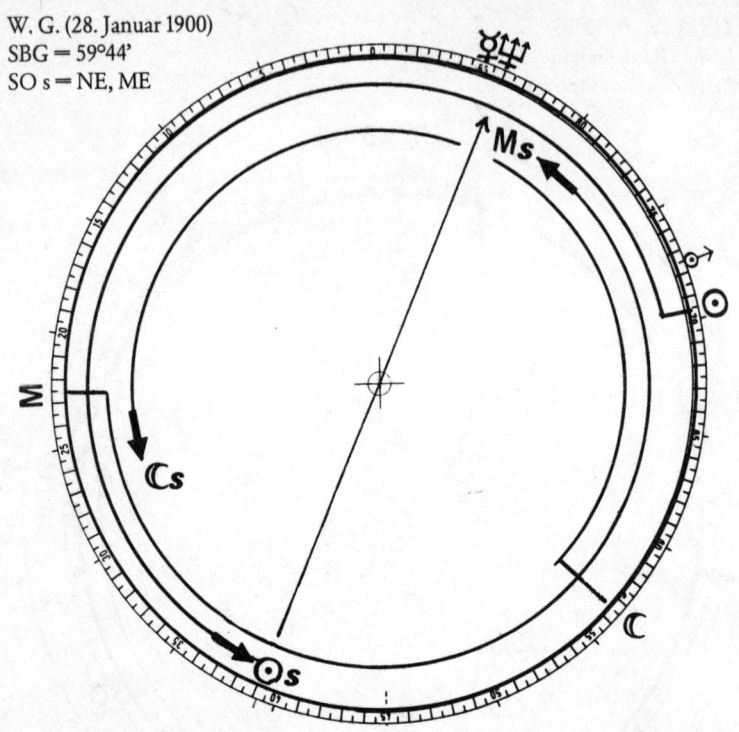

W. G. (28. Januar 1900)
SBG = 59°44'
SO s = NE, ME

Krankheit selten an einem Tage vollzieht, sondern eine Entwicklungszeit benötigt.

Am 23. August 1960 trat eine Gehirnembolie auf. Unter einer Embolie versteht man den Verschluß einer Schlagader durch einen Pfropf (Embolus), der mit dem Blutstrom soweit fortgeschwemmt wurde, bis er an einer engen Stelle hängenbleibt. Die Embolie wird gefährlich, wenn sie ein Versorgungsgebiet von der Blutzufuhr abschneidet, das nicht durch Kolateralgefäße ernährt werden kann. Der Pfropf kann aus geronnenem Blut (Tromboembolie), aus Fett (Fett-Embolie), aus losgerissenen Zellverbänden (zerfallener Krebs oder käsige Lymphknoten), aus eingedrungenen Fremdkörpern oder Fruchtwasser bestehen. Wenn ein solcher Pfropf die Blutbahn verschließt, kommt es in dem von der Blutversorgung abgeschnittenen Körperteil zum Gewebetod.

Im Gehirn ist eine Embolie besonders gefährlich. Das sieht man in

312

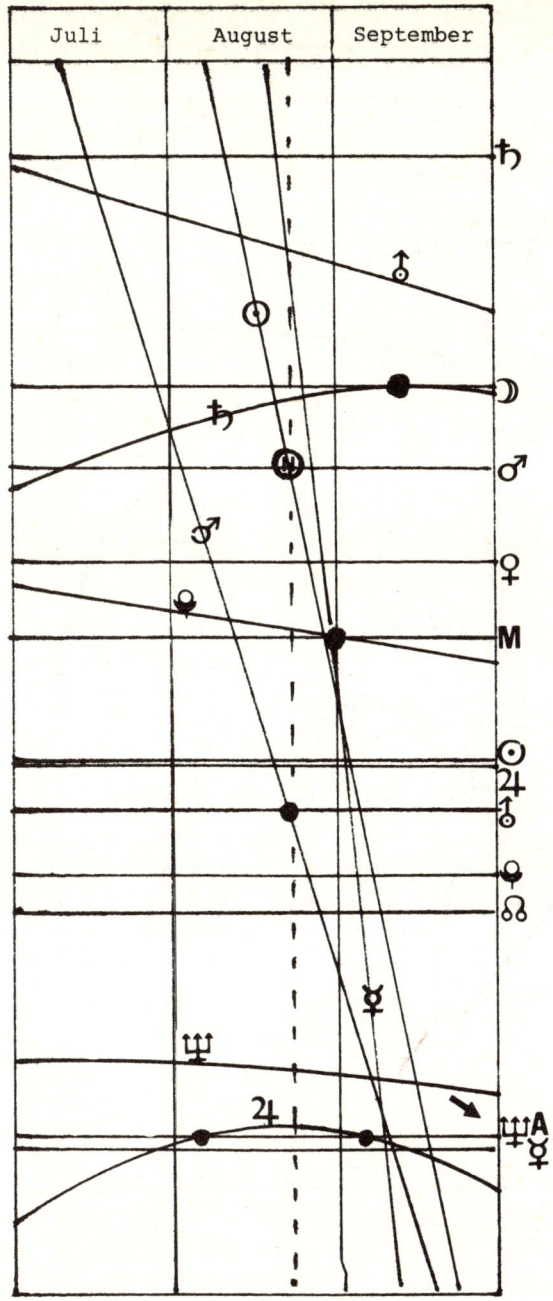

Graphische
45°-Ephemeride 1960

W. G.
28. Februar 1900

313

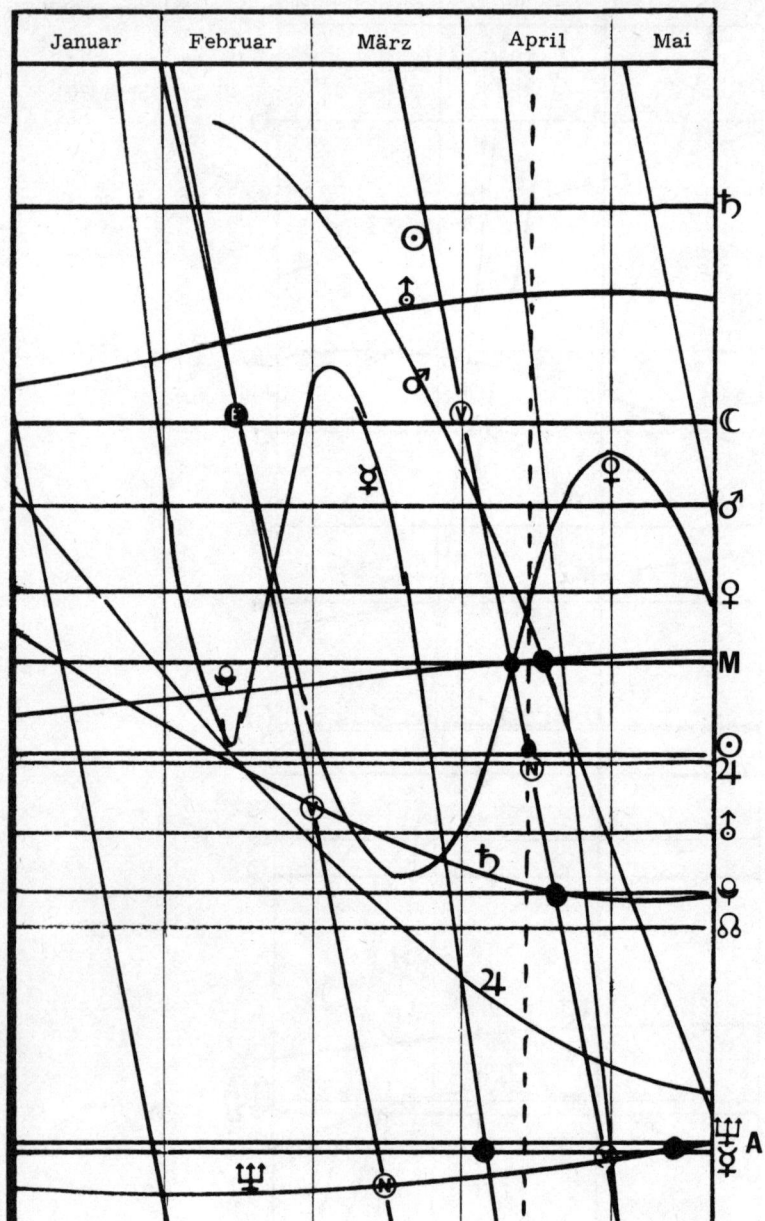

diesem Falle daraus, daß ein Krankenhausaufenthalt von sechzehn Monaten notwendig war. Der Sonnenbogen für sechzig Jahre beträgt rund sechzig Grad, genau 59°44'. Verschiebt man nun die einzelnen Positionen im 90-Grad-Kreis mit der Rechenscheibe, so befindet sich SO in 9°16' Stier, also gegenüber ME und NE beziehungsweise im Halbquadrat zu beiden. In der ersten Übersicht über die Krankheits-konstellationen wurde auf Nervenstörungen und Nervenlähmungen hingewiesen. Außerdem nähert sich MC s = NE und MO s-135-UR = MA/NE und MA s-45-PL. Demnach werden gleichzeitig durch Direktionen drei Krankheitskomplexe ausgelöst, an deren Spitze NE, UR, PL stehen.

Fast alle diese Faktoren werden aber auch in dem Jahresdiagramm durch Transite ausgelöst, denn als die Krankheit ausbrach, war zu-nächst Neumond. MA ging über die Positionslinie von UR. Außer-dem bewegt sich SA auf MO zu, PL und SO schneiden die MC-Linie, JU ist im scheinbaren Stillstand auf NE, und NE ist in Annäherung auf den Komplex NE, AS, ME fällig im kommenden Jahr. Demnach war für diese Zeit der Ausbruch einer Krankheit vorhersehbar.

Aber auch auf die Länge der Krankheit konnte bereits geschlossen werden, da sich der langsamlaufende Neptun auf den Komplex NE-AS-ME zu bewegt. Bei NE = AS kann man auch auf eine unangeneh-me oder bedrückende Umwelt schließen, das heißt den Aufenthalt in einem Krankenhaus.

Betrachtet man die graphische 45-Grad-Ephemeride für 1961, von der die ersten Monate im Ausschnitt gezeigt werden, so lag die Gefahr einer Krise im April, wo PL = MC, MA = MC, SO = MC, SA = PL, ME = NE, NE = ME und NE fällig wurden und in dieser Zeit um den 15. April 1961 auch noch Neumond war. In der Nacht zum 15. April traten sechsmal Gehirnkrämpfe auf. Die Folgen waren fünfzig Pro-zent Verlust der Gehfähigkeit, Verlust der Singstimme, Osteopathie und Osteoporose (Knochenleiden). Durch kosmisches Wissen hätte man die Gefahren vorher erkennen und vorbeugen können.

Tod durch Rauschgift

Die Filmschauspielerin Renate Ewert wurde am 9. November 1933 um 6.28 Uhr in Königsberg geboren. Schon in früher Jugend träumte sie davon, Schauspielerin zu werden und bedrängte ihre Eltern solange, bis sie ihr den Besuch einer Schauspielschule genehmigten. Nachdem sie längere Zeit nur kleinere Rollen gespielt hatte, traf sie im Alter von zweiundzwanzig Jahren mit dem Filmregisseur Paul May zusammen, der ihr eine Rolle in dem Film »08/15« anbot. Sie war erfolgreich und konnte gleich danach in »Lumpazi Vagabundus« und »Der müde Theodor« mitwirken. Sie hatte Gelegenheit, sehr gute Partner zu haben wie Paul Hörbiger, Heinz Erhardt, Dietmar Schönherr, Heinz Rühmann und andere. Aber nicht nur durch den Film machte sie Schlagzeilen, sondern auch durch ihre Affären mit verheirateten Kollegen, die in der damaligen Zeit viel stärker beachtet und in der »Regenbogenpresse« diskutiert wurden als heute. Sie sehnte sich sehr stark nach einem Partner fürs Leben, hatte aber kein Glück (VE = SO = UR/NE = NE/PL, MA = VE/NE = MO/SA, MO = MA/NE = SA/PL = SA/UR).

Sie geriet in Depressionen, versuchte sich mit allen möglichen Mitteln zu betäuben und griff schließlich zum Rauschgift. Sie nahm immer größere Dosen, so daß sie schließlich nicht mehr in der Lage war, vor die Kamera zu treten. Sie hatte gute Freunde, die sie von der Sucht zu befreien suchten, aber sie floh schließlich vor den Menschen; sie war nur noch ein Schatten ihrer selbst. Am 10. Dezember 1966 wurde sie in ihrer Wohnung tot aufgefunden. Der Arzt stellte fest, daß sie bereits vor einigen Tagen ihrem Leben ein Ende gemacht haben mußte.

Die Frage, ob man dieses Schicksal hätte voraussehen und vielleicht auch hätte verhindern können, muß bejaht werden. Dazu ist es notwendig, wieder die Strukturbilder des Kosmogramms zu betrachten. Man hätte innerhalb des Tierkreises einen starken NE-Einfluß annehmen können, doch NE empfängt keine exakten Winkel. Erst der 90-Grad-Kreis und in Verbindung damit die Halbsummen geben Aufschluß. Hier erkennt man UR in Verbindung mit PL und gegenüber NE (UR-135-NE-90-PL). Die Achse UR, PL-NE kreuzt sich mit der Achse SO-VE. Wenn man in KdG unter SO = NE/PL nachliest,

Renate Ewert
9. November 1933, 6.26 Uhr

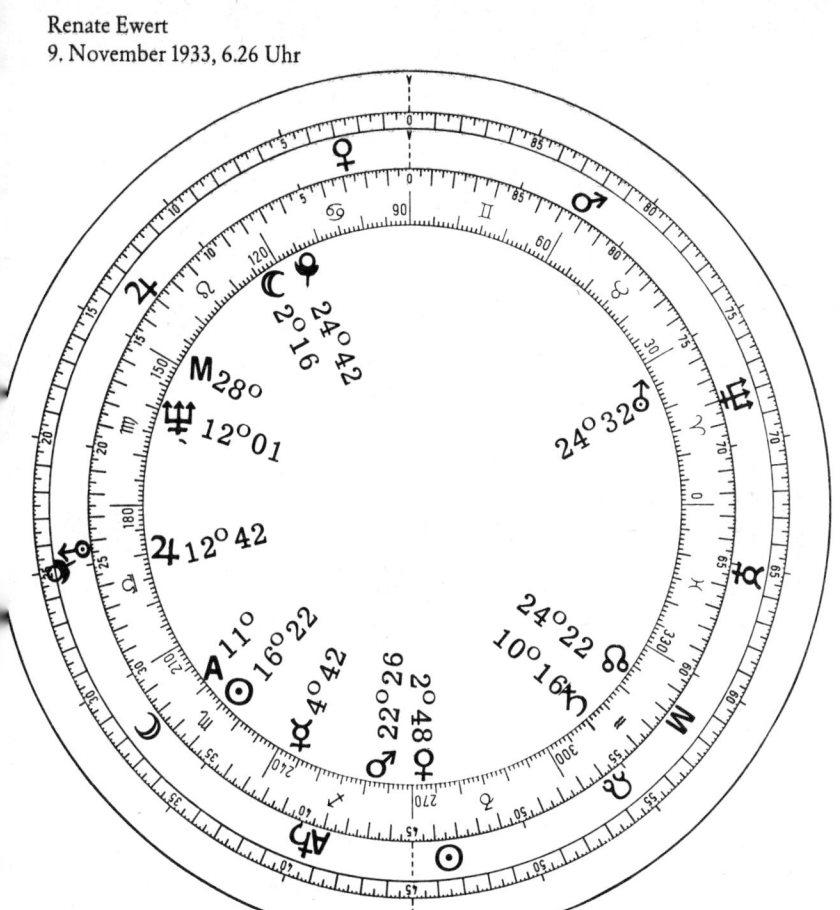

EKLINATIONEN

☽ = 16°27S	☾ = 26°26N	☿ = 23°15S	♀ = 26°30S
♂ = 24°17S	♃ = 3°58S	♄ = 18°37S	☊ = 8°59N
♅ = 7°51N	♇ = 22°25N	M = 12°10N	A = 15°58S

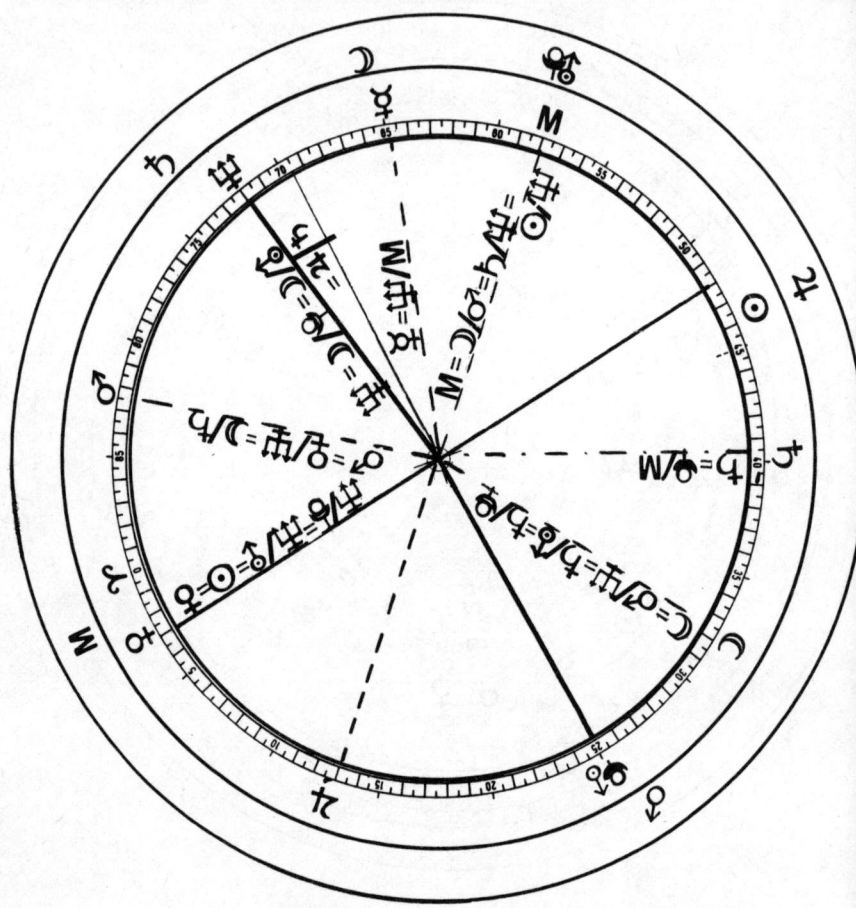

findet man: »Krankheit als Folge von Genußgiften«. Geht man systematisch an die Aussagen aus den einzelnen Halbsummen heran, so erhält man folgendes Ergebnis:

NE = MO/ PL: Sentimentalität, Pessimismus, Willenlosigkeit.
NE = MO/ UR: Energielosigkeit, verworrene Bestrebungen.
NE = JU / SA: Pessimismus, sich verlassen fühlen, unerträgliche
Einsamkeit.

318

MA = VE / NE: Starke Wunschkraft auf erotischer Grundlage, geschlechtliche Verirrung.

MA = MO/ SA: Mangel an Entschlossenheit, seelische Konflikte, Krankheit.

VE = UR / NE: Einseitige Schwärmerei.

MO = MA / NE: Nervenschwäche, Süchtigkeit.

MO = SA / UR: Seelische Spannungen, Depressionen.

MO = SA / PL: Schweres Schicksal einer Frau.

SA = PL /MC: Ringen um die Existenz, Todesfall.

MC = SA / NE: Eigenartiger Charakter, häufiger Stimmungs-wechsel, rasch den Mut verlieren, seelisch leiden, krank sein.

MC = SO / NE: Ungewöhnliche Handlungen, Schaupieler.

ME = NE / MC: Depressive Psychosen, Geisteskrankheiten.

MC = SO / NE: Empfindlich, schwach, kranksein, seelische Zermürbung.

Es muß zugegeben werden, daß diese Aussagen dem Tatbestand entsprechen und daß sich alle Aussagen bestätigten, weil – nichts dage-gen unternommen wurde. Die Ursache für dieses Schicksal lag vor allem in der seelischen Verfassung, der Energielosigkeit, der Schwär-merei ohne die Möglichkeit, Wünsche auf die Dauer zu realisieren. Es war der Nativen nicht möglich, ohne Hilfe aus der Depression heraus-zukommen, so daß sie in die Süchtigkeit verfiel. Sie hätte rechtzeitig in eine psychotherapeutische Behandlung gehört.

Bereits 1930 erreichte der laufende Neptun den Sonnenort und lö-ste damit das grundlegende Planetenbild – Krankheit als Folge von Genußgiften – aus.

In dem aufgezeichneten Strukturbild wurden außen die 1966 fälli-gen Sonnenbogendirektionen markiert. Demnach hatte vor zwei Jah-ren SA s die NE-Achse überschritten, MA s war auch darüber gegan-gen. Diese Konstellation kann man auch lesen: MA/SA s = NE mit der Aussage: »Schwache Lebenskraft, Widerständen nicht gewachsen sein, erlahmende Kräfte, Zermürbung, Untergrabung der Lebens-kraft durch Gift, geheimnisvoller Tod.« PL = UR s lösten MC = MO/MA = SA/NE = SO/NE aus, wodurch wieder auf Schwäche, Krankheit, Zermürbung hingewiesen wird.

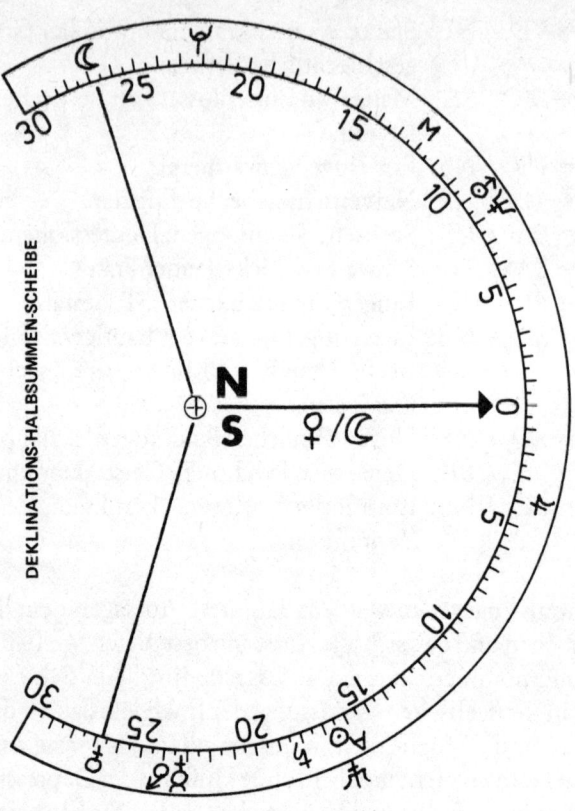

Renate Ewert
* 9. November 1933
†10. Dezember 1966

Betrachtet man nun den Ausschnitt aus dem Jahresdiagramm, so haben hier UR und PL die Mondlinie bereits im August überschritten, SA und UR bewegen sich auf die MA-SA-Linien zu, der Tod wird ausgelöst durch MA t = SO, SA t = MA.

Berücksichtigt man in diesem Beispiel auch die Deklinationen, so ergibt sich durch MO//VE eine Verstärkung in Richtung auf Zuneigung, Liebe, Sexualität. SO-90-SA haben im Kosmogramm einen Orbis von 6h, durch SO//SA und SO//AS tritt eine Verstärkung im negativen Sinne ein. Ebenso werden UR-90-PL verstärkt durch UR//NE. Berechnet man die Deklinationen im Todesjahr, so bildet

320

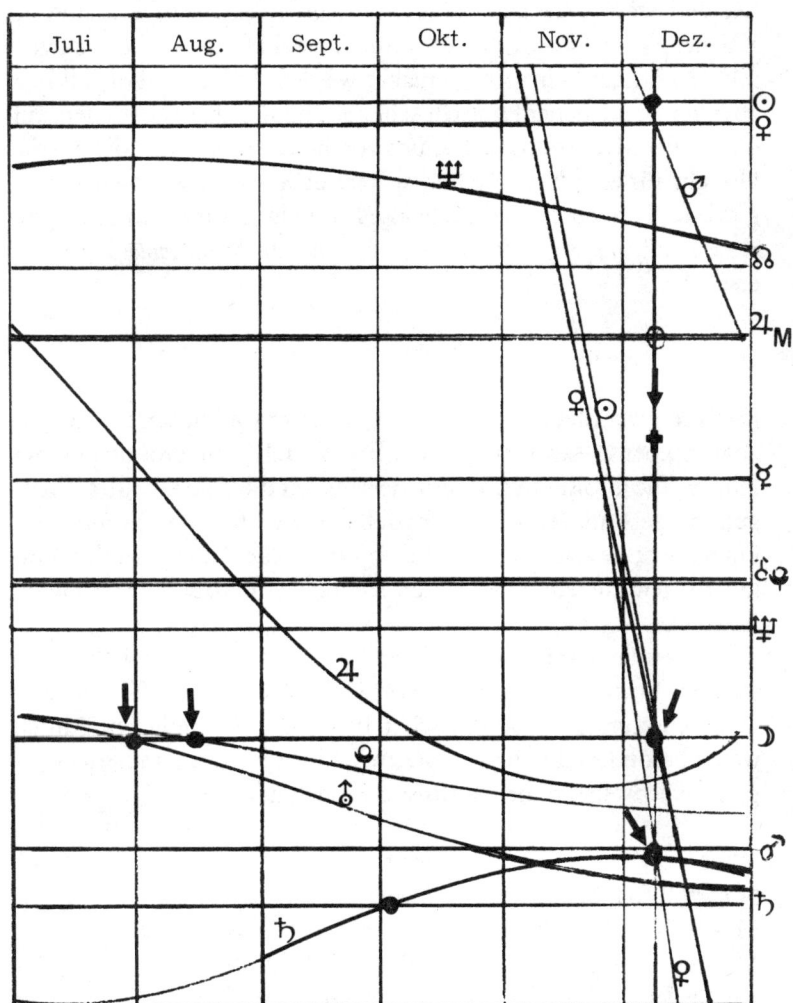

sich bereits im Oktober 1966 NE t//SO. Diese Konstellation entspricht wieder dem kranken, schwachen, willenlosen Körper, wobei
auch an die Stellung von SO = NE/PL (Folgen von Genußgiften) ge-
dacht werden muß.

321

Die Verfasserin eines langen Berichtes lebt im Ausland. Der Name Pia Wagner ist ein Deckname. Aus Gründen der Diskretion können verschiedene Angaben nicht gemacht werden. Dieses Geburtsbild ist aber in verschiedener Hinsicht sehr aufschlußreich, insbesondere auf Grund der Mond-Saturn-Konjunktion im Kosmogramm, die mit die Ursache für eine Neurose und spätere depressive Psychose ist. Eine große Rolle spielt dabei die religiöse Einstellung. Eine ganz ausführliche Untersuchung über diesen Fall ist in *Kosmobiologie* 1975/2 erschienen.

Erbfaktoren

Der Vater war Steuerbeamter, der Großvater väterlicherseits Rechtsanwalt, ebenso der Urgroßvater. Ein Vorfahr war protestantischer Pfarrer. Die Großmutter väterlicherseits war die Tochter eines Rittergutsbesitzers mit langer Ahnentafel, die Urgroßmutter stammte aus Frankreich; sie hatte schottische und friesische Ahnen. Zu den Vorfahren gehörte ein von Kaiser Rudolf II. in Böhmen geadelter Astrologe.

Die Mutter war Hausfrau, deren Vater war Hauptbuchhalter. Die anderen Vorfahren stammten von Freibauern ab. Ein Urgroßvater war Abkömmling protugiesischer Juden. Die mütterlichen Ahnen waren besonders durch die Zeichen Widder, Jungfrau und Fische geprägt. Nachstehend die Gestirnspositionen der Eltern.

Vater		Mutter		
SO	= 16°31' Schütze	SO	=	7°23' Fische
MO	= 27°03' Zwillinge	MO	= 13°	Wassermann (?)
ME	= 16°43' Schütze	ME	=	0°01' Fische
VE	= 29°14' Skorpion	VE	=	14°58' Widder
MA	= 16°23' Waage	MA	=	20°14' Schütze
JU	= 12°36' Steinbock	JU	=	25°19' Fische
SA	= 3°53' Jungfrau	SA	=	28°16' Jungfrau
UR	= 25°27' Waage	UR	=	5°57' Skorpion
NE	= 2°46' Zwillinge	NE	=	6°17' Zwillinge

322

PL = 5°45' Zwillinge   PL = 6°53' Zwillinge
DR = 3°48' Krebs   DR = 20°54 Stier
MC = 15°28' Skorpion   MC = ?
As = 4°30' Steinbock   AS = ?

Die Geburt der Tochter erfolgte, als im Kosmogramm der Mutter folgende Konstellationen fällig waren: MA = JU, AS = UR, MC = VE/MA, MO = MA/UR.

Versucht man den Zeugungstag zu ermitteln, so ergeben sich folgende Konstellationen:

beim Vater MA t = VE, MA; VE t = MO, ME t = MO;
bei der Mutter: MA t = ME, VE; VE = MO (SA).

Im Kosmogramm der Mutter ist MO-135-SA anzunehmen. Bei der Tochter ergibt sich dann MO-0-SA.

Die Bestätigung der mütterlichen MO-SA-Verbindung ergibt sich aus folgender Schilderung:

»Meine Mutter ist eine sehr unbewußte Frau und durch Agressionshemmungen gesteuert (MA-45-UR, MO-135-SA). Sie ist auch von ihrem Elternhaus her sehr gehemmt und belastet worden. Sie liebte meinen Bruder mehr als mich. Ich glaube, daß ich das Lieblingskind meines Vaters war. Leider sind meine Eltern nicht imstande, persönliche Wärme und Liebe zu zeigen. Sie liebten einander nicht, soweit ich mich erinnern kann. Sie sind beide passive Menschen. Es scheint so, als hätten sie ihre ganze Lebensenergie verbraucht in ihrer gegenseitigen ›Hund-Katze-Beziehung‹. Die Atmosphäre in meinem Elternhaus ist immer wie ein Schauspiel von Strindberg gewesen.

In dieser grauen, lieblosen, puritanischen und sparsamen Atmosphäre sind mein Bruder und ich aufgewachsen. Ich war das einsamste Kind. Mein Bruder neckte mich immer, und wenn ich böse wurde, versteckte er sich hinter der Mutter. Beide lachten mich dann aus. Hier liegt die Ursache meiner späteren Angst- und Aggressionsneurose. Ich muß aber erwähnen, daß in den späteren Jahren, in denen ich mit Not und Krankheit zu kämpfen hatte, meine Eltern mich immer unterstützt haben. Ich habe heute ein herzliches Verhältnis zu ihnen.

Meine Eltern hatten den Ehrgeiz, aus ihren Kindern etwas zu machen. Als ich klein war, zeigte ich musikalische Fähigkeiten; ich mußte Klavierspielen lernen und sollte einmal die Klaviervirtuosin der Familie sein. Ich wurde aber nicht gefragt, ob ich Interesse daran hatte. Mein Bruder, der immer scharf und witzig gesprochen hat, war für eine literarische Laufbahn bestimmt. Aber er nahm sein Schicksal in eigene Hände und ist als Sechszehnjähriger von zu Hause weggelaufen, um der Atmosphäre des Elternhauses zu entfliehen. Er hat sich ein Zimmer genommen und wurde Journalistenschüler bei einer Großstadtzeitung. Er verkehrt höflich mit den Eltern, aber nicht herzlich. Die Familie sieht sich nur an Weihnachten und den Geburtstagen. Ich kam auf das Konservatorium als Pianistin, Komponistin und studierte Musiklehrerin. Ich konnte nicht vom Elternhaus weglaufen, weil ich ein Mädchen war, und ich habe bis zu meinem fünfundzwanzigsten Lebensjahr zu Hause bleiben müssen. Daher rührt mein psychischer Schaden.«

»Unsere Eltern haben sich immer künstlerische Kinder mit Erfolg gewünscht, aber sie waren nicht imstande, Künstler zu erziehen, denn sie haben ihren Kindern nur psychische Hemmungen und Minderwertigkeitsgefühle anerzogen; diese Eigenschaften sind für einen Künstler katastrophal. Ich bin immer in Furcht vor anderen Menschen erzogen worden. Meine Eltern waren so unsicher anderen Menschen gegenüber, daß sie sich knechtisch benahmen. Sie waren ständig auf der Seite der anderen Menschen, und die eigenen Kinder wurden auf dem Altar der anderen ›geopfert‹. Aus dieser Einstellung heraus ergab sich im Kind die verzweifelte Einstellung, daß nur Verrat von der Seite der Angehörigen zu erwarten sei. Und daraus ergibt sich das furchtbare Angstgefühl, das zur Neurose wird. Es fehlt das eigene Selbstvertrauen, um auch Depressionen zu überwinden.«

An dieser Stelle muß gleich betont werden, daß es durchaus möglich ist, die durch Mond-Saturn gegebene Angst und die damit verbundenen Minderwertigkeitsgefühle zu überwinden. Es ist nur notwendig, daß man selbst zu der Erkenntnis kommt, oder aber daß man von anderen angeleitet wird, die negativen Seiten des Wesens zu überwinden. Auch der Verfasserin der Lebensbeschreibung ist es später gelungen, aber eben zu spät, um mehr aus ihrem Leben und ihren Fähigkeiten machen zu können.

Die Anlagen im Kosmogramm

Die Positionen konzentrieren sich fast allein auf die Zeichen Krebs und Löwe, die für sich bereits ein Widerspruch sind durch die negative Tendenz des Zeichens Krebs und die positive des Zeichens Löwe. Auf Grund der Typenkomposition ergibt sich SA = 11, SI = 3, LA = 2 und LI = 8 Punkte. Dadurch, daß der SA-Typ das Übergewicht hat, war es der Nativen schließlich doch gelungen, ihr Schicksal zu meistern. Dabei spricht auch viel mit, daß SO = PL ist und trotz allem viel Durchsetzungskraft entwickelt werden konnte, um bestimmte Lebensziele zu erreichen. SO-45-VE = MA/JU läßt durchaus schöpferische Kräfte entwickeln, aber SO-45-SA deutet auch gleichzeitig die erblichen Belastungen und den erschwerten Aufstieg an. VE = SA führt zu Zurückhaltung und Schüchternheit, wodurch das künftige Liebesleben stark beeinträchtigt wird.

Wenn man sich zunächst nur auf die Konstellationen beschränkt, die sich auf Körper und Seele beziehen, so treten folgende Planetenbilder hervor: SO = PL = VE = SA: Unbefriedigtsein, Triebhemmungen, organische Störungen, alleinstehend sein. MO = VE = SA = SA/UR: Gemütsdepressionen, schwierige Liebesverhältnisse, sich von seelischem Druck befreien wollen, Spannungen im Liebesleben. MC = MO/NE: Feinfühlig und empfindlich, aber auch inspiriert sein. AS = NE = ME/NE = UR/PL: Sich gegenüber der Umwelt (Eltern) nicht durchsetzen können, Mangel an Widerstandskraft, sich beeinflussen lassen, Unsicherheit, Nervenleiden, schwierige Umwelt. ME = VE/PL = SA/PL: Künstlerische Begabung, schwere Probleme lösen wollen. VE = SA = MO/MC: Pflichtgefühl, Triebhemmungen, Unbefriedigtsein, Liebesleid, Pessimismus. NE = ME/MC = VE/JU = JU/SA: Enttäuschungen, zermürbendes Verhältnis zu anderen (Eltern, Partnerschaft), Pessimismus, sich verlassen fühlen, unerträgliche Einsamkeit.

Dieser Fall beweist wieder, daß sich Schicksalsentwicklung und Krankheit nicht trennen lassen. Von starkem Einfluß war zunächst die Mutter, die einen ungewöhnlichen Zwang auf das Kind ausübte: »Meine Freude an der Musik wurde mir genommen, weil ich nicht wünschte, die Musik auszuüben; ich wollte Schauspielerin werden. Als ich auf das Konservatorium für Musik kam, hat mich meine Mut-

Pia Wagner
1. Juli 1919, 15 Uhr
12°36'N/55°42'O

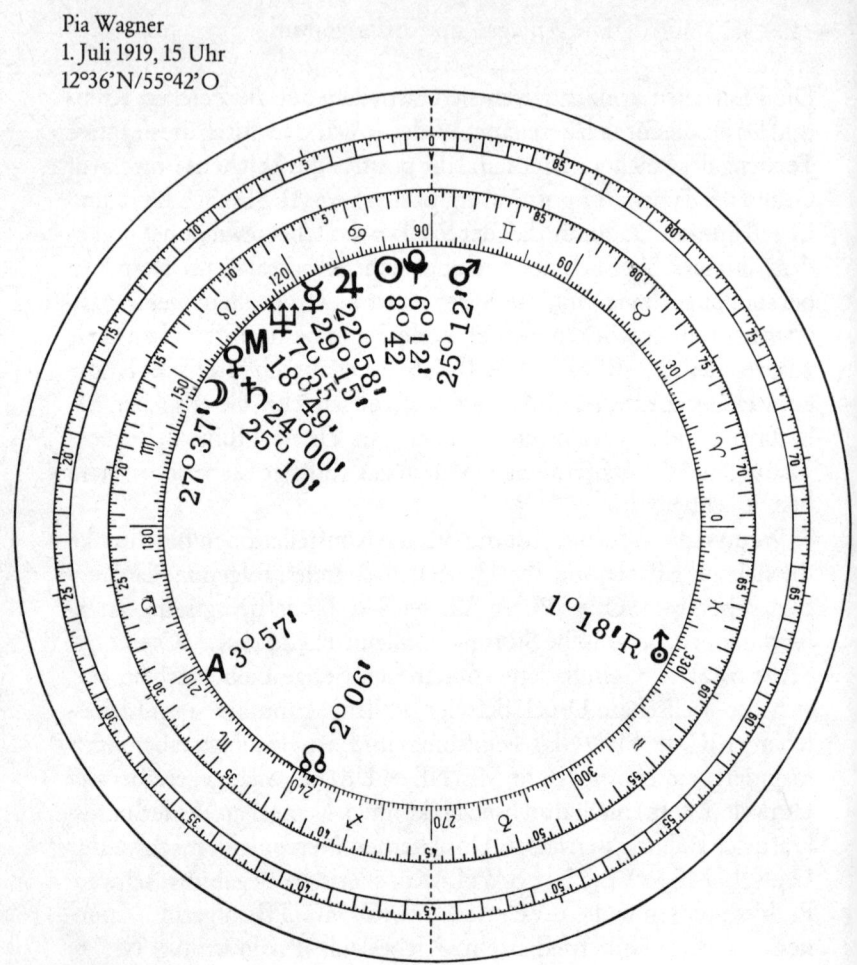

DEKLINATIONEN

☉ = 23°09'N	☾ = 7°36'N	☿ = 21°59'N	♀ = 14°45'N
♂ = 23°53'N	♃ = 21°48'N	♄ = 14°26'N	☋ = 11°40'S
♇ = 18°14'N	♅ = 19°25'N	M = 15°11'N	A = 12°46'S

ter so stark zum Klavierüben getrieben, daß sogar mein Professor eingreifen mußte und ihr erklärte, daß sie bald alle Freude an Musik in mir töten würde. Meine Mutter wollte nicht verstehen. Die Voraussagen des Professors bestätigten sich bald. Als ich durch meine Ehe vom Elternhaus loskam und bald meine depressive Krankheit ausbrach, bekam ich einen solchen Haß gegen das Klavierspiel, daß ich schließlich meinen unschuldigen Flügel verkaufte und jahrelang nicht übte. Wenn ich Lust zum Klavierspielen hatte, setzte ich mich an unser altes Klavier. Als Pianistin bekam ich mit der Zeit den ›Bühnenschreck‹, ich hatte kein Selbstvertrauen und bekam ›black outs‹ in mein Erinnerungsvermögen. Erst nach vielen Jahren bekam ich meine Musikfreude wieder.«

Die Lebensentwicklung

Betrachtet man das Lebensdiagramm, so sieht man deutlich den Komplex von SO, VE, SA, MO. Um das zwanzigste Lebensjahr tritt die erste große Wende ein. SA = MO wird fällig, und dadurch wird auch der MO-SA-Einfluß etwas überwunden. Gleichzeitig kommen verschiedene positive Aspekte zusammen wie MA = SO-45-VE, MC = JU und SO = ME.

»Im August 1939 (als Zwanzigjährige) verlobte ich mich. Ich war eigentlich nicht verliebt, aber der junge Mann, Mitschüler am Konservatorium, war der erste, mit dem ich wirklich ernst und vertraulich sprechen und Gedankenaustausch pflegen konnte. Seine Familie (Vater war Theaterschriftsteller) war so lieb und heiter, und diese wunderbare Atmosphäre war wie eine Offenbarung für mich.

Die Verlobung wurde aber bald eine Belastung für mich, denn mein Verlobter zwang mich , physisch seine Geliebte zu sein, und dazu war ich noch nicht reif; ich war gefühlsmäßig und erotisch gehemmt (VE = SA). Ich fühlte die Situation als geistige und physische Gewalt« (Im LDP MA-45-SA). In den folgenden Jahren wurde die Verlobung aufgelöst.

1941 trat die Native zur katholischen Kirche über. Auch diese Tatsache paßt in das künftige Krankheitsbild: »Ich bin immer religiös gewesen. Die Liebe zu Gott, ja, die Liebe überhaupt war das Hauptthema meines Lebens. Die Liebe und die Kunst! Auf beiden Gebieten habe ich die größten Leiden, Verzweiflungen und Enttäuschungen meines Lebens durchlebt. Meine Einsamkeit (SA = MO), die immer schicksalhaft groß war, ist auch größer geworden, weil ich nicht wie ein nordischer Mensch aussehe. Ich bin schwarzhaarig und habe dunkle Augen. Vielleicht habe ich dieses Aussehen von meinen französischen und jüdischen Ahnen geerbt.« »Ich war nichts wert, darum bin ich allein!« »Männer haben mich geliebt und begehrt, aber nur wenige haben es gewagt, mir einen Heiratsantrag zu machen.« »Ich war natürlich frommer als der Papst und benutzte die Gelegenheit, meinem Verlobten zu sagen, daß ich nicht mehr seine Geliebte sein kann. Erst wenn wir verheiratet wären, wollte ich wieder mit ihm schlafen. Er protestierte gegen meine Keuschheit (SA = VE), ich war nicht zu überreden.«

Die Entwicklung der Neurose

Wenn man das Lebensdiagramm betrachtet, muß neben der Entwicklung von SA p = MO noch eine andere Konstellation auffallen, die im Kosmogramm nicht so schnell erfaßt wird: MA-45-NE. Die beiden Planeten stehen sich im 90-Grad-Kreis gegenüber. Im Lebensdiagramm geht NE p langsam auf MA zu. Diese Konstellation erhält ihren Charakter durch ME/MC = JU/SA aufgrund der zermürbenden Verhältnisse (im Elternhaus), der unerträglichen Einsamkeit (unbefriedigte Partnerschaft), Pessimismus.

»Im Herbst 1943 zeigten sich die ersten Spuren einer Neurose, als ich wegen eines Magenkatarrhs im Krankenhaus liegen mußte. In diesem Jahr liebte ich ernst und rein geistig einen jungen Priester, der mich in die katholische Kirche aufgenommen hatte. Ich weiß, daß auch er mich liebte, aber er erschrak und wurde plötzlich ganz unfreundlich zu mir. Ich verstand seine Haltung nicht, denn es war alles ganz unschuldig, nichts war passiert. Ich bekam aber einen gefühlsmäßigen Schock. Ich war natürlich naiv gewesen, das sah ich später ein. Ich hatte das Vermögen, ihn rein geistig zu lieben (durch VE-SA-MO im Löwen), er aber nicht.«

Die Neurose und das Magenleiden hängen natürlich mit SA p = MO zusammen. Außerdem spielt dabei SA t-0-MA-45-NE eine Rolle. Wie aus dem unteren Teil des Lebensdiagramms zu ersehen ist, nähert

Lebensdiagramm: Pia Wagner (1. Juli 1919)

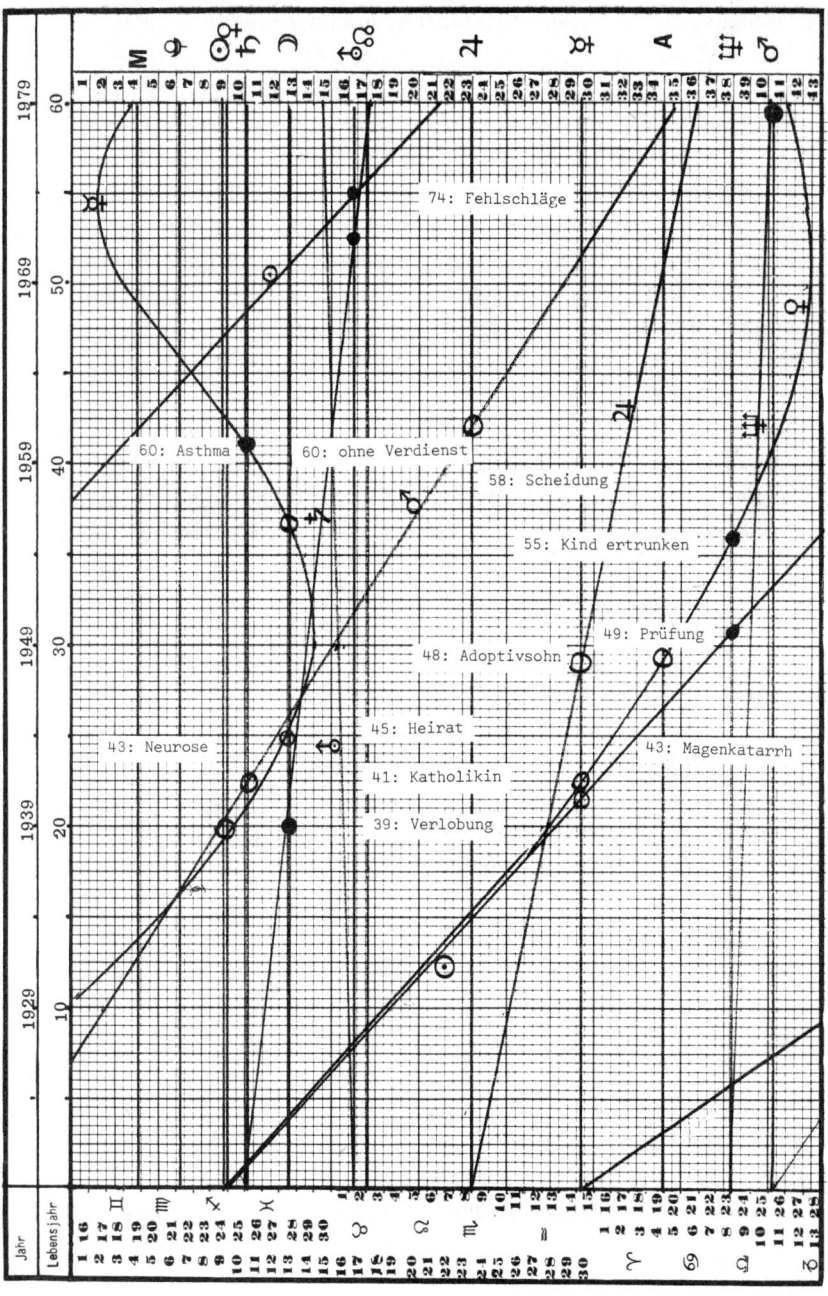

74: Fehlschläge

60: Asthma   60: ohne Verdienst

58: Scheidung

55: Kind ertrunken

49: Prüfung

48: Adoptivsohn

45: Heirat

43: Neurose   43: Magenkatarrh

41: Katholikin

39: Verlobung

sich hier NE p-45-MA. Durch SA t wird diese anhaltende Direktion erstmals ausgelöst. Dabei ist wieder darauf hinzuweisen, daß NE p-45-MA erst um das sechzigste Lebensjahr fällig wird, sich aber viele Jahre zuvor bemerkbar macht. Dabei findet die von mir gefundene Regel ihre Bestätigung: »Eine Konstellation wirkt solange, wie ein Gestirn braucht, um einen Grad zu durchwandern.« Der Orbis von NE und MA beträgt zunächst reichlich zwei Grad. Die Wirksamkeit macht sich daher bereits in den mittleren Lebensjahren bemerkbar. Es kommt hinzu, daß NE p-45-MA gewissermaßen SA p-0-MO ablöst.

Das Zusammenspiel zwischen den Konstellationen des Lebensdiagramms und der Krankheitsentwicklung dürfte bereits klar geworden sein, so daß die weitere Schicksalsentwicklung nur kurz gestreift zu werden braucht: 1944 war die Gelegenheit zu einer Heirat gegeben, aber es stellte sich heraus, daß der Partner »homophil« veranlagt war. Am 21. Dezember 1944 erfolgte die Heirat mit einem jungen Schauspieler. »Ich war sehr beeindruckt, war unglücklich im Elternhaus und wollte aus diesem heraus«. Der Ehemann war am 22. Oktober 1922 in Südjütland um 14.48 Uhr geboren. Ein Vergleich der Geburtsbilder zeigt, daß besonders die negativen Konstellationen eine Rolle spielen. VE = SA im weiblichen Kosmogramm steht im Kontakt mit MO im männlichen Geburtsbild. MC w = NE m führte zu einer Enttäuschung. »Ich wünschte mir Kinder, aber es ergab sich, daß mein Mann unfruchtbar war.« Am 2. Oktober 1947 wurde ein Adoptivsohn angenommen, der am 22. September 1947 geboren worden war. Das war einer der wenigen glücklichen Momente im Leben unter JU p-o-ME. Auch beruflich stellten sich vorübergehend Erfolge ein. Die Native sah eine letzte Hoffnung zur Entfaltung ihres Künstlertums darin, Schauspielerin zu werden. Im Juni 1949 bestand sie aber die Aufnahmeprüfung in die Schauspielschule nicht.

Im Lebensdiagramm bildete sich 1949 SO p = NE; damit wurde auch NE p-45-MA mit ausgelöst. Es begann eine tiefe depressive Psychose. »Ich fühlte, daß ich keine Hoffnung mehr im Leben hatte; ich vermißte jedes Lebensgefühl, nur ein dünner Faden hielt mich vor dem Selbstmord zurück. Ich kann nicht die Hölle der depressiven Psychose schildern. Diese Hölle dauerte fast dreiviertel Jahr ohne Unterbrechung. Die Ärzte vermochten mir nicht zu helfen, sie gaben mir lediglich Barbitursäurepillen, Phenemal mites, die die sogenannten Stuper-Phasen der Krankheit verschlimmerten.« Gerade bei NE-MA-Konstellationen sollte mit Medikamenten größte Zurückhaltung geübt werden, weil allopathische Mittel die Krankheit noch verschlimmern oder aber verlagern können. Mit homöopathischen Arzneien läßt sich mehr erreichen, wenn auch etwas langsamer und dafür ohne Nebenwirkungen.

Als sich dann VE p-45-NE bildete, traf die Native ein besonders schwerer Schicksalsschlag. Während sie mit ihrem Mann auf Tournee war, spielte ihr Kind am Hafen, wurde von einem Jungen ins Wasser gestoßen und ertrank.

Im Mai 1955 wurde die Künstlerin vom Fernsehen für drei Kurzfilme engagiert. Es handelte sich um »Hand-Ballette«, wobei nur die Finger tanzen wie in einem Ballett. Trotz erfolgreicher Tätigkeit mußte sie aber einen Psychoanalythiker aufsuchen, weil die neurotischen Depressionen so schmerzhaft geworden waren.

Nach einer erneuten Liebesverbindung, Enttäuschung, Ehescheidung hatte die Patientin Asthma bekommen. ME p = SA war fällig geworden. Die schwere Krankheit hatte nur das Gute, daß die Künstlerin jetzt eine Krankenpension erhielt und nicht mehr arbeiten mußte.

Wie aus dem Lebensdiagramm hervorgeht, bildete sich in der nächsten Zeit SA p-180-UR und SO p-180-UR. Das entsprach wieder einer Reihe von Fehlschlägen, die zur Verschlimmerung der Krankheit beitrugen.

Durch einen Vorschuß auf das Erbe der Eltern plant die Künstlerin, sich ein kleines Haus zu kaufen, wo sie Klavier spielen und Kammermusik treiben kann, ohne dabei auf Nachbarn Rücksicht nehmen zu müssen.

Der »Todesengel« schlug zu!
Ein Fall von Sinnesverwirrung

Aus einem Zeitungsartikel ist folgendes zu entnehmen: »Ein Todesengel, der himmelwärts schwebt, war die Lieblingsfigur des vierunddreißigjährigen Graphikers. Wie ein roter Faden zog sich dieses düstere Thema durch zahlreiche seiner Aquarelle und Arbeiten. In der Nacht zum Montag (22./23. September 1974) verkörperte der geisteskranke Künstler selbst die Rolle des geisterhaften Todesboten.«

Erich Postenrieder, Sohn eines Bäckers, wurde am 26. Mai 1940 um 20.55 Uhr in Baden bei Wien geboren. Nach kurzer Tätigkeit als Bäckerlehrling beschäftigte er sich eindringlich mit Literatur, besonders mit Dante, Klopstock, Goethe, Hölderlin, James Joyce, und schrieb schwermütige Gedichte. Auf Grund seines hervorragenden Zeichentalents wurde er an die Akademie für Angewandte Künste in Wien geschickt und eignete sich auch durch Auslandsbesuche (Italien, Frankreich) bereits als Jugendlicher umfassende Maltechniken an. Er wurde hauptberuflich Maler. Nebenbei war er für kurze Zeit Croupier, Medizinstudent und vieles andere mehr. Überblickt man das Kosmogramm, so fallen folgende Konstellationen auf:

MO-90-SA, worüber aus den letzten Beispielen reiche Erfahrungen vorliegen; SA-135-NE und SA-135-MO, oder NE = MO/SA. Demnach dürfte das Seelenleben gestört sein, es besteht Neigung zu Depressionen, Mangel an Selbstvertrauen. Andererseits liegen künstlerische Anlagen und Erfolgsmöglichkeiten vor durch SO = VE/PL = MA/JU, VE = MO/ME, JU = VE/UR, PL = VE/UR. In den Deklinationen wird MO-90-SA verstärkt durch MO//SA.

Mit der einfachen Untersuchung des dreißigsten und sechzigsten Lebenstages nach der Geburt ist zu erkennen, daß SA p-90-MO, JU p = SA-135-NE und auch NE p-135-SA fällig werden.

Diese Bewegungen werden nun im Lebensdiagramm besonders deutlich. Der geringe Abstand von NE und JU verringert sich immer mehr. Im Alter von etwa achtzehn Jahren überschreitet SO die Positionslinien von NE und SA; SA p erreicht ca. sechs Jahre später die MO-Linie.

Aus dem Lebensbericht geht hervor, daß im Alter von vierundzwanzig Jahren ein erster Anfall von Sinnesverwirrung eintrat. Der Mann mußte für längere Zeit in eine Anstalt eingewiesen werden. In seiner labilen und depressiven Verfassung malte er originelle Graphiken und Aquarelle, die laut Kunstkritiken eine »Mahnung an die übersättigte Welt« darstellen sollen.

Dem Lebensdiagramm nach konnte aber der krankhafte Zustand nicht überwunden sein, denn NE näherte sich 23° Jungfrau und damit dem Anderthalbquadrat zu SA. Zwischen 1967 und 1970 überschritt

Erich Postenrieder
*26. Mai 1940; †23. September 1974

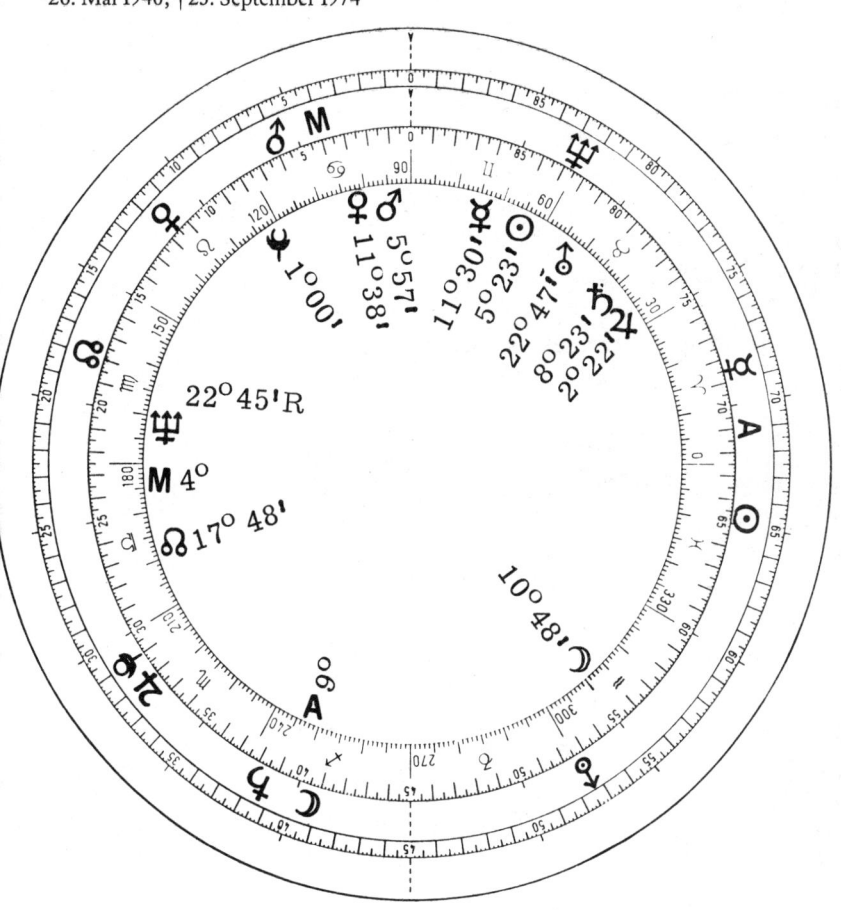

DEKLINATIONEN

☉ = 21°13'N	☾ = 12°52'S	☿ = 23°16'N	♀ = 25°58'N
♂ = 24°26'N	♃ = 11°16'N	♄ = 12°11'N	☊ = 18°12'N
♆ = 4°01'N	♇ = 23°41'N	M = 1°36'S	A = 21°49'S

333

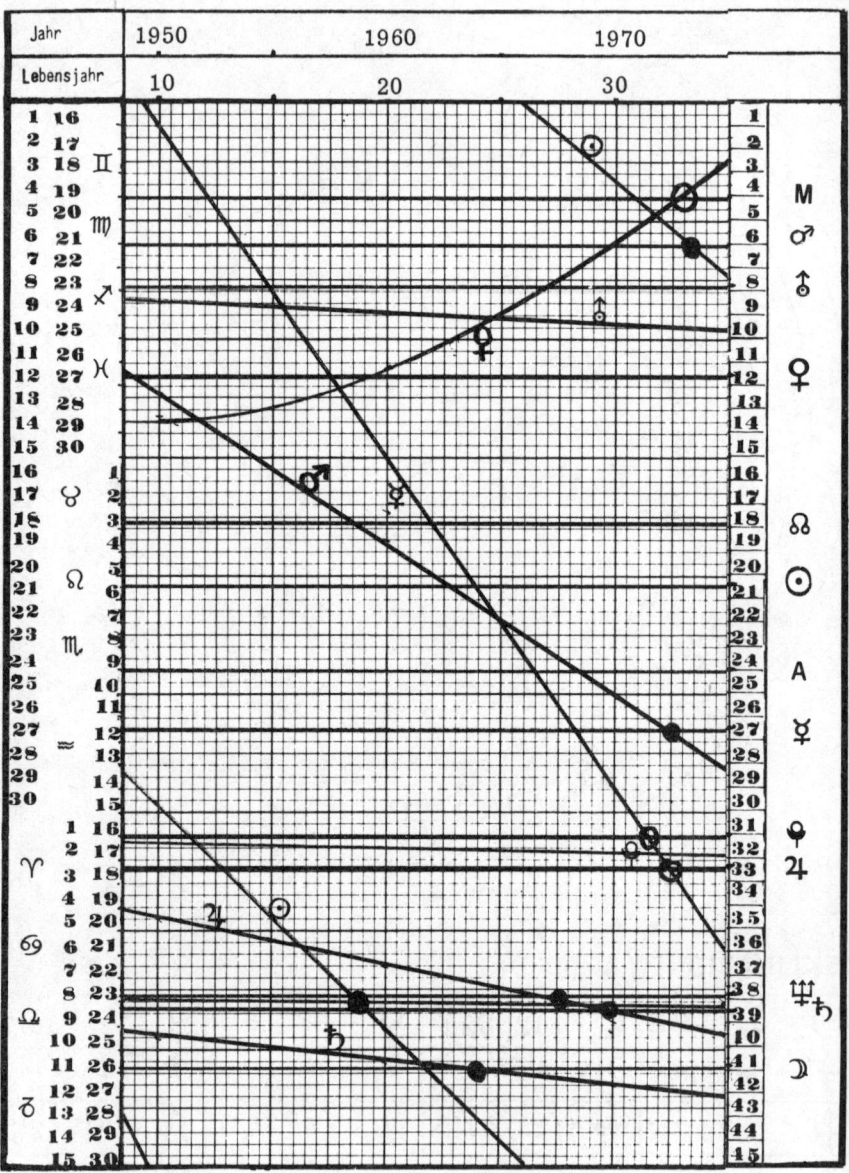

334

Jahresdiagramm 1973: Erich Postenrieder

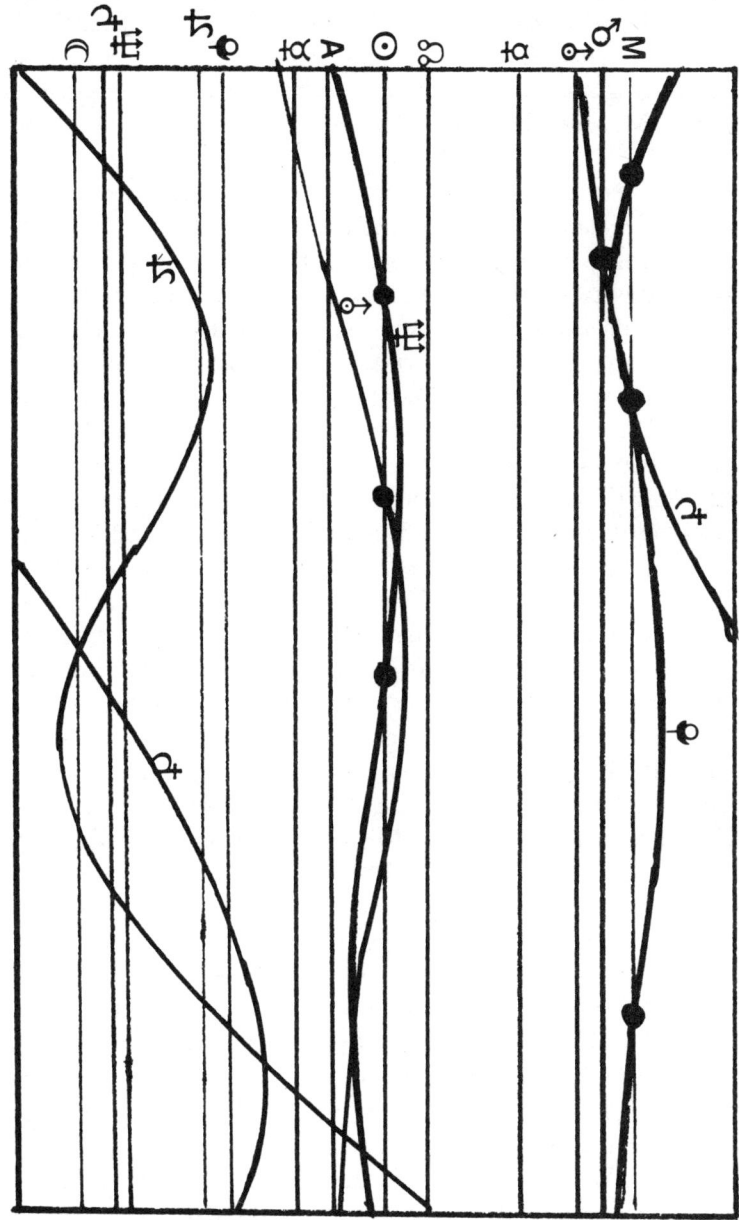

JU die Positionslinien von SA und NE. 1973 war eine erneute Einweisung in die Anstalt notwendig. Er wurde bald wieder entlassen, wurde scheinbar lebensmutiger und fröhlicher; er heiratete, und aus der Ehe ging eine Tochter hervor. Im Lebensdiagramm entspricht das VE über MC und ME über JU. Aber es bildet sich auch SO über MA = SO/SA.

Betrachtet man die Konstellationen des Jahresdiagramms für 1973, so hätte der Patient keineswegs entlassen werden dürfen. Zwar konnten ihm einige Jupitertransite etwas Auftrieb geben, aber Uranus und Neptun bewegen sich um die Positionslinie der Sonne. Das bedeutet einesteils auf starke Erregungen (UR), andernteils auf Schwäche und Lähmungen (NE). Durch UR und NE kann das Oberbewußtsein ausgeschaltet und der Mensch unkontrolliert Regungen des Unbewußten ausgeliefert sein. Ganz gefährliche Konstellationen bahnen sich aber rechts oben an, wo SA und PL gleichzeitig MC und MA überschreiten. Diese Konstellationen können ganz plötzlich zu Brutalität und Gewalttätigkeit verleiten. Ein kosmobiologisch orientierter Arzt hätte bei solchen Konstellationen keineswegs einer Entlassung zustimmen dürfen. In der Kontrolle des Geburtsbildes liegt neben der ärztlichen Diagnose die einzige Möglichkeit, über die Entlassung eines Geisteskranken zu entscheiden. Dasselbe gilt auch für die Entlassung von Strafgefangenen, die nach ihrer Entlassung oder auch nur während eines Urlaubs neue Straftaten begehen.

Im Jahresdiagramm 1974 erkennt man die Bewegungen des PL über den Komplex MC, MA, UR; auch SA geht im Sommer über diese Konstellationen. Als sich auch MA über den Komplex in der Nacht vom 22. zum 23. September 1974 bewegt, »schlug der Todesengel zu«.

Aus einem Zeitungsartikel über diesen Fall werden folgende Zeilen zur Erläuterung entnommen:

»Erich Postenrieder, der zuletzt erfolgreiche Ausstellungen in den Wiener Galerien Basilisk und Kaiser veranstaltet hatte und dessen Bilder und Graphiken auch von der Albertina und der niederösterreichischen Landesregierung angekauft wurden, war bis vor mehr als einem Jahr Patient im Landeskrankenhaus Gugging. (Er muß also entlassen worden sein, als JU auf der Positionslinie JU längere Zeit scheinbar stillstand.) Nachdem sich sein Krankenbild wesentlich gebessert hatte, entließ man ihn. Doch in diesem Falle rächte sich eine Betreuungs-

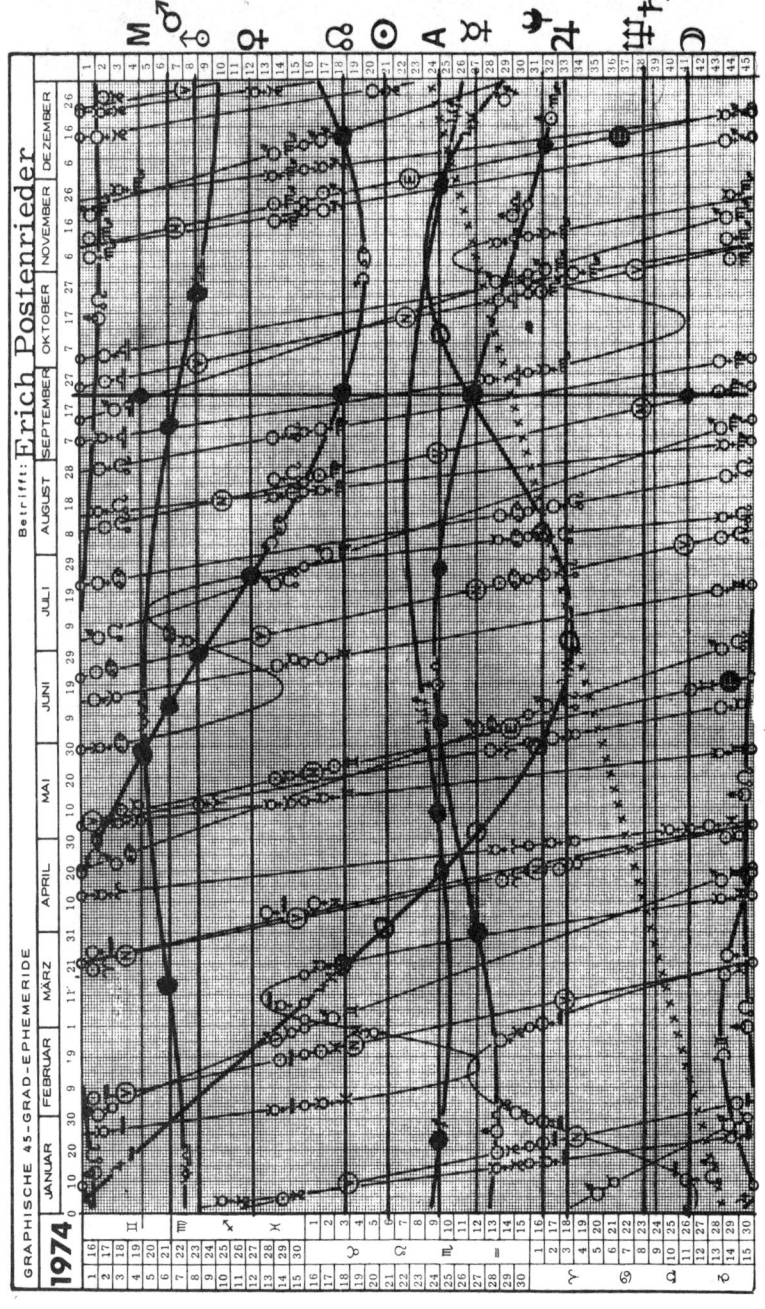

GRAPHISCHE 45-GRAD-EPHEMERIDE — Betrifft: Erich Postenrieder

1974 — JANUAR · FEBRUAR · MÄRZ · APRIL · MAI · JUNI · JULI · AUGUST · SEPTEMBER · OKTOBER · NOVEMBER · DEZEMBER

lücke, die Primararzt Friedrich Lorenz aus Gugging als »fehlende Fürsorge für Nachbehandlungen« anprangerte, denn solche Krankheiten kommen manchmal phasenweise zum Ausbruch. Auch Erich Postenrieder mied die Mediziner, als sich sein Zustand vor wenigen Tagen (PL t = MA = SO/SA und SA t = DR = MO/NE = MA/PL) wieder verschlimmerte. Der korpulente große Mann, dem nach der Entlassung der Durchbruch als eigenständiger Künstler geglückt schien, litt wieder unter Depressionen. Seine junge, attraktive Gattin, die ein Jahr nach der Geburt ihren Karenzurlaub beenden und die kleine Irene jetzt den Badener Großeltern überlassen wollte, besprach die Situation ihres Gatten mit den Schwiegereltern. Im Familienrat beschloß man, mit dem scheinbaren Einverständnis Postenrieders, ihn Montag früh zur Untersuchung zu bringen.

Die darauf folgende Nacht schlief der Künstler unruhig. Als er 1.15 Uhr aufstand, angeblich um Medikamente zu nehmen, folgte ihm seine Frau in die Küche. Plötzlich sah sie sich nicht mehr ihrem Mann, sondern dem ›Todesengel‹ gegenüber, der seit Postenrieders erstem Aufenthalt in der Anstalt immer wieder durch sein Hirn spukte und vor dem er Angst hatte. Der Künstler stand nackt in der Küche und hielt hinter dem Rücken etwas versteckt. Kaum hatte Silvia ihn angesprochen, stach er sie mit einem Küchenmesser nieder. Mit einem Lungenstich flüchtete sie über die Stiege aus der Mansardenwohnung in die Mozartstraße 18.

Eine Hofratswitwe, die in derselben Villa lebte, hörte die Schreie, sah auf die Treppe und warf beim Anblick des Nackten entsetzt die Tür wieder zu. Silvia flüchtete in ein Klosett und wurde später ins Krankenhaus gebracht. Postenrieder kehrte um und vollbrachte sein grausames Werk: Er tötete die kleine Irene, die er so geliebt hatte, im Gitterbett und erstach auch die Eltern in einem furchtbaren Kampf in der Küche. Dann stach er sich in den Hals und warf sich aus elf Meter Höhe aus einem Fenster in die Tiefe.«

Wer sich die Konstellationen der Tat am 23. September 1974 um 1.15 Uhr aufzeichnen will, wird mehrere ganz klare Entsprechungen zu dem Geschehen finden, zum Beispiel SO t = MA/NE = SA/PL, MO t = UR s = MO/SA, NE t = MA/SA, SA t = DR = MA/PL, MA t = MA = SO/SA, PL t = MA, MC t = MA/PL.

In meiner Untersuchung kam es mir aber darauf an zu zeigen, daß

338

man das Geschehen voraussehen und hätte verhindern können. Dabei ist wesentlich, daß es der Arzt gerade unter den kritischen Konstellationen an der Fürsorge bei der Nachbehandlung fehlen ließ.

Elma muß dick bleiben!

Wenn man das vorliegende Kosmogramm vom 12. März 1932 betrachtet, muß sofort die Ursache für eine Krankheit im 90-Grad-Kreis auffallen. Es ist SA-90-VE. Weiter wird man Krankheitsanlagen vermuten, wenn man nicht nur UR-90-PL, sondern auch gegenüber NE betrachtet. Demnach kann es sich in diesem Falle zunächst um eine Störung im Drüsensystem handeln (SA = VE), wobei die Nieren eine große Rolle spielen. Wenn die Nieren nicht richtig arbeiten, sammelt sich das Wasser im Körper, und führt zu Fettleibigkeit. Wenn es sich um eine Störung des Wasserhaushaltes im Körper handelt, untersucht man in erster Linie den Mond. Es ist MO = MC = SA/NE. Der Mond befindet sich also in der »Krankheitsachse«.

Nun kommt es darauf an, ob sich die einzelnen Gestirne progressiv aufeinander zu bewegen. Das ersieht man am besten aus dem Lebensdiagramm. SA p = VE wird bereits in den Jahren zwischen dreißig und vierzig fällig, wenn man in Betracht zieht, daß sich solche Konstellationen erfahrungsgemäß immer viele Jahre zuvor auslösen. In der Mitte des Lebensdiagramms bilden sich nach und nach UR p = PL und NE p = PL. Die Auslösung kann um das dreißigste Lebensjahr erfolgen, wenn SO und VE die Positionslinie von NE überschreiten.

Elma Karlowa, am 12. März 1932 um 15.40 Uhr in Zagreb geboren, gehörte seinerzeit zu den beliebtesten Schauspielerinnen. In über dreißig Filmen hatte sie die Hauptrollen gespielt und war auch Partnerin bedeutender Schauspieler gewesen. Aber allmählich ging mit ihrem bisher makellosen Körper eine Veränderung vor.

1958 sagten Filmproduzenten zu ihr: »Elma, du wirst dick, paß auf, sonst kriegst du keine Rollen mehr!« Und da fing die Angst vor dem Dickwerden an, die Angst, daß die Karriere bald zu Ende gehen könnte. »Ich habe einen seelischen Knacks bekommen, denn ich war nicht dick und wäre auch nicht dick geworden«, sagte sie im Gespräch mit einem Journalisten. Aber 1963 lehnte Peter Alexander sie als

Elma Karlowa
12. März 1932, 15.40 Uhr
Zagreb

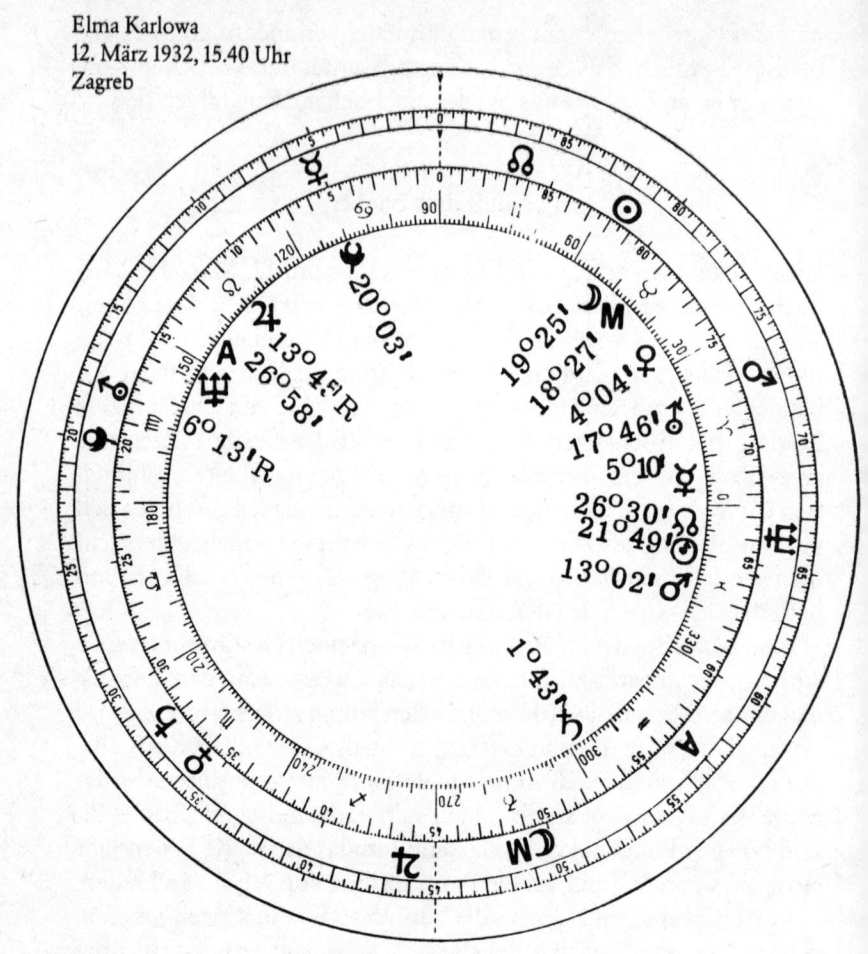

DEKLINATIONEN

☉ = 3°14'S	☾ = 21°33'N	☿ = 1°29'N	♀ = 13°52'N
♂ = 8°00'S	♃ = 17°40'N	♄ = 19°58'S	☊ = 6°25'N
♆ = 9°58'N	♇ = 22°22'N	M = 17°20'N	A = 12°31'N

340

Lebensdiagramm: Elma Karlowa (12. März 1932)

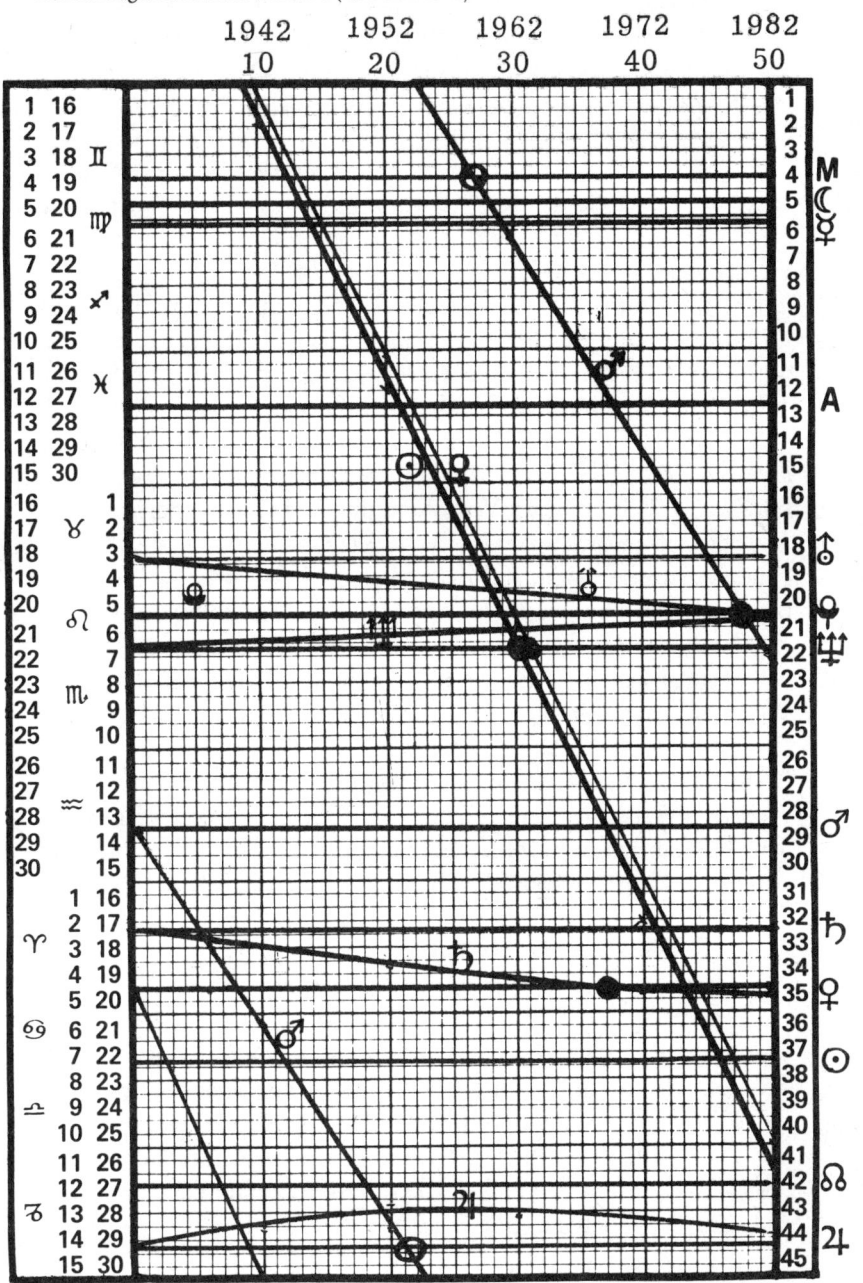

Partnerin ab. Von fünfzig Kilogramm war ihr Gewicht auf achtundsechzig Kilogramm gestiegen. Sie hat gehungert, hat Kuren gemacht; aber nichts nützte. Kollegen mieden sie plötzlich. Was war geschehen? Nun, Saturn Quadrat Venus und Saturn pr = Venus geben die Antwort. Ein Drüsenleiden.

Sie sagte damals:»Ich wollte mir das Leben nehmen, Schlaftabletten. Aber ich wurde gerettet... Mein Unterbewußtsein hat mich nicht sterben lassen... Ich weiß nicht, wie ich das erklären soll. Ich wollte einfach nicht häßlich sterben.«

»Ich war einundzwanzig (MA p = JU), als mich ein deutscher Filmproduzent entdeckte. Ich bin fast über Nacht ein Star geworden. Als ich vom plötzlichen Reichtum wieder in die plötzliche Armut zurückfiel, war das alles nicht so fremd. Aber schrecklich wars schon.«

Sie hatte noch etwas Geld, aber sie brauchte eine Beschäftigung, auch das Gefühl, daß sie noch für jemanden nütze ist, und so wurde sie Putzfrau, Pudelwäscherin, Vertreterin und Krawattennäherin.

Aber die Karlowa war stark. Sie brachte es fertig, achtzig Tage im Krankenhaus bei Nulldiät durchzuhalten. Sie wurde schlanker, aber nicht so wie früher. Sie bekam auch bald eine Rolle. Nun mußte sie aber in einem Lustspiel auftreten und dabei Pralinen essen. Sofort wurde sie dicker. Aber nun wollte man sie so, sie mußte dick bleiben. Wenn sie früher für einen Film fünfzigtausend bis zweihunderttausend Mark bekam, so mußte sie jetzt mit Tagesgagen auskommen. Aber sie hat sich nicht unterkriegen lassen. Man kann sie auch hin und wieder im Fernsehen spielen sehen. Es ist ihr jedenfalls gelungen, ihr Schicksal zu meistern. Ihr Leben bietet ein Beispiel dafür, daß man sich durch kritische Konstellationen nicht unterkriegen lassen darf.

Im Eiltempo zur Operation

Ein junges Ehepaar, das jedes Jahr eine Weltreise unternimmt, läßt sich stets ein Jahresdiagramm stellen, um die Reisepläne mit den Konstellationen in Einklang zu bringen. Daher ist auch alles gut gegangen, selbst wenn die Reise durch die unruhigen Gebiete von Südostasien führte. Wie nachteilig aber die Unkenntnis der kosmischen Situation sein kann, zeigt der folgende Fall.

W.
22. November 1928

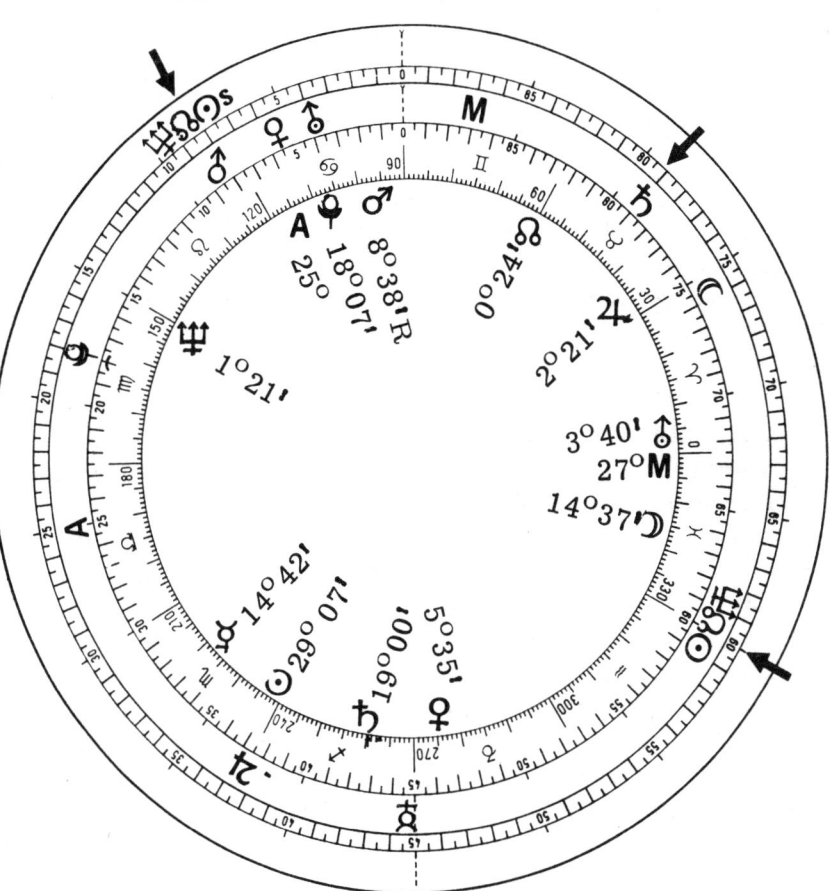

In dem vorliegenden Geburtsbild vom 22. November 1928 (nähere Angaben sind aus Gründen der Diskretion nicht möglich) fallen im 90-Grad-Kreis zwei Komplexe sofort ins Auge: UR-VE-MA und NE-DR-SO. Diese beiden Komplexe liegen 35 bis 40 Grad auseinander, so daß man befürchten muß, daß im Alter von fünfunddreißig bis vierzig Jahren eine gesundheitliche Krise eintreten könnte. Dabei deuten SO-NE auf Schwäche, Krankheit und UR-VE'MA auf den sexuellen Bereich und die weiblichen Organe. Zieht man dabei in Betracht, daß

SA sich in der Mitte der Komplexe aufhält, so könnte man auf irgendwelche Verwachsungen, eine Geschwulst oder »Zellentod« rechnen.

Betrachtet man nun den Ausschnitt aus dem Jahresdiagramm 1966, in dem nur alles Wesentliche wiedergegeben wird, so kann man sofort erkennen, daß fast alle langsamen Planeten schwerwiegende Konstellationen bilden. NE t durchläuft den Komplex UR-VE-MA und hält sich längere Zeit auf der Positionslinie der VE auf. PL und UR t bewegen sich über die Linien von JU und SA; SA t wird scheinbar stillstehend auf der Positionslinie des Merkur. Jeder kosmisch orientierte Mensch würde in dieser Zeit eine Reise ablehnen.

Hier der genaue Bericht über den Verlauf des Geschehens:

Am 13. April 1966 spürte sie während der Arbeitszeit heftige Schmerzen im Unterleib. MA t bewegt sich über die Linien von AS und MO. Demnach könnte es sich um eine Entzündung (MA) handeln. Aber erst am 23. April 1966 ging die Patientin zum Arzt, der ein Myom an der Gebärmutter feststellte. (Myome sind gutartige Bindegewebsgeschwülste, die sich frühestens nach dem zwanzigsten, meistens aber erst nach dem fünfunddreißigsten Lebensjahr entwickeln. Sehr rasches Wachstum und Verschlechterung des Allgemeinbefindens sind alarmierende Anzeichen. Wenn sie rasch wachsen, sollten sie operiert werden.) Der Arzt gab der Patientin alle fünf Tage eine Spritze, die ihr aber nicht bekam. Sie war noch mehr müde und abgespannt. Nach einem Vierteljahr sollte sie sich wieder vorstellen.

Trotz dieses Zustandes wurde gemeinsam mit dem Gatten am 30. Juni 1966 ein Urlaub angetreten. An der See herrschte herrliches Wetter, man wohnte in einem guten Hotel, konnte gut essen und hatte auch angenehme Gesellschaft. Durch Wasser und Sonne konnte der Körper schön braun werden.

Aber der Schein trügt. Jupiter und Neptun bedeuten »scheinbares Glück«. JU t und NE t überschritten zu dieser Zeit die Positionslinie der VE. MA t über NE war auch kein gutes Zeichen.

Am 13. Juli schlug der Patientin beim Baden eine heftige Welle gegen den Leib. »Ich hatte das Gefühl, daß etwas in mir geplatzt ist. Ich habe nur mit Hilfe meines Mannes das Wasser verlassen können, fühlte mich schlecht, hatte starke Leibschmerzen und mußte erbrechen.«

In diesen Tagen berührte MA t die Linien von UR und VE, während NE t sich der Positionslinie von UR näherte.

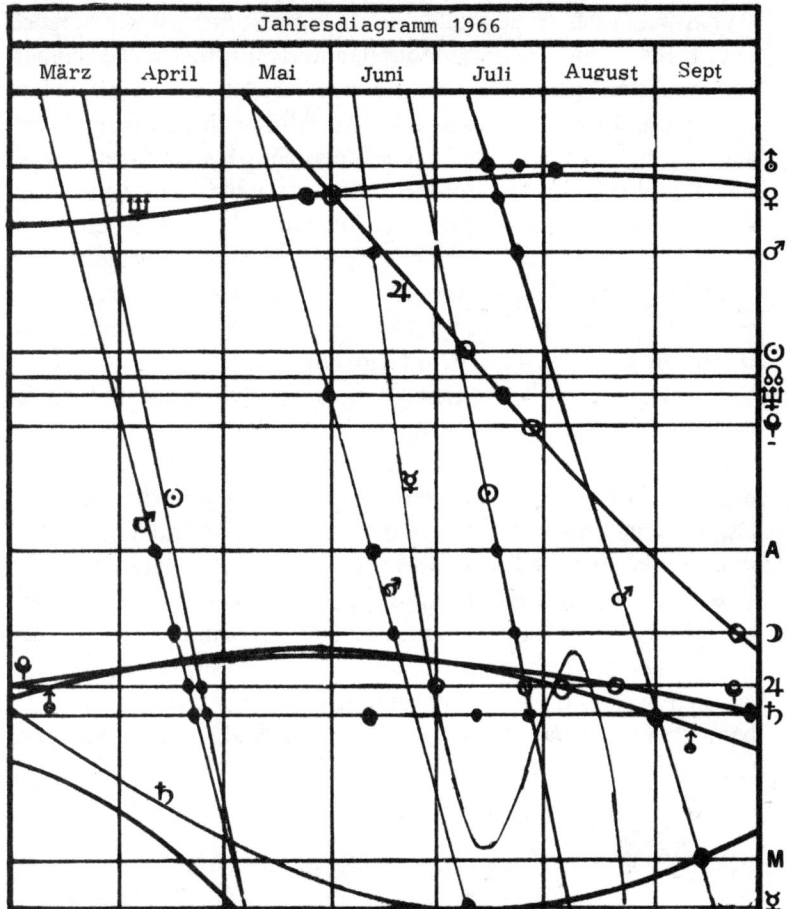

Trotz des Zustandes der Patientin besuchte das Ehepaar am 14. Juli eine Großstadt. »Ich mußte mich zusammennehmen, um meinem Mann nicht die Ferien zu verderben. Am 15. Juli fuhren wir gegen meinen Willen auf eine kleine Insel. Ich wollte gern nach Hause. Auf der Straße wurde ich ohnmächtig. In einem Hause fand ich vorübergehend Aufnahme, habe dort zwei Stunden geschlafen, während sich mein Mann um das Gepäck kümmerte. Vom 19. bis 20. Juli lag ich im Bett, habe nichts gegessen, hatte Tag und Nacht mit kleinen Unterbrechungen starke Schmerzen.«

Auf Anraten des Arztes sollte die Patientin so schnell wie möglich nach Hause. Am 22. Juli wurde die Heimreise angetreten. Die Schmerzen steigerten sich fast zur Unerträglichkeit. Nach der Ankunft im Heimatort am 23. Juli gegen 7.30 Uhr erfolgte die ärztliche Untersuchung bereits um 7.40 Uhr, die Einweisung ins Krankenhaus geschah um 10.00 Uhr und um 12.00 Uhr begann bereits die Operation, die um 14.30 Uhr beendet war. Der Arzt hatte blitzschnell gehandelt. Mars t Konjunktion MA r beschleunigte die Operation und entsprach auch dem Eingriff. Dabei war es gut, daß in den folgenden Tagen JU t = PL, UR t = JU und PL t = JU fällig wurden. Am 6. August konnte bereits die Entlassung aus dem Krankenhaus erfolgen.

Aber es folgten auch weitere schwerwiegende Konstellationen. Es bewegten sich SA über MC, UR und PL über SA, und NE näherte sich wieder VE. Wie aus dem weiteren Krankheitsbericht hervorgeht, war die seelische Erschütterung nach der Operation außerordentlich groß, als der Patientin bewußt wurde, daß sie nun keine Kinder mehr bekommen könnte. Sie konnte aber trotzdem zufrieden sein, daß sie die Krise gut überstanden hat und daß sie auch ihrem Gatten erhalten blieb. Durch rechtzeitige Kenntnis des Kosmogramms und der Jahresübersicht hätte sie jedenfalls die Reise nicht unternehmen dürfen, und als sich während des Ferienaufenthaltes die starken Schmerzen bemerkbar machten, hätte sie sofort zurückfahren und sich dem Chirurgen anvertrauen müssen.

Die kinderlose Kaiserin

Das Problem der Nachkommenschaft spielt in der Ehe oft eine sehr große Rolle. Das gilt besonders für die Herrscherhäuser, die unbedingt einen Thronfolger haben wollen. Als ein weltbekanntes Beispiel ist das Schicksal der früheren Kaiserin Soraya anzusehen, der früheren Gattin des Schah von Persien. Sie wurde am 22. Juni 1932 in Isfahan um 13.13 Uhr geboren.

Wenn man das Geburtsbild oberflächlich betrachtet, so ist es fast unverständlich, daß diese Frau unter Mond Opposition Jupiter und Merkur Konjunktion Venus unfruchtbar sein soll. Untersucht man aber das Strukturbild, so fallen darin folgende Konstellationen auf:

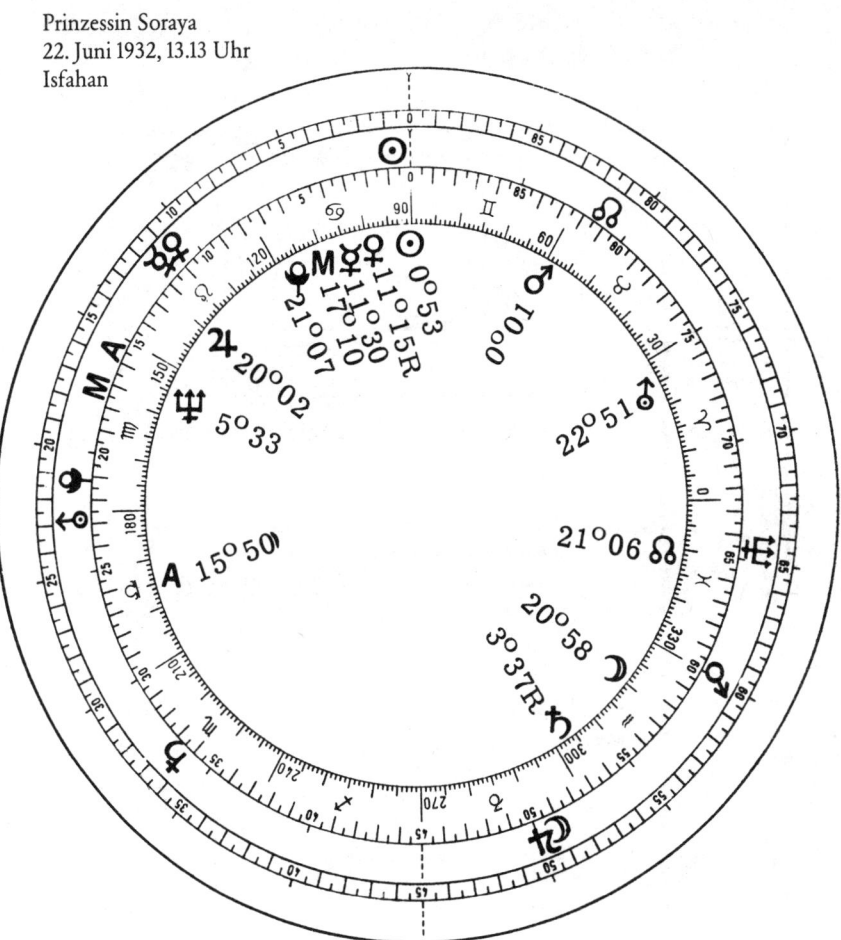

SO = MA/SA = NE/PL besagt, daß die Native nicht immer allen
Anforderungen gewachsen ist, daß sie unter Krankheiten als Folge
von Genußgiften (NE/PL) leidet. Es ist bekannt, daß sie sehr stark
geraucht hat, daß sie also süchtig war und dadurch auch die Unfrucht-
barkeit mit ausgelöst wurde. Aber MO = SA/NE weist nicht nur auf
Krankheit, sondern insbesondere auch auf Frauen(MO)-Leiden
(SA/NE) hin.

MC = SO/SA = MA/NE deutet trotz starker Leidenschaftlichkeit
(MC = VE/PL) auf Infektionskrankheiten und Hemmungen in der

347

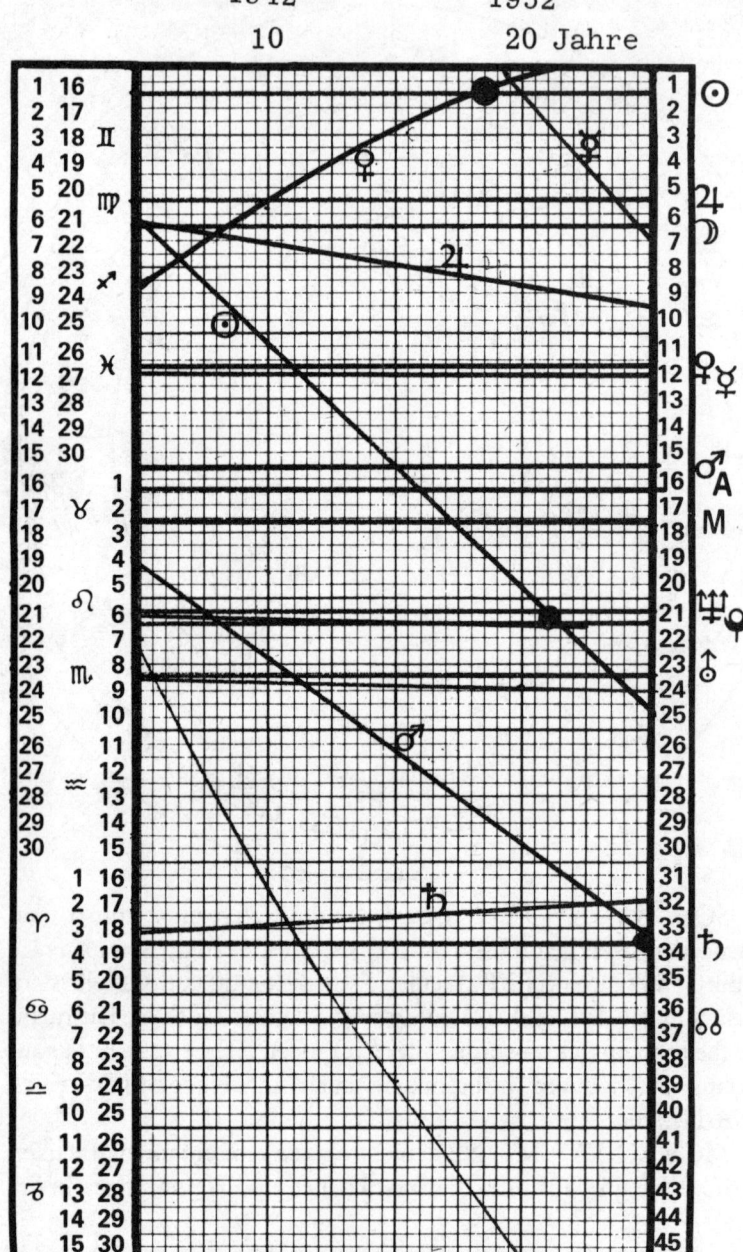

persönlichen Entfaltung. Diese Konstellation wird verstärkt durch AS = MA = SO/SA.

ME = VE = MA/JU = MO/MA gibt einen starken Zeugungsdrang, der aber durch die anderen Konstellationen nicht zum Erfolg führte. MA = VE/PL = SO/SA entspricht wieder einer starken Leidenschaftlichkeit, die aber eine Geburt verneint. JU = SO/VE könnte Liebesglück bedeuten, aber JU = SA/NE entspricht Erkrankungen. In der gleichen Richtung liegen die Konstellationen SA = SO/NE, UR = VE/SA, NE = VE/SA, PL = VE/SA.

Im Oktober 1950 fand die Verlobung und am 12. Februar 1951 die Hochzeit mit dem Schah statt. Soraya war damals achzehn Jahre, sieben Monate und zwanzig Tage alt. Der Sonnenbogen für das Ergebnis beträgt 17°35'. Demnach ist zur Zeit der Eheschließung SA s = MO fällig, also eine denkbar ungünstige Konstellation, insbesondere für eine Frau. Dazu wird auch noch MO = SA/NE ausgelöst. SO p hat PL überschritten und befindet sich in UR/PL, so daß in dieser Zeit an die junge Frau ungewöhnliche Anforderungen gestellt wurden.

Im Lebensdiagramm sieht man, wie zu dieser Zeit das Halbquadrat NE zu PL exakt wird, außerdem die Auslösung dieser Konstellation durch SO p bevorsteht. Vielleicht hat die junge Frau in dieser Zeit auch so schweres Leid erfahren, daß sie eben ständig zur Zigarette griff, um sich zu betäuben. Im Lebensdiagramm erreichten VE und ME die SO, die aber in MA/SA = NE/PL steht.

Bereits 1954, als SO = NE/PL im Lebensdiagramm exakt wurde, tauchten Gerüchte von einer beabsichtigten Scheidung wegen Kinderlosigkeit auf. Die Scheidung wurde dann 1958 ausgesprochen. Im Lebensdiagramm sieht man, wie sich zu dieser Zeit MA auf SA zu bewegt, nachdem SO p vorher die Positionslinie von UR überschritten hatte. In dieser Zeit muß die junge Kaiserin sehr viel Aufregung durchgemacht haben.

Ein sehr anschauliches Bild für die Situation von Soraya ergibt die von mir entwickelte Jahreskurve. Nach einem bestimmten Schlüssel werden auf einer Grundlinie Dreiecke nach oben (positiv) oder nach unten (negativ) errichtet. Der Höhenunterschied basiert auf der Grundlage, wie lange ein Gestirn braucht, um einen Grad des Tierkreises zu durchwandern. Das kann zum Beispiel beim Jupiter einen Höhenunterschied von vier bis sechsundzwanzig Tagen ergeben. Beim

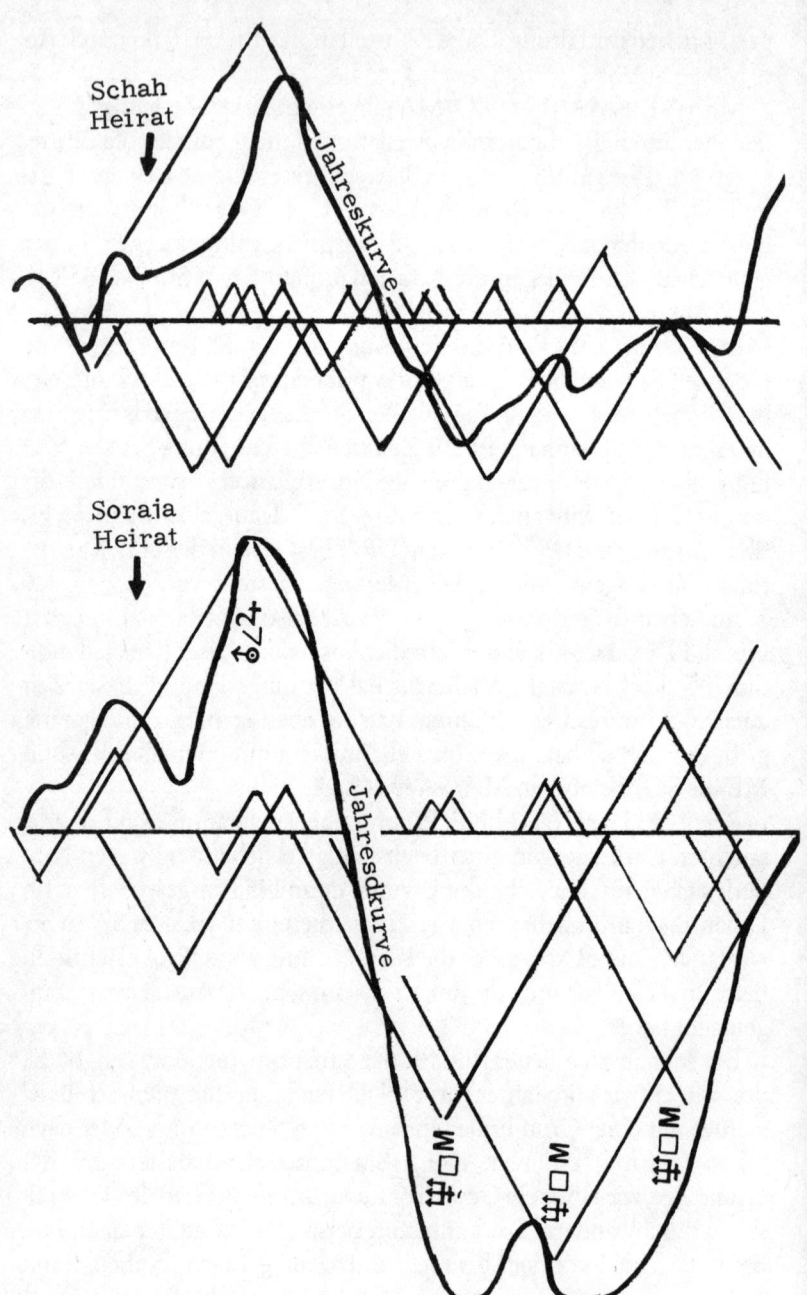

Schah
Heirat

Jahreskurve

Soraja
Heirat

Jahresdkurve

Kontakt-Kosmogramm:
Schah Reza von Iran / Prinzessin Soraya

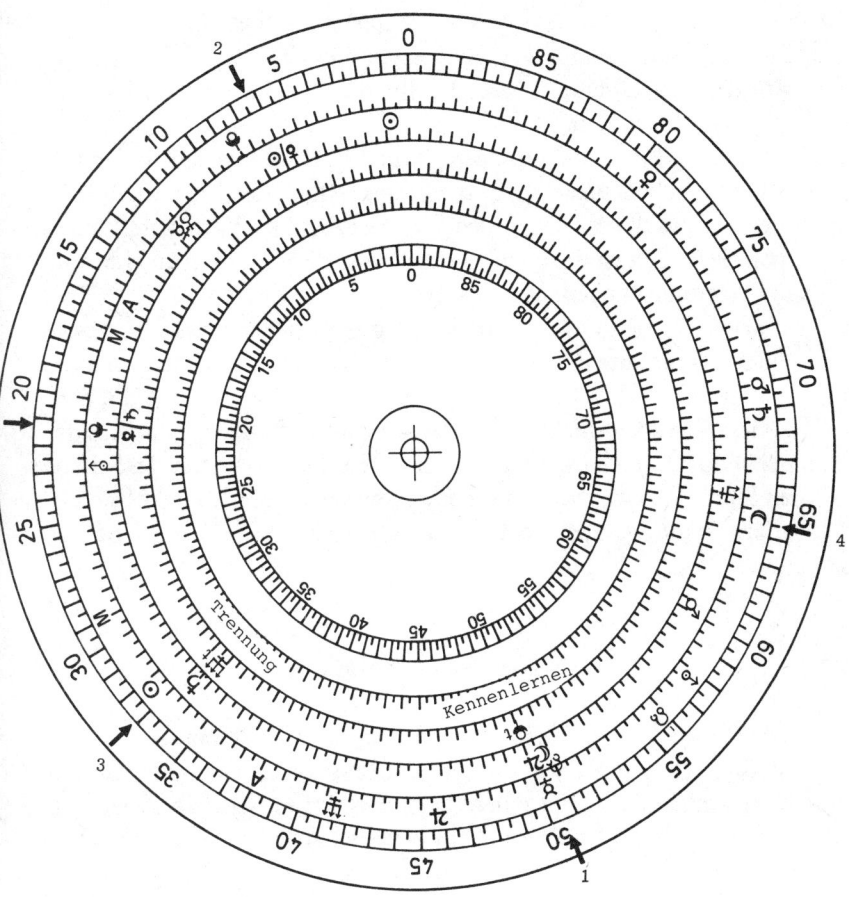

Neptun sind Unterschiede von mehreren Wochen möglich. Diese Unterschiede ergeben sich bei den scheinbaren Stillständen. Die aufsteigende Kurve zeigt in beiden Fällen die Zeit der Heirat. Bei Soraya geht aber die Kurve dann steil nach unten, bedingt durch NE t-90-MC. Man sollte aber die Jahreskurve niemals allein verwenden, sondern immer die Direktionen zur Beurteilung der Lage heranziehen.

Die Möglichkeit einer Kinderlosigkeit und späteren Trennung geht aus dem Kontakt-Kosmogramm[75] hervor. Beide Partner haben in 1)

351

und 2) eine außerordentlich gute Konstellation, die sich beim Kennenlernen auslöste. ME und PL m (m = männlich, w = weiblich) verbinden sich mit MO, JU und DR w und gegenüber SO/VE. Das bedeutet eine schicksalhafte Liebesverbindung (PL = SO/VE) mit einer glücklichen (JU) Frau (MO). Die Ehe wurde wohl auch zunächst als glücklich angesehen.

Aber die kritische Verbindung von NE, UR, PL w deckte sich mit MO m. Das bedeutet eine Enttäuschung (NE) durch die Frau (MO). In dieser Konstellation liegt auch PL = VE/SA = NE, wodurch ungewöhnliche Schwierigkeiten in der Ehe mit folgender Ernüchterung und Trennung angedeutet werden.

Schwerwiegend ist in 3) die Verbindung von SO m mit SA w, wodurch bereits auf eine künftige Trennung hingewiesen wird, die auch erfolgte, als NE t diese Stelle passierte. Daß in diesem Falle die Zeugungsunfähigkeit nicht beim Mann lag, geht daraus hervor, daß der Schah später noch mehrere Kinder zeugte. Das Verhältnis des Schahs zu Farah Diba war bedeutend besser, wie aus deren Kontakt-Kosmogramm hervorgeht, das in dem angeführten Buche ausführlich behandelt ist.[75]

Königin ohne Thronfolger

Königin Fabiola von Belgien wurde am 11. Juni 1928 um 13.13 Uhr in Madrid geboren. Sie war das sechste von sieben Kindern des Grafen Don Gonzalo de Mora, einem der reichsten Großgrundbesitzer Spaniens. Die drei Schwestern Fabiolas verheirateten sich früh, sie selbst führte ein zurückgezogenes, häusliches leben (VE-180-SA) und widmete sich der sozialen Arbeit. Sie ist eine strenggläubige Katholikin, interessiert sich wenig für gesellschaftliche Veranstaltungen, dafür aber für Musik und Literatur. (SO = MO/SA, SA = SO/VE).

Am 16. September 1960 wurde völlig überraschend die Verlobung Fabiolas mit dem belgischen König Baudouin bekanntgegeben. Das Paar hatte sich bereits zwei Jahre zuvor kennengelernt (SO p-90-MA = JU/UR) und ihre Verbindung völlig geheimgehalten. Die Hochzeit fand am 15. Dezember 1960 statt (VE s = PL, JU s = MA/PL). Das sympathische und zurückhaltende Königspaar wartete aber vergebens auf

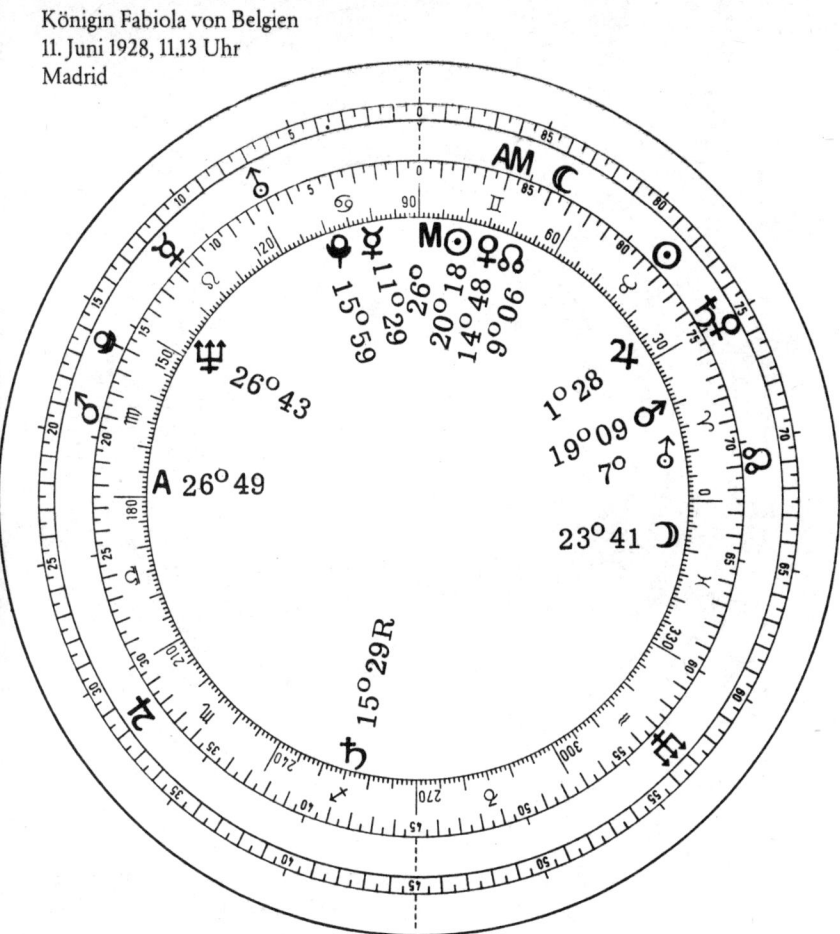

einen Thronfolger. 1961, 1963 und 1966 wurden die Hoffnungen durch Fehlgeburten der gesundheitlich sehr zarten Königin zerstört. 1971 wurde die Erziehung des ältesten Sohnes Alberts, des Bruders des Königs, übernommen, da keine Aussicht auf einen eigenen Sohn und Thronfolger bestand.

Die zurückgezogene Art der Königin gibt bereits einen Fingerzeig, daß bei ihr irgendwelche Hemmungen und organische Störungen vorliegen. Durch VE-180-SA ist anzunehmen, daß die innere Sekretion gestört ist, wobei besonders die Keimdrüsen betroffen sein kön-

353

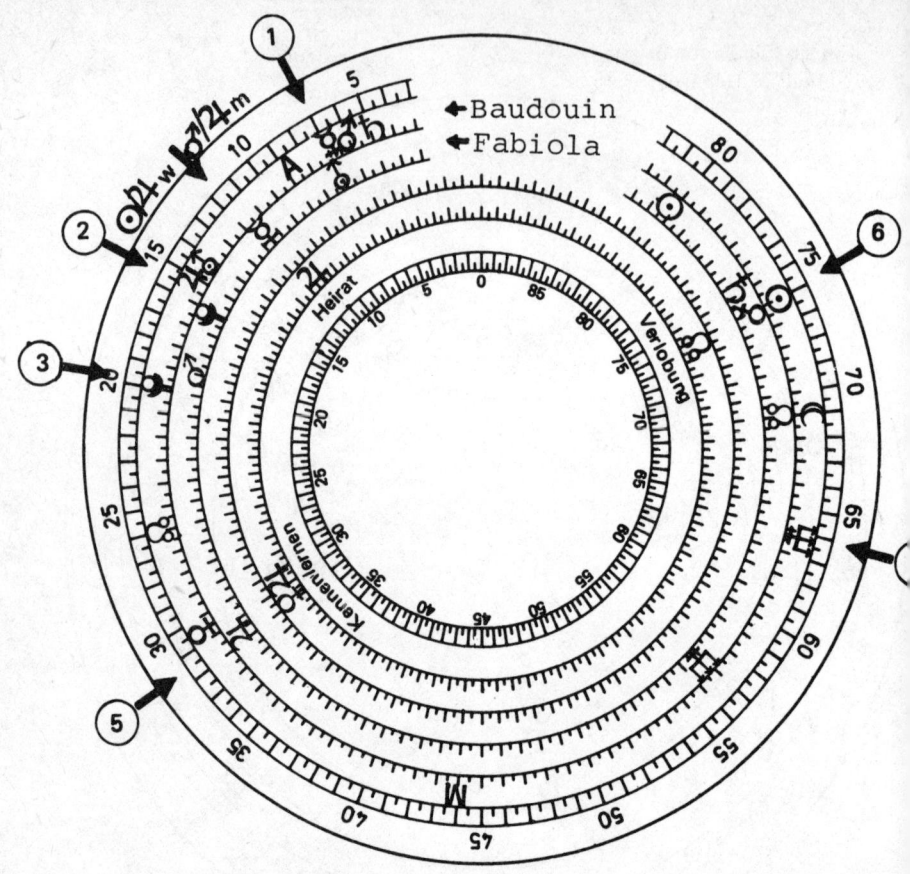

→Baudouin
→Fabiola

nen. Da VE = SA = UR/NE ist, ergibt sich eine hochgradige Empfindlichkeit, die wieder zu Rhythmuslähmungen führt. Diese Konstellation ist auch maßgebend für Totgeburten (KdG 0938). MO = MA/NE kann die Grundlage bilden für Giftstoffe im Körper, die sich allein dadurch ansammeln können, daß diese nicht richtig ausgeschieden werden. Durch JU = SO/SA können erbliche Belastungen vorliegen. SA = SO/VE betrifft wieder Störungen im Drüsengewebe (KdG-0206).

Wenn man die Zeit der Fehlgeburten nachprüft, so bestätigen sich die genannten Konstellationen. Bei der ersten Fehlgeburt am 26. Juni 1961 ist NE t-135-MO = MA/NE und SO p = SA/NE = VE/NE. Bei der dritten Fehlgeburt am 11. Juni 1966 war fällig UR t = SA = VE =

354

UR/NE. Diese Ehe wurde aber wegen der Kinderlosigkeit nicht getrennt, was sich auch aus der religiösen Einstellung der Ehepartner ergibt. Dafür spricht aber auch das Kontakt-Kosmogramm.

In der ausführlichen Abhandlung *Das Kontaktkosmogramm*[75] schrieb ich bereits, daß die Hoffnung auf weitere Geburten aussichtslos ist.

Die verschiedenen gemeinsamen Konstellationen sind im Kontakt-Kosmogramm durch Ziffern gekennzeichnet. 1) ME = MA m = UR w kann unangenehme Aufregung und Überraschungen mit sich bringen, wie aus den Fehlgeburten bereits hervorgeht. 2) JU = UR m = PL w ermöglicht gemeinsame glückliche Erlebnisse. 3/4) PL m = NE m = MA deutet auf unüberwindliche Widerstände. Dagegen kann man VE m = JU w = SO m = VE w als die Konstellation bezeichnen, die trotz aller Widerstände (SA) eine harmonische Ehe gewährleistet.

Es muß darauf hingewiesen werden, daß hinsichtlich der Kinderlosigkeit jeder Fall anders liegt, daß sich zum Beispiel die gleichen Fälle im Iran und in Belgien durch die in den Ländern herrschende weltanschauliche und religiöse Einstellung unterscheiden. Wenn zum Beispiel die Verbindung von Sonne und Mond auf die Ehe selbst und Mars in Verbindung mit Jupiter auf Geburten hinweisen, so ist nicht gesagt, daß unbedingt Saturn in diesen Verbindungen Kinder versagen muß.

Überhaupt muß immer wieder erklärt werden, daß nicht allein die Gestirne, sonder auch die jeweiligen Umstände, der Charakter der beteiligten Personen, die Erbmasse und andere Faktoren mitsprechen.

Hirnkrank geboren

Der am 15. Juli 1947 um 5.50 Uhr geborene Junge war von Geburt an hirnkrank. Die Mutter hatte bereits fünf Geburten hinter sich und war jedesmal »gerissen«, was diesmal nicht der Fall war. Aber das Kind hatte nach der Geburt »einen geschwollenen Kranz« über der Stirn und gab gar kein Lebenszeichen von sich. Der Arzt gab sofort eine Injektion mit der Bemerkung, daß es sich bis 16.00 Uhr entscheiden müsse, ob der Junge die Augen aufmacht. Er lebte, aber schon nach wenigen Tagen stellten sich epileptische Anfälle ein. In einer Universi-

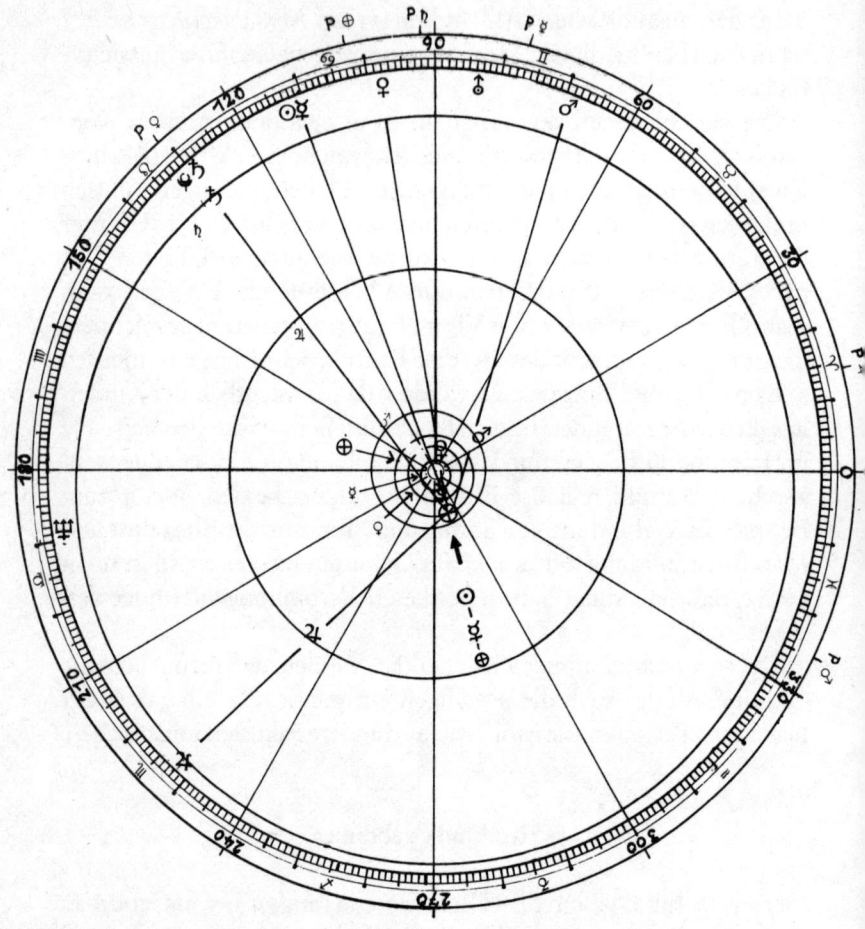

tätsklinik kam man zu dem Ergebnis, daß das Gehirn auf der linken
Seite einen starken Druck bekommen hat. Eine Vertiefung füllte sich
ständig mit Wasser, dieses drückte auf das Gehirn, und dadurch wurden die Anfälle hervorgerufen. Als das Kind größer war, mußte es den
ganzen Tag auf dem Sofa sitzen. Wenn es aber aufstand, so fiel es um.

356

Die Ärzte sprechen von einer Bewußtseinsspaltung oder Schizophrenie. Wenn der Junge merkte, daß ein Anfall kommt, dann sagte er »Mama, böse Buben kommen!« Dann wurde er ungezogen, eigensinnig, er tobte und schrie, biß die Bezüge kaputt, warf alles weg. Und wenn der Anfall vorüber war, dann sagte er: »Mama, wir wollen wieder gute Freunde sein.«

Gerade diese Worte deuten an, daß es sich um Störungen handeln kann, die aus dem Unbewußten kommen. Es könnte eine Art Besessenheitszustand sein.

Das vorliegende Kosmogramm zeigt die geo- und heliozentrischen Zusammenhänge, wie sie aus den einzelnen Horoskopen nicht zu ersehen sind. In der Mitte der Zeichnung befindet sich die Sonne. Soweit es möglich ist, sind die Planeten in ihrer eigenen Bahn maßstabgerecht eingetragen. Zieht man nun vom Stand der Erde aus (Kreuz im Kreis) gerade Linien über die einzelnen heliozentrischen Positionen, so kommt man zu dem Stand der Gestirne im Tierkreis, wie sie von der Erde aus gesehen werden. Sehr bezeichnend ist die Stellung des Merkur, der in der Mitte schlecht zu erkennen ist, denn er befindet sich auf der Verbindungslinie Erde-Sonne. Hier liegt bereits eine Lösung der Geburt eines kranken Menschen. Man kann sich vorstellen, daß durch den Merkur – fast gradgenau zwischen Sonne und Erde – gewissermaßen die Sonnenstrahlen gestört sind. Es ist das ein ähnlicher Zustand, den wir von den Mondphasen her kennen. Wenn der Mond zwischen Sonne und Erde steht, also Neumond ist, ergeben sich Störungen. Genauso muß man es sich vorstellen, wenn sich der Merkur zwischen Sonne und Erde befindet.

Ganz anders ist es bei der oberen Konjunktion, wenn der Merkur auf der anderen Seite steht und somit die Sonne in der Mitte zwischen Merkur und Erde steht, also geozentrisch gesehen Merkur Konjunktion Sonne. Nun wissen wir, daß der Merkur mit dem Sprachzentrum, den Kopfnerven und dem Intellekt zusammenhängt. Damit sind also zunächst die Störungen im Hirnapparat des Kranken zu erklären.

Wie aus der Abbildung zu ersehen ist, hat der Merkur eine erdnahe Position. Stünde er auf der Gegenseite, so wäre er erdfern. Die Venus läuft auf ihre erdferne Stellung zu. Das ist auch etwas, was man nur aus einer solchen kombinierten Zeichnung ersehen kann.

Die Planeten jenseits des Saturn lassen sich in einer Zeichnung

15. Juli 1947, 5.50 Uhr
(geozentrisch)

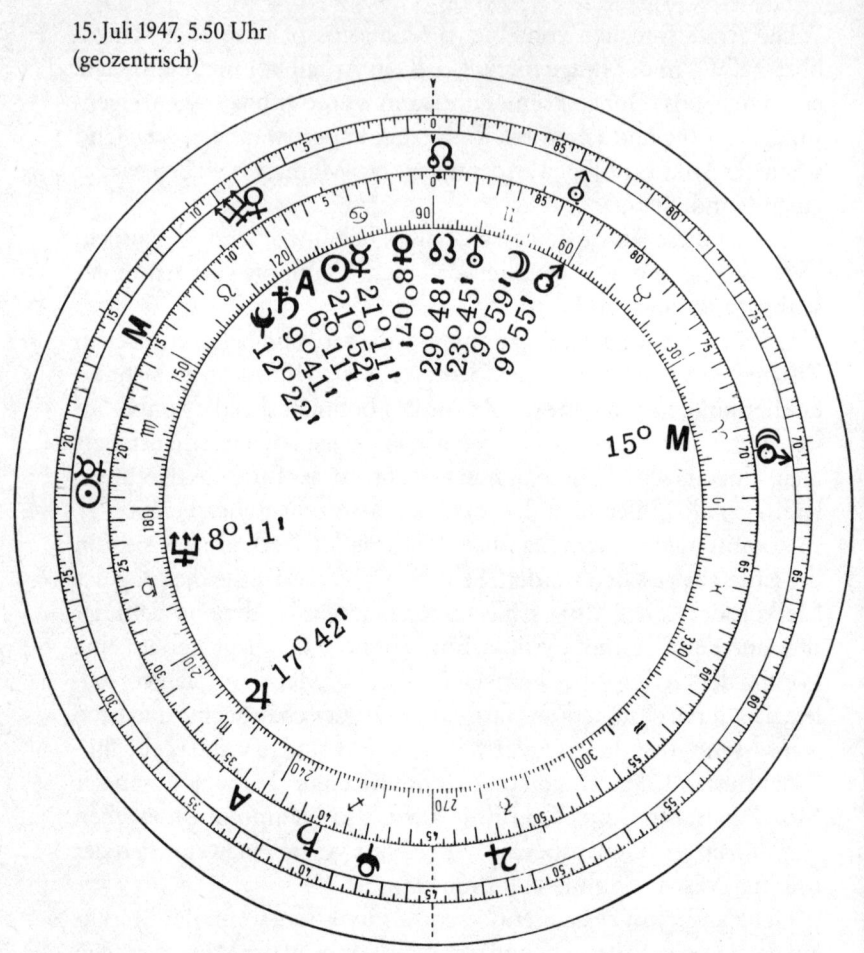

DEKLINATIONEN

☉ = 21°40'N	☾ = 22°36'N	☿ = 16°58'N	♀ = 23°15'N
♂ = 21°46'N	♃ = 16°11'S	♄ = 18°31'N	☊ = 23°25'N
♆ = 1°51'S	♇ = 23°35'N	M = 5°55'N	A = 18°47'N

15. Juli 1947, 5.50 Uhr
(heliozentrisch)

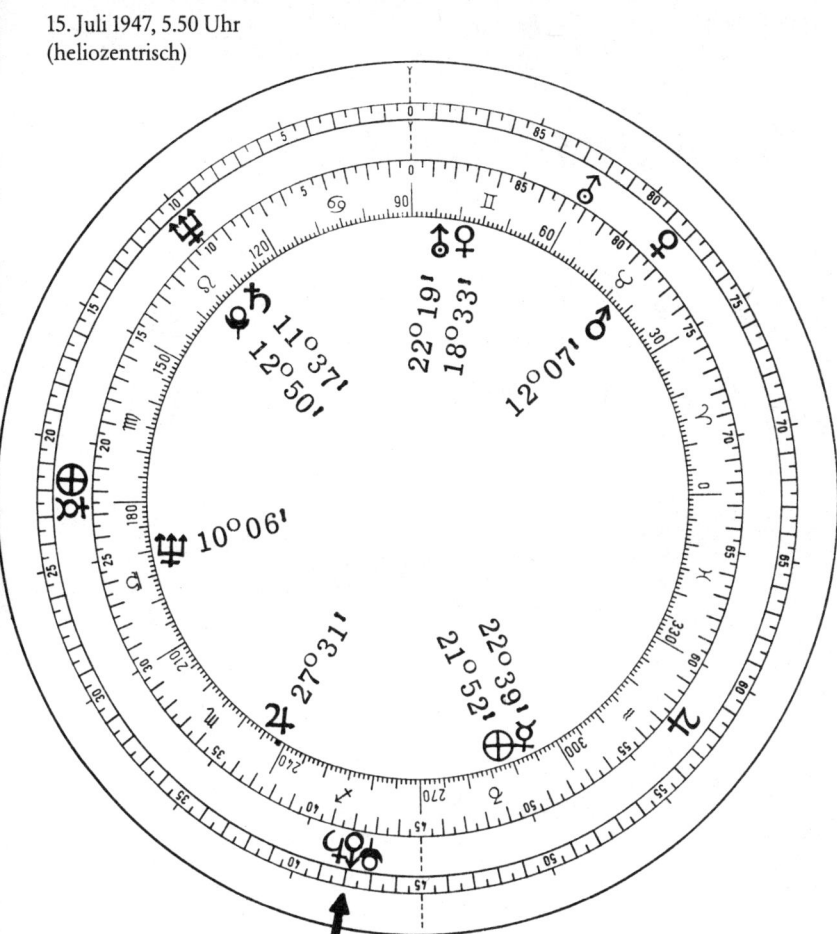

nicht maßstabgerecht eintragen, weil dann die Zeichnung zu groß sein müßte. Die weitere Untersuchung kann nun aufgrund der verschiedenen geo- und heliozentrischen Zeichnungen vorgenommen werden.

In der heliozentrischen Abbildung fällt sofort das Quadrat von MA zu SA und PL auf, das besonders im 90-Grad-Kreis sichtbar wird. Die Halbsumme SA/PL ist 12°13', MA ist 12°07', so daß die Differenz nur 6' beträgt. Diese Konstellation, die »Gewalttätigkeit, um sein Leben kämpfen müssen« bedeutet, ist in dieser Form geozentrisch nicht vorhanden. Aber auch das geozentrische Kosmogramm gibt zahlreiche

359

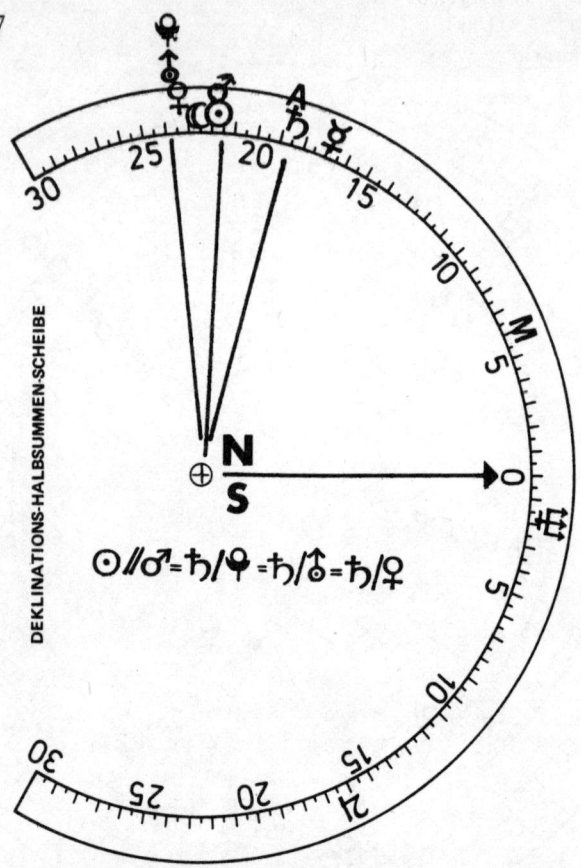

Hinweise auf die Schwere der Erkrankung. Die Hinweise auf die »Gewaltätigkeit« kann man auch dahin deuten, daß bei der Geburt selbst eine Schädigung des Kopfes geschehen ist.

Überraschende Entsprechungen bietet das MC in 15° Widder. Auf der Tafel der »Anatomischen Entsprechungen« von Fritz Brandau[49] kann man in 13° lesen »Gehirnkammern«, in 14° »Stirnlappen«, in 15° »Seitenlappen« (des Gehirns). Nun ist aber MC = SO/NE, woraus auf eine Schädigung oder Krankheit des Gehirns geschlossen werden kann. Wenn sich bereits kurz nach der Geburt epileptische Anfälle einstellen, so ist das die Entsprechung zu UR = MO/VE. In der KdG-344 liest man »Epilepsie und andere krampfartige Zustände.« UR =

MO/NE deutet auf Bewußtseinsstörungen hin. SA = MO/NE entspricht Hoffnungslosigkeit, Pessimismus, Hemmungen, Lähmungen. Aufschlußreich sind auch die Deklinationen. Aus deren Positionen sind bereits zahlreiche Parallelen zu erkennen. Sie sind durch verschiedene Unterstreichungen kenntlich gemacht. Es ist SO//MA, VE//UR//PL, und SA//AS. Weiteren Aufschluß gibt das Deklinationsdiagramm, das von mir entwickelt wurde. Eine derartige Häufung auf wenige Grade habe ich bisher nicht gefunden. Außerdem befinden sich SO und MA, die Verkörperer der Lebensenergie, in den Halbsummen von SA/PL = SA/UR = SA/VE, die heliozentrisch MA = SA/PL entsprechen, aber nicht aus dem Längenkosmogramm hervorgehen.

Man wird nicht behaupten können, daß eine der vorgeführten Methoden allein maßgebend ist, sondern gerade die Betrachtung von verschiedenen Seiten führt zur klaren Beurteilung der Situation.

Wenn das Unglück geschehen ist, kann man schlecht helfen, aber wenn man die Konstellationen für eine Geburt vorher berechnet, können sich Hilfen ergeben. Bei dem heutigen Stand der Technik, auch auf medizinischem Gebiet, dürfte es nicht schwer fallen, eine Geburt etwas vorzulegen oder auch zu verschieben. In diesem Falle wäre der Merkur als Störfaktor zwischen Erde und Sonne ausgeschaltet gewesen, und der Mars hätte vielleicht auch eine etwas bessere Position eingenommen. Übrigens habe ich in unseren Taschen-Ephemeriden immer die obere und untere Konjunktion hervorheben lassen. Da aber diese Verbesserung nicht beachtet wurde, ist sie wieder fallengelassen worden. In astronomischen Kalendern werden aber diese Angaben weiter durchgeführt.

Berechnung des Operationstages

In der heutigen Zeit berücksichtigen bereits viele Chirurgen bei einer Operation die Fälligkeit von Neu- und Vollmond, den biorhythmischen Tag und den Föhneinfluß, sofern es nicht notwendig ist, eine Operation aus zwingenden Gründen, zum Beispiel nach einem Unfall, sofort vorzunehmen, ohne auf kosmische oder wetterbedingte Einflüsse Rücksicht zu nehmen. Viele Ärzte kommen auch dem

Wunsch des Patienten entgegen, wenn dieser an einem bestimmten Tage operiert werden möchte. Die starken Nachblutungen bei Vollmond und Schwächeanfälle bei Neumond sind bereits mehrfach belegt worden.

Eine alte astrologische Regel besagt, daß nicht operiert werden soll, wenn sich der Mond in dem Zeichen befindet, das dem betreffenden Organ oder Körperteil entspricht. Man würde also eine Unterleibsoperation bei der Mondstellung im Zeichen Skorpion, eine Nierenoperation bei Stellung des Mondes im Zeichen Waage oder eine Kopfoperation bei Stellung des Mondes im Zeichen Widder vermeiden.

Wenn ein Patient einen günstigen Operationstag ausgerechnet haben möchte, so frage ich zuerst, ob dieser Eingriff sofort vorgenommen werden soll oder verschiebbar ist. Bei einer eiligen Operation lehne ich allgemein die Beratung ab, weil bei negativen Konstellationen die Gefahr bestünde, daß im Patienten Angstzustände hervorgerufen werden und sich diese auf den Vorgang und den Erfolg der Operation nachteilig auswirken könnten. Hat man dagegen mehrere Monate oder gar ein Jahr Zeit, kann man den günstigsten Zeitpunkt berechnen und dabei bereits im Patienten die Angst nehmen und die Zuversicht auf das Gelingen der Operation stärken.

Mir liegt nun ein Fall vor, der durch mehrere Briefstellen belegt werden kann. So schrieb die Tochter von Frau Bauer (Deckname) am 5. September 1975 folgendes:

»Ich möchte mich nun endlich für Ihre Mühe bedanken. Nun habe ich wieder eine Bitte an Sie. Meine Mutter möchte sich im Herbst einer Operation unterziehen, geht aber nicht vorher zum Arzt, bevor Sie ihr nicht sagen, wie die Chancen für eine solche Operation stehen. Meine Mutter leidet an Atembeschwerden, die wahrscheinlich durch Verwachsungen der Schilddrüse entsehen. Sie hat bereits zwei Kropfoperationen hinter sich. Bei der letzten hatte sie danach einen Kreislaufkollaps, war bereits tot und wurde durch fünfzig Spritzen wieder zum Leben erweckt. Diese Operation war vor fünfzehn Jahren im Frühjahr. Sie werden verstehen, daß sie nun Angst vor einem neuen Eingriff hat. Sie würden mir einen großen Gefallen erweisen, wenn Sie uns bald Bescheid geben, denn, wie gesagt, meine Mutter geht nicht zum Arzt, bevor Sie ihr nicht Bescheid geben.«

Aus diesen Zeilen kann man erkennen, welch großes Vertrauen

Anna Bauer
21. Januar 1917, 0.30 Uhr
Aachen

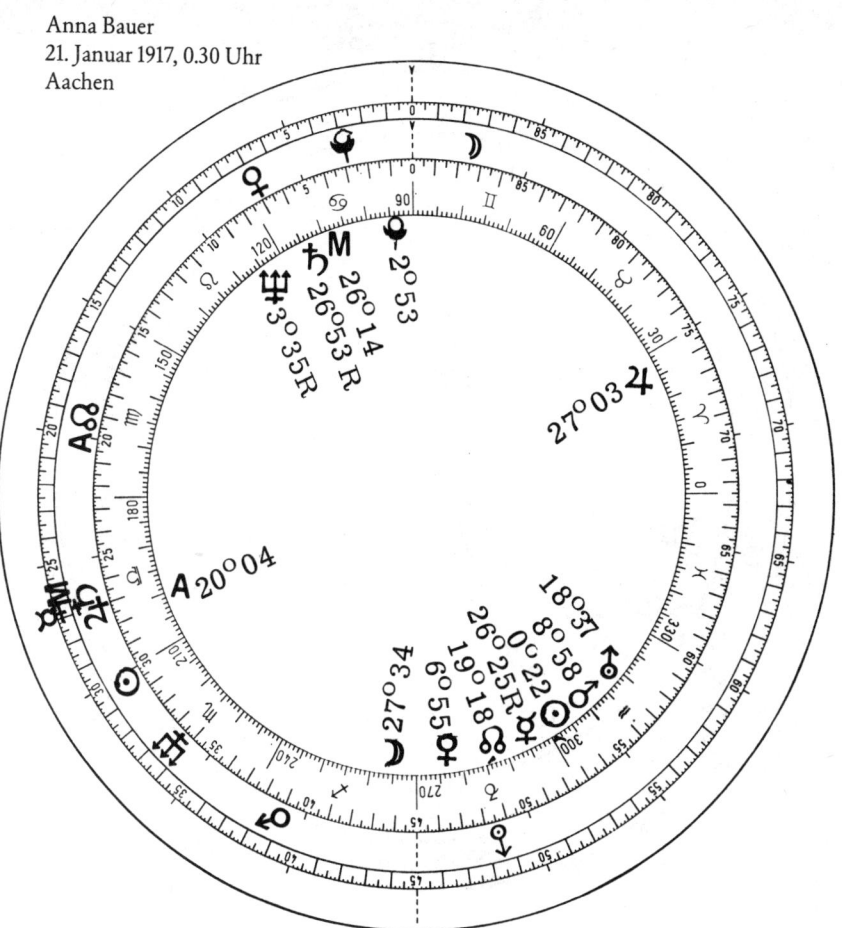

DEKLINATIONEN

☉ = 20°05S	☾ = 25°09S	☿ = 17°47S	♀ = 22°56S
♂ = 19°03S	♃ = 9°23N	♄ = 20°59N	⯓ = 15°53S
♆ = 19°08N	♇ = 18°33N	M = 20°54N	A = 7°50S

363

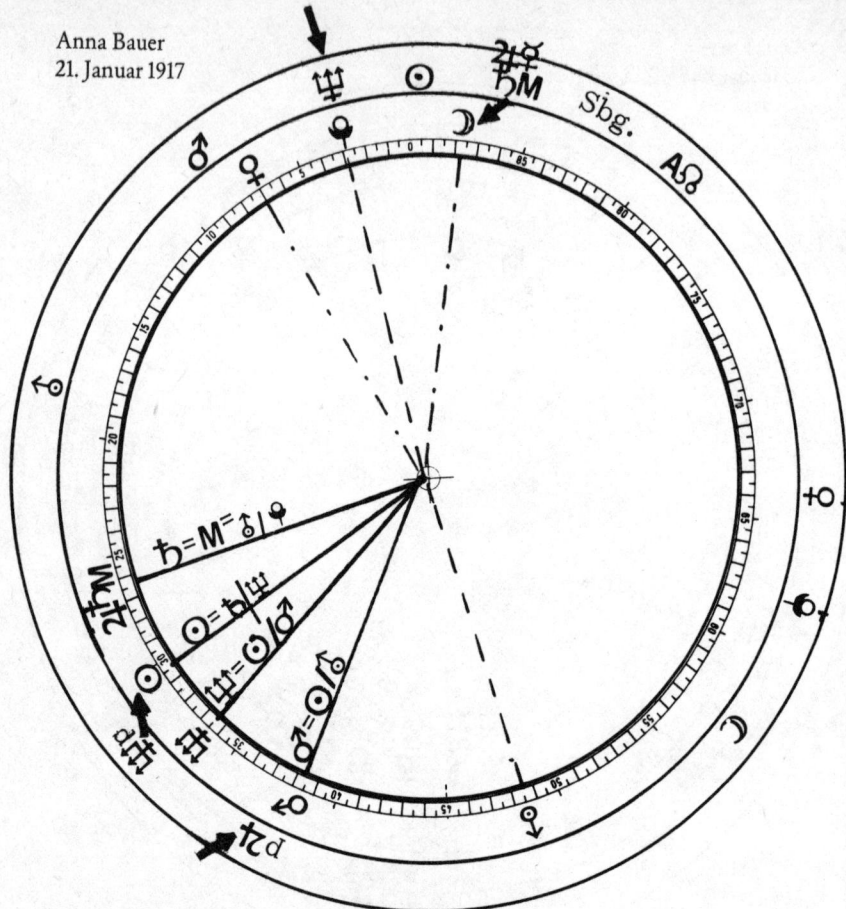

einem Kosmobiologen entgegengebracht wird, wenn er eine Familie bereits mehrfach erfolgreich beraten hat.

Die Operation vor fünfzehn Jahren fand am 11. April 1960 bei Vollmond statt, wie man leicht an Hand einer Ephemeride feststellen kann. Der Mond stand morgens 9°51' Waage, um 24.00 Uhr in 24°03' Waage, die Sonne morgens in 21°06' Widder. Demnach muß also der Vollmond in die Abendstunden fallen, muß also kurz nach der erfolgten Operation liegen. Außerdem waren noch weitere kritische Konstellationen fällig: SO t-180-AS = MA/PL, MA und NE-90-MA und SA t = NE/PL = MO/MA. Wenn Operationen schon stattgefunden

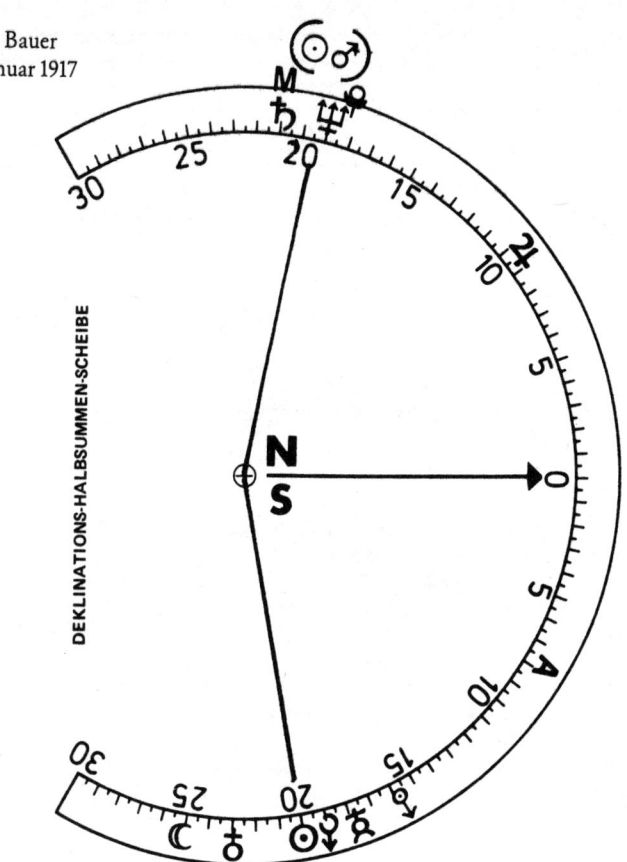

Anna Bauer
21. Januar 1917

DEKLINATIONS-HALBSUMMEN-SCHEIBE

haben, ist es immer notwendig, deren Zeitpunkt zu untersuchen, um zu sehen, wie damals der Patient auf die kosmischen Konstellationen reagiert hat.

Im Kosmogramm stellt man folgende Krankheitskonstellationen fest. Aufgrund der *Anatomischen Entsprechungen der Tierkreisgrade* ist 17 bis 18° Stier als Entsprechung zur Schilddrüse nicht besetzt, aber der Uranus steht in 18°37' Wassermann im Quadrat dazu. Als krankheitsbezüglich erkennt man im kosmischen Strukturbild folgende Konstellationen:

PL = MO/VE betr. Drüsensystem (Schilddrüse)
UR = MO/VE betr. Störung der Drüsenfunktionen

365

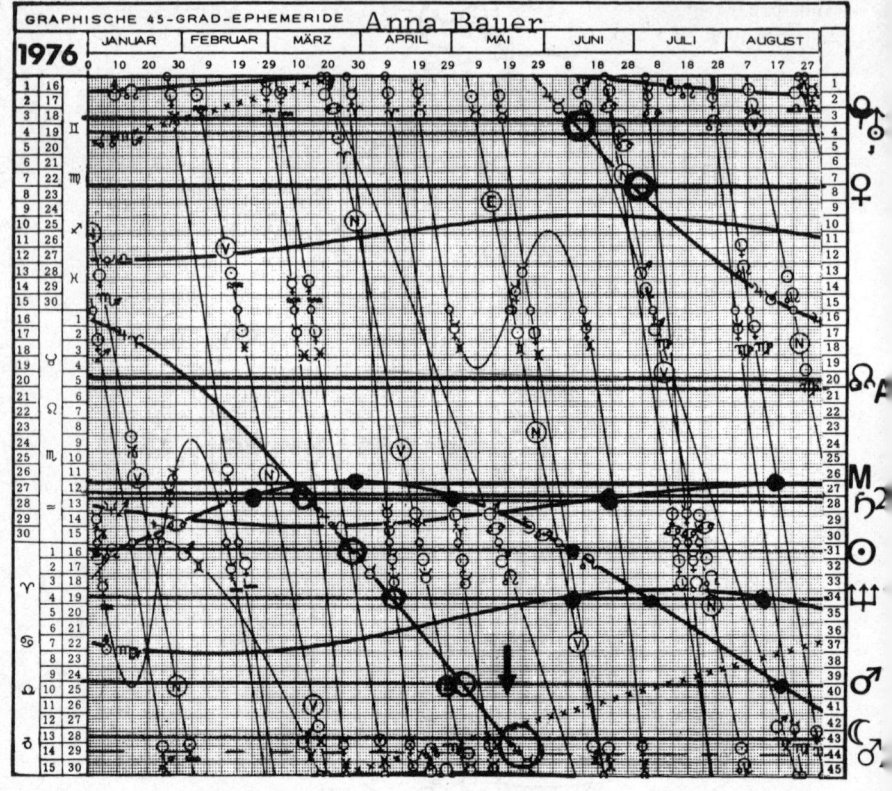

SA = MC = UR/PL betr. Puls und Atem bzw. Atembeschwerden

SO = SA/NE betr. Krankheitsanlagen allgemein, nach den
Zeichen Wassermann und Löwe schlechte
Blutzirkulation, Herzleiden

NE = SO/MA betr. Schwäche, Krankheit

MA = SO/UR betr. Verletzung, Operation

Untersucht man die Deklinationen, so erkennt man nördlich
SA//MC und NE//PL und südlich SO//MA. Da es sich um die gleichen Grade nördlich und südlich handelt, sind alle diese Positionen
parallel. Aus diesem Grunde ist oben SO//MA in Klammern gesetzt.
Demnach sind wesentliche Aspekte im Kosmogramm (SA = MC,

366

SO-180-SA, SO-180-NE) durch Deklinationen gewissermaßen verstärkt.

Untersucht man die Progressionen für den neunundfünfzigsten Tag der Geburt, den 21. März 1917, so bewegt sich NE p langsam auf die Sonne zu mit dem Hinweis auf eine künftige Schwäche, so daß eine Operation in späteren Jahren schwieriger sein würde. JU p geht aber auf MA zu, so daß mit einem Erfolg zu rechnen ist.

Für die Sonnenbogendirektionen ergeben sich die Positionen:

SO	= 29°46' Fische		UR	= 18°21' Widder
VE	= 6°19' Fische		DR	= 18°42' Fische
SA	= 26°17' Jungfrau		ME	= 25°49' Fische
PL	= 2°17' Jungfrau		JU	= 26°27' Zwillinge
AS	= 19°28' Schütze		NE	= 2°57' Waage
MO	= 26°57' Wassermann		MC	= 25°38' Jungfrau
MA	= 8°22' Widder			

Diese Direktionen wurden für den Geburtstag 21. Januar 1976 berechnet. Die Positionen wurden im äußeren Kreis des Strukturbildes eingetragen. Dabei ergibt sich, daß NE s um wenige Minuten PL = MO/VE = UR überschritten hat. Der Komplex um SA s bewegt sich auf MO zu, so daß es besser ist, die Operation bald vorzunehmen, bevor diese Direktion fällig ist.

Nun kommt es darauf an, an welchem Tage die Operation vorgenommen werden soll. Das Jahresdiagramm ist nicht sehr günstig, denn NE t bewegt sich ständig um den Komplex MC, SA, JU, ME. Auch SA t gesellt sich hinzu, so daß trotz einiger JU-Transite in den ersten Monaten des Jahres nicht die besten Aussichten bestehen. Im Mai hat SA t den Komplex verlassen und NE bildet zur Zeit auch keinen exakten Aspekt.

Nun ist für Operationen besonders die Halbsumme MA/UR maßgebend. Als ideal gilt, wenn sich JU in dieser Halbsumme befindet, denn das würde eine erfolgreiche oder glückliche (JU) Operation (MA/UR) bedeuten. Die Halbsumme MA/UR liegt in 13°47' Wassermann. Diese Operationsachse ist im Jahresdiagramm gestrichelt eingezeichnet. Man erkennt, daß im Mai tatsächlich JU diese Halbsumme schneidet.

Transitübersicht

Monat: Mai 1976

```
 1 ·································································
 2 ·····························'·· 4 □ ♂, ♄ □ 4 ·······
 3 ·······························'················
 4 ·················································
 5 ·····························'····················
 6 ·················································
 7 ·····························'····················
 8 ☉ □ ♂̂ ··········································
 9 ♂ ⌓ M ⌓ ☿ ······················'·········
10 ♂ □ 4 ·············································
11 ·····························'····················
12 ·················································
13 Ⓥ ···························'····················
14 ·················································
15 ·····························'····················
16 ♂ □ ☉ ·········································
17 ·················································
18 ······················'··· 4 ⊡ ☽ = ♂/♂̂ ·····
19 ☽ ⌓ ♂ = ☉/♂̂ ··········'····················
20 ≈ ·················································
21 ·····························'····················
22 ♂ ⌓ ♅ ·········································
23 ·····························'····················
24 ·················································
25 ·····························'····················
26 ☽ ♉ ·············································
27 ☽ ♉ ·························'····················
28 ·················································
29 Ⓝ ···························'····················
30 ·················································
31 ♂ □ ♂ ·····················'············
```

Für den Monat Mai wurde eine genaue Transitübersicht[76] aufgestellt. Demnach wäre JU t-90-MA am Monatsanfang günstig, wenn nicht SA t-90-JU noch fällig wäre. Vollmond und Neumond sind in diesem Monat durch »V« und »N« gekennzeichnet, so daß die Tage um den 13. und 29. nicht in Frage kommen. Am 18. ist JU-135-MO = MA/UR fällig. Das ist ein Dienstag. Der Mond befindet sich im Übergang von Steinbock zu Wassermann, steht also nicht in dem Zeichen

368

Stier, das dem Operationsgebiet entsprechen würde. Am 19. geht MO
über MA = SO/UR. Das ist auch eine Operationskonstellation.
Demnach wurden 18. und 19. als Operationstage empfohlen. Die
Operation erfolgte am 19. und ist ohne Komplikationen verlaufen,
wie mir die Patientin voller Freude und Dankbarkeit mitteilte.

Man sollte dieses Beispiel nicht als »Zufall« abtun, denn in meiner
fast sechzigjährigen Praxis habe ich viele Operationsberechnungen
mit Erfolg durchgeführt, teilweise sogar im Auftrag von Ärzten.
Solche Berechnungen sollte aber nur vornehmen, wer über ausrei-
chende Erfahrung verfügt, weil die Verantwortung zu groß ist, und
weil auch viel Zeit dazu gehört, um eine solche Berechnung durchzuführen.

Am 22. Mai war in diesem Falle MA-0-NE fällig. Diese Konstellation kurz nach der Operation gefiel mir nicht. Es wurde der Patientin
empfohlen, in diesen Tagen sehr diät zu leben und auch mit Schmerz-
und Schlafmitteln möglichst zurückhaltend zu sein. Es war von Vorteil, daß im Juni/Juli gute Jupitertransite fällig waren. Darauf sollte
man auch besonders achten, daß nach einer Operation gute Transite
die Erholung begünstigen. Am besten ist es, wenn nach einer Operation günstige Transite zur Sonne vorliegen.

Erfolgreiche und erfolglose Operation

Die folgenden beiden Beispiele sollen mittels der Jahreskurve eine
erfolgreiche und eine erfolglose Operation veranschaulichen. Im
ersten Fall geht die Kurve nach der Operation sofort wieder hoch, bei
der Operation mit Todesfolge bleibt die Kurve aufgrund starker nega-
tiver Konstellationen unten und führt schließlich zum Tod. Die
beiden Fälle sind dem Buch *Die Jahreskurve* entnommen, aber neu
erläutert.

M. G., 24. Oktober 1914

Der erste Fall wurde ursprünglich von Erich Modersohn in einem
Aufsatz »Möglichkeiten und Grenzen einer Prognose«[77] vorgeführt.
Der Native wurde für den Herbst des Jahres auf eine kritische Periode

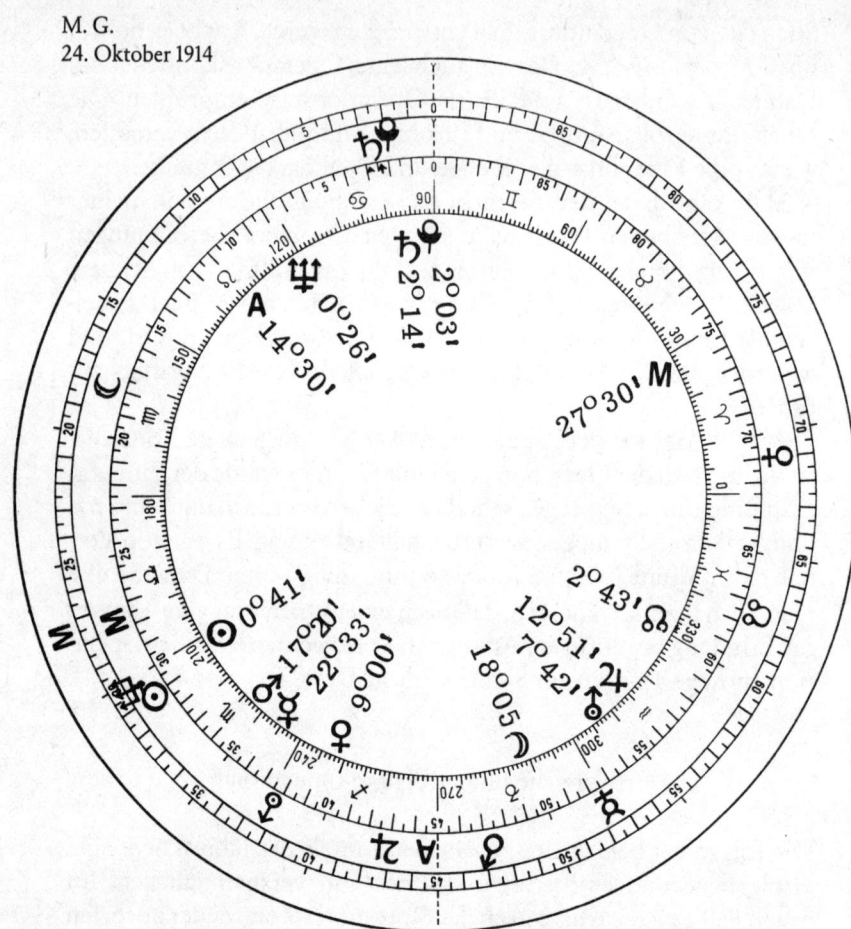

aufmerksam gemacht. Zunächst ging alles gut. Ab Oktober 1956 häuften sich die Enttäuschungen, Zusagen wurden nicht gehalten, das Betriebsklima belastete. Anfang November traten steigende Schmerzen im Gallebereich auf, die langsam unerträglich wurden. Die Untersuchung im Krankenhaus bot zunächst keinen Anhaltspunkt für Gallensteine, aber als die Operation am 16. November erfolgte, wurden aus der Gallenblase kieselgroße Steine entfernt.

Im Kosmogramm kann man als allgemeine Krankheitsanlage SO-90-NE erkennen. Stellt man nun die Rechenscheibe im 90-Grad-

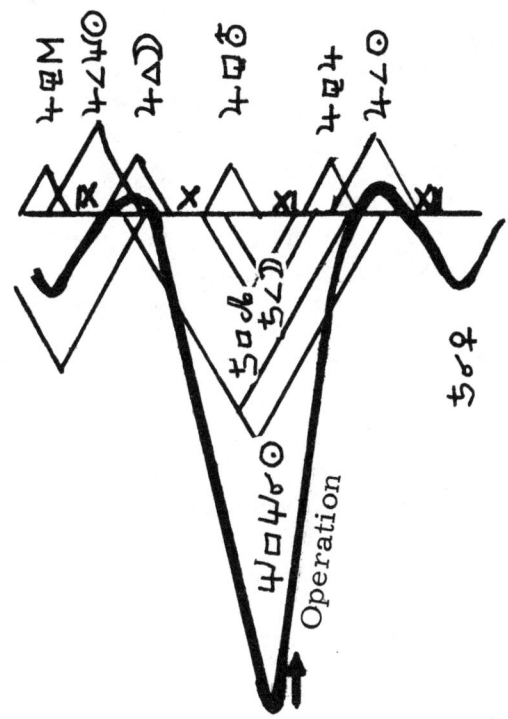

Kreis auf SO und NE ein, so ist SO = NE = MO/JU. Die Halbsumme
MO/JU betrifft (KdG-362) den Leber- und Gallebereich.

Die Erkrankung ergab sich, als NE t die Zeichen Löwe, Jungfrau,
Waage durchlaufen hatte und die Konjunktion mit der Sonne erreichte. Diese Konstellation ist auch maßgebend für den Tiefgang der
Kurve im Jahre 1956, wie aus der Zeichnung zu ersehen ist. Wenn man
gleichzeitig die Progressionen in Betracht zieht, so fällt auf, daß wie im
vorigen Beispiel JU p den MA erreicht und dadurch auch die Hoffung
auf eine Besserung gegeben ist. Die Operation fand statt – sie war nicht
vorausberechnet worden –, als die Neptunkonstellationen gerade
überwunden waren und sich JU-Transite zu JU und SO ergaben. Die
Operation war erfolgreich.

M. G., 14. September 1889

Betrachten wir nun im Gegensatz dazu das Kosmogramm vom 14. September 1889 um 19.28 Uhr. Nach einem jahrelangen Leiden an Prostatahypertrophie erwies sich die Operation am 25. Juni 1956 um 9.20 Uhr als notwendig. Eine Verschiebung war nicht mehr möglich. Die Operation dauerte zweieinhalb Stunden. Danach trat eine körperliche Schwäche ein. Es sammelte sich Wasser im Körper, Atemnot setzte ein; in dem sonst gesunden Bein entstand eine Thrombose. Langsam trat eine Versteifung der Gliedmaßen ein. In der Nacht vom 6. zum 7. Oktober 1956 setzte der Tod dem Leben ein Ende.

M. G.
24. Oktober 1914

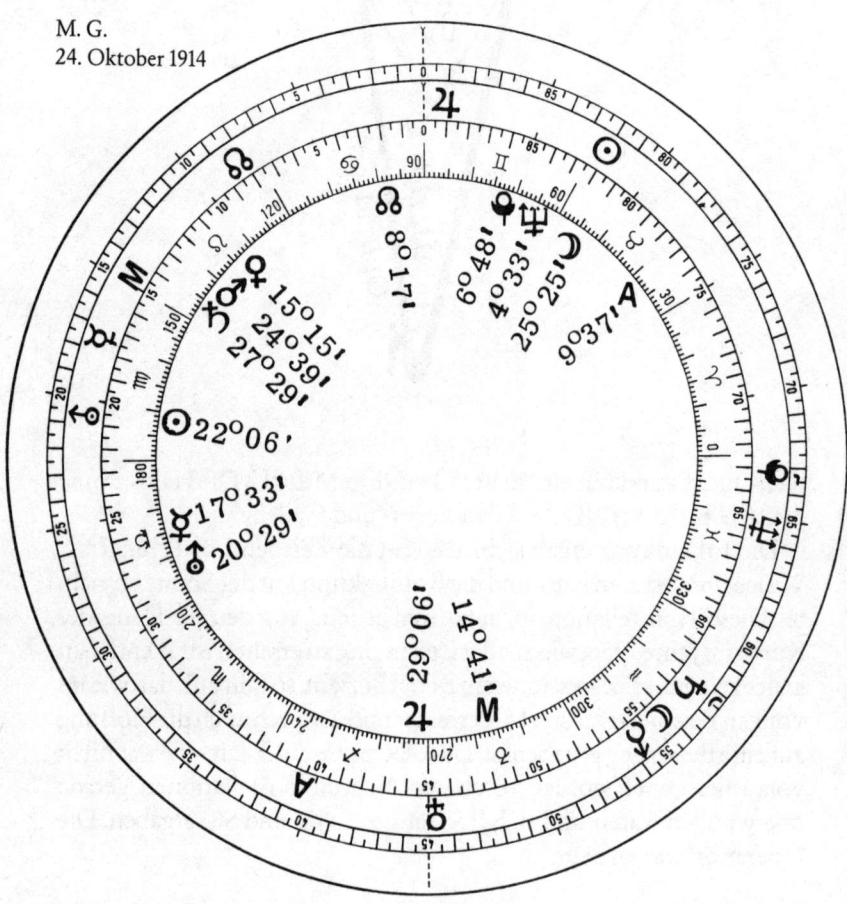

M. G.
14. September 1889

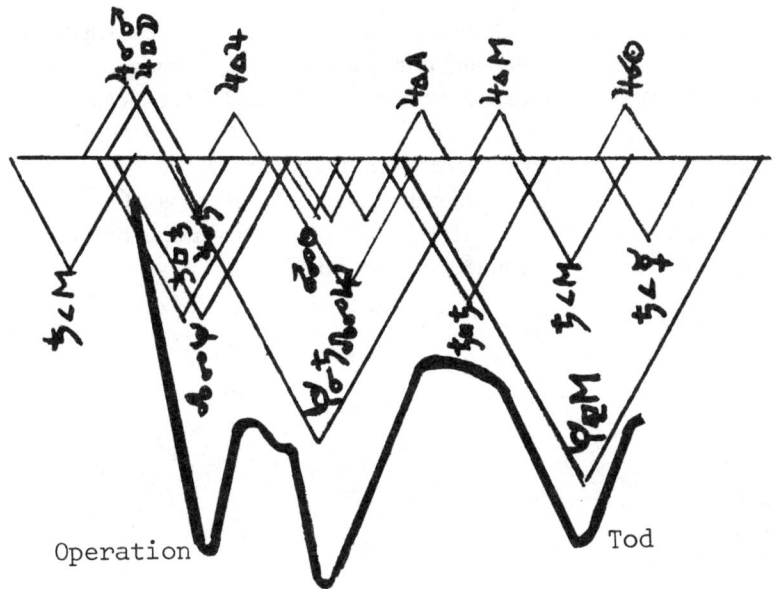

Operation   Tod

Zur Zeit der Operation hatte SO p-90-SA gerade überschritten, wodurch direktionsmäßig eine schwere Krise angedeutet war. An Transiten sind zur Zeit der Operation fällig SA t-90-SA und JU t=SA. Insbesondere durch PL-Transite bleibt die Kurve unten, die wenigen guten Transite sind zu schwach, um eine Besserung des Zustandes zu erreichen.

Die Prostatahypertrophie ist im Geburtsbild angezeigt durch MO, MA und SA in der Halbsumme VE/UR in 11°01' Krebs bzw. 26°01' Stier. Sie fällt zusammen mit MA/SA in 26°04' Löwe. Diese Konstellationen werden fast minutengenau ausgelöst durch SA t in 27°06' Skorpion. Daran sieht man wieder, wie genau der Kosmos arbeitet.

Als Schlußfolgerung aus diesen Beispielen ist zu ziehen, daß Operationen nicht so lange verschoben werden sollen, bis solche anhaltenden kritischen Konstellationen stattfinden wie im zweiten Fall, sondern nach der Operation sollten stets fördernde Transite vorhanden sein.

Eine Frau, die sich in den mittleren Jahren und in den Wechseljahren befindet, klagt, daß sie seit mehreren Jahren ständig Blutungen hat, die gar nicht aufhören wollen und durch die sie auch sehr geschwächt ist. Der Arzt rät zur Operation, zur Wegnahme der Eierstöcke. Sie fragt an, wann ein günstiger Operationstermin gegeben sei.

Der Blick auf das Kosmogramm zeigt eine Häufung von Gestirnen im Raum von 78 bis 80 Grad im 90-Grad-Kreis, gegenüber die Sonne und, nur wenige Grade entfernt, Mars mit Saturn.

Asta Fehling
22. April 1924

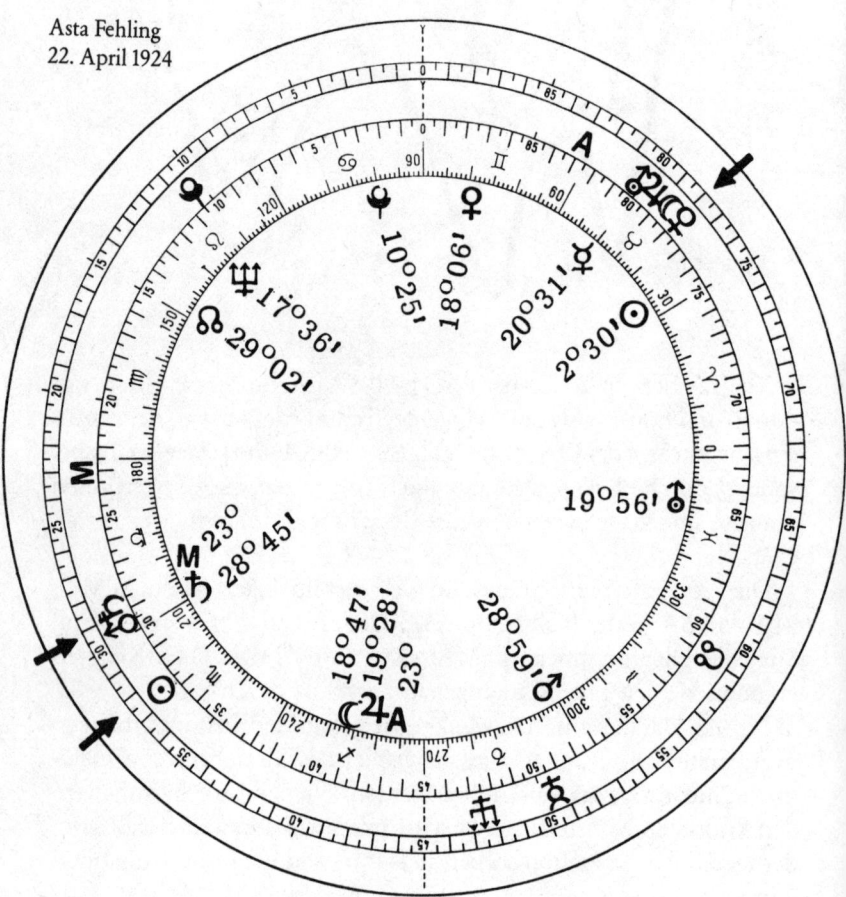

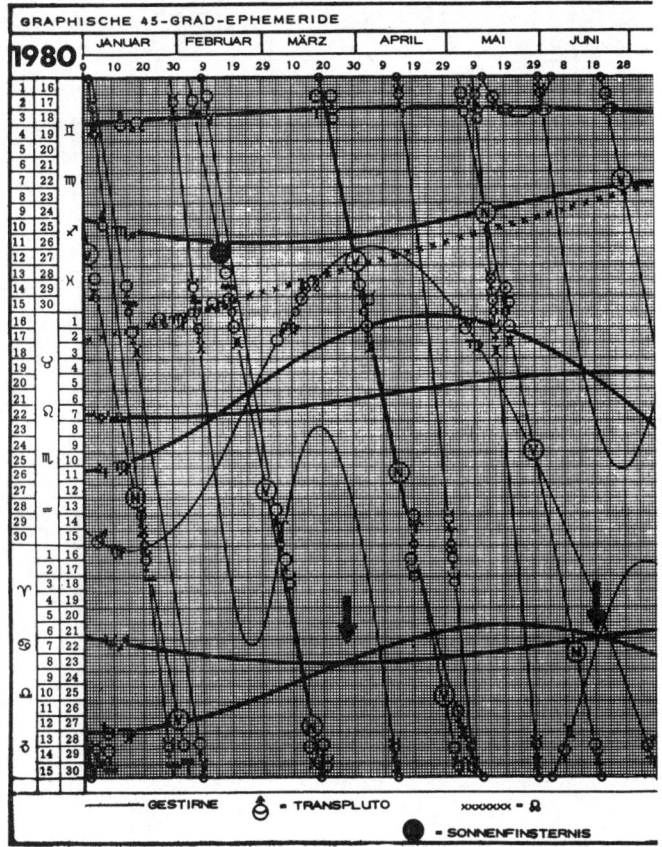

GRAPHISCHE 45-GRAD-EPHEMERIDE
1980

GESTIRNE — ⬡ = TRANSPLUTO   xxxxxxx = ♀

⬤ = SONNENFINSTERNIS

Das Jahresdiagramm zeigt diese Zusammenhänge nicht nur noch deutlicher, sondern es ist daraus ersichtlich, daß der Neptun jahrelang durch den Komplex Saturn-Mars-Sonne-Venus-Mond-Jupiter-Uranus gegangen ist und wahrscheinlich die krankhaften Blutungen hervorgerufen hat.

Bereits 1976 ging der laufende Uranus mit dem Saturn durch diesen Komplex, Neptun durchkreuzte erstmals die Mars-Saturn-Linie. 1977 verharrte der Neptun immer noch auf der Mars-Saturn-Linie, und Saturn durchquerte den darunter liegenden Komplex. 1978 erreichte der Neptun den großen Komplex zwischen Sonne und Uranus, und 1979 verharrte der Neptun ebenfalls in diesem Raum.

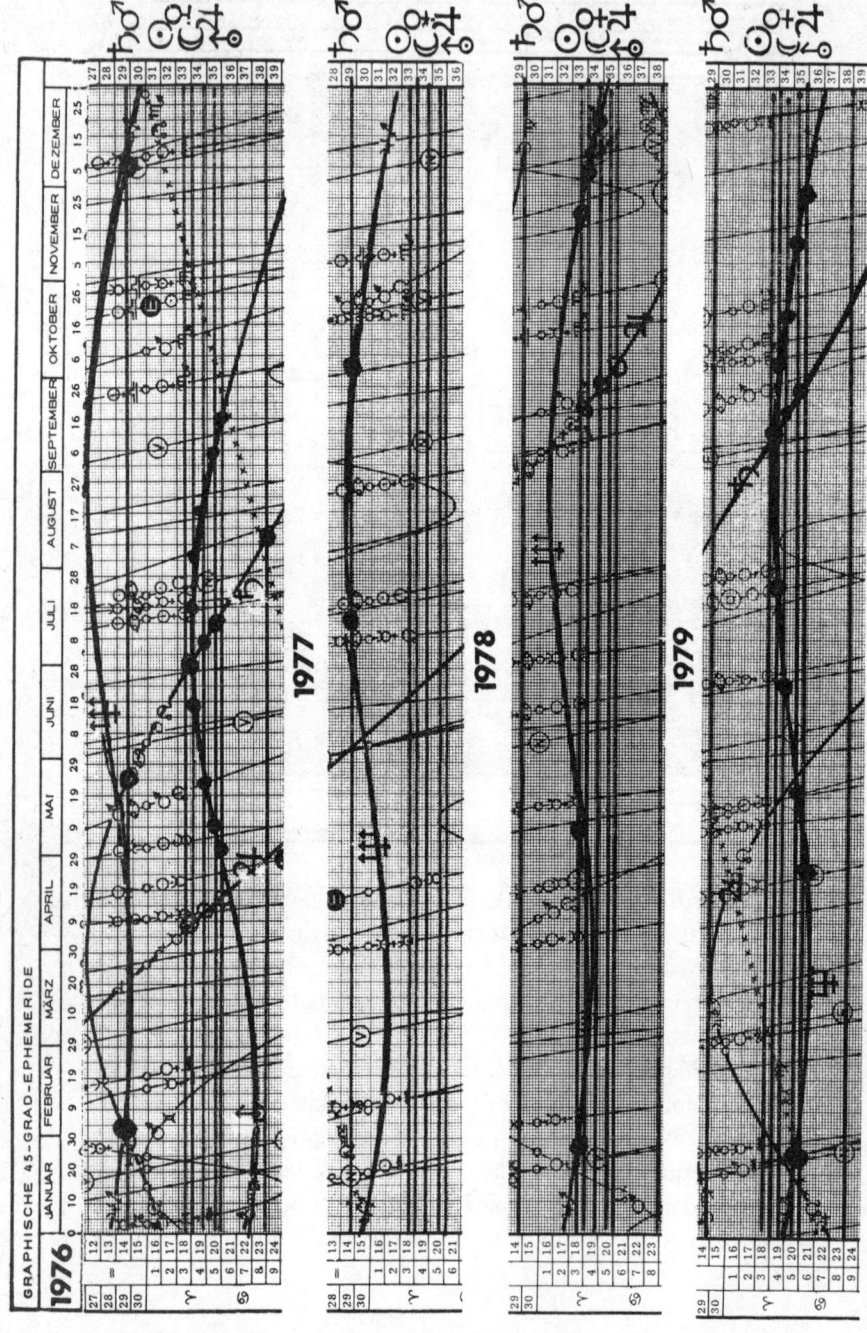

GRAPHISCHE 45-GRAD-EPHEMERIDE

1976   1977   1978   1979

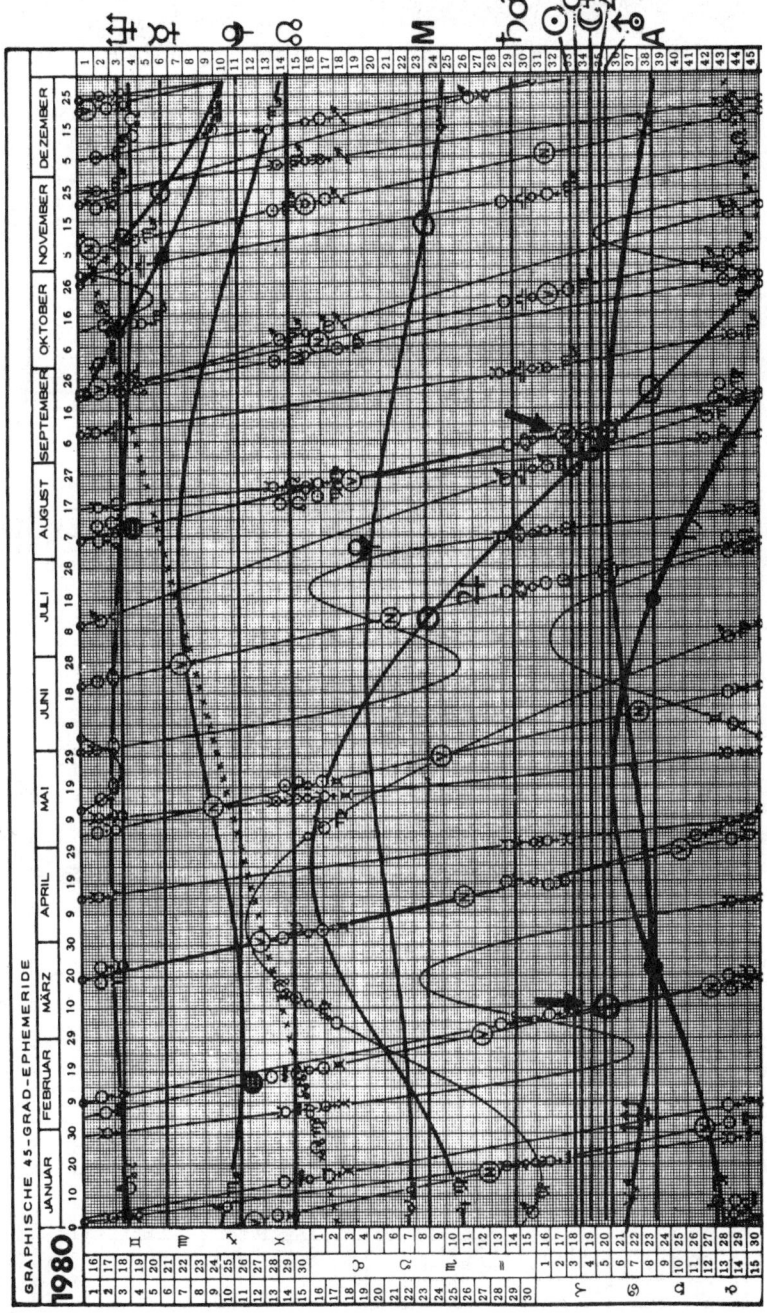

Lebensdiagramm: Asta Fehling (22. April 1924)

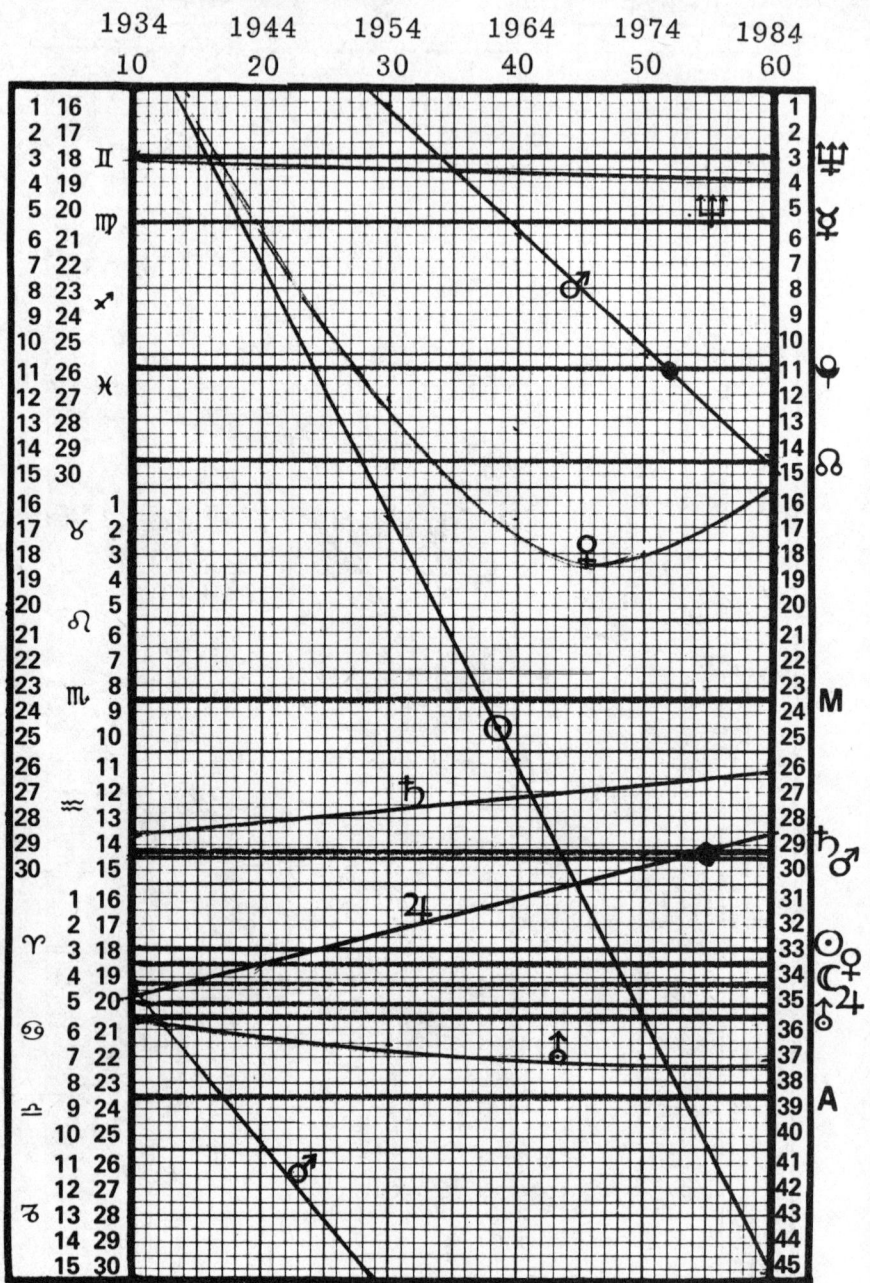

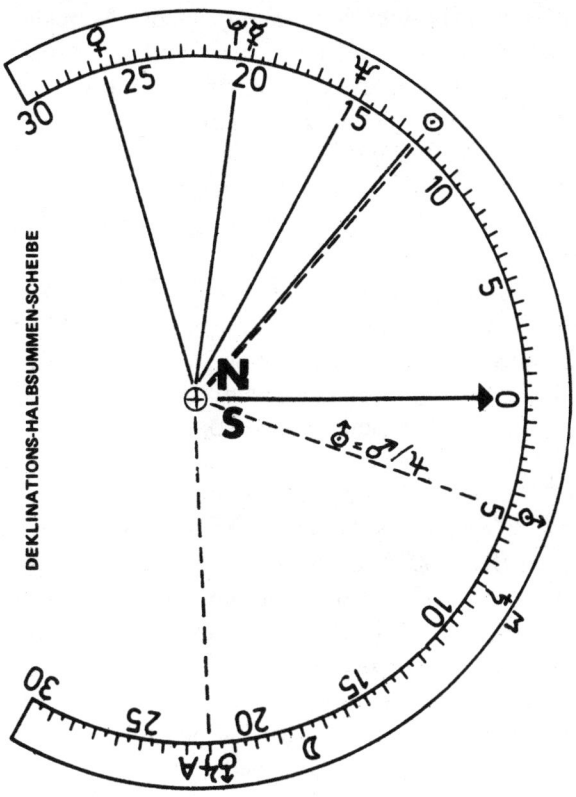

1980 aber berühren Saturn und Neptun nur noch den untersten Grad dieses Komplexes und verlassen diesen. Im August wird aber der Jupiter den gesamten Komplex durchlaufen. Aus diesem Grund wird folgender Rat erteilt: Sofern nicht ärztlicherseits Bedenken vorliegen, sollte mit der Operation gewartet werden, mindestend bis August. Erst wenn dann keine Besserung erreicht sein sollte, könnte die Operation vorgenommen werden.

Am 9. März rief die Frau ganz überglücklich an und teilte mit, daß die Blutungen gestoppt seien. Ein Arzt habe ihr ein Mittel verordnet, wodurch die Blutungen innerhalb von wenigen Tagen gestillt wurden und somit die Operation überflüssig sei. Die Überraschung ging für die Frau auch daraus hervor, daß die plötzliche Besserung erreicht wurde, als Sonne Konjunktion Uranus Quadrat Venus und gleichzeitig Sonne mit Merkur im Parallelschein zu Uranus standen.

Betrachtet man hier das Deklinationsprogramm, so findet sich UR in SO/JU mit der Aussage »plötzliche (UR) glückliche (JU) Wendung im körperlichen Befinden (SO)«. In dieser Zeichnung erkennt man auch leicht die kosmische Krankheitsveranlagung in ME = PL = VE/-NE als schwerwiegende Erkrankung (PL) der weiblichen Organe (SO/VE). Obwohl der Fall geklärt war, reizte es mich doch, noch das Lebensdiagramm aufzuzeichnen. Dabei ergab sich, daß 1976 MA p über die Plutolinie ging. Zu dieser Zeit wurde bereits der eine Eierstock entfernt. Die zweite Operation sollte nun auch den anderen Eierstock beseitigen, was aber nun unterbleiben konnte.

Auffällig ist die Bewegung von JU p über SA und MA um 1980. Kann es hier einen Zusammenhang mit den Blutungen geben? Nimmt man *Kombination der Gestirneinflüße* zur Hand, so liest man unter Jupiter (KdG-0078) unter den biologischen Entsprechungen unter anderem »Das Organ, das Blut. Wechseljahre«. Da die Blutungen im Anschluß an die Wechseljahre eintraten, ist damit die Erklärung gegeben. Wenn es nicht gelungen wäre, die Blutungen rechtzeitig zu stoppen, so hätte die Patientin verbluten können. Auch eine Operation konnte unter dieser Konstellation Lebensgefahr bedeuten.

Der Hinweis, eine Operation möglichst noch zu verschieben, hatte die Patientin veranlaßt, weitere Ärzte aufzusuchen, wodurch sie dann das Mittel bekam, durch das die Blutungen gestoppt wurden.

Massenerkrankungen

Es gibt immer wieder Perioden, in denen Massenerkrankungen auftreten, wobei viele Menschen, oft aus ungeklärter Ursache, von einem Virus befallen werden, sich gegenseitig anstecken und die Krankenhäuser rasch überfüllen. Wenn auch die großen Seuchen des Mittelalters wie die gefürchtete Pest und die Cholera heutzutage nur selten auftreten, so kann man doch immer wieder Massenerkrankungen feststellen, die vorwiegend durch das Wetter oder große Katastrophen verursacht werden.

In vielen Fällen entsprechen diese Massenerkrankungen langfristigen Konstellationen. Die Grippewellen unter Jupiter-Saturn-Aspekten sind bereits mehrfach statistisch erfaßt worden. Mit Hilfe der graphischen 45-Grad-Ephemeriden und auch der Deklinations-Ephemeriden lassen sich solche Massenerkrankungen oft vorher erkennen.

Im Frühjahr 1980 standen Saturn und Neptun mehrere Wochen im Quadrat zueinander, fällig Ende März und nach Mitte Juni. Bereits im Februar 1980 meldete die Presse, daß Millionen Menschen durch das Wechselwetter erkrankten. Im März wurden zweihunderttausend Schlafkranke in Uganda festgestellt.

Massenerkrankungen können sich auch in den Deklinationen widerspiegeln. So konnte ich im Juli 1976 feststellen, daß fünfundzwanzig Teilnehmer der »American Legion« plötzlich an einer mysteriösen Krankheit starben, deren Ursachen zunächst nicht festgestellt wurden. Einhundertdreißig Personen lagen außerdem in Krankenhäusern, teils auf Intensivstationen. Bei dieser »Legionärs-Grippe« traten plötzlich hohes Fieber, Schüttelfrost, Kopf- und Brustschmerzen, trockener Husten und Atembeschwerden auf.[78)]

Die Krankheit brach zwischen dem 21. und 24. Juli 1976 aus. Infektionskrankheiten ergeben sich meistens unter Neptun-Konstellationen. Diese konnte man aber unter den Längen-Aspekten nicht feststellen. Dagegen liefen in der Deklinations-Ephemeride in diesen Tagen Sonne, Venus und Merkur über die Positionslinie des Neptun, wie aus der beigefügten Zeichnung festgestellt werden kann.

Diese Konstellationen brachten nach einer Hitzeperiode nicht nur den ersehnten Regen (Neptun), sondern sogar eine Regenflut, besonders in Mexiko, wo einhundertzwanzig Menschen in diesen Tagen starben und einhunderttausend obdachlos wurden, unter denen auch Massenerkrankungen nicht ausblieben. Außerdem ergaben sich durch das Gift gegen Ungeziefer auf den Feldern Lebensmittelvergiftungen. Es wurde auch von einer Giftwolke (Neptun) über Mailand berichtet.

Im *Komischen Beobachter* vom Oktober 1976 wies ich darauf hin, daß sich ganz ähnliche Konstellationen zwischen 16. und 26. November ergeben. Es waren fällig: 16. November 1976: ME//NE; 24. November 1976: MA//NE; 26. November 1976: SO//NE.

381

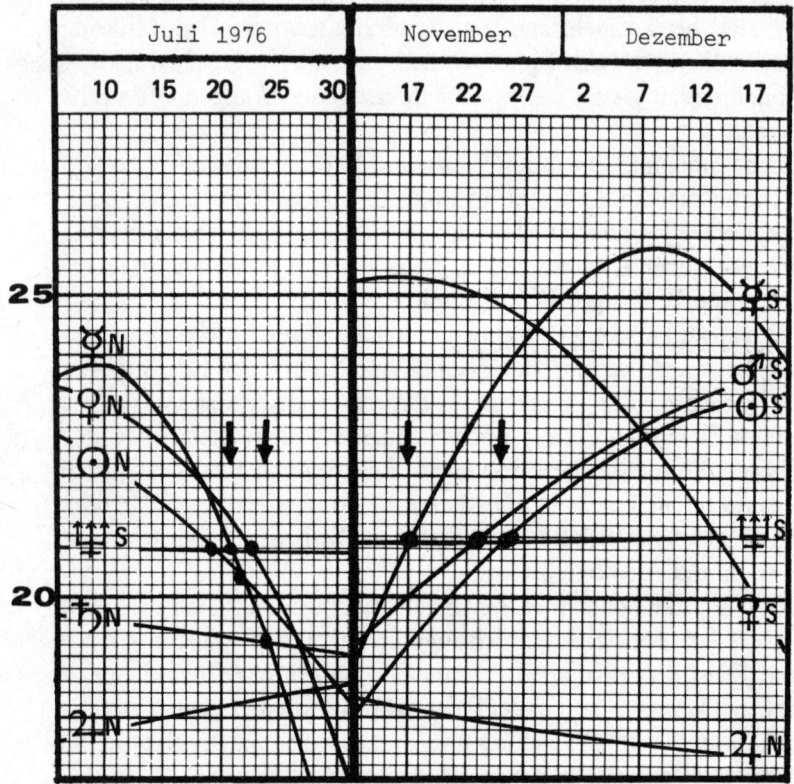

In diesen Tagen ergaben sich die Massenerkrankungen vornehmlich durch Naturkatastrophen. In meinem Tagebuch notierte ich: 16.
November 1976: Industriestadt Tanschan in China durch Erdbeben
vernichtet. 20. November 1976: Abkühlung, in Italien Regen ohne
Ende, teils Schnee. 24. November 1976: Erdbeben in der Türkei, drei
Städte in Trümmer, fünftausend Tote. 25. November 1976: Zweihun-
dert Dörfer in der Türkei durch Erdbeben vernichtet, Schneestürme in
der Türkei, Hunderte Obdachlose starben durch Kälte bei –20°.
Außerdem wurde gemeldet, daß in der Bundesrepublik in dieser Zeit
die Berufskrankheiten zugenommen haben.

Es ist nun zu unterscheiden, ob es sich um Parallelen handelt, die nur kurzfristig wirksam sind oder ob sich diese Parallelen über Wochen oder gar Monate hinziehen. SO//NE oder MA/NE betreffen jeweils nur einige Tage, aber SA//UR oder SA//NE wirken über längere Zeiträume. Im Jahre 1979 wurde kaum bemerkt, daß SA//PL im Februar und im Juli fällig war. Unter der anhaltenden Kälte im Februar haben viele Menschen gelitten, ebenso aber auch im »Sommer, der kein Sommer« war. Im Frühjahr ergaben sich allein in der Bundesrepublik hunderttausende Grippekranke. In Neapel herrschte ein großes Kindersterben. Im März sollen in Südamerika zehn Millionen Menschen an der Schilddrüse erkrankt sein. In der CSSR herrschte die Gelbsucht, durch das Flüchtlingselend in Südostasien brachen Seuchen aus.

Aus diesen Beispielen geht bereits hervor, daß Zusammenhänge bestehen zwischen kosmischen Konstellationen (Längenaspekte und Parallele), Wetter und Krankheit. Diese verschiedenen Faktoren sollten daher jeweils im Zusammenhang betrachtet werden. In der wissenschaftlichen Literatur ist meistens nur von Beziehungen zwischen Wetter und Krankheiten die Rede, während der kosmische Einfluß vernachlässigt wird. Viele Krankheiten sind in Verbindung mit den Sonnenflecken nachgewiesen worden und hängen mit deren elfjährigen Perioden zusammen. So schreibt Michel Gauquelin[79] über »Sonneneruptionen und Herzinfarkt« folgendes: »Anläßlich einer Geheimsitzung der französischen Akademie der Medizin am 3. März 1958 in Paris legten ein Arzt des Hospital Saint-Antoine, Dr. J. Poumailloux, und sein Mitarbeiter, der Meteorologe R. Viart, ihren Kollegen eine aufsehenerregende Mitteilung vor. Nach dieser treten Herzinfarkte nicht zufällig auf, sondern ihre Häufigkeit richtet sich nach ganz bestimmten Sonnenkonstanten. Eine plötzliche Steigerung der Sonnentätigkeit wirkt sich auf die Blutgefäße des menschlichen Körpers aus und ruft bei prädisponierten Personen Blutgerinsel hervor. Diese Gerinsel können unter Umständen die Kranzschlagader des Herzens verstopfen und einen Infarkt auslösen. Die Referenten geben als Beispiel das Jahr 1957 an: In diesem Jahr beobachteten sie eine größere Häufigkeit der Herzinfarkte zwischen dem 17. und dem 22. Januar; von April bis Juli wurde ihnen kein Fall gemeldet; zwischen dem 1. und 3. September jedoch traten wieder gehäufte Infarkte auf. In eben diesem Jahr nun nahm die Sonnentätigkeit, die

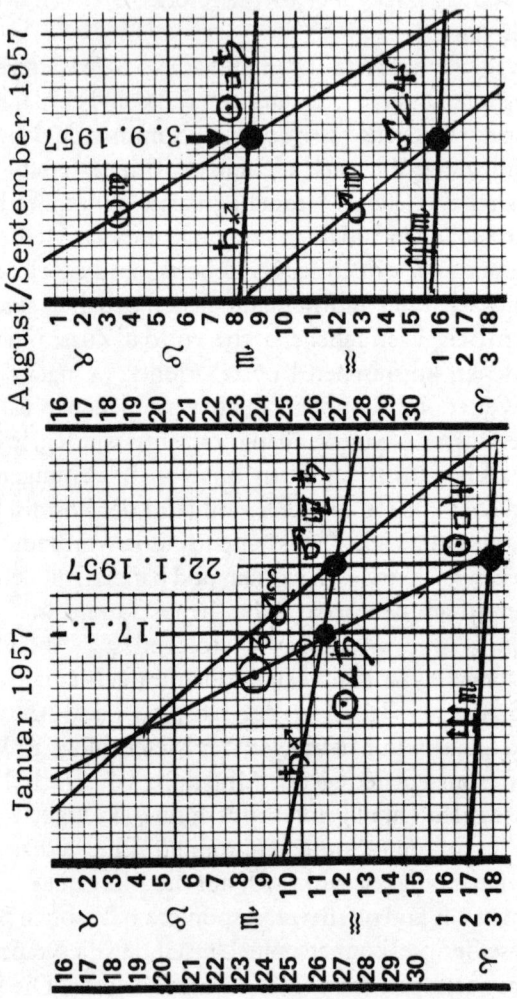

im großen und ganzen mäßig war, zwischen dem 17. und dem 25. Januar sowie zwischen 28. August und dem 3. September schlagartig zu.«

Ich habe nun die betreffenden Tage untersucht und dabei festgestellt, daß sich in beiden Fällen ähnliche Konstellationen ergeben haben. Im Januar 1957 waren fällig: SO-45-SA am 17. Januar kurz nach Vollmond und SO-90-NE und MA-135-SA am 22. Januar, SO-90-SA und MA-45-NE am 3. September 1957. Wie die Abbildungen veranschaulichen, werden in beiden Fällen fast die gleichen Grade im 45-Grad-System betroffen.

Es wäre noch zu untersuchen, wie weit durch heliozentrische Konstellationen, die allgemein ebenso vernachlässigt werden wie die Deklinationen, Zusammenhänge mit Wetter, Naturkatastrophen und Krankheiten nachzuweisen sind. Einzelne Untersuchungen dieser Art wurden in meinem Buch *Das Doppelgesicht des Kosmos*[80] durchgeführt. Dabei traten besonders die heliozentrischen Aspekte zwischen Mars und Neptun in den Vordergrund.

Astromedizinische Schnelldiagnose

Wenn ein Patient zum Arzt oder Heilpraktiker kommt, wird er nur in wenigen Fällen sein Kosmogramm mitbringen. Vom behandelnden Arzt kann nicht verlangt werden, daß er für jeden Patienten sofort ein kosmisches Geburtsbild aufstellt. Wenn er aber eine Ephemeride und eine graphische 45-Grad-Ephemeride zur Hand hat, dann kann er während der Besprechung in wenigen Minuten die gegenwärtige kosmische Situation feststellen. Es wird auch die Zeit kommen, wo eine Sprechstundenhilfe befähigt sein wird, diese Vorarbeiten schnell zu erledigen.

Als das schwedische Königspaar im März 1979 die Bundesrepublik besuchen wollte und bereits bekannt war, daß Königin Silvia im siebten oder achten Monat schwanger war, bekam ich den Auftrag, die fälligen Konstellationen bei der Königin zu untersuchen. Die Bearbeitung dieses Falles möchte ich nun für ein Schnellverfahren erläutern. Königin Silvia wurde als Silvia Sommerlath am 23. Dezember 1943

385

in Heidelberg geboren. Die Geburtszeit ist strittig, sie wurde zuerst mit 6.00 Uhr, später mit 2.58 Uhr angegeben. Bei unbekannter Geburtszeit geht man ungefähr vom Mittagsstand aus. Die Ephemeride für 1943 gibt für 0.00 Uhr folgende Positionen an:

SO	= 0°16' Steinbock	VE	= 16°49' Skorpion
UR	= 5°52' Zwillinge	PL	= 8°22' Löwe
MA	= 7°06' Zwillinge	NE	= 4°11' Waage
DR	= 8°40' Löwe	JU	= 26°55' Löwe
MO	= 6°37' Skorpion	ME	= 20°15' Steinbock
SA	= 22°34' Zwillinge		

Da es sich um die Mitternachtstände handelt, kann man ungefähr die Mittagspositionen berechnen, was nur bei der Sonne und den schnellen Wandlern in Betracht kommt. Der Mond kann nicht eingesetzt werden, weil er innerhalb eines Tages mehr als 13° läuft. Bei der Sonne kann man ca. 30' zugeben, den Merkur wird man auf knapp 21° Steinbock und die Venus auf reichlich 17° Skorpion einstellen.

Nun befinden sich auf der linken Seite der graphischen 45-Grad-Ephemeride drei Spalten mit einer Gradskala und Angabe der Tierkreiszeichen. Demnach zeichnet man die Sonne in ca. 0°45' der ersten Spalte ein, in der man unten das Zeichen Steinbock findet. Neptun in 4°11' Waage trägt man ebenfalls in der ersten Spalte ein. Uranus in 5°52' Zwillinge kommt in die dritte Spalte. Dabei ist darauf hinzuweisen, daß über jeder Gradzahl der Strich den Beginn und der Strich unter der Gradzahl das Ende des Grades bezeichnet, so daß man die Positionen fast auf den Viertelgrad genau eintragen kann. Saturn in 22°34' Zwillinge wird in die dritte Spalte unten eingetragen. Jupiter in 26°55' also fast 27° Löwe wird in der mittleren Spalte markiert. Mars in 7°06' Zwillinge wird dicht unter Uranus markiert. Venus in 16°49' Skorpion findet ihren Platz oben in der mittleren Spalte. Merkur in ca. 21° Steinbock wird in der Mitte der ersten Spalte markiert. Mondknoten (DR) und Pluto stehen zusammen in ca. 8°40' der mittleren Spalte.

Von den jeweils markierten Positionen zieht man waagrechte Striche, die die vorgezeichneten Gestirnbahnen kreuzen. Der größte Wert ist jeweils auf die langsam laufenden Planeten zu legen. Der Uranus erreicht Ende April die Positionslinie des Neptun. Der scheinbar stillstehende Saturn verbindet sich von Ende April bis Mitte Mai mit dem

Königin Silvia von Schweden
23. Dezember 1943, 2.58 Uhr
Heidelberg

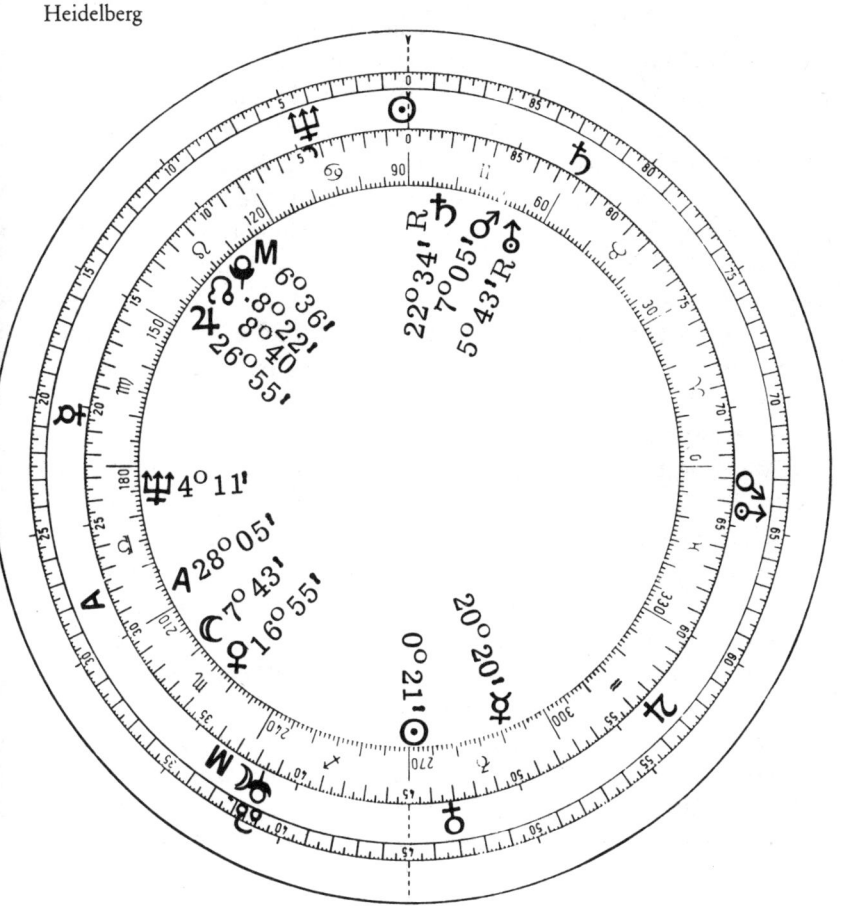

EKLINATIONEN

☉ =	23°27'S	☾ =	9°09'S	☿ =	23°06'S	♀ =	14°46'S
♂ =	24°01'N	♃ =	13°25'N	♄ =	21°51'N	☊ =	21°12'N
♇ =	0°23'S	♆ =	23°30'N	M =	18°39'N	A =	10°47'S

Mars. Das sind beides kritische Transite, die gerade für eine schwangere Frau größte Vorsicht verlangen. In solchen Fällen muß man auch die schwächeren Transite untersuchen. Am Empfangstage kreuzt VE t zunächst VE und NE. Dann geht kurz vor Neumond SO über NE, eine Schwäche andeutend, VE über JU, großer Freude und Beifall entsprechend, aber auch MA t über SA und PL vor Monatsende. Ich gab nun folgende Prognose nach meinem Manuskript (die veröffentlichte Vorschau wurde redigiert): »In den Tagen um den 25. März wird sich Königin Silvia nicht ganz wohl fühlen, da bei ihr Sonne t Opposition Neptun fällig ist. Es ist möglich, daß sich die Strapazen des Besuches bei ihr als einer schwangeren Frau nachteilig bemerkbar machen. Im Mai treten für sie sehr kritische Konstellationen auf, so daß sie alle Vorsichtsmaßnahmen treffen muß, wenn sie ihr Kind gesund zur Welt bringen will... Der letzte Tag in Lübeck, der 27. März, steht leider nicht unter den besten Konstellationen, so daß ein Zwischenfall nicht ausgeschlossen ist.«

Nach Pressemeldungen »war Königin Silvia bereits am 23. März mit ihren Kräften fast zu Ende, denn sie ließ sich bleich auf einen Stuhl fallen«. Das war bereits die Vorwirkung von SO t-180-NE. Am 25. März war die Königin ermüdet, so daß der König ohne seine Frau einen Ausflug machen mußte. Ganz erschöpft kehrte die Königin nach Schweden zurück.

Wie sich später herausstellte, war die Königin nicht erst im siebten, sondern bereits im achten Monat. Das Kind kam dann am 13. Mai 1979 zur Welt. Angeblich war die Geburt normal verlaufen. Das war nicht ganz glaubhaft. Wie später berichtet wurde, hatte die Königin keine leichte Geburt, was unter SA t = MA und MA t = MA zu verstehen ist. Sie mußte »wegen der vertrackten Lage« des Babys narkotisiert werden. Als sie erwachte, konnte sie das Kind nicht in die Arme nehmen; es mußte – wie Professor Borell erklärte – alles getan werden, um eine Infektion zu vermeiden; schließlich verzichtete man aus angegebenen Gründen auch auf die umstrittene »Triple-Impfung«, um das Kind nicht zu gefährden.

Aus diesem Beispiel ist zu ersehen, was man alles bei einer solchen Schnelldiagnose ersehen kann, was sich dann auch bestätigt. Trotzdem ist es jeweils notwendig, noch das genaue Kosmogramm zu

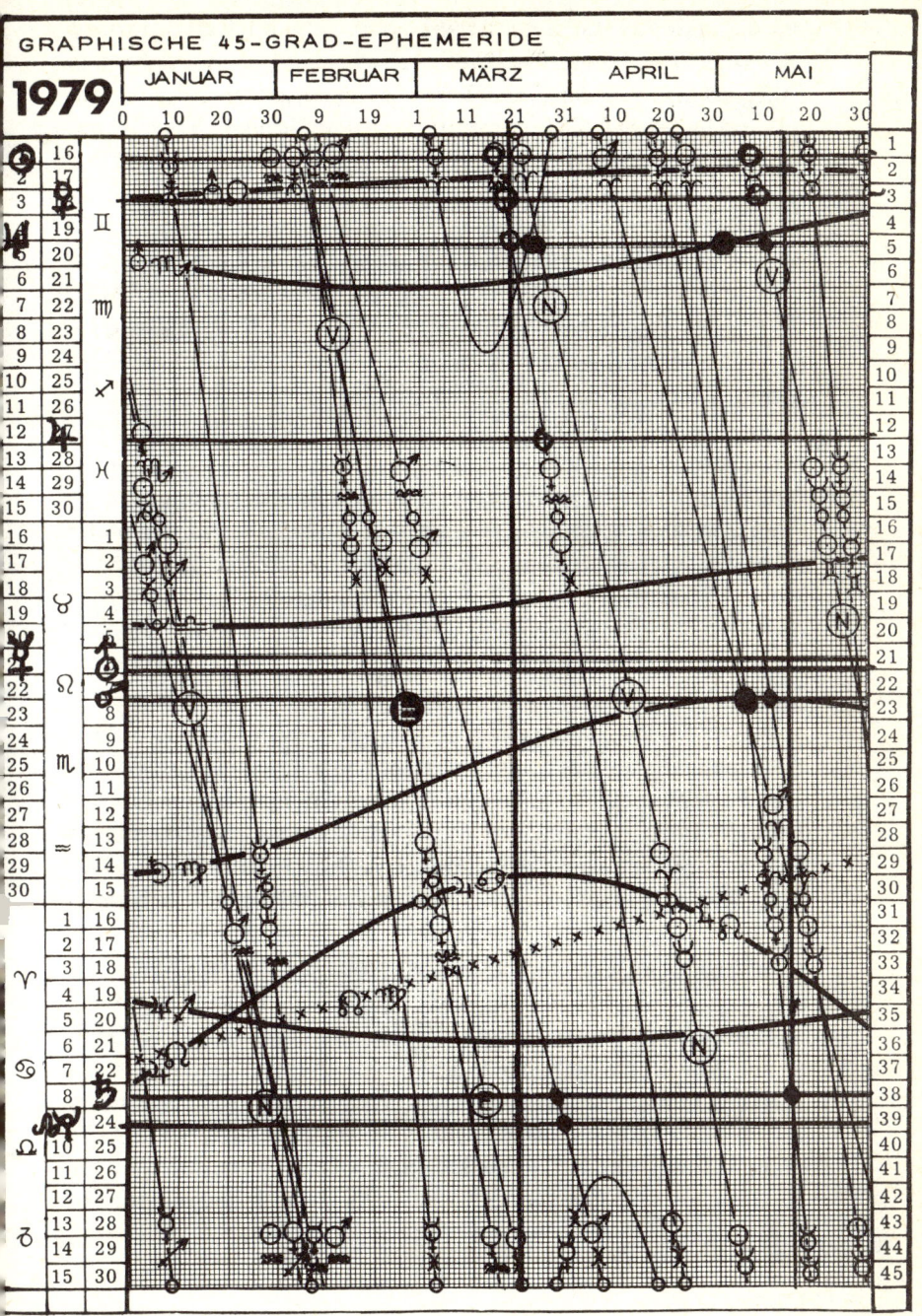

GRAPHISCHE 45-GRAD-EPHEMERIDE

1979 · JANUAR · FEBRUAR · MÄRZ · APRIL · MAI

berechnen, wenn die Geburtszeit bekannt ist, und auch die Direktionen zur Beurteilung der Lage heranzuziehen. Es gibt aber auch Fälle, wo man mit der vorgeführten Schnelldiagnose nicht zu dem gewünschten Ergebnis kommt und erst gründlichere Untersuchungen vornehmen muß.

Krankheiten in ihren kosmischen Entsprechungen

Afterschmerzen treten vorwiegend bei Hämorroiden, Stuhlverstopfung, Darmkatarrhen in Verbindung mit den Positionen von Mars, Saturn, Sonne, Mond in den Zeichen Stier, Jungfrau, Skorpion auf.

Angstzustände haben ihre Ursache oft in Winkelverbindungen des Mondes mit Saturn oder Neptun in den Zeichen Krebs, Löwe, Jungfrau, Steinbock, Fische, auch bei Uranus im Aspekt zur Sonne.

Blasenschmerzen können bedingt sein durch Erkrankungen der Harnblase, Harnverhaltung (Mond-Saturn) und in bestimmten Frauenleiden. In solchen Fällen sind besonders die Zeichen Waage und Skorpion und deren Gegenzeichen Widder und Stier zu untersuchen. Es ergeben sich oft Beziehungen zwischen Mond, Venus, Mars.

Brustschmerzen können zunächst psychisch bedingt sein, wenn sich die Schmerzen auf das Sonnengeflecht konzentrieren. Brustschmerzen, die vorwiegend beim Atmen auftreten, können auf eine Rippenfell- oder Lungenentzündung hinweisen. Dabei spielen oft Jupiter in Verbindung mit Saturn oder Neptun eine Rolle in den Zeichen Zwillinge, Krebs. Schmerzen in dem unteren Teil des Brustkorbes können mit Rheumatismus zusammenhängen. Der Gürtelschmerz weist auf Gürtelrose oder Wirbelerkrankungen, wobei die Zeichen Krebs, Löwe, Jungfrau und die Planeten Mars und Uranus beteiligt sein können.

Hautjucken ist meistens eine Folge der Ansammlung von Selbstgiften im Körper, die nicht auf andere Weise als durch die Haut ausgeschieden werden. Bei Säuglingen und Kindern kann die Ursache bereits bei den Müttern liegen, wenn diese stark geraucht oder andere Genußgifte zu sich genommen haben. Der Körper kann durch falsche Ernährung übersäuert sein. Bei einem Kind wurde festgestellt, daß Hautjucken und Ausschlag sofort nach dem Genuß von Schweinefleisch und Wurst auftraten. Es können Erkrankungen der Leber, der Galle, des Darmes, der Nieren mitsprechen. Mitunter ist auch Zuckerkrankheit (Diabetes) die Ursache. Äußere Mittel, zum Beispiel Salben, helfen wenig. Die Heilung muß von innen heraus erfolgen. Es muß besonders auf basenhaltige Nahrung zurückgegriffen werden. Zur Heilung des Juckreizes können Auflagen von Heilerde oder Magerquark dienen. Der gestörte Flüssigkeitsstoffwechsel geht vornehmlich zurück auf Aspekte zwischen Mond und Saturn oder Neptun, Besetzung der Zeichen Krebs, Jungfrau, Waage, Skorpion, Steinbock.

Herzklopfen hat oft seine Ursache in der seelischen Verfassung, in allgemeiner Unruhe, Aufregung vor wichtigen Unterredungen, vor Prüfungen, bei Auseinandersetzungen. Dabei sprechen oft Transite über Mars und Uranus mit. Herzklopfen in Verbindung mit Atemnot haben blutarme Personen beim Treppensteigen, bei Bergtouren und besonderen Anstrengungen. Sonne, Mars und Uranus in den Zeichen Löwe, Wassermann, Stier und Skorpion können im Kosmogramm besonders hervortreten. Herzklopfen kann auch eine Begleiterscheinung sein von Fettleibigkeit, Rheumatismus. Dabei sprechen Jupiter, Saturn, Uranus und Neptun mit.

Husten kann seine Ursache in einer Erkrankung der Atmungsorgane, einer Schwellung der Luftweg-Schleimhäute, Ansammlung von Schleim, Kehlkopfentzündung, Bronchial- und Lungenkatarrh haben. Dabei gilt es, die Aspekte von Mond, Merkur, Venus in den Zeichen Stier, Zwillinge, Skorpion zu untersuchen. Husten kann auch auftreten bei mangelnder Verdauung durch Aufsteigen der Speisen aus dem Magen. Dann können Beziehungen zu Mond, Merkur und Zeichen Krebs und Steinbock vorliegen. Von dem organisch bedingten Husten ist der »Verlegenheits-Husten« zu unterscheiden, der eigene Unsicherheit ausdrückt.

Kopfschmerzen können auf viele Ursachen zurückgehen. Sie können aus Magen und Darm stammen, wenn die Gase keinen Abzug finden und in den Kopf steigen. Daran ist eine schlechte Verdauung schuld, die im Kosmogramm mit Mond und Saturn und den Zeichen Krebs, Jungfrau, Skorpion oder deren Gegenzeichen zusammenhängen kann. Eine Magen- und Darmschwäche kann auch auf Neptun-Aspekte zurückgehen. Bei blutarmen Menschen, die vorwiegend Sonne-Neptun- oder Sonne-Saturn-Aspekte im Kosmogramm aufweisen, kann mitunter der Kopfschmerz durch eine Tieflagerung des Kopfes verschwinden. Auch Yoga-Übungen wie Kerze und Kopfstand können Abhilfe leisten. Eine andere Ursache des Kopfwehs können Schnupfen, Stirnhöhlenkatarrh oder Wucherungen in der Nase sein, wodurch das Atmen erschwert wird. In diesem Falle sind die Zeichen Widder, Stier und Skorpion wie auch die Gestirne Mond, Venus, Saturn, Neptun zu untersuchen. Kopfweh ist oft eine Begleiterscheinung von Gehirnentzündungen, Unterleibstyphus, Infektionskrankheiten, falsche Wahl von Medikamenten. In solchen Fällen ist fast immer der Neptun beteiligt.

Leberleiden sind zuweilen schwer feststellbar, weil sie oft ohne Schmerzen verlaufen. Bei einer Leberentzündung schwillt die Leber leicht an, die Haut verfärbt sich gelb. Im Kosmogramm ergeben sich meist Beziehungen zu den Zeichen Jungfrau und Fische und zu dem Planeten Jupiter. Bei Entzündungen spielt der Mars eine Rolle. Bei Leberschäden, die durch falsche Ernährung und falsche Arzneimittel hervorgerufen werden, ist Neptun mit im Spiele. Wenn im Lebensdiagramm schwerwiegende Direktionen von Jupiter, Saturn und Neptun fällig werden, sind rechtzeitig Vorbeugungsmaßnahmen gegen chronische Krankheiten, eventuell gar Krebs, zu treffen. Leberkrankheiten sollten nie ohne ärztlichen Beistand behandelt werden.

Lungenkrankheiten sind im Kosmogramm meistens durch einen schlecht gestellten Jupiter angedeutet. Der Jupiter kann auch in Halbsummen stehen, die krankheitsbezüglich sind wie Saturn/Neptun. Man hat allgemein die Zeichen Zwillinge und Schütze mit Lungenkrankheiten in Verbindung gebracht. Das stimmt aber nicht immer. Dr. med. F. Schwab führt in seinem Buch *Sternenmächte und Mensch* [32] eine Statistik vor, in der das Zeichen Waage bei Lungenkranken am stärksten besetzt ist. Man kann sich also nicht allein auf die Zeichen verlassen, dagegen ist die Stellung des Jupiters immer maßgebend.

Magenschmerzen können ihre Ursache in schlechter Verdauung oder in einem Magengeschwür haben. Der Mond und die Zeichen Krebs und Steinbock sollten dabei in erster Linie untersucht werden. Verbindungen von Mond und Saturn oder Mond und Neptun treten besonders hervor. Bei einem nervösen Magenleiden ist meist Uranus beteiligt. Bei ständigen Verdauungsstörungen sprechen die Zeichen Jungfrau und Skorpion mit.

Ohrensausen kann durch Unreinigkeiten und Ansammlung von Ohrenschmalz hervorgerufen werden. Es können aber auch Mittelohrentzündung, anatomische Veränderungen am Ohr, Nervosität oder die Folgen von Arzneigiften vorliegen. Dabei ist es wichtig, die Beziehungen zwischen Merkur und Saturn zu untersuchen. Außerdem können die Zeichen Widder, Stier beteiligt sein. Man beachte besonders die Grade um 7° Widder und 0° Stier.

Rückenschmerzen können ihre Ursache in Wirbelentzündungen, Bandscheibenschäden, Reizung des Rückenmarks haben. Ist der Schmerz über die ganze Wirbelsäule verbreitet, kann man auf Gelenkrheumatismus schließen. Blutarme und Lungenkranke haben oft Schmerzen in der Schulterblattgegend. Schmerzen in der rechten Schulter sind charakteristisch für Leber- und Gallenleiden. Wenn besonders der Rücken schmerzt, so sprechen die Zeichen Löwe und Wassermann mit; unter den Gestirnen kann die Sonne in Winkelverbindung mit Uranus, Saturn oder Neptun, bei rheumatischen Leiden können besonders Saturn und Neptun beteiligt sein.

Schlucken ist eine Reflexbewegung der Rachen- und Speiseröhrenmuskulatur. Deren Störung ergibt sich durch Diätfehler, insbesondere durch Ansammlung von Gasen, die durch einen krampfartigen Verschluß nicht entweichen können. Aus diesem Grunde achtet man bei Säuglingen besonders darauf, daß sie nach dem Essen einen Schluckauf oder ihr »Grollzerle« machen. Kosmische Entsprechungen können vorliegen zu den Zeichen Stier, Krebs, Jungfrau, Skorpion und den Gestirnen Mond, Sonne, Saturn, Uranus. Das Schlucken kann aber auch tiefere Ursachen haben in einer Bauchfellentzündung oder einem Darmverschluß.

Schwindelgefühl ist eine Folge von Gleichgewichtsstörungen, deren Zentrum in der Nähe des Ohres liegt. Die Ursache ist meistens in Kreislaufstörungen zu suchen und in einer zeitweiligen Blutleere des Gehirns. Yoga-Übungen, insbesondere Kopfstand, Kerze, Atemübungen, können Abhilfe schaffen. Man untersuche besonders Mond, Merkur und Saturn. Wenn neben Schwindelgefühl gleichzeitig Erbrechen erfolgt, können auch Magen- und Darmverstimmungen vorliegen, Schwindelgefühl kann auch auftreten bei Epilepsie, Rückenmarksleiden, Gehirnerkrankungen, Hirntumor. Man sollte daher häufiges Auftreten von Schwindelgefühl nicht zu leicht nehmen.

Schweißabsonderung tritt nicht nur bei körperlicher Überanstrengung oder bei großer Wärme auf, sondern die Schweißbildung wird durch die Sekretionsnerven hervorgerufen, zum Beispiel der Angstschweiß. Bei schwächlichen Personen kann die Schweißbildung bei geringer Anstrengung in Blutarmut, Bleichsucht, Herzschwäche liegen. Bei fieberhaften Erkrankungen ist der Schweiß eine Notwendigkeit, um die Selbstgifte aus dem Körper auszuscheiden. In diesem Falle ist der Schweiß ein Heilungsprozeß. Auch Nachtschweiß ist ein Entgiftungsvorgang. Ausbleiben des Schweißes ist ein Zeichen mangelnder Hautfunktion. In diesem Falle sollte die Ausscheidung der Selbstgifte durch die Nieren erfolgen mit Unterstützung von Nierentees. Schweißige Hände finden sich oft bei Nieren- und Zuckerkranken. Man untersuche besonders die Zeichen Widder, Waage, Skorpion und die Gestirne Mond (Flüssigkeitshaushalt), Saturn (gehemmte Ausscheidung), Venus (Nieren- und Blasentätigkeit), Mars (Entzündungsfaktor), Neptun (Selbstgifte).

Diese Hinweise auf Entsprechungen zwischen Krankheiten und kosmischen Faktoren können nicht vollständig sein. Sie sollen auch nur eine Anleitung darstellen, wie diese kosmobiologischen Entsprechungen auftreten. Keineswegs können sie die ärztliche Diagnose ersetzen.

Mit diesen Ausführungen beschließe ich dieses Buch mit dem Wunsch, daß es Ärzten, Heilpraktikern und Laien viele Anregungen geben und die praktische Anwendung den weiteren Beweis erbringen möge, daß die Kosmobiologie in gesunden und kranken Tagen eine wertvolle Hilfe sein kann.

Literaturverzeichnis

1 Boll, Fr.: *Sternglaube und Sterndeutung*. Berlin 1928.
2 Gundel, W. und G.: *Astrologumena*. Wiesbaden 1969.
3 Pollak, Kurt: *Wissen und Weisheit der alten Ärzte*. *Die Heilkunde der frühen Hochkulturen*. Düsseldorf/Wien 1968.
4 Gundel, W.: *Neue astrologische Texte des Hermes Trismegistos. Funde und Forschungen auf dem Gebiet der antiken Astrologie*. München 1936.
5 Winkel, E.: *Claudius Ptolemäus*. Nach der Übersetzung von Philipp Melanchthon aus dem Jahre 1553. Berlin 1923.
6 Hildegard von Bingen: *Heilkunde. Das Buch von dem Grund, dem Wesen und der Heilung von Krankheiten*. Salzburg 1957.
7 Hildegard von Bingen, a.a.O.
8 Hildegard von Bingen: *Gott ist am Werk*. Olten. 1958.
9 Hildegard von Bingen, a.a.O.
10 Hildegard von Bingen: *Geheimnis der Liebe*. Olten 1957.
11 Hildegard von Bingen: *Wisse die Wege, Scivias*. Salzburg 1955.
12 Pegius, Martin: *Geburtsstundenbuch*. Basel 1570, Nachdruck Freiburg 1977. Mit einer gründlichen Auslegung nach Bonati.
13 Strauß, H. A.: *Der astrologische Gedanke in der deutschen Vergangenheit*. Berlin 1926.
14 Boll und Betzold, a.a.O.
15 Pegius, Martin, a.a.O.
16 Sindbad-Weiß: *Bausteine der Astrologie*. München 1935.
17 Trews, M. A.: *Grundriß der verbesserten Astrologie*. 1651. Ins Deutsche übertragen von Josef Fuchs. Dießen am Ammersee 1927.
18 Feerhow, Friedrich: *Die medizinische Astrologie unter Berücksichtigung der Pflanzenheilverfahren, der Homöopathie, Hygiene und Biochemie*. Leipzig 1914.
19 Feerhow, Friedrich, a.a.O., Seite 1.
20 Feerhow, Friedrich, a.a.O., Seite 8.
21 Feerhow, Friedrich, a.a.O., Seite 9.
22 von Klöckler, Herbert Freiherr: *Astrologie als Erfahrungswissenschaft*. Leipzig 1927.
23 von Klöckler, Herbert Freiherr, a.a.O., Seite 79.
24 Bayer, K. Th.: *Die Grundprobleme der Astrologie*.
25 Bayer, K. Th., a.a.O., Seite 119.
26 Anschütz, G.: *Psychologie*. Hamburg 1953. Seite 475.
27 Anschütz, G., a.a.O., Seite 430.
28 Anschütz, G., a.a.O., Seite 475.
29 Hellpach, W.: *Geopsyche. Die Menschenseele unter dem Einfluß von Wetter und Klima, Boden und Landschaft*. Leipzig 1935. Seite 152 f.

30 Kritzinger, H.H.: *Todesstrahlen und Wünschelrute*.
31 Kritzinger, H.H., a.a.O., Seite 26.
32 Schwab, Fritz: *Sternenmächte und Mensch*. Zeulenroda 1933.
33 Ruts: *Neue Relationen im Sonnensystem und Universum*. Darmstadt 1915.
34 von Ungern-Sternberg, Olga: *Die innerseelische Erfahrungswelt am Bilde der Astrologie*. Stuttgart 1975. Seite 85.
35 Guthmann, H.: »Ergebnisse bioklimatischer Untersuchungen aus dem Gebiet der Frauenheilkunde« in: *Die medizinische Welt*. 1963, Heft 10, Seite 953.
36 Heckert, Hilmar: *Lunationsrhythmen des menschlichen Organismus*. Leipzig 1961. Seite 38.
37 Andrews, E.L.: »Moon Talk. The Cyclic Periodicity Of Postoperative Hemorrhage« in: *The Journal Of The Florida Medical Association*. Mai 1960, Band 46, Seiten 1362 bis 1366.
38 Ebertin, Reinhold: *Kosmobiologische Jahrbücher 1938 bis 1978*. Erfurt und Aalen.
39 Surya, G.W.: *Pflanzenheilkunde auf okkulter Grundlage und ihre Beziehungen zur Volksmedizin*. 4. Auflage, Pfullingen o.J.
40 Duz, M.: *Astro-Medizin und Therapeutik*. Hamburg 1950.
41 Surya, G.W.: *Astrologie und Medizin*. Lorch 1933.
42 Ebertin, Reinhold: *Lebensdiagramme*. Aalen 1968.
43 Herlbauer-Virusgo, Richard: *Praktische Astromedizin*. Erfurt 1935.
44 Müller-Freywardt, H.G.: Tierkreis-Tees. Reformhaus Alpina, Stuttgart 31.
45 Müller-Freywardt, H.G.: »Kosmisches Denken — eine praktische Realität ärztlichen Tun und Lassens« in: *34. Kosmobiologisches Jahrbuch 1963*. Aalen 1962.
46 Müller-Freywardt, H.G.: »Sinn und Unsinn astromedizinischer Diagnosen« in: *41. Kosmobiologisches Jahrbuch 1970*. Aalen 1969.
47 Folkert, Wilhelm: *Sphäron. Eine west-östliche Synthese der Heilkunst*. Frankfurt 1958.
48 Ebertin, Elsbeth und Reinhold: *Anatomische Entsprechungen der Tierkreisgrade*. 2. Aufl., Freiburg im Breisgau 1979.
49 Brandau, Fritz: *Organuhr der anatomischen Entsprechungen*. Aalen 1978.
50 Wachsmuth, Günter: *Erde und Mensch. Ihre Bildekräfte, Rhythmen und Lebensprozesse*. Konstanz 1952.
51 Stiefvater, E.W.: *Die Organuhr*. Heidelberg o.J.
52 von Bernus, Alexander: *Alchemy und Heilkunst*. Nürnberg 1948.
53 Müller, Alexander: *Kosmos und Mensch*. Kreuznach 1926.
54 Zimpel, Carl Friedrich: *Zimpel's spagyrisches Heilverfahren*. Göttingen 1952.
55 Steiner, Rudolf: *Krankheitsfälle und andere medizinische Fragen*. Stuttgart 1920.
56 »Ausgewählte Beiträge« aus: *Weleda-Almanach*. Arlesheim/Schwäbisch-Gmünd 1952.
57 Hauschka, Rudolf: *Substanzlehre*. Frankfurt 1950.
58 Hauschka, Rudolf: *Ernährungslehre*. Frankfurt 1951.
59 Hauschka, Rudolf: *Heilmittellehre*. Frankfurt 1965.
60 von Korvin-Krasinski, Cyrill: *Tibetanische Medizinalphilosophie*. Zürich 1953.
61 Asboga, Franz: *Astromedizin und Astropharmazie*. Aalen 1954.
62 Busse, H.: *Das neue deutsche Heilbuch*. Hamburg 1932.

63 Huibers, Jaap: *Gesund sein mit Metallen.* 2. Auflage 1981, Freiburg im Breisgau.

64 Ebertin, Reinhold und Baldur: *Die kosmischen Grundlagen unseres Lebens.* Aalen 1955/1956.

65 Ebertin Reinhold: *Grundlagen der kosmobiologischen Heilkunde.* Aalen 1976.

66 Rilling, S.: *Vagus und Sympathicus in Diagnostik und Therapie.* Ulm 1957.

67 Retschlag, M.: *Die Heilkunst der Geheimwissenschaft.* Leipzig 1924.

68 Christiansen-Carnap: *Lehrbuch der Handschriftendeutung.* Stuttgart 1947.

69 von Klöckler, Herbert Freiherr: *Astrologie als Erfahrungswissenschaft.* a.a.O., S. 54.

70 Ebertin, Reinhold: *Kombination der Gestirneinflüsse.* 11. Auflage 1981, Freiburg im Breisgau.

71 Ebertin, Reinhold: *Kosmobiologische Diagnostik.* Freiburg im Breisgau 1980/1981.

72 Ebertin Reinhold: *Mensch im All.* Aalen 1974.

73 Ebertin, Reinhold: *Deklinationsparallelen im Geburtsbild.* 2. Auflage 1980. Freiburg im Breisgau.

74 Ebertin, Reinhold: *Das Jahresdiagramm.* Aalen 1976.

75 Ebertin, Reinhold: *Das Kontaktkosmogramm.* Aalen 1973.

76 Ebertin, Reinhold: *Transite. Welcher Tag ist günstig für mich?* 33. bis 35. Tsd., Freiburg im Breisgau 1981.

77 Modersohn, E.: »Möglichkeiten und Grenzen einer Prognose« in: *Kosmobiologie,* 13. Jahrg., Heft 5, Aalen 1957.

78 Ebertin, Reinhold: »Geheimnisvolle Krankheit« in: *Kosmischer Beobachter,* 25. Jahrg., Heft 10, Aalen 1976.

79 Gauquelin, Michael: *Wetterfrühling. Einfluß des Klimas auf die Gesundheit.* Rüschlikon 1973.

80 Ebertin, Reinhold: *Das Doppelgesicht des Kosmos.* Aalen 1962.

Namenverzeichnis

(Ohne Berücksichtigung der Zeittafel und des Literaturverzeichnisses.)